淘宝开店全攻略

开店装修 + 营销推广 + 流量转化 + 售后客服 + 手机淘宝

甘立富◎编著

人 民 邮 电 出 版 社
北 京

图书在版编目（CIP）数据

淘宝开店全攻略 ：开店装修+营销推广+流量转化+售后客服+手机淘宝 / 甘立富编著. -- 北京 ：人民邮电出版社，2017.10
ISBN 978-7-115-46524-5

Ⅰ. ①淘… Ⅱ. ①甘… Ⅲ. ①网店－网络营销 Ⅳ. ①F713.365.2

中国版本图书馆CIP数据核字(2017)第193653号

内容提要

本书精选淘宝开店各方面应知应会的内容，通过系统的流程讲述，全程图片展示，让学习者掌握淘宝开店的流程，让新手卖家读完全书后能够快速开店、成功开店。

本书共 12 章，内容主要包括淘宝开店前的准备、淘宝货源的寻找和筛选、商品的拍摄和美化、淘宝店铺的开通、淘宝卖家后台及相关内容、淘宝店铺的装修美化、商品的上传发布、淘宝店铺和宝贝的不同推广方式、如何提高商品转化率、店铺客服的接待和管理、商品的包装与发货、网店的售后处理，以及手机淘宝店铺的管理、装修和推广等，内容非常全面实用。

本书附赠教学资源，包括 119 集 Photoshop 软件讲解视频课，近千种 Photoshop 画笔、形状、渐变、动作和样式资源，以及大量海报与首页模板；同时，附赠 3 本超值电子书，海量的学习素材，物超所值。

本书主要面向准备在淘宝开店的读者，也适用于已经开通网店，并想深入学习网店经营技巧的新手卖家。同时，也可以作为相关培训机构的教材或辅导用书。

◆ 编　　著　甘立富
责任编辑　张丹阳
责任印制　陈　犇

◆ 人民邮电出版社出版发行　　北京市丰台区成寿寺路 11 号
邮编　100164　　电子邮件　315@ptpress.com.cn
网址　http://www.ptpress.com.cn
大厂聚鑫印刷有限责任公司印刷

◆ 开本：700×1000　1/16
印张：24.5
字数：549 千字　　2017 年 10 月第 1 版
印数：1－3 000 册　　2017 年 10 月河北第 1 次印刷

定价：49.00 元

读者服务热线：(010)81055410　印装质量热线：(010)81055316
反盗版热线：(010)81055315
广告经营许可证：京东工商广登字 20170147 号

前言

有信心无难事，在淘宝开店的学习过程中，肯定有挫折、有困难，遇到困难就逃避的人，最终只会失败。坚持不放弃的人不一定能成功，但是他能看到黎明，看到希望。在其人生中，战胜困难的过程会成为他的一座里程碑。而本书，就是这座里程碑的说明书，它会把你在淘宝开店过程中所遇见的方方面面内容，全面而系统地展现在你面前。

这是一本什么书

这是一本入门得不能再入门的淘宝开店图书，各种基础细节完整囊括，让你读完后能够顺利完成开店！

这是一本深入得不能再深入的淘宝开店图书，各种隐私秘籍无私放送，让你轻松跨越，成为实力大卖家！

这本书好在哪里

现在越来越多的人想要独立创业，而淘宝往往是其第一选择，门槛低、投入少，因此深得新手青睐。大部分人在开店之初茫然无绪，而这一切，都可以在本书中找到答案。

- **全面：**本书无废话，从挑货找货、店铺开通、美化装修、营销推广、流量转化、客服接待、发货管理以及手机淘宝操作等各环节内容进行讲解，适合各阶段淘宝卖家阅读。
- **系统：**本书由多年资深编辑加淘宝十年掌柜编写，图书内容不仅全面，而且按照淘宝开店流程来进行系统的讲述，全图解析操作，可以照顾到不同类型的读者。
- **专业：**除了作者本身，还有众多淘宝论坛管理员、资深淘宝讲师以及淘宝天猫卖家给予本书各方面的意见，让本书内容更翔实，更贴近淘宝卖家。

本书附赠教学资源，读者扫描“资源下载”二维码即可获得下载方法。

资源下载

这本书有何不同

本书非教程和经验之谈，而是一本实实在在的让你看完就能成功开店的好书。本书的秘诀是不让不懂淘宝的人来写书，不让懂淘宝但不会写文章的人来写书。

本书由淘宝业内专家讲师与出版社专业编辑合作完成，期望用浅俗易懂的语言、翔实简洁的图文步骤，将淘宝开店需要知道的、应该知道的内容知识完完全全地展现给读者，让你会开店、开好店，轻轻松松开个赚钱的淘宝店。

这本书适合谁看

毫不夸张地说，淘宝基本占据了网络购物的半壁江山，只要有网购的地方，就有淘宝的影子。不管你是学生、白领、待业青年、企业主，都可以轻轻松松开一个淘宝店铺，开始自己的创业之旅，而通过本书可以让你快速达到这个目的。以下读者群体均适合作为本书的读者对象。

学生：学生时代永远是最活跃和最易接纳新事物的，而且目前很多学校都开展了电子商务培训课程，可以为自己的未来多规划一条道路。

职场白领：现在越来越多的公司白领，虽然有着稳定的工作，但在淘宝购物的过程中萌生了自己开店、开展副业的想法。

私企老板：有着自己的小铺或工厂，有独到的货源或者其他优势，打算进军淘宝电商体系，打通线上市场。

淘宝卖家：除了以上人员，对于已经在淘宝开店的各类中小卖家来说，阅读本书也可以提高自己的店铺流量、转化，更好地提高自己店铺营业收入。

目录

CONTENTS

第 1 章

开店之初——应该做什么准备

第 2 章

寻找货源——跟随我来一起找货

第 3 章

美化商品—— 有了货以后我们应该怎么做

第4章 淘宝开店——万事俱备只欠东风，一起学开店

第5章 了解淘宝——知己知彼百战百胜

第6章 装修店铺——成为皇冠店铺的前提

CONTENTS

目录

第7章 开始铺货——万里征途始于足下

第8章 营销推广——做好这一切，让店铺流量多起来

第9章 流量转化——提高成交才是店铺目的

第10章 客服接待——店铺销售节节高

第11章 包装发货——将宝贝顺利送到客户手中

CONTENTS

CONTENTS

目录

第12章 玩转手机淘宝

第 1 章

开店之初——应该做什么准备

淘宝开店是一个非常简单的过程，从注册认证到店铺开通，可以说是轻轻松松，毫无技术门槛。在淘宝上面随便一搜，漫天的新开店卖家，其数量庞大到令人咂舌。但很多新开店的淘宝卖家，往往在成功开店后就茫然了，不知道下一步该做什么，怎么去做。导致这种情况的因素有很多，但最重要的应该是在开店之初没有合理的计划和准备。因此，本章就这个问题来做详细介绍，让大家明白淘宝开店之前一定要了解和准备的事情。

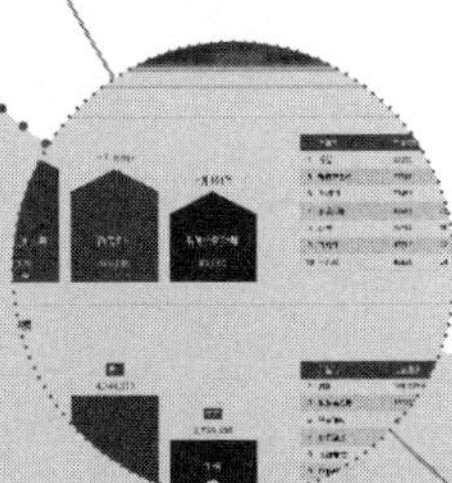

1.1 让我们聊聊电子商务

随着网络的普及，目前越来越多的人选择在网上创业，尤其以在淘宝网开店的人最多。而这批网上开店的人，往往被称为网商或电商，他们也是目前从事电子商务的主要人群。

既然从事电子商务，那么在淘宝开店之前，我们就非常有必要了解一下这方面的相关知识。

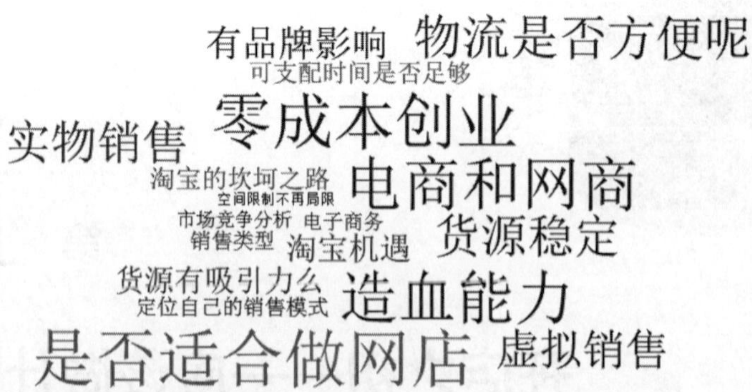

1.1.1 什么是电子商务

电子商务，相信大家都比较熟悉，现在很多大学都设有电子商务专业，网上也有很多这方面的培训内容。简单地说，电子商务就是指通过网上活动，来实现网上购物、在线支付及各种商务活动的一种在线商务模式。目前，主流的电子商务活动集中在在线购物（淘宝、京东）、SEM搜索引擎营销、SNS营销等领域。

1. 电子商务的起源与发展

国内的电子商务起源比较晚，大概是1997年末的时候才开始有一些媒体在网上进行广告推广，随后各大门户网站也开始探索网上交易的机会。

1999年，国内真正的电子商务开拓者“易趣网”在上海创立，它的出现，让当时大多数地方还没有网络的中国人认识到，原来还可以在网络上买东西！不过限于当时的网络环境，易趣的成长很缓慢。2002年，eBay和易趣结盟，易趣达到巅峰，不过这也是易趣衰落的开始。

其后的2003年，马云一手打造的“淘宝网”在杭州成立，通过“免费开店”，以及创立当时最先进的网络交易安全体系“支付宝”等举措，迅速拉拢人气，继而超越易趣，从2004年至今逐步成了国内电子商务的领头羊。

2. 电子商务的分类体系

熟悉了电子商务的概念，还有必要了解一下它的分类形式，这里简要叙述一下。需要明确的是，下面的B是指商家，C是指个人消费者。

- **B2C体系：** 指企业商家与个人之间进行交易的形式，如天猫、京东等，要求必须具有企业资质才能进驻，成为商家并向消费者出售商品。
- **C2C体系：** 这个体系是大家最熟悉的，也就是个人与个人之间进行交易的形式，任何个人都可以作为卖家或者买家存在。淘宝就是最典型的C2C类型，任何个人都可以通过淘宝注册成为卖家，继而出售自己的商品。
- **B2B体系：** 这个不用多说，主要就是企业与企业之间进行的交易体系，如阿里厂家出售商品，其他公司企业订购商品。
- **B2F体系：** 这是一种网上营销行为，可以理解为完整的电子商务流程。企业通过搭建网站，进行品牌推荐，目录导购，实现网络销售，进行送货和售后。可以说B2F是未来商业发展的潮流，所有线下企业都会逐步打造属于自己的B2F体系。
- **O2O体系：** O2O是目前非常火爆的一种电商模式，就是利用传统线下机会和线上优势的结合来促进交易的一种行为。它既可以通过线上来带动线下实体销售，也可以线下推广再到线上完成交易。如饿了么、百度外卖等饮食O2O，就是通过线上渠道来促进线下实体店铺的生意。

开店必知——电子商务的模糊边界线

以上几种模式可以是共有的，如O2O可以和C2C或B2B相结合，B2F和O2O相结合，B2C和C2C相结合。所以现在的各种体系其实已经没有严格的区分了，如淘宝现在也成立了天猫，企业和个人都可以成为商家。而类似阿里巴巴这种B2B网站，为了获得更多用户，也允许个人在上面订购商品。

卖家经验——淘宝和天猫的故事

很多人都认为，“天猫”就是“淘宝”，“淘宝”就是“天猫”，而实际上它们还是有区别的，这里就介绍一下这两兄弟的故事。

免费的集市店 淘宝网 Taobao.com

收费的商城店 天猫 TMALL.COM

不管是“淘宝”还是“天猫”，都隶属于“阿里集团”。淘宝又称为集市店，天猫被称为商城店，而天猫就是以前的淘宝商城。阿里在将淘宝打造成为国内C2C电子商务的龙头之后，为了抢占B2C市场，而将原有的淘宝商城单独打造成高端的“天猫”商城。

如果用户搜索某一种商品，天猫店的商品通常都是排在最前面的，而淘宝集市店的商品往往都排在后面，这是为什么呢？原因很简单，因为天猫店是收费的，每年都需要缴纳大笔的服务费用，所以天猫商家的生意往往比淘宝商家要好很多。而作为淘宝的免费用户，也就只能通过自己的努力来弥补这种差距了。

1.1.2 电商和网商的区别

上一节，我们阐述了关于电子商务方面的相关知识，而从事电子商务的这批人，通常被人称为“电商”。

而作为国内最大的电商群体——淘宝卖家，又似乎不感冒这个名词，反而喜欢叫自己为“网商”。

那么，它们到底是怎么回事呢？同为一个群体，却有两种称呼？

其实，电商和网商之争，责任人完全是淘宝的“掌门人”马云，下面一一道来。

电商和网商，从本质上讲是完全一样的。在2004年淘宝创立前，基本上都是使用电商这个称呼。而马云所主导的阿里巴巴集团，为了推出淘宝，在当时创立新的体系，打造品牌，并且在当年的6月12日在杭州举办首届网商大会。

也正是在会上，阿里巴巴提出了“网商”这一概念，认为在网络上从事商业经营的人群，将会成为未来中国电子商务的未来，这些“网商”的成功，将成为中国电子商务的成功。不得不说，时隔多年，这一预言已经成为现实。淘宝的网商群体，已经成为中国电子商务的“领头羊”。

开店必知——电商和网商的唯一区别

以上似乎说得有点复杂，对于想在淘宝开店的人来说，理解下面的就OK了。

在互联网上从事电子商务活动的个人或企业，可以理解为“电商”；而在淘宝上从事电子商务的个人或企业，可以理解为“网商”，毕竟入乡随俗嘛。

除此之外，在淘宝中，商品被称为“宝贝”；卖家或买家都互称为“亲”。什么！这都不知道，还不赶快把本书多读几遍。

1.2 目前进军淘宝的机遇和坎坷

实体经济的未来在网上市场，而网上市场的未来在“淘宝”。随着网购越来越盛行，淘宝的经济生态规模也越来越大。也正是由此，如今选择进军淘宝的个人和企业也越来越多。在本节中，我们就来谈谈淘宝的机遇、阻力以及抉择。

1.2.1 淘宝能给予的机遇

说起淘宝，相信国内几乎是无人不知，可以说网上购物就是淘宝的代名词，要购物，上淘宝，已经是很多年轻朋友的日常家事之一了。

淘宝网提供一种服务，让在该网站注册的一部分人成为卖方，而另一部分人成为买方。同时这两批人之间可以进行自由的网络交易，购买需要的商品或者贩卖自己的商品。

淘宝开店，就是用户在淘宝网上注册一个虚拟的网上商店（以下简称网店），然后将自己的商品信息发布到这个网店里（网页上），对这个商品感兴趣的浏览者通过网上或网下的支付方式向自己付款，最后店主通过邮寄等方式，将商品发送至购买者。当对方收到货后再返回淘宝网进行确认，完成整个网上交易的流程。淘宝网主页如下图所示。

开店必知——淘宝网上交易足够安全

为了避免买卖双方的其中一方产生欺诈行为，以淘宝为代表的C2C网站都提供了免费的担保交易平台，例如，顾客A向卖家B购买商品，它会将钱打进交易平台C的账户上，当卖家B向顾客A发货，并且在顾客A确认收货的情况下，平台C才会将钱转入卖家B，从而实现整个交易过程，而淘宝的这个担保平台就是大名鼎鼎的支付宝。

1. 机遇之一——强大的造血能力

网上交易平台不少，但最为强盛的当属淘宝。可以毫不夸张地说，没有淘宝就没有阿里巴巴和天猫的今天。

论淘宝的强大，不得不说淘宝天猫"双十一"活动，相信大家都知道，这个从2009年开始的每年一次的网购狂欢节，从2009年的5000万元，到2013年的350亿元，2014年的470亿元。创造了一个个神话，直接或间接为社会培养的就业岗位超过数千万个，这也间接证明了淘宝的强大。

由此可见，传统的线下商业模式都会逐步向网络经营靠拢，而淘宝开店基本上是目前网上创业的代名词。

开店必知——淘宝光棍节活动

从2009年开始，淘宝在每年的11月11日就会推出“光棍节”购物促销活动，从最开始的不被看好，到如今受到疯狂追捧，无疑是一个奇迹。其他电商平台京东、国美、苏宁在线等也都在淘宝的带领下，在这一天进行力度最大的促销，由此形成了中国网民熟知的一个购物狂欢节。虽然官方宣传的“双十一”是天猫主导，但实际上很多人记住的却是淘宝，天猫的流量也大部分是淘宝贡献的，因此说“双十一”是天猫的节日，那是不公允的，没有淘宝的支撑，天猫估计也没啥戏唱。

卖家经验——淘宝不只是开店

除了在淘宝开店之外，淘宝网还开创了众多子频道，让用户除了开店出售实体商品外，还可以选择其他方式赚钱，如提供装修服务、咨询策划服务，又或者为其他商家拍照、作为模特售卖自己的肖像权等。

2. 机遇之二——零成本创业

只要有心，有身份证，有属于自己的银行卡，那么开通一家属于自己的淘宝店铺是非常容易的事情，它不受任何其他条件的约束。

如果只是开一个淘宝店，而非天猫店，那么开店成本是非常低的，完全无须担负传统开店的门市转让费、租金、雇工费、商业水电气等各类杂费，而且网店可以根据顾客的订单来安排进货，库存可控，不会因为积货太多而占用大量资金。甚至，我们还可以采用零成本库存的分销方式来开店。

下图所示为网店与实体店的资金投入明细对比。

资金项目	网店	实体店
店铺租金	无（有押金）	高昂（视位置而定）
店铺招牌	无（可以设计）	通过广告公司付费制作
店铺装修	自由（可以定制模板）	通过装修公司付费装修
商品陈列（货架、展柜等）	自由（有推广费用）	付费定做
日常开销	少（电费）	开销数额视店铺规模与位置
员工工资	自由（可自营可请人）	每月需要支付一定工资
商品库存	无，或库存量少	需要具备一定库存

通过上表可以看出，相对实体店铺而言，网店仅仅需要支出商品的进货费用，而其他都是免费或者相对较少的。当然，具备一定规模的网店，可能会需要聘用员工，定期维护店铺页面，加大网上推广力度，这些都需要一定的费用。但一般的网店只要自己利用空闲时间经营即可，基本上不需要投入太多的人力。

关于网店的进货与库存资金方面，大家都知道网店所展示的只是商品的实物图片，这就可以等待买家下订单后再进货，零库存也可以做生意，或者是做商品分销代理，这样的网店也可以做到零库存。

3. 机遇之三——空间限制不再局限

一般情况下，实体店铺的客户对象都只是针对周边的人群，能覆盖全国的只有大型连锁店铺。而淘宝网上开店，就完全没有地域限制，既可以是自己所在城市的客户，也可以是省外、全国甚至全世界的客户。

可以这么说，只要卖家的宝贝有足够的吸引力，那么就不用担心客源的问题。全世界只要能够上网的人，都有可能成为你的客户。

同时，由于无地域限制，以及购买群体的广泛分布性，在淘宝开店后，我们也可以将自己所在地的特色产品，如传统小吃、特色水果、民族产品等在网上出售，这样产品就可以覆盖全国，任何地方的人都能够轻松购买到特产商品，如下图所示。

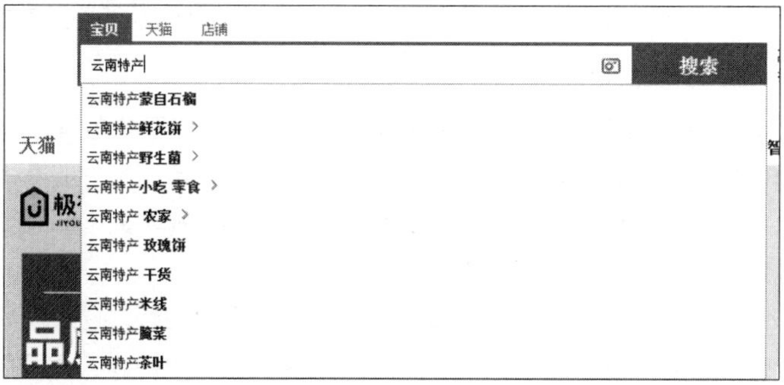

4. 机遇之四——多变的经营方式

网店的经营是借助互联网进行经营，经营者可以全职经营，也可以兼职经营，只要有一台能上网的电脑就可以开网店和经营，营业时间也比较灵活，只要可以及时查看顾客的咨询并给予及时回复就不影响营业。

首先，卖家并不需要时时守候在店铺中，顾客也可以在任意时间段浏览店铺中的商品并购买，而卖家只要在收到购买信息后，抽时间准备并尽快发货即可。

其次，对于销售虚拟物品的网店来说，当买家购买虚拟物品后，后续的发货、收款等一系列流程都是自动的，卖家只需定时到网店收钱，并补充库存就可以了。因此，绝大多数只要能经常上网的朋友，都可以开设自己的网店。

另外，网上开店不像网下开店那样必须要经过严格的注册登记手续，网店在商品销售之前甚至可以不需要存货或者只需要少量存货，因此可以随时转换经营项目，可进可退，不会因为积压大量货物而无法抽身。

我们可以通过以下图来直观理解网上开店的诸多特点与优势，只要做好了充分的前期准备，实现网上开店的梦想并不遥远。

比较项目	网上商店	传统商店
开办手续	网上注册（个性设计）+商品信息上传	商品店面+工商注册+装修+进货+专人看店
成本开支	商品采购成本+网店担保金+装修费用+网上交易费用+网上广告宣传费用	商品采购成本+库存仓租费+库存商品资金占用利息+员工工资+场地租金+税金
营业地点	选择一个合适的购物网站即可	营业地点的选择与客流量、投入资金有紧密关系
营业面积	店面的大小与实际的销售额没有对应关系	面积增大需要大幅增加资金投入
营业范围	全世界任何有网络的地方，没有地域限制	针对商店周边的一些消费者，明显受地域限制
营业时间	24小时全天候接受订单	正常的营业时间内
商品库存	无，或库存量少	需要具备一定库存

5. 机遇之五——身份的改变

笔者从2005年开始做淘宝店，当时支付宝还在艰苦地竖立自己的名声，网上卖东西被当成骗子的概率是比较高的。甚至多年以后，如果大学毕业去从事淘宝而不去上班，也会被认为不务正业，好逸恶劳，和玩游戏丧志的青年没什么差别。现在很多金冠卖家，那时候都是顶着流言蜚语，迎着艰难困苦才成长起来的，值得尊敬。

当然，以上的这一切已经成为历史，随着近几年电商的强势崛起，越来越多的家长乐意把自己的孩子培养成未来的电商。社会舆论对于电商从业者来说，也是持非常开明的态度，从政府层面的万众创新、大众创业就可以看出来，现在国内的市场已经面临转型，从传统行业向服务业，特别是线上大幅靠拢。

卖家经验——转型可能会死，不转型就是等死

近年来，受网络的冲击，实体经济越发窘迫，特别是服装鞋帽等更新较快的行业，表现特别明显。相信大家多已经发现或者自己也在尝试，到实体店试穿了某款衣服后，记住货号、颜色、型号等相关信息，然后回家上淘宝网购买。如果说以前这种现象只局限于一些杂牌韩版服装，那现在已经有越来越多的时尚大牌爱好者也开始在网上寻找自己喜欢的商品。

受此影响的还有手机、电脑、图书等诸多传统行业，早几年曾经热火朝天的手机批发市场、大街小巷遍布的书店、音像制品店都越来越少，很多都仅靠老顾客苦苦支撑，更多的早已经关门转型做淘宝了，剩下的人，对于未来，往往充满了担忧。

以上种种，就连庞大的万达都坐不住，开始与百度和腾讯合作打造线上交易平台。试想作为传统的小老百姓，我们又有什么理由不在开始就选择正确的行业，或者说尽快转型做未来的行业呢？

1.2.2 淘宝的坎坷之路

不得不说，淘宝的强大让众多其他类型电子商务网站纷纷叫苦不迭。基本上想在网上创业的朋友，都会第一时间想到淘宝，而不是其他。

这也造成了淘宝最大的阻力，那就是从业人数众多，商品种类大都重复。在这种基础上，对于新开店的淘宝卖家来说，往往难于突破，甚至于一些已经经营很长时间的商户，也在这种情况下迷失方向。

1. 坎坷之一——惨淡的性价比

现在，由于淘宝商家竞争激烈，很多拥有一线货源的商家就比较有优势，可以通过特价手段抢占市场，而对于货源优势不明显的商家来说，从开始就处于劣势。如销售服饰鞋帽的商家，往往都集中在东南沿海地区，他们就具有相当的货源优势。

2. 坎坷之二——淘宝是门技术活

由于商品种类太多，淘宝默认只能显示100页的同类商品，如果不争取将自己的宝贝排名提前，就没有顾客光临，其结果可想而知。而很多小卖家不懂SEO搜索优化，往往搜索排名低迷，商品从上架开始就一直没有销量。

除此之外，不管对于宝贝还是店铺，都需要进行合理的美化，这样才能更好地吸引买家，而众多小卖家并没有这方面的技术，往往店铺简陋，商品简单，这样即使有买家进店，通常的结果也是流失。

3. 坎坷之三——推广成本加剧

淘宝最初的几年，推出了很多帮助卖家进行推广的服务或手段。如今，随着大量卖家用户的涌进，原来的大部分推广服务都已经变成收费服务。其中最有代表性的就是“聚划算”团购活动，以前卖家只要满足条件，都可以自由报名进行免费推广，而现在，“聚划算”是目前淘宝付费推广中最贵的，动辄十几万的报名费让众多中小卖家望而生畏。

4. 坎坷之四——偏袒中涅槃

淘宝的规则一变再变，一切以买家为主，很多方面来说对于卖家极其不公平，如一件商品在交易中买家和卖家双方都有错误，那么淘宝更倾向于买家，这对于卖家来说，只有用更好的服务去迎合买家，造成服务成本上升。

5. 坎坷之五——做卖家很辛苦

在淘宝出售商品，客户就是上帝，不管遇见什么样的客人，都得以礼相待，不管什么时候，都得及时响应，客户可以骂你，你不能回骂，否则淘宝会管你。很多新手卖家因为屁大点事也可以让你精神崩溃，商品稍微有点问题，投诉、中差评，往往让人夜不能寐，这个并不夸张，而是很多淘宝经营者都会遇到的情况。

1.3 了解自己是否适合做网店

了解淘宝开店的机遇和难点之后，相信大家都会对淘宝开店有一个自己的认识。但是，光有对大环境的了解还不行，我们还应该从自身角度出发，看看自己是否适合开网店。

1.3.1 可支配时间是否足够

我们要在网上经营一家淘宝店铺，虽然表面上不需要像实体店一样，随时守着店铺，但是这不代表我们就不需要时间在线。因为在实际的淘宝店经营过程中，或多或少的都有一些问题需要上线与买家进行交流以及对店铺进行管理。

因此，大家在开网店之前，首先得要考虑自己上网是否方便，是否有足够的上网时间来回答买家的问题。

另外，当店铺发展起来以后，不管是联系快递、寻找货源，还是打包商品等，都需要占用一定时间。

那么，是不是没有多少时间的人就不适合开网店呢?

答案是否定的，是否有充足的时间只是开店的一个方面，我们需要结合其他条件综合分析。

如果是没有足够时间发货，可以选择网店分销代销的方式，这样就无须为货源和发货而发愁。

如果是没有时间登录旺旺接待客户，可以使用千牛（手机版卖家工具）回答买家疑问，甚至请专人帮忙看守网店。

开店必知——如果没有上网条件，可以开网店吗

网店的目的是销售商品，而销售商品又必须涉及交易，为了保障交易资金的安全，建议最好有自己的私人上网场所，如在自己家里，或者自己的办公室，最好不要在网吧等公共场合经营网店，或者管理交易状况。

卖家经验——尽可能保证在线时间

在线时间对于淘宝老卖家来说，还有一个公开的秘密，那就是在线时间越长，在线时与买家的沟通解答速度越快，那么对于自己店铺宝贝的排名会有一定帮助。因此，尽可能利用更多时间来经营自己的淘宝店，是非常重要且必要的。

1.3.2 货源是否有吸引力

从理论上讲，任何性质的商品（在国家法律允许的范围内）都可以在网店中进行销售（包含实物类、虚拟类、服务类等），但事实上，往往只有那些具有独特吸引力的商品才有可能畅销。

因此，我们在开店时还应该综合分析自己找到的货源，看看是否有足够的吸睛能力。毕竟，我们开网店的目的就是为了赚钱，如果商品销售不出去，这一目的就无法实现。

1. 商品性价比一定要高

如今在淘宝等网上进行购物，图的就是便宜，如下图中同样一款明星同款衣服，其中一家卖158元，另一家卖189元，如果你是客户，你会选择哪一家购买呢？答案很明显，因此大家在选货时，一定要选择利润率高的商品，以便把利润让给顾客，把商品的销售价格降下来。

卖家经验——最具有竞争力的商品

商品的销售价格=卖家的进货价格+卖家的利润。在利润固定的情况下，能找到价格更低的货源，就意味着商品的销售价格可以更低一些，在同类商品中就更具有竞争力，更容易吸引买家。

2. 尽量做到时尚且独特

网上的商品最好能跟上时代潮流，尽量去做时下比较热门的商品或服务，如服装类商品是否是当下的流行趋势，数码类商品的配置是否是当前主流等，很多买家在网上购买商品时，都会对商品的时尚性非常关注，如果是一些过时的商品，往往会被淘汰。

另外，在网上销量较好的商品，往往都具有一定的独特性，商品本身越具特色就越有亮点，就能吸引买家的注意，如下图所示。反之，如果商品太过普通或大众化，或者现实中随处可见，那么其在网上销售的价值就很低了。

卖家经验——专卖本地商品

对于一些找货源不方便的卖家来说，实现“独特”这一点比较困难。因此找到的商品往往趋于主流，但却显得平庸，这个时候可以通过分析网上买家的需求，来进行细化，尽力减少大环境对该商品销售的影响。如全国这种商品很多，那么我就专门做本地市场，也能有不错的效果。

3. 商品的售后越少越好

大家都知道，淘宝网店销售的商品，基本上都是通过快递的方式来发送到买家手中。因此，在运输过程中，很有可能造成商品的损坏，这个时候买家通常会比较生气，作为卖家，就需要花费大量的人力、物力来与买家进行沟通解决。

其次，类似服装鞋帽等产品，由于自身特色，虽然销量大，但是也容易出现返货返款的情况，如质量、色差等问题，卖家在售后的时间成本将大大高于售前的成本。

因此，大家在选择商品时，有可能的话，尽量选择那些无须售后，或者售后尽可能少的商品，如下图所示的品牌首饰，只要商品与图片描述一致，那么基本不会存在买家回头要求售后的情况。

卖家经验——多请教周边人群对商品的看法

从目前的网上交易情况来看，在网上购物的群体以年轻人为主。因此，当我们准备开网店时，可以和身边经常上网购物的学生或者上班族进行交流，多听听他们的意见，因为这些人就在一定程度上代表了你的潜在客户；当然也可以咨询开网店的朋友，结合更多的意见来选择自己将要销售什么商品。

4. 是否具有品牌影响力

大家选择商品的时候，可以优先考虑品牌，看其是否具备一定的影响力，因为品牌价值对网购的影响要比线下店铺更大。道理其实很简单，网上购物无法看到商品的实物，因此很多买家在选购商品时，对品牌的依赖性就比较大，好品牌在一定程度上体现了产品的优良性，更容易获得买家的信任。

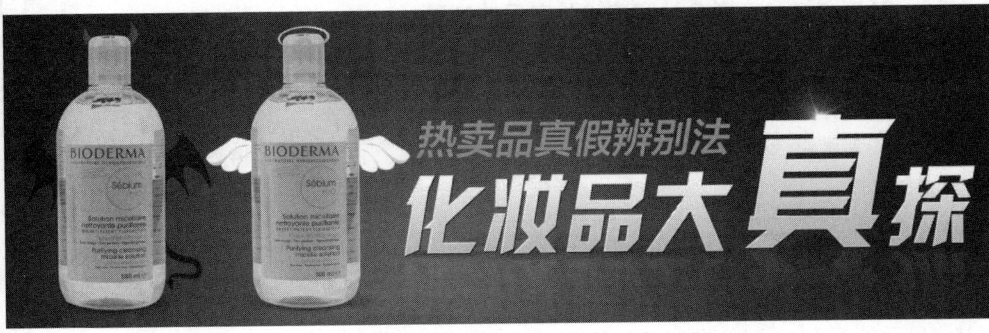

卖家经验——产品图片要好看

在网上交易过程中，大部分的买家都是通过卖家所提供的商品图片和价格来选择是否进一步查看商品。因此，除了价格外，作为卖家的我们，一定要想办法通过图片和文字描述让买家对商品产生兴趣，促使买家产生购买欲望。

5. 货源的稳定性很重要

在挑选商品的时候，除了之前介绍的几个筛选商品的方法外，货源的稳定性也是必须要考虑的因素之一，而且可以说是最重要的因素。在多数情况下，淘宝网店货源是否稳定，会决定你的店铺是否开得下去，能开多久。

因此大家在开网店之前，一定要对供货商家进行细致的考察分析，供货方的规模与能力在一定程度上决定了货源是否稳定，如果要长期经营其商品，那么供货商的发展与前景也是需要关注的。如果供货商不能提供稳定的货源支持，即使商品很好，我们也只能选择放弃。

开店必知——货源稳定性压倒一切

商品货源是网店的根本所在，如果我们无法找到稳定的货源，那么即使其他方面具备很好的条件，也是无法开网店的。新手卖家们，在选择商品时一定要切记！一般而言，考察货源是否稳定的因素主要有：是否经常缺货、供货是否及时、货物质量是否参差不齐、厂家是否提供售后服务等，这些因素都对网店的经营有至关重要的影响。打个比方，你通过活动销售了1000件商品，但是厂家只有100件，那么另外900件发不出去了，按照淘宝的规定，你将可能面临封店的严重后果。

1.3.3 物流是否方便

物流是淘宝卖家，特别是新手卖家亟待解决的第一环节。如果我们是自己进货并在网店中销售，那么商品的发货是否方便就比较重要了。

开店必知——学会让客户检验自己的商品

商品和物流之间有可能产生冲突，如某地方特色产品，具有唯一的独到性，而且价格各方面也有优势，但就是不好运输，物流成本高昂。那么这个时候就可以考虑交给买家来决定，先放到店里，看销售情况，如果销售良好，就可以大量销售，由此通过走量来减轻运输所带来的经营成本。

目前，大型快递公司基本在全国各城市乡镇都普及了，但对于一些偏远山区，就需要考虑一下快递是否方便了，一般这些地方的卖家有以下几个问题。

- **快递无法到达**：如果所在地快递无法上门服务，那么发货就是非常麻烦的事情，尤其是对于生意较好且经常需要发货的卖家。所以，如果自己不在各大快递公司的服务范围内，那么可能就不适合开网店，因为这样物流成本相对会很高。
- **快递费用高昂**：对于一些城市郊区等比较偏远的地方，有些快递公司是可以加价上门服务的，这就意味着买家需要支付更多的运费。在充满竞争的购物网站中，如果自己的运费高于其他卖家，那么多半是无法留住买家的，除非我们的商品利润非常高，或者非常有特色，这样可以通过高利润来抵消部分快递费用。

同时，卖家最好拥有一个固定的联系地址，便于快递上门取货，并且最好能够在众多快递公司中选择一家服务、信誉良好的建立长期合作关系，这样不但发货及时方便，而且货物一旦发生损坏、丢失等情况，解决起来也会省事一些。

卖家经验——不能说的秘密

通过百度地图搜索本城市的快递公司，能够快速准确地找到相关快递公司的信息。当确认快递公司以后，最好能够长期合作，这样不但可以节省快递费用，而且对快递服务质量也能够很好地进行掌控。

现在的淘宝商家太多了，所以对于新开店的卖家，快递公司一般都不会给什么优惠，都是按照对外正常价格来接单，如10元一件。因此大家在找快递的时候，尽量把自己装得老成一点，冒充自己是淘宝老手，适当吹嘘一下，这样把价格砍到8元/件是可以的。当然，如果你的确有实力，发货量能快速增大，那么4~6元/件也是可以的。

这里告诉大家一个秘密，如果需要协商快递的价格，那么直接找快递公司的业务员沟通即可，千万不要打电话和快递公司谈，不然6元都可能涨成10元，为什么呢？因为你砍下的价格是快递员的利润，只要你发货量大，那么快递员可以薄利多销。

1.4 理清思绪开始详细计划

在了解了自己的“开店素质”后，准备开通网店之前，还应该做一个思路统筹和计划安排，只有知己知彼，才能百战百胜。因此，先通过以下手段进行一些线上市场考察，然后才可以进入实质性的开店工作。

1.4.1 淘宝买家分析

没有调查就没有发言权。对于网上购物来说，其随意性很大，作为淘宝卖家，尤其是新开店的卖家来说，第一要务就是分析这批网购人群，以便有针对性地进行后期工作。

1. 网购买家的年龄分布

从年龄分布来看，目前淘宝买家中以18~24岁的人群占比最高，其次是30~34岁的人群，如下图所示。

年龄分布

导出数据

序号	年龄	成交人数
1	18岁-24岁	23668
2	30岁-34岁	3267
3	40岁-49岁	775

开店必知——这类人不偏好网购

年龄偏小的朋友，由于没有经济实力，再加上年纪限制无法开通网银，因此网购很困难；而一些年龄偏大的用户，对电脑不熟悉，缺乏对网购所需知识的掌握，所以这两种类型的人都不怎么偏好网上购物。

2. 网购买家的性别差异

在淘宝网购物的人群中，性别特征明显，其中女性明显要比男性更偏好于网购，淘宝“数据魔方”工具提供的淘宝2015年男女消费者比例图示如下。除此之外，在类似京东、拍拍、易趣等其他网购平台上，也基本上都是呈女多男少的局面。

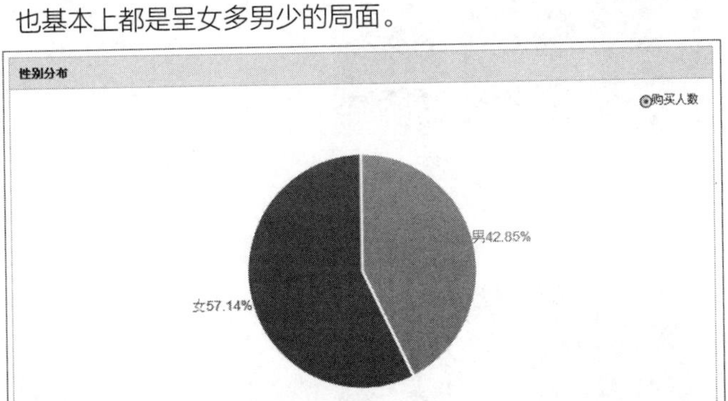

买家视角——大老爷们有人代购

在网上购物的男性，基本上是蜗居的IT宅男类型，而更多不经常接触网络的男士，日常购物需求，基本上都是由另一半代劳，因此，网购中女性用户居多是显而易见的。

3. 网购买家的地域分布

网上购物的买家，基本都在经济较发达的地方，这主要因为发达地区网络布局完善，交通物流设施方便，这样就比较方便买家的购买和收货。

除此之外，一些传统休闲城市，偏好网购的人也不少，而偏远地区的网购人群相对要少一些。

1.4.2 网店市场竞争分析

有句话说得好，市场有多大，竞争就有多激烈。目前全国各大购物网站中所销售的商品种类非常多，可以说只有想不到，没有买不到。因此在选择自己的主打商品前，应该进入这些网站中，看看自己将要销售的商品，有没有其他卖家销售，如果有的话，就说明该商品在网上有市场需求，这个时候就要对商品的品牌、价格进行对比，看看自己将要销售的商品，与其他卖家的同类商品在品牌与价格上是否有优势。

本书主要介绍淘宝开店，所以这里就以淘宝网为例，目前淘宝网的卖家数百万计，涉及数千个商品分类，包括服装、鞋帽、数码、食品等。在这种情况下，不管我们选择销售什么样的商品，基本很难能做到唯一性，都会存在同类或者相似商品的竞争。

那么作为淘宝新手，我们如何找到那些好卖且被搜索得多的商品呢？其实很简单，淘宝提供了一个排行榜工具，大家都可以使用这个工具来分析当前淘宝网上的整体状况。

打开淘宝排行榜（http://top.taobao.com），打开排行榜首页，这里显示“今日关注上升榜”和“一周关注热门榜”，我们可以通过它来查询畅销的商品排行，然后选择销量高的产品进行参考，如下图所示。

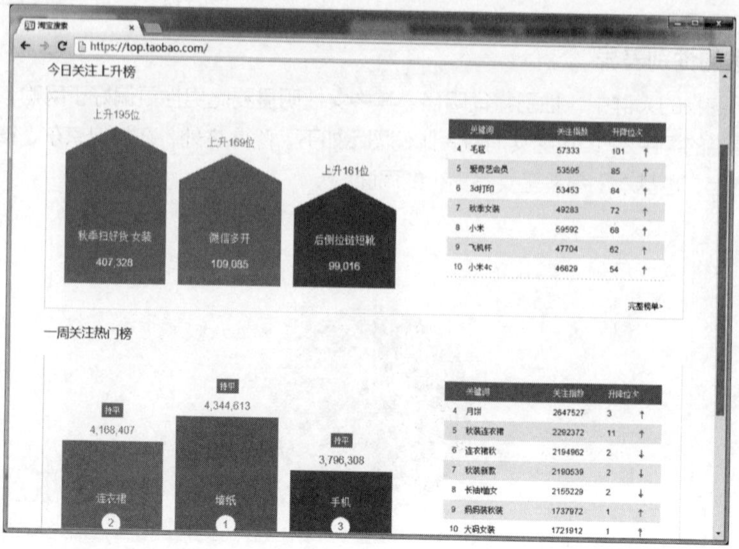

● **今日关注上升榜**：这里显示今天所有被买家搜索的关键词排行，上升越快，证明这个产品潜力越大。如毛毯，最近天气突然冷下来，所以搜索毛毯的人这两天突然暴增。

● **一周关注热门榜**：这里显示最近一周哪些关键词被搜索的次数较多，排名越靠前的热度越高，肯定也说明相关商品在这一周的销售越好。

综合查看今日关注以及一周热门，看看哪些商品被搜索的次数较多，然后对比自己的商品，看看是否具有吸引力。

开店必知——动态排名

淘宝榜单是动态的，也就是有些词可能是某天搜索的人多，但是隔一段时间可能就会消失。如“月饼”，因为刚好是中秋期间，所以搜索热度暴增。但是当中秋以后，就会渐渐无人问津，这个产品词的排名就会靠后。

另外，我们也可以单击导航栏的其他几大类目，如我们打算销售特色食品，那么就可以单击“食品”类目来进行市场观察，如下图所示，这里包含了更多的信息，除了搜索上升榜和热门榜外，还有销售上升和热门榜及品牌榜单等。

同时下方还将显示具体的商品，单击这些商品可以直接查看并进入该商品所在商家，这些都可以作为我们的竞争对手进行目标分析，以确定自己未来店铺的经营方向。

卖家经验——数据分析很重要

只有认真、细致地分析了自己的竞争对手，然后再结合自己的实际情况，选择合理的经营模式和商品，才能突破新手开店的局限，一举获得成功。而且在成功运营店铺后，也需要实时观察自己店铺的各种数据，并进行各种优化，这方面的内容将在后面章节中介绍。

1.4.3 定位自己的销售模式

目前，淘宝网上商店可供出售的商品种类繁多，五花八门，除了传统的实物商品，还可以出售虚拟商品，甚至销售各种线下服务，这让很多淘宝新手感到无所适从，下面我们就来分别针对几个主要的销售类型进行介绍。

1. 实物销售模式

通俗地讲，实物商品就是目前市场上所有能够看到，并且能够通过交易进行正常接触使用的商品，它的范围相当广泛，基本覆盖了所有人们生活所需的方方面面。大到汽车、电器，小到服装、鞋帽，把人们的衣食住穿行都囊括在其中。

目前，淘宝网上销售实物的卖家主要有两种。

- **自有宝贝销售**：这种销售模式适合拥有独立公司、实体店铺，或者全职从事淘宝店铺经营的用户。他们通过自造、市场批发或者直接从网络批发中心购买需要的实体货物，然后进行拍照，最后上传商品到网店进行销售经营。
- **分销宝贝销售**：分销是指卖家自己没有商品，而通过上架供货商（自有宝贝提供商）提供的商品进行出售，然后从销售利润中提取差价的一种经营模式。这是一种全新的销售模式，目前在淘宝新人圈内非常红火。

开店必知——零成本的网店创业模式

一般实体批发完全是自己找货、定价、上货，这种方式需要一定的资金和库存，占用时间较多，也比较辛苦，但是经营利润也是最大的。目前皇冠级别的大卖家都是这种销售模式。

而分销属于零投资零库存的销售方式，无须库存积压，无须发货，只需每日做好宝贝销售工作即可为自己赢得丰厚利润，更多详情将在本书第2章批发货源章节进行详细介绍。

2. 虚拟销售模式

虚拟商品通常是指那些以数字形式存在的商品，主要跟网络有关，通常指网络游戏点卡、网游装备、QQ号码、Q币、手机话费、软件序列号、电子书等。这类宝贝一般是通过一些第三方平台或软件提供，然后在淘宝网上进行出售的。

淘宝官方对虚拟商品的定义为：无邮费，无实物性质，通过数字或字符发送的商品，如下图所示。

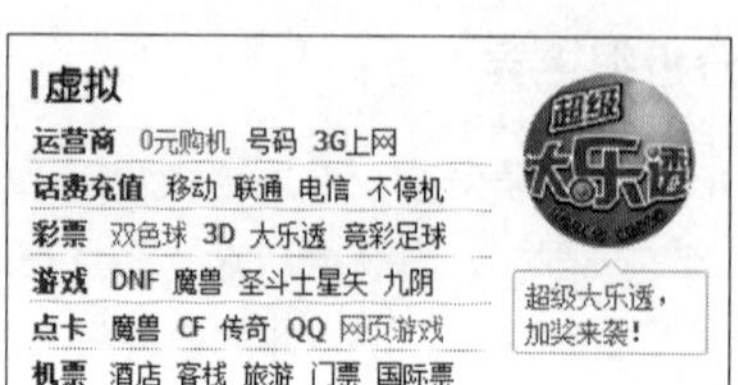

虚拟商品主要有以下几种。

- 网络游戏点卡、网游装备、QQ号码、Q币等。
- 移动/联通/电信充值卡等。
- IP卡/网络电话/软件序列号等。
- 电子书，网络软件等。
- 各种辅助功能商品等。

由于虚拟商品无实物性质，所以一般在网上销售时默认无法选择物流运输，通常是当买家买下后就自动发货，人工干预较少，一般无须售后，对一些爱“偷懒”的卖家来说是一种比较好的淘宝开店方式。

3. 服务销售模式

随着网店的盛行，很多拥有专门技能的个人和团体也开始在淘宝网上提供相应服务，如为卖家提供商业摄影、装修服务、网站开发，甚至本地婚庆包办、教育咨询、美食配送等。总的来说，一般提供这种服务的都是有一定团队背景或者相应专业技术的卖家，如下图所示。

1.4.4 确定自己要销售的商品类型

中国地大物博，每个人所在地区不同，所能接触到的商品货源渠道也不尽相同。因此大家在准备开网店前，就应该先对自己能接触的各种货源渠道进行分析，然后找到并确认自己要销售的商品类型。

如果是已经拥有实体店铺的商家，那么本身就占有了商品优势，将自己实体店铺的商品在网店中销售，则所有商品都是现成的，无须单独寻找货源、进货，同时还扩大了自己商品的销售区域，而且实体店与网店经营两不误。这对于实体店而言，通过网店可以增加宣传力度，吸引潜在顾客；对网店而言，由于具备了实体店铺的支持，将会在很大程度上增加网上买家的信任度。

如果是刚准备开网店的朋友，那么应该选择自己所熟悉的行业或渠道，这无论对于商品的利润，进货或者日后的退换货，都有一定便利性。如自己在手机行业工作，对特定的手机渠道比较熟悉，就可以经营数码类产品；对化妆品行业较为熟悉，或熟悉其渠道，就可以经营化妆护肤品。

卖家经验——卖什么产品从自身出发

首先，我们要问问自己喜欢什么，究竟对哪些商品感兴趣，如果我们自己都不喜欢，是不能让买家喜欢我们的商品的。同时，也挖掘一下自己擅长什么，做自己擅长的，无疑就是一种竞争优势。这就是我们定位的第一步：专业才能专注。

如笔者喜欢钻研互联网，经常混迹于淘宝，那么就可以开一家面向淘宝卖家的综合性服务店铺，专门为开店有困难的卖家提供相关服务，如店铺装修、官网建设服务等。

第 2 章

寻找货源——跟随我来一起找货

货源是网店立足的根本，没有好的货源支持一切都是空谈，即使拥有再好的推广，再好的流量也没有什么用。可以毫不夸张地说，如果找不到优秀产品，那么本书后面的内容都可以忽略，因为这一切都需要好的产品货源去支撑。

货源是开网店需要迈过的第一道坎，没有好的货源，就无法在淘宝上立足。另外，网上店铺的利润不高，除了找到好的货源外，还应尽力减少进货的成本，这直接影响网店的盈利。那么，如何才能找到物美价廉的进货渠道呢？下面介绍网店主要的货源途径和有效地寻找合适自己的货源的方法。

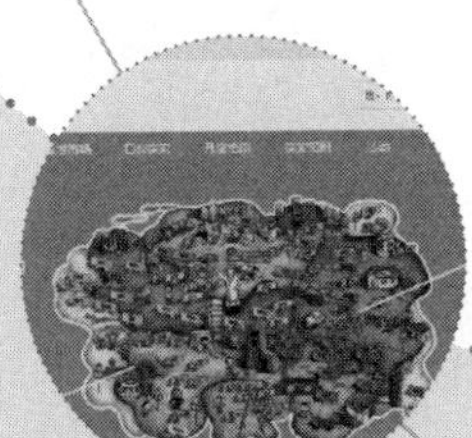

2.1 闲聊淘宝货源渠道

近年网上购物的盛行，淘宝逐渐成了一个成熟的购物平台，并迅速占领了在线购物平台的市场。淘宝的成功主要基于淘宝买家的众多，另外，作为卖家，为了满足这些体量庞大、越来越挑剔的客户，不断推陈出新，寻求货源的多样化，以迎合买家所想所需为主。

对于计划新开店的朋友来说，如何找货源，从哪里找货源，往往是开店之初最关心，也是最头痛的问题。下面就货源的渠道进行分析。

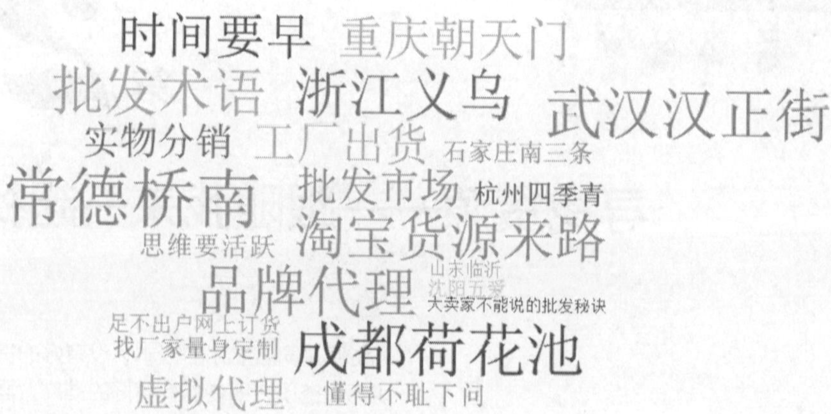

2.1.1 淘宝货源来路分析

目前，淘宝开店掌柜的货源渠道主要有：批发市场、工厂出货、品牌代理、海外代购、库存积压等。而由于行业、季节、地域，以及部分卖家个人的原因（兴趣导向、店铺等级）等影响，都促使淘宝货源不同。

从总体数据上来看，排名比较高的服装、化妆品等几大类目，众多卖家所选择的货源主要有批发市场、工厂出货、品牌代理及其他一些渠道，比例图示如下。

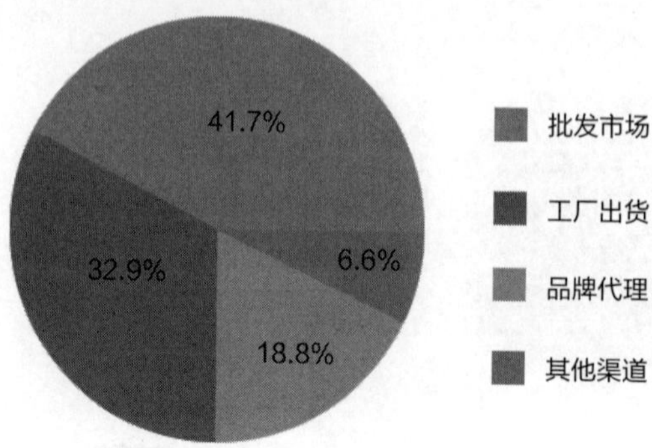

> **开店必知——网络渠道货源**
>
> 这里主要介绍几种淘宝实体货源，而基于网络渠道的虚拟货源，如目前很多卖家采用的分销代理不在此列。因为一般供货商的货源基本也是采用的以上几种。

1．批发市场

淘宝网店货源的主要来源是各地的批发市场，一般新开店的卖家，最先想到的是去批发市场里寻找货源，网店初期就寻求品牌代理或者工厂代工并不现实，因为这需要一定的资金成本，不适合新手卖家。

对于一些成长起来的大卖家，最开始也是从批发市场淘货，然后慢慢成长起来的，特别是在广州、义乌等批发市场发展好的城市，附近总出现淘宝卖家的身影。

> **开店必知——淘宝村**
>
> 现在比较流行的一个词就是“淘宝村”。它是指很多做淘宝的人，经常聚集在大型批发市场周围群居，长此以往，其群居的地方就渐渐形成的一个淘宝生态圈，俗称“淘宝村”。在广州、杭州等地，屡见不鲜。

2．工厂出货

选择工厂出货的，一般有两类人，一类是本身就拥有渠道货源的工厂或者实体企业，他们自身在生产方面往往积累了丰富的资源和经验，试图转型到电子商务行业进行再创业。

笔者认识的一些朋友，本来是做鞋、服装的厂家，以前只做实体批发，而客户群体中很多淘宝卖家，经过接触和意识的增强，他们认为淘宝是突破实体经济圈，进行渠道开发的新平台。因此，他们转型做电子商务，而且其中大部分人以网店为主，而本身工厂只做代工，放弃了实体批发。

另一类，就是在淘宝网发展起来的大型卖家，由于销量好，所以为了节约更多成本，创造更多性价比商品，就放弃去批发市场淘货，自己联系工厂代工打造自己的产品，如下图所示。

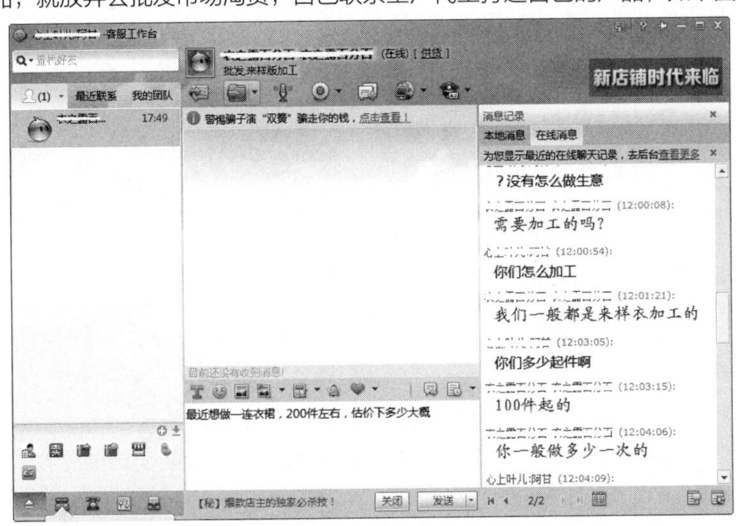

卖家经验——代工不是那么高不可攀

很多卖家觉得代工工厂高不可攀，量小没名气一般不会有工厂给自己代工，其实不是这样。现在很多厂家，已经全面开发线上渠道，基于很小的条件即可接受卖家代工要求。因此有兴趣的朋友可以尝试联系一下这些厂家。

另外一些卖家所在城市工业不发达，或者性格比较内向不知道如何与厂家人打交道，可以选择选择外地厂家，通过旺旺等渠道进行联系了解，一般我们可以在阿里巴巴等地方寻找到他们的身影。

3. 品牌代理

品牌代理意指在淘宝网上出售经过授权的知名品牌产品。一般这类卖家都是自身有实体店铺，并获得该品牌授权。他们通过网上销售，来扩大自己的经营销售渠道。

代理商的机会：一般加盟型品牌产品，在进行传统销售时，都会进行区域性限制，如成都某品牌产品的实体加盟商，必须在成都授权范围内进行销售。而他如果是区域代理商，也仅限于省份，也就是四川范围内进行销售。而通过网上渠道，则可以把这些产品销往全国，打破产品销售壁垒，给加盟商带来更大的利润。

品牌方的无奈：传统品牌方厂家，一方面乐于各地经销商代理商扩大销售渠道，带动批发利润。但同时也颇为忧虑窜货问题。如某童装品牌厂家，在全国各地都有区域代理，某湖北代理通过淘宝网上开店，将商品低于线下批发价格批发给其他区域。这造成了其他区域代理的不满，全部找厂家进行投诉抗议。基于压力，厂家不得不通知湖北这家代理下架所有自己的产品。无奈加强产品管控，保证实体与线上的统一。

在以前，品牌加盟的难度挺大的，基本淘宝上的品牌宝贝，都是厂家自营，或者一些线下获得代理权限的实体店铺在出售。在解决了产品管控问题后，为了吸引众多线上大店铺的关注和支持。越来越多的品牌商正大力发展自己的网络分销体系，让众多淘宝卖家可以零成本创业，有更多的选择。

热招品牌 目前正在热招分销商的品牌

MO&Co. DE PARIS	PHILIPS	ANTA	361°	BAGE	
mo&co	飞利浦	安踏	361	八哥	特步

卖家经验——互联网永远是双赢的局面

有困难就要突破，对于双方面都积极响应的事情，如果因为传统渠道原因而放弃无疑是非常可惜的。因此一些品牌厂家也用互联网思维开始转型，最典型的就是一些数码品牌厂家，他们一般专门为线上打造一批用于网上销售的产品，这类产品使用同一个品牌，但是与实体店产品又有所区别，这样就能够发挥品牌的线上力量，同时掌控了渠道，不与传统实体产品混淆。

4. 其他

前面介绍的3种淘宝货源并不代表全部，事实上还有其他的淘宝卖家，有自己的独到货源来路。如家乡特产品、DIY手工制品、商城库存、海外代购、工厂尾货甚至外贸跟单等，下图所示是一家手工打造辣酱产品的小卖家。

卖家经验——货源就在身边

建议新晋的淘宝卖家，在货源选择上不应局限于现有知识，而应该努力开拓属于自己的市场货源渠道。如上图所示，卖家是一个年轻的女孩，因为平时就喜欢捣鼓点酱料，在开淘宝店后，由于所在地比较偏远，找不到合适的货源，因此最终选择自己来打造货源，在新开的淘宝店里出售自己亲手炒的鲜香辣酱。所以在淘宝，永远没有找不到，只有想不到。

2.1.2 国内主要批发市场介绍

目前，全国各地都布满了大大小小的各类批发市场，如广州十三行、杭州四季青、浙江义乌、江苏常熟、成都荷花池、昆明螺蛳湾、重庆朝天门等批发市场。一般这类综合市场云集了服装、化妆品、首饰、食品、餐饮用具、窗帘以及各种生活用品等，基本上覆盖了人们日常生活所涉及领域的商品。

1. 浙江义乌

浙江义乌是全国综合性批发市场基地，其中发展比较好的是小商品市场，也就是中国小商品城，这里覆盖了大多数的百货货源，只有你想不到，没有你买不到。

因为小商品城商品的云集，所以很多商人都能在义乌找到自己中意的商品，并且在价格上也有优势。当然，除了小商品，其他商品在这里也是随处可见。

中国小商品城并非独立的个体，它是由义乌众多专业市场簇拥形成的批发群体。包括福田市场（义乌国际商贸城）、宾王市场（如下图所示）、篁园市场、针织市场、眼镜市场、化妆品市场、家电市场等。整个市场辐射多达30多个行业、数千个大类、数十万种商品，几乎囊括了工艺品、饰品、小五金、日用百货、电子电器、玩具、化妆品、文体、副食品、钟表、纺织品、服装等人们日常生活所需用品。

2. 山东临沂

山东临沂是全国综合性批发市场最密集的城市。临沂批发城自20世纪80年代兴起，逐步成为国内首屈一指的著名综合批发市场。其总建筑面积60多万平方米，由服装、电器、小商品40多个批发交易区组成，拥有摊位数万个，商品覆盖6万多个品种，基本囊括人们日常生活的方方面面。

临沂批发城商品交易辐射全国30多个省、市、自治区，远销20多个国家和地区。其中尤以服装批发市场最为火爆，下图所示为华丰国际服装城，其低廉的批发价格深受广大批发商的喜爱。

除此之外，临沂批发市场的小商品以其优良的质量及低廉的价格在山东享有极高的声誉。

3. 成都荷花池

成都荷花池包括荷花池小商品市场、大成市场、金荷花市场、窗帘市场、大成鞋城、青龙鞋类市场，眼镜市场、婚纱摄影城等。在西南无所不知，家喻户晓，其产品五花八门覆盖西南云贵川藏。

除此之外，在荷花池附近还有五块石电器市场、五块石茶叶市场、城隍庙电器市场、府河装修市场。在市内，则有九龙服装批发市场、锦绣童装鞋市场、青石桥水产市场。

再远一点，有新荷花池，也就是成都国际商贸城，如下图所示。这里商家云集，产品种类繁多、集中，而且交通便利，不会像老荷花池那样一米宽的道路挤满人。附近还有中药材市场，是以前五块石搬迁过来的。

卖家经验——新不如旧

国际商贸城原本是老荷花池拆迁后的云集地，市场群面积360万平方米，相当于10来个荷花池集群。但是由于所处比较偏僻，即使占地面积广、环境也好，但消费者还未习惯新的市场，营业多年仍然人气低迷，如今处境尴尬。所以西南想要进货批发的朋友，最好还是直接到荷花池附近进货。

4. 重庆朝天门

重庆朝天门专业批发市场包含新重庆国际小商品批发中心（如下图所示）、港渝男人广场、渝派精品服饰城、大正商场、大生商场等。朝天门的商品覆盖全面，服装类产品主要以中低档为主。

继成都之后，重庆也在南岸区新建了国际商贸城，用以提档升级老朝天门各类市场，有兴趣的朋友也可以去看看。

5. 石家庄南三条

石家庄南三条包含数十个专业市场，如下图所示。南三条集商业贸易、物流运输、信息通信、金融信贷为一体的国家级大型综合贸易市场。其总营业面积达40多万平方米，批发商户有几万人，所经营的商品接近十万个品类，是北方地区最大的小商品集散中心。其产品销售辐射到全国各个省、市，尤其以北方城市较多。也有一部分远销东欧、非洲、中亚等地区。

6. 常德桥南

湖南常德桥南市场是一个综合性的批发大市场，如下图所示。桥南市场占地面积广，拥有家电、轻纺、工贸、副食、水产、建材等12个专业市场，摊位门面三万多个，商品包括服装、鞋帽、小电器、手机、图书、文体、鞋包等各类日用小商品。

7. 沈阳五爱

五爱市场位于辽宁省沈阳市沈河区热闹路与风雨坛街沿线，东北亚经济圈和环渤海经济圈最大的流转型轻工产品交易中心，也是中国最著名的批发市场之一。

沈阳的五爱市场是辐射整个北方的服装、小商品的物流批发中心，全国5大集贸市场之一，全国十大批发市场之一。

五爱市场由南区、西区、东区、五爱服装城组成，其中五爱市场服装城是五爱市场的主体，如下图所示。在北方属于比较大型的综合性批发市场，其商品种类丰富，覆盖服装、家电、百货、各类小商品等。

8. 武汉汉正街

汉正街历史悠久，有千年第一街的美称，如下图所示。同时，汉正街也是一个集服装市场、童装市场、布匹市场、辅料市场、内衣市场、小商品市场等为一体的综合性批发市场集群。

服装市场是汉正街的主要市场，主要集中在三曙街、广货巷、大夹街沿线及全新街周边，其商品品牌众多，包括雅戈尔、步森、宜尔爽、杉杉、三枪、金鹿、王牌等。除此之外，也有文体用品和电器、小商品等，还有长虹、康佳、麦克劳美高、韩国至诚文化用品、韩国大林文具等诸多品牌货源。

9. 杭州四季青

杭州四季青服装市场，是中国乃至东南亚都有一定影响力的服装一级批发市场。其位于浙江省杭州市清泰立交桥东埝杭海路，如下图所示。

四季青服装市场很大，主要包括四季青老市场、九天国际、好四季箱包城、意法服饰城、四季星座、一号基地、新杭派、保太和、四季钱塘、置地国际、滨江女装市场等。

四季青市场汇聚了一千多家服装生产企业，并有多达近千个的品牌服装产品，种类已经涵盖了服装成衣的各个类型，从低档到高档都很齐全，而且细分精准，可以满足大多数服装卖家的需求。

10. 广州服饰批发城

广州作为全国最大的服装批发产地，拥有为数众多的各类服装批发城，从低端到高端应有尽有。

广州服装批发市场相对东莞而言更加集中，以沙河、十三行、白马为中心的3大服装批发市场为主。

一般新手记住这3个大地方就足够了，没有必要去记那为数众多的各个批发市场，因为太多了记不住，如沙河南城、白云世界皮具贸易商城、流花服装批发市场、汇美国际服装城、锦东国际服装城、广州红棉国际时装城、万佳服装批发市场、新塘牛仔城、天马时装批发中心、广州第一大道等。

卖家经验——不能说的秘密

除了广州，临近的东莞也是全国服装批发龙头之一，东莞有两大服装批发基地：石龙和虎门，这两个镇供应的各类服装基本覆盖全国和东南亚国家。很多其他市场的服装产品也是从这里发出的。淘宝上众多的服装类大卖家，很多都选择这两个地方，从而逐步形成了一个个淘宝村。

2.1.3 合理选择批发市场

大家在选择批发市场的时候，应该根据自己的所选类目需求，交通位置，价格因素多方面出发。

1. 按需批发

前面介绍的众多批发市场大多是综合性集市，其中的一个集市都有可能包含数十个批发城、商厦，如果没有一个精准的定位，很难独立逛完整个市场。

往大的来说，通过第一章学习，我们精准定位自己要销售的商品，如我是卖眼镜，那么就直接挑选当地眼镜批发市场，如果有多个，那么可以上网查一下资料，筛选取舍一下直接前往目的地挑货。

选择服装这类庞大市场的商品，如果没做过这一点，到达目的地后庞大的商品种类就会使你迷茫。

那么应该如何定位，就拿广州服装批发市场来说，其3大市场，定位不同，因此计划做淘宝的店主们，也可以根据市场定位来选择前往目的地挑货。

如果你定位在低档，可以去 “沙河”看看，这里遍布国内最便宜的各类服饰，不管是休闲还是牛仔、正装，应有尽有。

当然，如果你定位在中高档服装，则可以考虑去“十三行”，这里五花八门的各类货源遍布集市，各类韩版最新款式货源都在天天更新，相比沙河，这里的款式相对较新，价格相对高一些。（注意：3楼以下是中低档，3楼以上，则价格也相应往上走。）

做品牌货源淘宝卖家，可以去“白马”看看，作为国内比较大的品牌服装基地，这里包含了你能看到的大多数品牌商品，其款式也比较独特，基本国内其他市场走代理加盟的品牌都是在这里发货。

开店必知——按需选择市场

这里以服装龙头产业广州为代表介绍了如何根据自身选择定位批发市场。而如果是在其他区域的批发市场挑货，也可以遵循这个原则，大家务必挑选自己所需要的商品批发市场集中地前往，以免浪费精力和金钱。

2. 就近选择

很多用户新开店都想到一手货源所在地批发货卖，我们不妨试想一下，你在成都，打算卖女装，广州无疑是全国女装最前线，那么就有必要去广州进货么？你能保证你去了，你拿的货，批发商会给你最优势的价格么？就算是比成都的批发价格低，但是交通住宿成本、物流成本，你最终拿的货成本就长了。

所以，一般我们遵循就近原则，交通住宿物流成本比较低，最重要的是售后要有保障，商品出现问题，能及时解决。

因此，建议优先从自身周边出发，选择附近大一点的批发城，如果没有，可以考虑所在地省会，或者再大一点到临近省会去选货。

卖家经验——不能说的秘密

小A是淘宝女装类目皇冠卖家，他的店是从四川一个二级城市起步，最开始，他都在成都荷花池挑货，随着生意转好，觉得荷花池的服装也来自广州，因此在店铺升砖石的时候，选择直接去广州淘货。

经过一次长途跋涉加舟车劳顿，他心满意足打包了不少“宝贝”回家，却惊奇地发现，荷花池有一家店卖类似的商品，但是价格居然比自己从广州直接发回来的还便宜，当时百思不得其解。

后来，小A才慢慢了解到，服装批发是考量取胜，生意就是生意，不会因为自己亲自跑广州就能节省这些费用，因此在皇冠之前，他都老实和以前一样直接在成都批货。

3. 区别对待

现在批发集市，都不光是批发，也实行零售，因此作为新手，一定要区别对待选择，一般来说批零兼营的会比纯批发的贵一点。

如何区别批发和批发兼零售，拿服装来说，一般零售兼批发的店面装修比较精致，有些地方还允许试穿衣服。而纯批发的一般是“档口”，不允许试穿衣服。并且这些地方一般都在凌晨4点就开始营业，到中午阶段就结束。如果全天经营的，往往就是批发兼零售。

卖家经验——往打包货多的地方去

通过观察周围环境也可以看市场是否纯批发，因为一般批发货物的地方吞吐量比较大。因此挑夫（专门背货物的）很多，非常集中，一般大包小包的货物堆满过道，一般你往这些地方去就没错。

2.2 大卖家不能说的批发秘诀

学会了如何寻找实物货源，作为合格的店长，还应该知道如何与批发商家讨价还价，为自己争取更多的利润空间。由于商品种类众多，因此这里我们主要将以淘宝第一大类商品服装作为案例来讲解。大家具体的挑货批发过程中，可以举一反三。

2.2.1 工具到位

工欲善其事，必先利其器。特别是新手卖家，多做一些准备，将给你带来很大的便利。

这个工具很简单，备一个超大号的黑色塑料袋，这是去批发市场拿货的标志物件。一般批发的商家不可能认识每一个人，除了一个人的言谈举止，最主要就是看你的装扮来物色你是否是真心批发的客人。

当你带上一个大号口袋，并且里面装上几件货物（哪怕是自己的随身衣物都行），那么商家们会把你当真正的客人招呼。并且给你的价格也相对便宜。

除此之外，也可以随身带一个小的拖拉车，这也是批发法宝之一，而且在批发商眼里带拖车的一般进货量都比较大，更受批发商的欢迎。

开店必知——不要太过刻意打扮

除了以上工具，你的随身行头最好也注意一下。女孩子最好别化浓妆，别穿高跟鞋，随身包也别太过时尚，那种腰包最好，一看就是拿来支取钱物的。除非是熟客，否则你打扮得像逛街一样，还能指望谁能给你报出合理的批发价么，可能价格比平时零售还高。

2.2.2 时间要早

一般批发市场开市时间很早，因此对于量小的新买家而言，为了能够以适宜的价格购买到合适的产品，最好在凌晨4点左右就去市场探寻。因为这个时候批发商一般给出的价格都是批发价，而过了这个时间，除了批发客户还会有一些零售客户进入市场，这个时候价格就比较混乱了，有些批发商会趁机给出较高的批发价格，有时甚至还会直接按零售价格给你。

开店必知——批发市场经营时间

需要注意的是，并不是批发市场都是凌晨营业，一般凌晨营业的都是中低端完全靠走量的产品，这类市场一般关门时间也很早，中午12点前完全歇业。而中高档服饰产品，则开市时晚一点，闭市时间也是正常经营到下午5点左右。

2.2.3 拒绝推销

一般批发档口的批发商口才好，善于推荐，对客户也很热情，往往很多新手本来不喜欢某件衣服，但苦于对老板的“太热情”感觉不好意思，多多少少会拿一些货，结果造成自己的库存积压。而对于初次拿货的朋友而言，这种现象往往会更明显。

因此，要能经受住老板的推荐诱导，在市场多转转，多来回观察几次，尽量挑选自己有把握的商品，这样才能保证挑到好的货，减少批货超量的问题。

卖家经验——一定要选择长期有款的货批发

做淘宝，最大的禁忌就是断货，当你一款产品卖得很好，却突然断货，会让你欲哭无泪的。因此，我们去批发市场批货，除了价格、款式外。最重要的就是和批发商确认是否是长销款（长期销售的款式），如果是那种随时可能断货的爆款，则即使再便宜、款式再好也别拿回家。

一般来说，白天正常经营，批发兼零售的店铺会累积一些库存，这种店的产品一般会销售较长时间，但是价格比批发走量的款式要贵一点，这也是网店货和实体货的区别，具有不可调和的矛盾，大家只有自己抉择了。

2.2.4 大胆地说

除了脸皮厚，在批货时与老板交流的口气神情也很重要，除了神情自然外，记得说话也要有底气，语气刁钻一点都无所谓，就是不要畏畏缩缩。就拿笔者来说，最开始淘货，就显得底气不足，问话也蹩脚，如“请问这件衣服多少钱”“不知道这个能不能换货”等，礼貌用语过多反而显得生疏，批发商一眼就能看穿你是新手，所以给你的价格也不会低。

而通过多次进货，笔者每次进货都会转变说法，如“这个多少”“能换吧”等更能简单明了的表达。要记住，这个时候不需要过于礼貌，你表现得高傲，批发商对你就会刮目相看。

卖家经验——服装批发禁忌

新手卖家去批发市场，千万别问“是否支持换货”这个问题，一问就漏底了，证明你是小白。一般同一款商品，只要批发商那里有货（爆款一般持续有货，一般款根据销售情况可能会断货），你如果拿回去发现货销售不好，都可以前去调换（调换的时候记得要补货，不然批发商会给你脸色看的）。

当然，如果时间较长，批发商已经断款，那么就基本不能换货了。另外，服装退货基本不存在，一般都是换货，除非有质量问题。

如果是加盟品牌服装代理，那么以上问题都不用考虑，批发商会详细给你介绍的。

2.2.5 眼神要准

除了语言表达，与商家洽谈外，在挑选货源的时候，大家应该多注意商品的质量。要知道淘宝上价格是比较重要的，但是价格便宜的基础上，不能忽视质量的作用，就算卖得再多，如果你质量差，那么会造成很多退款和中差评，这样往往得不偿失，反而造成更严重的损失。

如果是现场实物批发，那么很好办，俗话说的好，耳听为虚眼见为实，任何东西，都经手后仔细地检查，如衣服，那么重点看看面料如何、接缝处是否有漏洞、纽扣袖口是否掉落掉线等；如果是电器，就可以直接连接电源测试；如果是饰品，仔细看看，再估计一下重量、摩擦一下检查是否褪色等。

卖家经验——市场里看质量不要看牌子

在批发市场淘货，最好别去管什么牌子，现在的大部分服装厂家或批发商都有自己的牌子，有些注册了，有些则是直接印在吊牌上使用的，完全没有任何参考价值。

特别是女装，我国估计每年都会新增数千个品牌。做中高低档女装，完全靠质量和价格，而和牌子没有一点儿关系，所以大家不要期望市场里所谓的“牌子货”能给你带来多大销量，因为真正的品牌服饰，一般都需要十几万元的加盟费。

开店服装进货要进的价低质优，质优的产品要靠自己的经验来判断，而如何找到价低质优产品，还需要店家多积累经验，多多寻找，懂得如何砍价，如何拿到低价的技巧。

2.2.6 记得住

新手逛批发市场，要多记，首先你得记住你当前逛过的店铺名字和位置，不要一阵转悠回不来了。其次，对有兴趣的档口服装质量、大概价位、款式都要有清晰的认识，很多新手往往看过几家之后，就完全迷糊了，搞不清楚哪家是哪家。一天下来可能只逛了几家。

同时，我们还要注意与批发商交流的时候，除了嘴“毒”，眼“准”外，脑袋也要随时跟上，因为批发商和你说的一些问题比较笼统，如批发折扣、换货比例等，你需要快速通过吊牌信息来计算实际服装的成本和销售利润，进而考虑是否适合自己销售。

开店必知——打包价和折扣价

服装类产品主要有两种价格计算方式，一种是中低端货的打包价，也就是批发商直接给你最低价格，你卖多少随意。吊牌价完全无参考价值，很多货甚至没有吊牌；另一种就是走折扣价格形式，批发商直接按吊牌价的几折给你供货，你的销售也按照折扣走，这种模式一般是中高档服装在用，特别是加盟代理的。

2.2.7 避免冲动

相信我，只要你在批发市场进过货，那么都会有一个共同的经历，那就是超支！一般我们在进入一个档口后，本来实际预算拿1000元的货，但最终成交的时候，总会多出几百元甚至更多。

有这种现象是正常的，这主要出于人们对美好事物的追求，往往在挑选某一样商品后，会发现有更好的颜色，或者更好的同类商品，从而提高预算批发。只做加法不做减法，造成每次拿货都超支。这种现象对于新开店拿货的卖家，会更加明显。

这里建议大家，最好的方法就是每次进货前，只带上预算的钱，同时在批发的时候，记得要随时给自己暗中提醒，避免冲动，形成良好习惯后，就会减少这种窘境的发生。

卖家经验——买完货记着保存好单据和名片

这里给新手朋友提个醒，批发完一般商家会给你一张货物销售单据，上面有店铺名称和地址，以及商品名称和批发价格，保存好相当重要，一方面可以方便你下次直接找到这家商家，另一方面在你需要调换货时也可以作为凭证。

2.2.8 自我克制

每个人都有自己的意识，做淘宝也不例外，特别是时尚类的服装产品，特征更加明显，每个人喜欢的可能都不一样。

因此大家一定要记住，在批发服装的时候，一定要尽量降低自我意识，不要全部挑选自己喜欢的宝贝，因为你喜欢，不代表你的潜在客户也喜欢，市场是不断变化的，作为卖家，我们要紧随大的市场环境，尽量不要太强调自我感觉。

想当年笔者开女装店时，因为自我意识太强，每次都选择自己觉得好看的衣服，虽然可能其中几件比较受欢迎，但更多的结果却是亏本销售的惨败结局。

当然，如果你是网络名人，有一批粉丝，那么可以尝试走自己的特立路线，如果你不是，还是老老实实随大流吧。

卖家经验——挑选合适的宝贝批发

很多卖家都说如果不买自己喜欢的衣服，又担心老板的推荐，搞得非常被动，每次进市场不知道批发什么。实际我们可以通过观察淘宝行情，看看最近哪些服装卖得好，参考它的款式、颜色、价格等因素，然后有针对性地去找这些商品，往往可以解决以上问题，事半功倍。

2.2.9 批发术语

在批发市场批发商品，很多时候会涉及一些行业术语，老手们能够轻松招架。而针对新手而言，如果应答不当，就让自己陷于被动了。这里我们整理一些比较普遍的服装批发术语，仅供大家参考。

一手：又称整手，也就是同一款衣服，可能有多个颜色，而每个颜色又有多个码，如S（小）、M（中）、L（大）、XL（加大）4个型号，拿齐所有的码叫整手。一般服装批发都要求整手起批。

均码：没有大小号，全部是统一的尺码。

散货：指款比较杂，中低档货，对批发要求不高。

散批：又叫零批，对商品批发没有数量限制，拿货量可以很小，有些档口甚至可以一件起批，当然价格就高一点。

混批：一些散货可以挑色挑码，也就是每个款拿几个码或者颜色，混在一起批发。

打包：通俗的说，就是在批发好服装后，全部打包到一个口袋。一般打包客都是大批量进货的买家。打包货一般价格非常低，但是不能混批。

爆版：是指这个款型卖得非常好，在市场上很受欢迎（一般批发商都会说自己家的衣服是爆款，得自己注意筛别）。

原单：品牌代工厂，用代工品牌产品剩下的面料制作的商品，质量与正品无区别。还有一种情况就是品牌商退回的部分产品，这类产品有可能有细微的瑕疵，但品质还是很高的。

跟单：代工厂自己购买类似面料，做出来的一批一比一接近原单的产品。

高仿：其他厂家根据品牌产品，完全仿制出来的产品（面料也尽量还原）。这种服装比较复杂，好的与原单一样，差的那简直是不堪入目。

这里的原单、跟单、高仿大多数时候形容外贸货。而事实上批发市场外贸货也占据了绝大部分市场。这主要由于国内真正的服装品牌不多，与日韩相差太大。所以国内厂商大都选择仿制国外特别是韩版服装，然后再流动到市场，通过层层批发到达终端客户手中。不得不说，这些外贸货由于时尚漂亮、性价比高，所以在淘宝也很受欢迎。

卖家经验——实地批发技巧

批发市场一般都很大，尽量多逛一下不同的档口，对感兴趣的货源可以索要名片或直接用纸笔记录（用手机记录最好，不容易被看出来你是个新手），尽量把每个批发商的商品相关内容都简要记录，如价格、质量、条件、退换货等。当觉得逛得差不多了，就可以进行筛选，然后直接找中意的档口下手。

在拿货过程中，需要注意，选好商品后没必要一个个检查，一般有问题批发商都会给你退的，免得让批发商觉得你小气，给你脸色看。最后一点很重要，如果确定这家货很好，以后有可能长期合作的话，就尽可能地和批发商拉好关系，特别是我们做网店，补货进货是比较频繁的，这样不仅能保持良好的关系，对以后拿货也有很大帮助，熟悉了以后，他们还能给你一些真正的爆款推荐。

卖家经验——实地批发技巧（续）

以上都是笔者通过以往批发经历所发出的肺腑之言，作为新店主，前期往往缺少进货经验，这个阶段往往很艰苦，起早贪黑的。不过也很锻炼人，这些过程和经验都是非常宝贵的，可以通过慢慢积累和自己的店铺一起成长。

很多之前和笔者一起进货的卖家现在都是金冠级别，现在都是直接和工厂联系，直接供货打标，再放到淘宝上架销售。相信大家通过自己的努力也能实现这一步。

2.3 多看货，练就“火眼金睛”

淘宝有好的一面，养活了众多淘宝卖家，淘宝也有坏的一面，一件很好看的大衣，到手后很可能和衬衣一样薄。作为新手卖家，肯定不愿意出售这样的货源，得罪客户。

因此在实际批发采购过程中，作为新手的我们，应尽量注意商品的品质，千万别买到那种远看是天使，近看是魔鬼的“宝贝”，否则即使货卖出去了，也会面临各种中差评、退换货的缠绕。下面来具体谈谈如何挑货选货，帮助你练成“火眼金睛”。

2.3.1 看面料

首先看面料，如夏日的纯棉衣物，真正的好货，一般面料厚重，克重十足，摸上去的手感柔软舒适，而劣质品虽然表面上看差不多，但是用料一般是腈纶棉或者涤棉，用手摸会感觉粗糙。劣质面料下水后容易起毛球，还容易产生静电，完全无法贴身穿着。

再说说冬天的衣服，如棉衣，一般好的棉衣，用料很足，并且非常均匀，各个部位的用料都很精准，保证身子前后、袖子都一样厚。而劣质的棉衣，表面上看上去不错，但是很可能身子部分有棉，而袖子则空空荡荡的，好似杨过一般！

除此之外，还应该翻开棉衣的内层，好的棉衣内层一般有两层布，或者很厚实的布料，裁剪做工也很好。而劣质的棉衣内里，整个面料只有一层薄纱，很多地方还能看见针眼。

开店必知——眼观鼻闻

一般服装衣料的正面都较为平整、光滑，而背面则较为暗淡，我们可以从布边、纹路上去进行辨别，一般较好的织物纹路应呈垂直交叉。如果拿捏不准，可以对准光源方向，采用透光的方式来看清线结的多少及是否有脱线情况。同时，我们也可以用鼻子来闻出衣服的质量，一般没有化学味道的面料较好，一些劣质化纤面料则残留一些不好闻的药味。

2.3.2 看尺寸

尺寸是很多新手乃至老手都不容易注意的细节，其实这里面也有不少门道。或许你有过这样的经历，那就是两家表面看上去款式差不多，质量也差不多的衣服，但是价格却相差好几元甚至更多。这就有可能会是尺寸造成的，举个最简单的例子，同样的一件女士针织衫，用料一样，但是A店的衣服比B店实际尺寸整体缩小2厘米，这会造成表面一样，但是整个的上身效果相差很大，也正是这小小的2厘米，让A店的这款衣服比B店便宜8元。

开店必知——尺寸小的也许更受欢迎

尺寸仅作为参考，可不能作为实际宝贝销售好坏的决定性因素，因为现在流行修身服装，因此一些尺寸小的衣服说不定还更受欢迎，而且批发的价格也会便宜一些。

2.3.3 看辅料

除了服装本身的面料外，服装上辅料的好坏，决定了商品的最终价格。如衣服和裤子都会用到的拉链，就分为很多种类，有铜质拉链、铁质拉链、塑料拉链等，同款服装用好的铜质拉链比用塑料拉链的价格会高好几元。

其次，女装还有很多点缀的图案，这些图案也是需要成本的，不同图案材质不一样，价格也不一样，如同样的字母图案，可以使用普通印花、有胶质印或者立体贴布，那么不同的做工，批发价格也是有差距的。

2.3.4 看板型

相信大家都知道，现在淘宝上流行的就是真人秀，但是一般实际商品与图片相比又是另一回事。因此市场上同一款衣服，如果不是前面讲的原因造成价格差价，那么就应该考虑板型了，拿板型好的，哪怕价格高一点也行。好的板型，通常是通过了市场验证的。

2.3.5 看细节

除了以上介绍的内容，新手卖家在选购服装时，还应该注意服装上有无商标、合格证、产品执行标准编号等细节。

一般好点的服装商标上还应有纤维含量标识，它一般注明服装的面料、里料以及填充物的成分和比例。另外，中高档服饰还带有洗涤标识的图形符号及说明，可以提供洗涤和保养的方法要求。这些标识越多，产品越受淘宝买家的信赖。

2.4 开发在线货源渠道

目前我国已经处于相对较发达的网络信息社会，尤其是电子商务，在互联网发展中势头比较猛。如今，只要稍微有实力的企业都已经可以接受网上批发订货。网上批发方便且性价比不错，而且商品种类也繁多，可以说供大于求，有些朋友也可以选择通过网络方式来寻找自己的货源。

2.4.1 怕麻烦？足不出户网上订货

对于一些相对比较偏远，交通不便、物流不便的用户来说，直接去批发市场进货的费用是比较高的，而且也相当耗费精力。这个时候就可以考虑通过在线批发货源的方式来寻找商品。相比较实体货源，除了省时省力，价格也是明码实价，不会遇见不良批发商乱报价的情况。

目前国内最大的在线批发市场——阿里巴巴（https://www.1688.com）。她与淘宝同属阿里巴巴集团，主要面向国内用户提供批发交易，如下图所示。

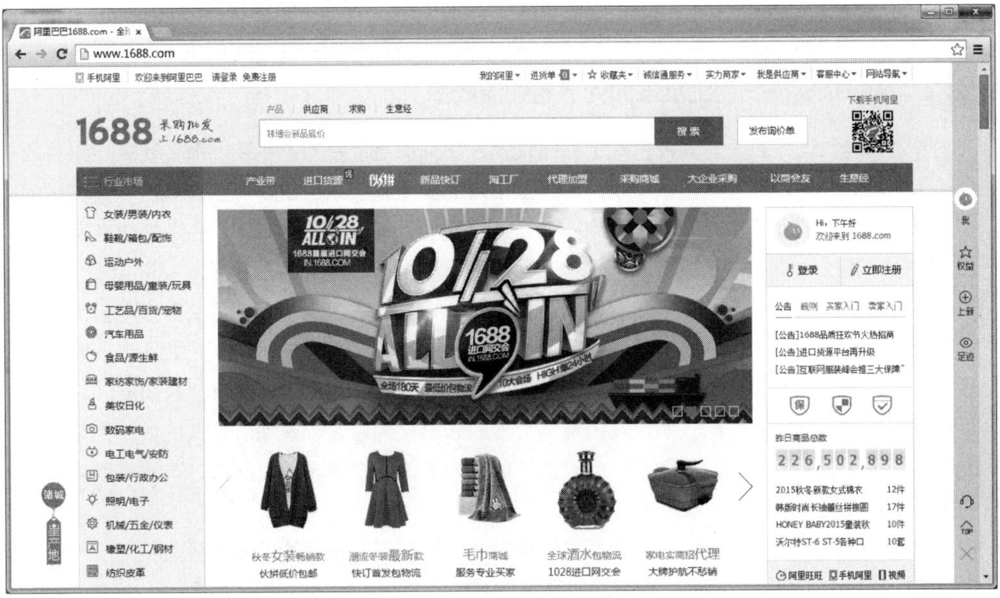

开店必知——网上批发安全十足

阿里巴巴与淘宝一样，共用支付宝系统来解决买卖双方的交易。可以最大限度地保证批发客户的资金安全。

在阿里巴巴进行商品批发的流程和淘宝购物流程类似，只需搜索或者通过分类栏目进入商品类目，选择要批发的商品，然后与掌柜具体咨询价格、批发政策等。确定后下单付款购买即可。

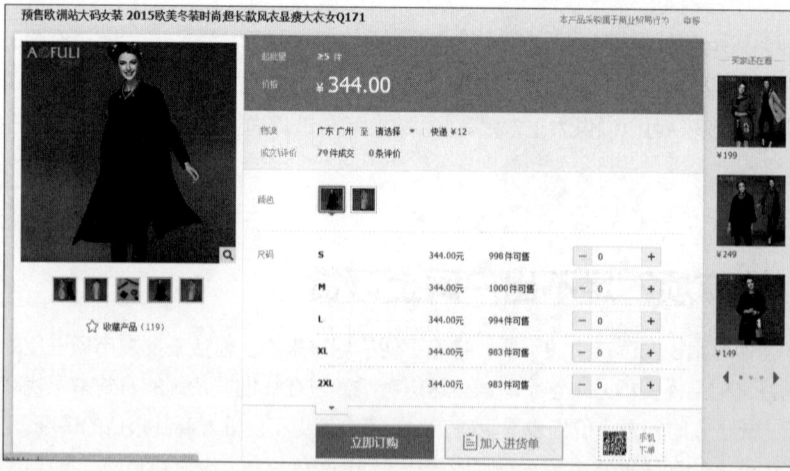

与淘宝不同，由于大部分服装都是按件批发，所以这里会显示多个尺码，你可以直接联系店主咨询是否支持混批，如果支持，你可以在这里选择自己具体需要的颜色和尺码数量来订购。

卖家经验——网上批发如何节省物流成本

首先谈谈物流，一般而言批发数量都比较大，如果加上批发的是冬装，那么就算10来件衣服走快递也会产生很高的费用。所以一般阿里巴巴的卖家都会采取走物流的方式。但是具体到什么物流，你所在地是否支持等都会造成双方的困扰。所以在发货之前，最好先和卖家联系好，协商好具体的物流方式以及物流成本。

需要注意的是，物流一般是到付，并且基本是自提（到达目的仓库，买家自提）。因此在发货前，联系卖家让其帮你砍砍价，因为他们经常发货，物流方给的价格会更加便宜。

其次，切记要给卖家你所在地最近的物流地址。打个比方，你所在地有2家物流，其中一家离你很近，而另一家则比较偏远，如果没有提前和卖家沟通，卖家默认发货的话，到时候物流只能到你当地物流库房，还需要你自己去取货，如果你所在地属于大城市，这同城取货成本可能比你物流成本还高！

阿里巴巴的卖家很多都是有自己的实体档口的，这些档口每日的批发量很大。由于一般上午实体批发，下午发网上订单，这就很容易造成商品断货而不自知的情况出现。

不懂？我们还是来打比方吧。譬如商家X在阿里店铺里的某一款商品A，阿里显示还有50件库存，但是在今天一早，某进货商直接在档口将这50件商品打包发走了，但是阿里巴巴上却还没来得及更新，你刚好在中午的时候下单，等商家去整理核对库存的时候，就会出现货不对板的情况，该款商品线下实际已卖空，你也白等了一下午。

因此，在批发之前，先找老板确定好是否有货再下单，否则会浪费很多时间，这可是经验之谈，切记切记。

除了阿里巴巴，也有一些专供某一类产品的在线批发网站可供大家选择，如万象童年（http://www.028020.com），就是一家专业提供童装、儿童用品的在线批发网站，如下图所示。相比阿里巴巴，这类网站在货源选择上更加精准，也更加本地化，更适合有精准商品需求的卖家选择。

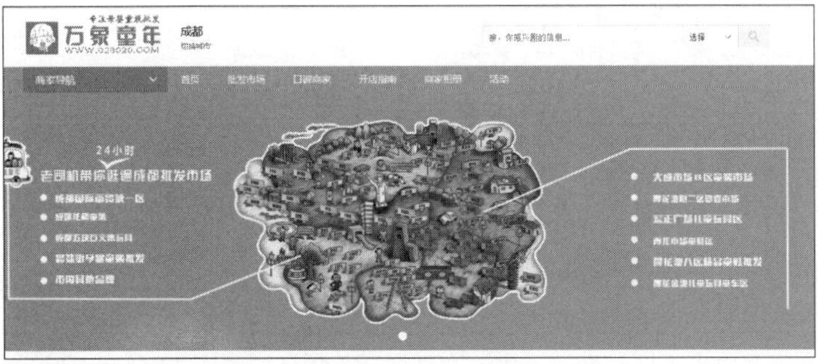

卖家经验——一分钱一分货是有一定道理的

总的来说，实物批发商品质量还是比较可控的，那么网络批发，质量该怎样控制呢？

要知道一般网上批发，只能通过图片来查看款式，质量却很难看得出来，10元和500元价格的宝贝基本上图片都是无差别的。这种时候，就需要注意价格了，一般市场都有自己的规律，一分钱一分货，这是永恒的真理。

所以，作为新手，在网络上进行实体货源批发时，一定要根据自己平时在市场中进货的价格来定，如你平时市场进货价格是50~100元，那么网络上你在这个基础上往下降价5~10元拿货，如果低于这个价格，可能质量就不是你所期望的了。

2.4.2 量体裁衣！找厂家量身定制

传统线下批发，淘宝卖家想直接找厂家合作基本比较难得，话语权太弱，各种被厂家瞧不起。

在阿里巴巴推出淘工厂（https://tgc.1688.com）后得到改变，现在我们可以发布定制需求，让众多的各地厂商抢着为我们定制“宝贝”，“淘工厂”主页面如下图所示。

如需要定制，使用淘宝账号登录阿里巴巴，然后在首页中间部分，即可根据不同类型发布需求，如下图所示。

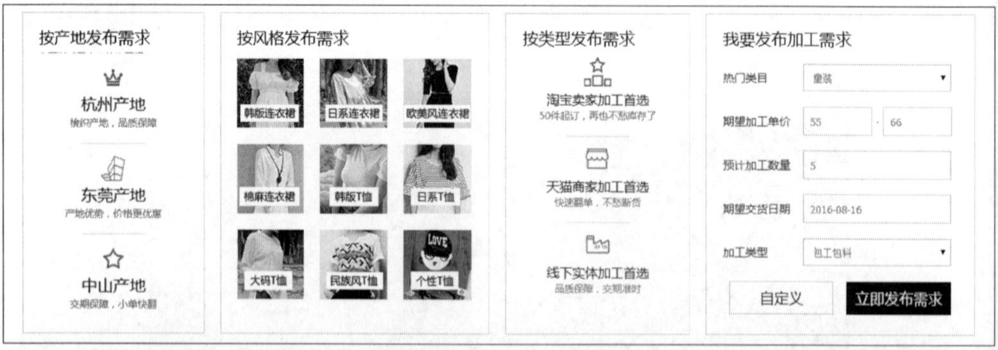

也可以登录淘宝手机管理软件“千牛”，然后在首页选择“淘工厂”，在这里发布自己的定制需求，如下图所示。

“淘工厂”上面的厂家比较多，不到24小时就会有许多厂家联系你洽谈订制事宜。通过提前定制，我们可以更灵活地掌握库存。如我先发布一款宝贝到淘宝，如果此宝贝销售不甚理想，那么就换一款宝贝上架，当新宝贝有成为“爆款”的潜力，那么就提前通过“淘工厂”下订单，获得第一手货源的同时节省前期库存压力。

2.4.3 没钱？不怕，我做实物分销

除了传统的进货再销售的渠道，目前实物销售还可以进行分销，也就是免费代理其他公司或者个人的商品到淘宝进行出售，赚取利润后再进行提成。

分销商品是指淘宝卖家通过上架供应商（商品提供者）的商品进行出售，然后从销售利润中提取差价的一种经营模式。目前在淘宝很多不方便寻找货源的新卖家，都选择分销销售别人的产品，下图所示为代销流程图。

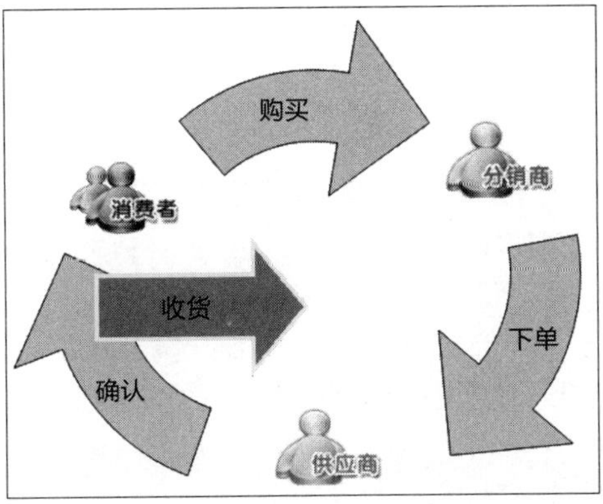

供应商：一般是批发商家、厂家，他们将自己的产品拍照后制作成淘宝商品数据包，供自己的分销商下载。根据产品知名度，会设置一些分销商加盟条件，如店铺等级、在线时间等。

分销商：指专门销售供应商提供产品的淘宝卖家，这些卖家商可以直接下载供应商提供的数据包，再上传到自己的淘宝店里。当有客户购买这些商品后，通过在供应商处下订单，然后由供应商直接将商品发给自己的客户（所有发货信息可以填写淘宝卖家自己信息）。而这个过程中产生的利润差价（客户付款金额-供应商订单金额=分销商利润），就是代销卖家所能够赚取的利润。

客户：普通淘宝买家，在分销商处购物。

网络分销是如今很多兼职卖家选择的网店经营方式，它通过商品分销价格与市场销售价格的差价来赚取利润。正常情况下，只有选择一家好的分销服务供应商，才会为自己的店铺带来更好的销量。

这里我们建议有条件的朋友，尽量从身边发掘有潜力、有优势的货源，自己动手拍照、上架商品，在这过程中你将学习到更多。一般分销模式更适合以下人群采用。

上班人士：固定的工作场所与工作时间，能够经常上网但没有足够的时间寻找货源以及发货的上班人士。

货运不便的地区：城市郊区、小县城等快递不愿去接件或接件费用较高的地方。

不具备商品拍照条件的卖家：网店中商品拍照是非常重要的，如果卖家没有相机、不具备拍照技术以及不会处理图片，那么就无法展示出逼真的商品图片。而代理销售就不用考虑这个问题，卖家只要代理商提供的图片放到自己网店中就行了。

卖家经验——有得必有失

分销销售属于零投资零库存的销售方式，并且产品产生的各种售后问题也是由供应商提供，大大节约了人力物力。可以说是无本万利，因此深受一些新手卖家的喜爱。

但不可否认的是，虽然分销卖家无须投入任何成本，但代理销售还是存在一定风险的，因为在销售过程中，货物是不经过卖家的，卖家同样只能通过供货商的提供的商品图片和描述来了解产品，而无法看到最终发给买家的商品实物，因此代理销售中，卖家可能对自己销售的商品都不是很了解。

除此之外，一般而言供货商都有为数众多的下游分销商，也就是在淘宝上销售的同一件商品可能有数十上百个，他们都有着同样的拍摄效果、同样的价格，试问这种情况如何脱颖而出，形成有力竞争呢？

目前做分销供应的网站不少，但是鱼龙混杂，对于新手来说不好分辨，这里我们介绍几个主流的分销网站。

1. 阿里分销

为了配合淘宝销售，阿里集团旗下的阿里巴巴和天猫都有各自的分销渠道，分别为阿里巴巴的“代理加盟”频道和天猫的“供销平台”。

（1）阿里代销市场。

阿里巴巴的“代销市场”（https://daixiao.1688.com）是原来的阿里代理加盟频道独立出来的一个子网站，目前主要针对淘宝卖家提供分销货源，如下图所示。

卖家经验——阿里代发具有相当优势

相较而言，由于阿里和淘宝是一个体系，因此从这里“拿货”到淘宝“上货”将更为便捷。

首先，阿里代发商家一般都是批发商，主要对量有要求，因此对淘宝卖家的代销资格要求没那么苛刻；其次，阿里和淘宝衔接友好，基本可以做到无缝地将阿里的商品直接导入淘宝进行销售。而卖家所需要做的，就是和代发商家保持好良好的合作关系，保证他们能提供及时的发货及售后服务。

（2）天猫供销平台。

天猫“供销平台”（https://gongxiao.tmall.com）是淘宝专为品牌商提供的分销渠道，如下图所示。这里支持代发的商家都是有一定知名度的，所包含的品牌齐全，一些淘宝大品牌选择在这里提供货源。不过供销平台里的供应商通常对分销商要求较高，对于钻石级别以下的新手买家基本不予提供代理请求。

卖家经验——教你找到更多的分销供应商

天猫的“供销平台”是个很奇怪的存在，为什么这么说，因为在刚开始发展的时候，基本上天猫卖家都一窝蜂地进驻，希望把自己的商品在里面进行分销，以扩展自己的渠道。

后来天猫对品牌进行管控，限制了非品牌不予入驻的硬性条件。因此大家可以发现，其首页是很冷清的，仿佛没有更新一般，而且点开“品牌市”，这里的品牌也比较少，商品看上去不多。并且，这些大品牌的产品对卖家都有硬性的限制，新手卖家很难获得分销资格。

那是不是没办法了呢？当然不是，这里告诉大家，你可以通过搜索的方式来查找最早进入供销平台的众多其他供应商，如搜索“内衣”，搜索结果中除了首页展示的品牌商外，还有很多其他不是那么有名气的公司，这里所提供的商品就相当多了，可以说五花八门，招商条件也小很多，有兴趣可以试试。

2. 其他分销渠道

除了阿里集团的分销网站以外，还有很多其他网站提供分销行为，通过百度可以发现目前这类网站不在少数，这类独立的分销网站又分为两类，一类是综合性推荐网站，这类网站通过介绍一些供应商的商品，帮助自己的会员实现分销；另一类是品牌供应商自己直接架设的分销网站，主要提供直接的货源让代理销售自己的产品。

综合性分销网站一般是提供分销服务，类似于淘宝网的淘宝分销，由供应商和代理商组成。

独立分销网站一般是由大型的公司或者厂家直接建立的分销网站，可以直接提供分销商品供自己的会员出售。

除了分销网站外，现在市面上还有一类提供实物货源分销的软件，这类软件针对网络创业的淘宝卖家，提供综合性的实物货源，如服饰、3C、小商品及各种生活用品等。

除了提供商品供给，这类软件还支持淘宝店铺托管，直接与淘宝卖家账户绑定，实现自动装修、商品自动上架、有订单自动下单发货，有些还提供自主推广等诸多店铺托管辅导功能，轻松解放淘宝卖家双手。

卖家经验——寻找专业的分销货源供应商

一些不稳定的供货商可能让卖家网店无法经营下去，如卖家根据供货商提供的商品信息在网店中上架后，有买家对指定商品下单购买，但卖家联系供货商时却告知缺货，或者商品质量与图片上相差非常大。这些对卖家来说都是非常致命的，不但需要和买家解释协商，而且可能因此获得差评，需要知道的是，在网店中差评的出现，将意味着买家的流失，是网店经营中比较大的问题。

如果要代理分销商品，最好选择一些规模较大的供货商，并尽可能选择自己本地的供货商。这样卖家可以与供货商面谈并了解他们的具体情况，以后发生纠纷时，由于在同一个地区，相对来说也更便于稳妥解决。

2.4.4 没时间？考虑做虚拟代理

所谓虚拟代理，就是指在网上出售一些无须产生物流，在线即可发货的非实物商品，如手机话费、QQ币、游戏道具等。

以前从事淘宝的那几年，找货源是比较麻烦的，常常费尽心血。而现在，各种智能软件平台数量繁多，淘宝卖家只需要用这些个平台绑定自己的淘宝店，就能够实现自动储值、充值，一键智能装修、自动发货、自动评价，所有一切都完全智能化，无须人工值守操作，十分方便。

现在这种充值系统做得比较泛滥，像捷易通、第五代，由于采用代理模式，被诸多骗子利用，产生了不好的影响。

对于新手来说，建议大家可以考虑淘宝自己的充值平台（http://chongzhi.taobao.com）。你只需储值，绑定开店账号，就可以便捷发布相关虚拟产品，销售后能自动发货，无须值守。

当然，由于淘宝自己的淘宝、天猫和支付宝也在做充值服务，因此对于自己的小众平台不怎么更新，很多操作优化不是很完善，使用起来不是很方便，但至少比第三方的充值平台更加安全。

买家视角——买东西当然选择价格便宜的

月初了，外面天气挺冷的，小月一直很孝顺，因此想直接在淘宝给远在家乡的父母充值话费。打开淘宝后，小月直接搜索“所在地+话费金额”，然后在搜索结果中，自然的选择按价格排序，继而选择价格最低，并且颇有好评的商品进行交易。不到5分钟，父母那边就打来电话说充值成功了。

卖家经验——狠心亏本冲销量

教教你如何利用充值的优势，快速提高店铺等级吧，作为新手，如果是实物商品，正规的手段很难快速提高商品的排名，没有排名就没有点击，没有点击也就没有成交。

而做虚拟就有一个优势，如果你前期愿意的话，我是说你愿意的话，可以低于成本价销售话费，或者游戏币，具体随你了，不要求地域全国，至少在本地做到最低价。当你这么操作以后，那么很快，你就会发现，你的商品成交量会往上飙升，自然，店铺信誉等级也就水涨船高了。当然，这属于虚拟信用，至于有没有用，那问你自己了。

是不是虚拟商品就天生优越呢？与其这样为什么辛苦自己去淘货，直接用软件托管自己的店铺经营不就行了么？任何事都有好的和坏的一面，下面将逐一分析。

1. 优势

投资小：不需要货物储备，代理软件以后，就能够直接使用软件中的所有货源，货源广阔（目前还支持实物，这点对新手来说挺方便的），这对于没有货源，没有经济实力的人来说是一种福利。

智能便捷：目前虚拟商品很智能化，基本都支持无缝对接，可以让卖家直接上传相关商品到店铺，不用自己找宝贝编写详情页面，这点相信大家都知道。而且宝贝上传以后只要绑定淘宝店铺，就不需要人工值守，实现软件自动监控，自动帮买家充值发货。

信誉提高快：这点要重点说一下，做虚拟的有几种人，一种是新手做虚拟觉得便捷；还有一种是想通过虚拟提高信誉，为以后经营淘宝做准备，他们看准了虚拟比实物能够更快捷的提高信誉（省去物流时间）。

2. 劣势

竞争大：正因为投资小，因此做这行的人太多，造成市场竞争庞大，新手很难占据有利搜索位置，缺少流量，交易惨淡。

智能系统也有不好用的时候：一般情况下很智能，但是系统毕竟是系统，不是人，不懂得转变，在一些充值高峰期，如月初、月末的时候，充值人数太多，这个时候有可能会出现充值失败的情况，此时系统就不懂得分辨，不会像人一样另寻他法解决这个问题。

虚拟信誉不顶用：前面介绍了淘宝的信誉分类，也正是有了这个信誉分家，所以很多卖家对虚拟都是嗤之以鼻，究其原因是因为淘宝的大部分活动都对信誉比例做了限制，实物信誉低于XX比例就不能上活动，所以初期经营虚拟，虽然上升信誉等级快，但是如果以后转成实物销售，不能参加一些活动是一个比较大的问题。

卖家经验——寻找专业的分销货源供应商

一直犹豫这一小部分虚拟商品的介绍是否有必要，正常来说，虚拟商品也属于淘宝的一个大类别，连淘宝官方都将商品分为实物和虚拟，足以证明淘宝市场中，主要包含两类商品，一类实物，另一类虚拟。

由于虚拟商品的特殊性，别有用心的人拿此来诈骗、诱导新卖家，造成虚拟充值名声不好。

实际从个人来说，商品无所谓好坏，主要取决于人，仁者见仁，智者见智。

对于有兴趣从事虚拟经营的朋友，可以参考http://www.02zu.com/top关于平台代理的推荐，另有以下建议。

第1个：如果你已经有货源或者能找到货源，那么优先选择自己的货源来经营淘宝吧，没有什么东西比自己能完全掌控的货物更好，用心打造，早晚玩转淘宝。

第2个：没有货源的朋友，做虚拟也不是不可以，时间限制、钱限制，这都是刚出社会的朋友很难绕过的，而事实上任何东西都有好的一面，坏的一面，主要看你的取舍。如果说虚拟竞争大，那么淘宝卖衣服的更多不是么。想太多也不是好事，怕竞争什么也不用做了，与其担心这个担心那个，不如多学一些推广手段。

2.4.5 有技术？抢做淘宝服务商

原则上来说，实际上不能看见不能摸着的商品都是虚拟商品。而提供服务，实际上也属于虚拟的一种，但不同的是，从事在线服务行业的人，对专业素养有较高的要求。

只要有技术，那么你自己就是货源，就是产品，你只需将自己“卖”出去即可实现盈利。

当然，作为某职业技能超强的能人，恭喜你，除了开设普通淘宝店销售自己的商品外，你还可以加入淘宝提供的一些特定市场，从事更为专业的定制服务。

淘宝卖家服务综合市场（http://fuwu.taobao.com），卖家可以在这里提交各种数据分析、店铺管理服务或者工具软件，而服务对象为淘宝卖家。

淘宝摄影市场（https://sy.taobao.com），熟悉摄影的朋友可以在这里发布摄影、美工服务，服务对象为其他的淘宝卖家。

淘宝服务定制市场（http://weike.taobao.com）淘宝的威客频道，买家发布任务，卖家进行投稿，优胜者胜出获得酬劳。

淘宝装修模板市场（http://zxn.taobao.com），卖家进驻后提供各种模板，供淘宝其他卖家选购。

淘宝生活市场（http://life.taobao.com）提供本地服务，如车票，电影票等，需要一定经营资质的商户进驻。

淘宝口碑（http://bendi.taobao.com）也是本地服务，不过与上面有区别，是淘宝收购原口碑团队后推出的独立网站。

买家视角——人人都有需求

小觅是某文化公司行政，昨天老总吩咐其在7天内搞定公司VI全套，出于时间紧迫，只有选择在淘宝上寻找设计师；小东是个淘宝新卖家，刚开店，自己进了一批女鞋，想找人拍摄，并且同时想找设计师为自己的店铺重新设计一套专业模板。

开店必知——摸石头中的各类市场

不得不说，现在淘宝的栏目频道真的太多，太多了，而且大多雷同重复。笔者经常发现，今天频道名字“威客”，明天说不定就是“服务市场”了。其频道网址也经常变换，真心让人混乱，我不会说支付宝前不久推出的一个易转让，隔几个月打开直接域名都没了，还有淘宝的一个投稿系统，现在也是无法打开状态。这种情况不胜枚举，所以如果发现本书有打不开的链接页面，只能怪淘宝项目组折腾的东西太多，也太善变，还是做好自己的商品交易系统就好了。

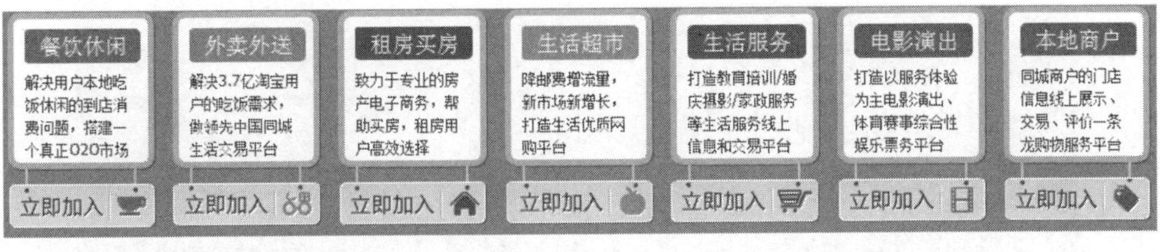

卖家经验——没钱也进货玩转库存

作为初涉淘宝商海的卖家来说，周转资金的多少决定了店铺的紧急备货能力，如果一不小心某款宝贝卖爆，但是自己又没有足够的周转资金去囤货，那么所有的努力就都白费了。

鉴于此，淘宝推出了自己的在线贷款工具，只要通过实名认证的淘宝卖家账号都可以根据自己的信用情况获取到一定的贷款资金，方便临时调用。

有需要的卖家，可以在“卖家中心”的“资金管理”里找到“淘宝贷款”，如下图所示。

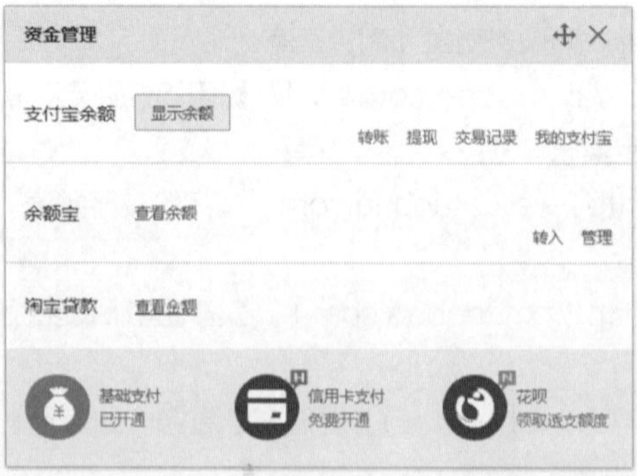

单击登录淘宝贷款主页，这里显示当前可贷款的类别和金额，相比较而言，每天几元钱的利息比银行还是便宜不少，如果资金需求周期较短，是可以尝试利用贷款来补足自己的库存的，如下图所示。

除了淘宝，阿里也推出了“诚e赊”，它基于对买家的信用评估，供买家通过信用额度轻松享受“从确认收货后的30天免费账期”，没钱也能先进货，如下图所示。

卖家经验——没钱也进货玩转库存（续）

“诚e赊”可以登录阿里巴巴平台后从买家中心下的权益中心里找到，对于在阿里巴巴批发的买家来说，30天的免费账期可以是非常便利的。

除了以上两种贷款，阿里成立的网商银行，还提供了专门针对淘宝卖家的网商贷（loan.mybank.cn），专门针对淘宝卖家提供贷款服务；还有支付宝的“借呗”，也是可以随时进行现金支取的。合理利用这些临时性贷款额度，可以帮助自己迈过开店早期面临的资金难题。

当然，万事有度，在贷款之前一定要保证自己能够还得起，库存能够消耗，否则过度投资额度会给以后带来麻烦。

在淘宝前期，我们可以通过分销的方式零成本开店，在积累一定经验和客户后，在转为自己批发或者定制宝贝来销售，赚取利润。

第1步：找货。

通过淘宝排行榜，我们能够找到目前淘宝中被搜索最多的宝贝，这为我们新手提供了非常好的参考。

下面具体来看看，打开淘宝排行榜，查看一周关注热门（一天关注热门没有参考价值），仔细观察发现，关注指数最高的分别是手机、连衣裙、制氧机，其次是女装、棒棒糖批发、中老年女装、T恤女、真丝连衣裙、女鞋、大码女装。

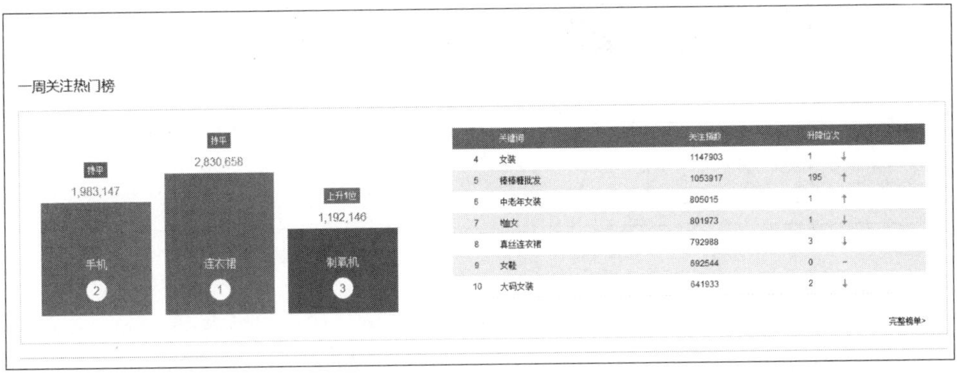

注意，我们要长期观察这个指数，因为部分指数是短期的，如“真丝连衣裙”，属于季节性产品，过了夏季搜索的关注数就会下降。因此我们可以通过多期对比，来找到排名前10的最火宝贝。

还有升降排位太大的，也可以忽略，这种也属于短期现象，如某电视红火以后，剧中演员同款搜索指数会飙升，升降位次明显，但是这种宝贝后劲不足。

当然，这里也可以查看完整榜单，来挑选出更多的热搜宝贝。完成之后，就可以作为我们的选货指标。

第2步：挑货。

有了这个指标后，我们接下来就要考虑，如何在这些热搜宝贝里，选择我们要卖的产品。这个时候我们可以借用阿里代销平台帮我们选择。

卖家经验——没钱也进货玩转库存（续）

例如，我们选择“中老年女装”，这类宝贝搜索指数高，打开阿里代销平台，搜索这个关键词，如下图所示。

在搜索结果中，找自己想要销售的宝贝，该怎么选呢?

首先是价格，定位自己的销售价格区域，尽可能选择净利润高一点的。

其次是竞争力，我们看淘宝销售越多的，那证明这件宝贝被很多同行销售，先考虑好有没有办法超越他们，没有的话，就老实选销售件数少的。

受不受买家喜欢，如下图所示，第一个宝贝，2家销售，0件宝贝，月销售除以商家数，月销越多，而商家越少的宝贝，就是我们梦寐以求的代销宝贝了。

第3章

美化商品——有了货以后我们应该怎么做

淘宝销售和传统的店铺销售区别就是没有实物，交易在虚拟的环境下完成。而买家们对商品的第一印象来自于网店中的宝贝图片。因此，拍摄出好的商品图片，并作适当的美化处理，关系到商品的受关注程度，而且会影响买家的购买意向。

3.1 拍出效果好的照片

在网上买东西，最大的特点是顾客基本上通过图片来了解所选商品的特色、亮点。而商品图片的好坏，将直接影响到顾客对该商品的直观印象，影响顾客是否购买该商品。

买家视角——从买家角度看问题

再好的商品，如果拍摄的图片很糟糕，那么也会受到消费者抛弃。下图所示是同一种商品的两种拍摄结果，作为消费者，大多数人首选是左侧的商品（在价格、好评等其他外在因素同等的情况下）。

3.1.1 光与影的世界

摄影诞生时就离不开光的控制。从某种意义上讲，摄影就是用光来绘画的艺术。虽然人人都能够拍照，但是能够拍摄出好看的商品图片，往往是一些比较专业的“准艺术家”。

摄影涉及商业用途，因此对光的控制更需要严谨，要让商品图片吸引顾客，在运用好看的背景、漂亮的模特、有质感的商品之余，还应该懂得如何有效运用光线，将商品的特点和优点表现出来。

1．什么是可见光

能引起人们肉眼视觉感应的光波即称为可见光。可见光由7种颜色不一的光组成，即红、橙、黄、绿、蓝、靛、紫。

一般情况下，可见光的波长范围在0.76～0.39μm（微米，长度单位），不同的波长在人眼里展现出不同的色彩。也就是说波长不同，展现在人眼里的颜色不一样。

其中红光波长为0.76～0.62μm、橙光为0.62～0.59μm、黄光为0.59～0.57μm、绿光为0.57～0.49μm、蓝光为0.49～0.45μm、靛光为0.45～0.42μm、紫光为0.42～0.39μm，以上7种不同的光合在一起形成的光为白光。

> **开店必知——光的波长与颜色**
>
> 光源的颜色取决于光的波长情况。如果波长发生变化，就呈现出各种有色光源。如我们现实生活中常常看到的红灯、绿灯、黄灯等有色光源，这些色彩就是红色光、绿色光、黄色光的波长。

另外，在自然界中，还有一些光波是我们的肉眼看不到的，其他的设备或事物在一些特定的情况下可以看见并记录，如相机就可以记录。

这里最为明显的就是红外线和紫外线，它们对摄影有着不同的影响。很多摄影者喜欢利用红外线来创造摄影效果，最典型的就是夜晚可见拍摄；而紫外线会对拍摄画面造成翳雾、模糊、偏色等不好的效果，因此一般情况下都需要用到偏光镜等设备来进行过滤。

不同波长的可见光

2．颜色的形成

前面所说的7种不同波长的颜色，通常被称为七色光，它是自然界送给我们的礼物。借鉴世界级大师牛顿的科普奠基，可以使用三棱镜把白色光线分离成红、橙、黄、绿、青、蓝、紫7色光谱，而这7种光线经过三棱镜的反向折射之后，又会合成一束白光，这一现象被称之为光的色散。

既然白光能被分解及合成，那么这7种色光是否也可以被分解或合成呢？经过科学对比，我们发现，红、绿、蓝3种色光无法被分解与合成，它们也就是色彩的终点与起点——三原色。

三原色是自然界中最基本的色彩，3种颜色混合后得到白色，而互相搭配，则可以出现其他可见色彩。但是，以上介绍的光的颜色，并不代表物体本身的颜色，作为淘宝卖家来说，这点要注意。

开店必知——物体颜色的形成

颜色的形成，说了这么多，我自己看着也累。但不说又似乎没有铺垫更难理解，这里总结一下我们所看见物体表面色彩的形成。

简单地说，就是指发光体，如太阳形成光波，而不同光波波长形成不同颜色，在这个过程中，某个物体接收并反射这些带有颜色的光波就形成了我们看到的颜色。

如黄色衣服，它对光线当中的黄色反光，所以就是黄色的，其他颜色类似。不过要注意黑白两色，由于黑色的物体反光差，所以通常是黑色；而白色的物体反光强，所以就通常是白色的。

介绍到这里，相信大家对光有一个基本的认识，光线形成颜色，而颜色在摄影中很重要。有光才有色，有色才有我们眼中的斑斓和摄影器材中所呈现的大千世界。

3. 色彩的温度

色温，从字面上理解就是色彩的温度。任何物体受热就会开始发光，当温度处于绝对零度时任何物体都是黑色的，随着温度的升高，黑体开始发出不同颜色的光；温度升高的不同阶段，物体呈现的颜色也开始不断变化，通常是由红逐渐变蓝。所对黑体加热直到发光，它在不同温度呈现出来的色彩就是相应的色温，单位为开尔文（K）。

以下是一些关于色温的常见解释。

- 16000~20000K：天空碧蓝的天气
- 8000K：浓雾弥漫的天气
- 6500K：浓云密布的天气
- 6000K：略有阴云的天气
- 5500K：一般的日光，电子闪光灯
- 5200K：灿烂的正午阳光
- 5000K：日光，这是用于摄影、美术和其他目的专业灯箱的最常用标准
- 3200K：日光灯
- 2800K：钨丝灯 / 电灯泡（日常家用灯泡）
- 1800K：烛光
- 1600K：日出和日落

卖家经验——拍摄色温要求

说了这么多，是不是完全看不懂？没关系，你只要知道正常太阳光的色温为5500K，所以我们在室内拍摄的时候，尽量保证色温在这个数值即可。

4. 白平衡

我们拍摄照片用的数码相机是一部机器，它远远达不到人眼那样实时自动调节周围光线及颜色的变化。因此，很多时候我们在不同色温环境下所拍摄出来的照片（特别是白色背景），其主体色调可能会变得非常怪，总是不够理想。

而“白平衡”，就是开发出来专门针对这一现象进行调整的一种色温矫正功能。大家可以理解为通过白平衡设置，可以调整和最大限度还原色温，让物体恢复原本的颜色。

卖家经验——不能说的秘密

现在一般数码相机的白平衡功能很多，建议色温较暖的环境下，使用较冷的设定来呈现正确的颜色；而在较冷的色温环境下，使用较暖的设定来呈现正确的颜色。

5. 光的种类

光的种类比较复杂，光分自然光和人造光，一般太阳光、月光、阴天（天空光）都属于自然光。而我们在室内拍摄淘宝类商品所营造的所有光源，都是人造光。

除此之外，光还可分为硬光和软光，中午阳光直射下产生的光就很硬，阴影明显；而阴天拍摄的时候，拍摄出来的照片就属于软光，比较柔和。

优秀的商品摄影师，根据不同商品需求，会营造硬光和软光是一种基本本领。

偏硬拍摄效果

软光拍摄效果

3.1.2 选择合适的数码相机

要将商品展现得更逼真，首先需要拍出好的商品实物照片来。虽然拍照人人都会，但如何拍出效果好的商品图片，却不是一件简单的事情。

首先要准备一部数码相机（商品外包给专业人士拍照除外）。目前，数码相机要细分可谓种类繁多，这里主要就一般拍摄场景而言可分为家用卡片式数码相机（卡片相机）和专业单反数码相机两种。

卡片式数码相机

单反数码相机

卡片相机就是传统的家庭用相机，纤薄的机身、时尚的外观，曾深受广大消费者的喜欢，但是随着手机硬件功能的不断增多，卡片相机渐渐变得可有可无。

单反相机又叫作可更换镜头相机，由于可以根据拍摄主题需求，更换不同的镜头，因此可扩展性比较强，适合各种条件下的拍摄。

卖家经验——不能说的秘密

单反相机种类繁多，就类型而言近些年延伸出了性价比更高的使用电子快门的单电（微单）。而从尺寸上来划分，又可分为半画幅和全画幅。对于一般拍照用机器，建议大家参考人民邮电出版社出版的相关专业摄影类图书。

不管选择什么样的相机，以下参数可供大家参考。满足这些参数，基本上就能拍出比较清晰的照片。

- **像素**：相机的像素越高，拍出照片的分辨率也就越高，也就更清晰。在像素选择上，尽量选择当前主流像素级别，通常是1000万像素以上。
- **CCD尺寸**：即相机的感光元件，这是衡量相机和目前高性能手机的重要标准。CCD尺寸越大，拍摄出的照片也就越细腻。
- **感光度**：相机的感光度决定着相机在一些特殊环境中拍摄照片的质量。感光度越高的照片，即使在较黑暗的环境中，也能拍摄出清晰的照片。目前主流家用相机多支持一定范围，如160~3200，并且在不同范围内手动或自动调节。
- **微距拍摄**：在拍摄商品实物图时，不可避免地要拍摄商品的细节大图，这就要求相机具备较好的微距拍摄效果。对一些首饰、打火机之类的小玩意而言，拥有微距拍摄的照相机可作为首选。

卖家经验——不能说的秘密

目前卡片式数码相机从各方面来说，都可以被一些高档手机所替代。因此不建议大家单独购买这类相机来给商品拍照。对于拍摄要求不高的用户来说，使用一些主流手机也能拍出较好的效果。当然，经济条件允许的情况下，尽可能选择一些性价比高的单反（单电）相机拍照更好。

3.1.3 拍摄所需器材要备好

拍摄的辅助器材主要有三脚架、灯光设备以及柔光罩、反光板、背景台等。其中三脚架是比较重要的，可以有效地稳定相机，避免出现由于手拿相机细微的颤抖而影响拍摄质量。对于需要拍摄大量商品图片的卖家而言，这一点比较重要，如下图所示。

相机三脚架

开店必知——三脚架用途大

三脚架除了相机拍摄时使用，还可以用于下文介绍的各类外置手柄式闪光灯、柔光罩等，可以对它们起到很好的支撑作用，利于专业摄影棚的搭建。

要获得更好的拍摄效果，灯光也是很重要的。一般商品拍摄中，我们可以有效利用环境中的灯光与照片，如白天取光线好的位置拍照，室内利用灯光拍照等。

常见的灯光就是日常使用的长亮光源，只需要将传统灯泡换为下图所示的5500K色温的专用灯泡，即可持续模拟日光环境。通过接下来将要介绍的静物箱搭配，让新手也能拍摄比较专业的商品图片。

5500K摄影灯泡

开店必知——5500K的小知识

太阳光色温在5500~6000K，因此一般专用持续长亮的摄影灯要求色温在5500K左右，可以最大限度模拟日光环境。

目前市场上的数码相机都带有内置闪光灯，大多数的性能指标不够满足技巧拍摄的需要，而作为长亮光源在很多条件下也不能很好地起到补光作用。这个时候就需要外接更为专业的闪光灯来进行辅助，以达到更佳的拍摄效果。

目前一般的外接闪光灯有通过数码相机闪光灯热靴插拔的外置闪光灯，还有单独供电的手柄式闪光灯。前者用途广泛，后者则更加专业。

外置闪光灯主要用于取代大部分数码相机的内置闪光灯而存在的，外置闪光灯也很智能化，可以自由设置补光角度、方向、大小。下图所示为尼康外置式闪光灯。

外置闪光灯

除了外置闪光灯外，一般专业的拍摄场地或者影棚，还有更为专业的手柄式闪光灯，如下图所示。这类专业闪光灯拥有更专业的补光效果，可以通过多个搭配来模拟更为真实的光源环境。

手柄式闪光灯

卖家经验——不能说的秘密

相机自带的闪光灯需要合理运用，某些商品如果使用闪光灯，那么拍摄出的色彩色调可能与实物偏差太大；而一些本身具备反光材质的商品，如数码商品屏幕、亮光家具服饰等，就更加不宜使用闪光灯了。

通常直接使用闪光灯输出的光都会很"硬"，所拍出的照片效果会偏白，不够自然。这个时候都会在闪光灯外面使用各类柔光罩，使拍出来的照片显得更加柔和，下图所示为不同型号大小的柔光罩。根据场景不同，柔光罩一般有八角形、伞形、立柱型、条形、蜂巢形、快装型等多种结构。

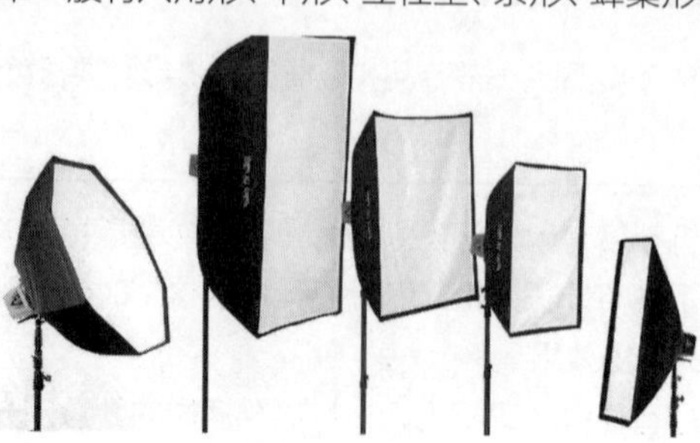

柔光罩

一般柔光罩主要是配合闪光灯在室内拍摄时使用，但在有些情况下，如室外拍摄服装模特的时候，使用柔光罩这些设备就太过麻烦，一般可以通过下图所示的反光板来反射自然光进行补光。

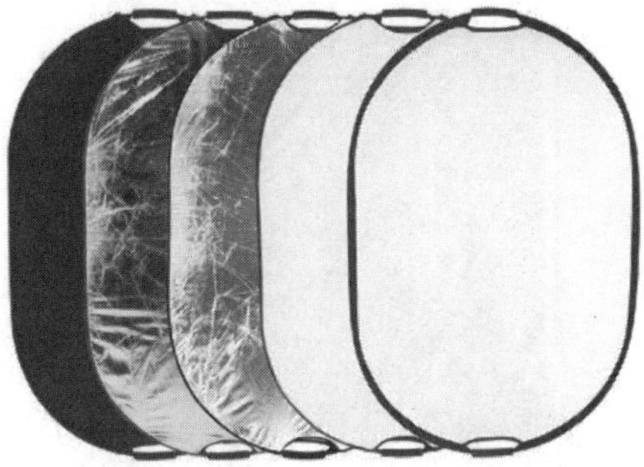

反光板

以上介绍的是一般商业拍摄所需基本摄影辅助器材，而正常拍摄工作中，往往还需要一些辅助器材作为拍摄背景。

对于一些静物拍摄，如小首饰、鞋子、包包、化妆品之类的小商品，可以考虑使用静物台或者静物箱，基本上可以满足一般的摄影需求，如下图所示。

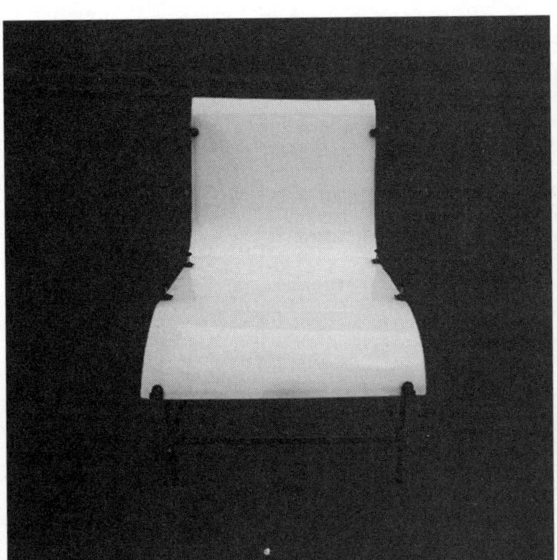

静物拍摄台

静物拍摄箱

卖家经验——不能说的秘密

相较而言，静物箱由于受外界光源影响较小，补光简单，只需在正上方和左右各布置一个持续光源体即可。因此其拍摄难度更小一些，比较适合新手。这对于拍摄较小物品效果好，而对于稍微大点的物品，只能选择静物台进行拍摄。

拍摄人体服装、建设器材、汽车用品等大型商品的时候，前面介绍的两种背景都不能符合要求，这时一般选择使用背景墙，如下图所示，更加灵活地针对不同商品选择不同背景进行拍摄。

可更换背景墙

卖家经验——不能说的秘密

不管是静物台还是背景墙，都可以更换不同材质的背景布、纸等物品，广泛适用于各类物体的拍摄。

3.1.4 淘宝拍摄常见技巧

数码相机用户，在开设网上店铺需要自己拍摄商品图片时，掌握一些比较常见的摄影术语，有利于提升自己的拍摄技巧，以便获得更好的商品图片。下面介绍一些实用的术语含义。

1. 保证相机的稳定性

这是基础的注意点。手持相机按动快门的时候最容易晃动相机造成画面模糊，所以建议使用三脚架拍摄。三脚架的价格从几十元到几百元不等，可以根据实际情况购买。这里需要说明的是，节约成本固然重要，但是不能只找便宜的东西，低档的通常容易坏，能调整的角度也有限，拍摄的时候非常不方便，建议购买100元以上价位的产品。

2. 拍摄时对焦要准确

"对焦"这个词对初学者来说可能很陌生，如近视的人看东西要拿近了才能看清楚，不同程度的近视看清物品的距离不同，那么能看到的最清晰的距离就相当于相机的"对焦准确"。所有的数码相机都有自动对焦的功能，对于初学者来说只需要将镜头的中心对着拍摄物的主要部位，在显示屏里看到显示最清晰的时候按下快门即可。

3. 注意拍摄环境

在拍摄中环境也是很重要的。对拍摄环境的注意事项，大致包括以下几点。

- 不要在阳光下拍摄，这样拍出的饰品会发红发黄。
- 拍摄饰品时，如果用其他一些物品衬托，要注意颜色的协调和摆放的主次。
- 尽量避免在颜色很杂的房间内拍摄。有雪白墙壁的阳台是比较好的选择。
- 拍摄银饰时在旁边放上深色的衬托品，这样拍出来的照片有较好的金属感。

4. 不要太过于依赖自动模式

大多数的入门级数码相机都有自动拍摄模式，它会根据当前拍摄环境、光线来自动调节所需要的效果。不过，在一些复杂光线条件的室内或者夜晚，自动模式并不能帮助我们拍摄出满意的相片。这个时候需要我们通过一些手动操作来解决。

例如，在夜晚拍摄时，如果使用自动ISO，相机往往会使用最高的感光度来保证快门速度，从而带来了严重的噪点。其实我们完全可以根据当时的光线情况，适当调高感光度并开启内置闪光灯来应对。

5. 巧妙利用自然光拍摄

在室内拍摄时，自然光一般是窗户透进来的户外自然光。这种自然光具有明显的方向性，容易形成阴影，或者造成物品的明暗对比。可以通过调整拍摄的角度，来改善物品的受光条件。

户外拍摄时，最好利用午后一两点钟时的自然光。避免阳光直射，但是要保证光线的充足。

3.1.5 拍摄环境的搭建

前面介绍了常见的摄影辅助设备，一般拍摄商品，通过这些设备可以简易地搭配一个商品摄影棚，满足初期开店拍摄商品的需求。

1. 静物台拍摄棚

一张静物台，3盏闪光灯即可满足基本拍摄需求。静物台上可以覆盖自己喜欢或者商品符合的相关背景，如绸布、棉麻等。左右2盏光源可根据实际情况调节为主/辅光，在正前方再配置一盏灯光，这盏灯光可根据实际情况，进行补光打灯。

如果选择闪光灯，价格在3000元左右，如果是持续光源，价格在1000元左右。

静物台拍摄棚

2. 大型拍摄用影棚

服装类商品的卖家，可以如下图所示进行布灯展示，搭建一个自行DIY的影棚。首先需要是一个背景墙（可自由更换不同的背景），然后在约0.5米各布置一盏辅助灯光。

接下来根据实际拍摄物的大小，在2米左右位置各布置两盏光源，最后在正前方使用外置闪光灯的相机进行拍摄，通过外置闪光来照亮被摄商品表面，其他灯光都作为辅助光源进行补光，这种拍摄方法更加简便，适合新手，可满足一般正常拍摄需求。

背景墙影棚

卖家经验——不能说的秘密

前面两盏灯主要用于照亮背景，后面两盏灯用于补光拍摄主题。商家根据自己的实际情况自行测试，增加或减少光源来达到最好的拍摄效果。一般前期拍摄比较辛苦，当调好光源并固定光源位后，后面拍摄就相对轻松一些。

3.1.6 热门商品的拍摄方案

目前在网上销售的商品种类繁多，在拍摄方案、拍摄技巧上也有所不同。这里，我们选择淘宝网几大热门类目来作为实例进行拍摄方案介绍，供大家在拍摄商品图片时作为参考。

1. 服饰类拍摄方案

服装类商品在淘宝上属于比较大的类目，竞争也非常激烈，要想获得好的业绩，要重视商品图片的拍摄。拍摄这类产品时，一般选择两种拍摄方案，一种是真人模特图，另一种是商品摆放图。

真人模特图的拍摄，建议新手在户外进行拍摄，一般户外的光照条件比较好，拍摄出来的衣服色彩还原度也比较高，图片看上去真实可信。条件允许情况下，尽量选择背景颜色丰富的地点进行拍摄，这样图片的层次感更加丰富，拍出来的效果也理想，如下图所示。

选择室内拍摄真人模特图，一般情况下建议选择素色背景，拍出来的衣服会更加突出，如下图所示。

卖家经验——不能说的秘密

这里只是建议，不要完全复制。具体的拍摄背景要根据你商品实际情况而定，不同环境、不同品牌定位和不同的商品都是需要考虑的。

针对服装类商品，除了真人模特拍摄，还有对商品直接拍摄，这就涉及衣服的摆放。大多数情况下，可以选择较为浅的背景，然后将衣服摆放在上面，根据衣服的特性进行整理摆放，尽量让图片视觉上显得修身、能突出立体感，下图所示为白色背景的衣服实拍图。

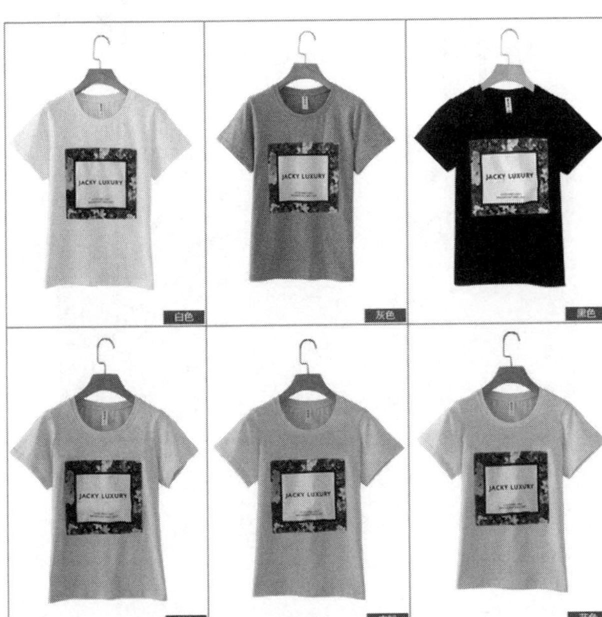

室内拍摄为了光线更加充足，有条件的用户可以采用1～2盏布光灯进行补光。

卖家经验——服装打光技巧

一般来说，细腻质料的衣服适合用柔和光，而粗糙质料的衣服适合直接打光（硬光），以挽回质料差的感觉。在所有商品图片的拍摄中，服饰类是比较难拍摄的，由于不同服饰材料不同，因此如何能拍摄出还原色比较好的照片，还需要读者通过多次拍摄来慢慢掌握。

为了通过照片更加逼真全面地展现出实物，在细节拍摄时往往要求我们对服饰的各个角度进行拍摄，下面大致列出不同服饰需要拍摄哪些角度的照片。

- **外套类**：正面、背面、内里，细节图则为衣领、袖口、衣兜、拉链扣子以及衣服材质细节。
- **毛衣类**：正面、背面，细节图则为衣领、袖口、工艺与材质细节。
- **衬衫类**：正面、背面，细节图则为衣领、袖口、衣兜。
- **裤子类**：正面、背面，细节图为拉链、裤兜。
- **鞋类**：正面、侧面、底部，细节图则为材质特写、特色设计。

无论哪种服饰，在拍摄时，都要考虑如何能够全面地将服饰的各个层面展现出来。具体拍摄，卖家可以结合自己的经验来操作。如果是品牌服饰，就可以单独拍摄品牌LOGO位置以及服饰吊牌。

2. 化妆品拍摄方案

化妆品类商品一般采用盒装或者瓶装，体积大都较小，在拍摄环境上也很好选择，使用前面介绍的背景箱加持续光源比较容易拍出较为满意的作品，如下图所示。

化妆品类很多采用透明玻璃瓶，在这类商品的拍摄上，可以在背景中放入其他物品，从而突出商品的轮廓与层次，如下图所示。

> **卖家经验——化妆品拍摄技巧**
>
> 如果不考虑留白，在商品下面放置稍微素一点的背景再加上持续光源，可以轻松地应付这类拍摄。但是要注意的是，出片效果一定要突出商品主体，不要让背景喧宾夺主。

3. 数码类拍摄方案

数码类商品同样不需要太大的拍摄空间，甚至可以采用大纸箱（内面为白色的）作为拍摄空间，加上持续输出的光源，可以让拍摄照片布光均匀，避免由于数码类商品表面比较光滑而产生的反光或倒影，如下图所示。

由于大部分数码商品表面会反光，在拍摄时不建议使用相机闪光灯，比较好的是布光比较广泛的持续光源，同时光源距离商品不宜太近。

> **卖家经验——处理数码反光里的投影**
>
> 带有屏幕的数码类商品，在使用相机拍摄时，往往会在屏幕中留下相机的倒影，这种情况下，我们可以在一张白纸上剪出与相机镜头大小相同的洞，然后将白纸套到镜头上进行拍摄。

4. 食品类拍摄方案

食品类商品范围比较广，不同食物的材质、体积也各不相同。这就要求我们在拍摄过程中，根据商品的特性来进行不同的拍摄。

如体积大的需要较大的拍摄空间，表面容易反光的不宜采用闪光灯。另外，这类商品要调好白平衡，将商品原色在照片中展现出来，这需要大家根据不同商品不同环境来反复调整，下图所示为拍摄的冬虫夏草。

卖家经验——关于白平衡调整

现在大多数相机都有白平衡功能，大家在拍摄商品的时候，建议不要使用“自动白平衡”功能。白平衡可以理解为通过白平衡设置，可以调整和最大限度还原色温，让物体恢复原本的颜色。

3.2 商品图片处理

图片拍摄对于淘宝商家来说，还只是第一步，接下来还要学习如何进行图片处理，让商品图片更加“吸引买家”。

3.2.1 照片的复制

使用数码相机拍摄好商品图片之后，接下来就需要将照片复制到电脑中，进而对照片进行修饰与美化，以及将照片上传到店铺中。

目前的数码相机多数都是通过存储卡来进行数码相片的存储，而用户日常拍摄的照片都保存在这里。要读取内容，最为简单的方法就是直接使用相机数据线来连接相机和电脑，如下图所示。

直接连接电脑

还可以直接取出相机中的专用SD卡，然后将卡插入读卡器，再将读卡器插入电脑中使用，如下图所示。

取出相机的SD卡，利用读卡器接入电脑

3.2.2 新手如何选择图片处理软件

大多数淘宝商家都不是专业的设计师，因此在选择图片处理软件上，尽可能选择自己便于掌握的工具。目前常用的照片修饰软件主要有Photoshop、光影魔术手、美图秀秀、可牛影像等。

1. Photoshop

Photoshop是图形处理上比较常用的专业图像处理软件，其应用领域也比较广泛，常见的平面广告、封面设计等，基本都是使用Photoshop设计的，Photoshop提供的图像处理功能比较全面，能够帮助完成大多数的创意，是图片设计的首选，下图所示为Photoshop CC的启动界面。

卖家经验——术业有专攻

术业有专攻，专业的人做专业的事情，除了Photoshop，余下几款图形工具只能适应一些图片的简单处理，适应新开店的小卖家。如果你想要店铺和产品图都有比较好的效果，那么Photoshop是一个不错的选择。

2. 光影魔术手

光影魔术手提供了绝大多数常用的图片处理功能，其智能化操作使得处理图片更加简单。作为淘宝商家来说，如果只需要处理一些简单的图像色调、文字等，那么使用光影魔术手是最佳选择，如下图所示。

开店必知——免费的图像处理工具

除了Photoshop外，光影魔术手及以下其他几款软件都是可以免费使用的，商家可以根据自己的兴趣爱好下载试用，看一看哪一款更适合自己。

3. 美图秀秀

美图秀秀是一款很好用的免费图片处理软件，新手不用怎么学习就能使用，如下图所示。它有图片特效、美容、拼图、场景、边框、饰品等功能，加上每天更新的精选素材，可以用1分钟做出影楼级照片，还能一键分享到新浪微博、人人网。

4. 可牛影像

可牛影像是新一代的图片处理软件，它包括图片编辑、管理、浏览以及各类图片趣味应用服务，如下图所示。可牛影像拥有一键磨皮、美白祛痘、瘦脸瘦身、魔术场景、图片去水印等多种编辑功能，更有百余种照片特效，可以让用户快速制作出带有一些特殊效果的照片，无须专业学习，操作简单。

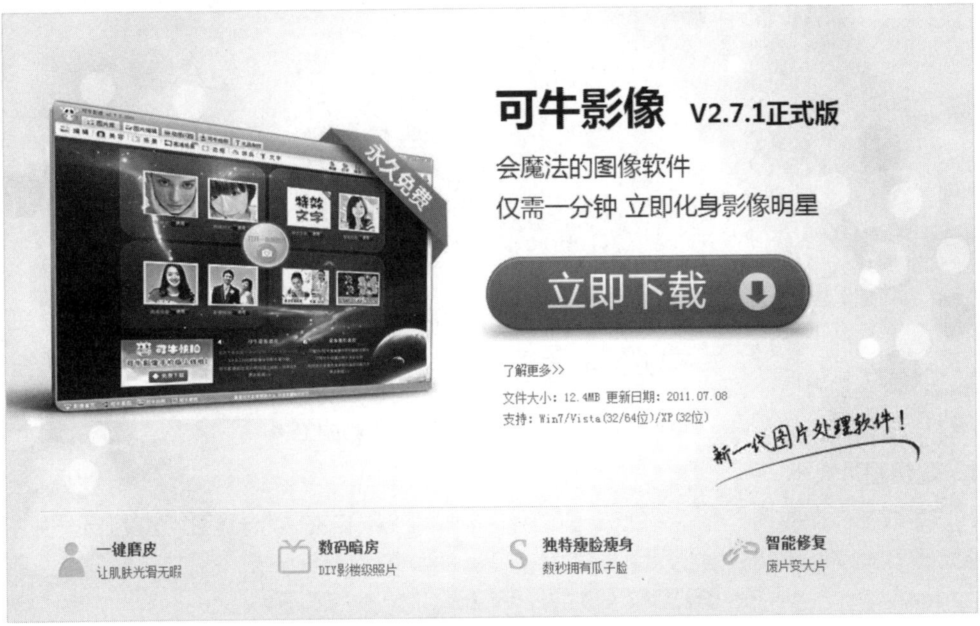

3.2.3 商品照片都需要哪些处理

针对网店中的各类商品进行拍摄后，大多数情况不能直接使用，通常都会进行一些必要的处理，让其看上去更加美观。一般来说，淘宝商品图片在拍摄完成后，会进行如下一些处理。

1. 更换图片背景

这是比较常用的处理方法。我们在很多情况下进行商品拍摄时，都会连同商品背景一起拍摄，有时候只需要将商品从图片中提取出来，以便更清晰地彰显商品。这个时候就可以通过各类图形工具将商品提取出来，换上纯色背景或者其他底纹背景。

恢复正常色调

扣取出来的产品图

2. 调整图片色调

由于拍摄光线、相机本身以及显示器等因素，拍摄出的照片与实物在色调上存在一定差异，这时就需要对图片色调进行调整，使其尽可能与实物相近。

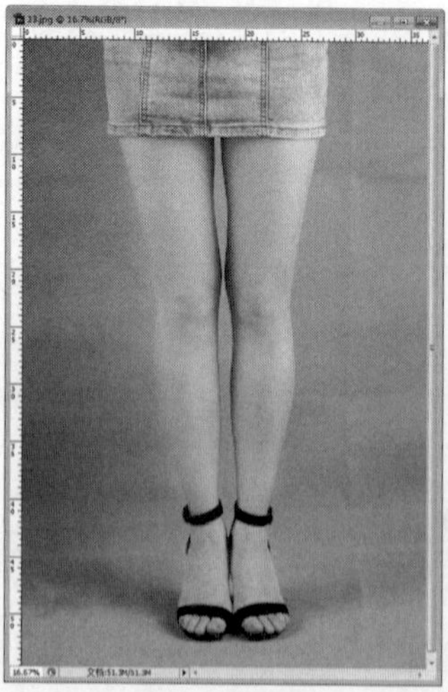

偏红拍摄图

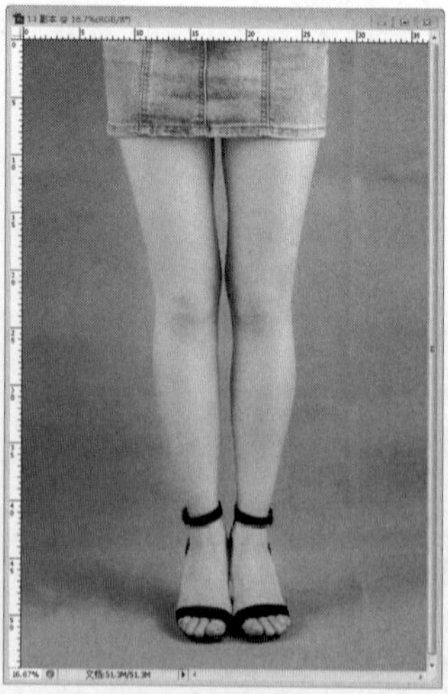

恢复正常色调

3. 调整图片大小

很多时候，淘宝网会有很多不同像素图片的需求，如默认电脑端的详情图片宽度显示一般不能大于750像素，所以这个时候就需要调整商品图片的像素，如下图所示。

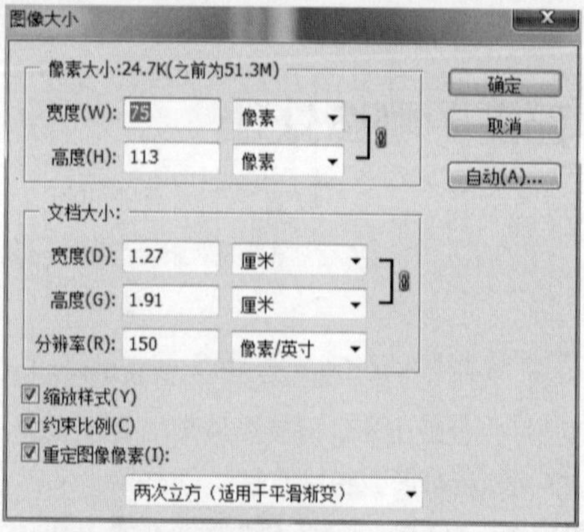

调整图像尺寸

> **卖家经验——不能说的秘密**
>
> 淘宝详情页默认不超过750像素，商品主图宽和高超过750像素会启用放大镜效果。建议大家将自己的商品图片宽度统一设置为750像素到800像素之间。首页海报根据具体情况修改尺寸。

4. 添加图片水印

商家为了防止自己的图片被盗用，会将自己网店中的商品添加上店铺水印。一些知名品牌的卖家，添加品牌LOGO，显得商品更加大气上档次，下图所示为3家在主图上使用LOGO的商品。

5. 添加其他元素

一些店铺活动，推广活动中，往往需要制作一些独特的图片（广告海报），在商品图片上添加其他一些元素，如文字、形状、价格等，使得图片整体更加生动活泼，吸引买家，如下图所示。

3.3 专业的事情交给专业的人来做

本章到这里就结束了，原本还有一段关于Photoshop的相关介绍。但是考虑到Photoshop的强大，要想短时间学习掌握基本是不太现实的，所以就节约篇幅不再叙述（对于有兴趣自学Photoshop的读者，可以查看本书配套的“最新版Photoshop从零起步全程视频教学”）。

作为新开店的淘宝卖家，更多精力应该放在如何开店赚钱上面，而不是花几个月的时间来自学Photoshop图形处理，建议有条件的淘宝新卖家，如果产品过多，包括商品摄影以及图片处理都交给更为专业的人士来做，这样可以更多地把时间放在店铺管理上，释放更多精力打造自己的店铺。

如果当地人才多，还可以招聘专业的美工，有摄影技术的比较好，让其负责店铺的产品拍摄和处理；而如果当地不好招人，也可以通过自行百度淘宝摄影、装修相关的公司，或者直接在淘宝服务市场（https://fuwu.taobao.com）查找与提供这些服务的卖家进行合作，如下图所示。

卖家经验——找到合适的专业人士

建议选择与所在地的服务商合作，这样可以减少很多麻烦（拍照产品长途运输、宝贝图片处理过程中的修正等）。如果疑问，可以访问http://www.02zu.com获取服务商推荐信息以获得帮助。

第4章

淘宝开店——万事俱备只欠东风，一起学开店

学习了前面的知识，目的就是在淘宝网上开一家属于自己的店铺。在本章，就来给大家具体介绍两种淘宝店的不同开通方法。

4.1 淘宝店铺那些事

在开淘宝店之前，要了解淘宝店的一些基本情况，看一看应该开一个怎么样的“店铺”。

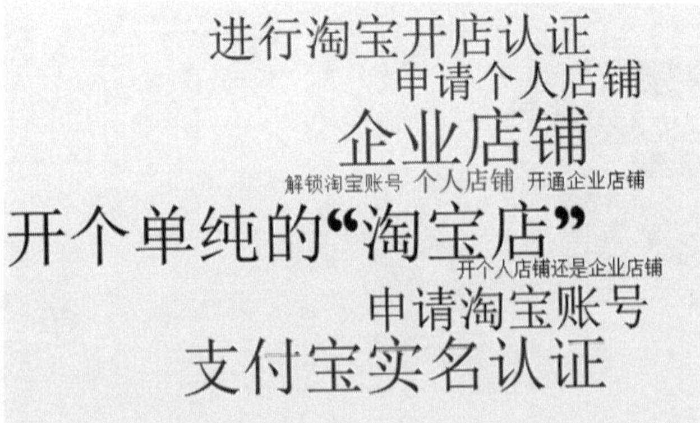

4.1.1 开个单纯的“淘宝店”

淘宝网（https://www.taobao.com）是目前国内较大的个人电子商务平台，由阿里集团于2003年5月创立。经过十多年的发展，现在的淘宝网已经成为比较成熟和使用人数比较多的购物网站。

淘宝网中汇聚了数百万的商家，以及海量的各类商品，人们日常生活中需要的商品，基本能够在淘宝网上购买到，如下图所示。

淘宝网逐渐发展，从单纯的线上商品交易网站，变成了包揽国民“衣食住行”的综合型网上商城，不论是水电气、话费、电影、旅行、保险、彩票、理财，还是网上游戏、电器、拍卖、超市、二手车、学习乃至装修等大多数生活场景，淘宝都能够提供相对应的服务。

这些服务大都需要线下实体的支撑，并非单一的网上店铺实现的。而作为一般淘宝开店的用户而言，所追求的还是最单纯的“开店”，也就是在淘宝上注册一个店铺，然后经营自己的“产品”。

提示 Tips 如果本身有实体店的淘宝卖家，可以在注册淘宝店的同时，加入淘宝的对应服务频道或者市场，作为服务供应商。如你是装修公司，可以入驻淘宝“极有家”，母婴店可以加入“亲宝贝”，经营宠物的，则可以考虑“淘宝花鸟”。

4.1.2 个人店铺和企业店铺

从2015年下半年开始，淘宝开始人为地把淘宝店分为两个类别，一类是个人店铺（通过身份证认证开设的店铺类型），另一类是企业店铺（通过营业执照认证开设的店铺类型），如下图所示。

1. 个人店铺

通过个人身份证实名认证的淘宝店铺即为个人店铺，是淘宝上较为主流的店铺类型，目前大部分的店铺都为个人店铺。

2. 企业店铺

企业店铺主要是指拥有独立公司，并通过营业执照进行开店认证的淘宝店铺，其操作和使用上与个人店铺完全一样，没有什么太大的区别。有区别的地方在以下几点。

（1）名称。

在店铺的名称选择上，企业店铺可以添加公司、企业、集团、官方、经销这5个个人店铺不能使用的词汇。

（2）企业权益。

企业店铺开店更便捷（认证快），相比个人店铺，在商品发布数量、淘宝橱窗位、旺旺子账号上拥有的权益，会比个人店铺多一些。

（3）展示区别。

展示区别是企业店铺最大的优势。在企业店铺里，会显示明显的企业标识，使消费者一目了然，知道企业店铺与个人店铺的区分，如下图所示。

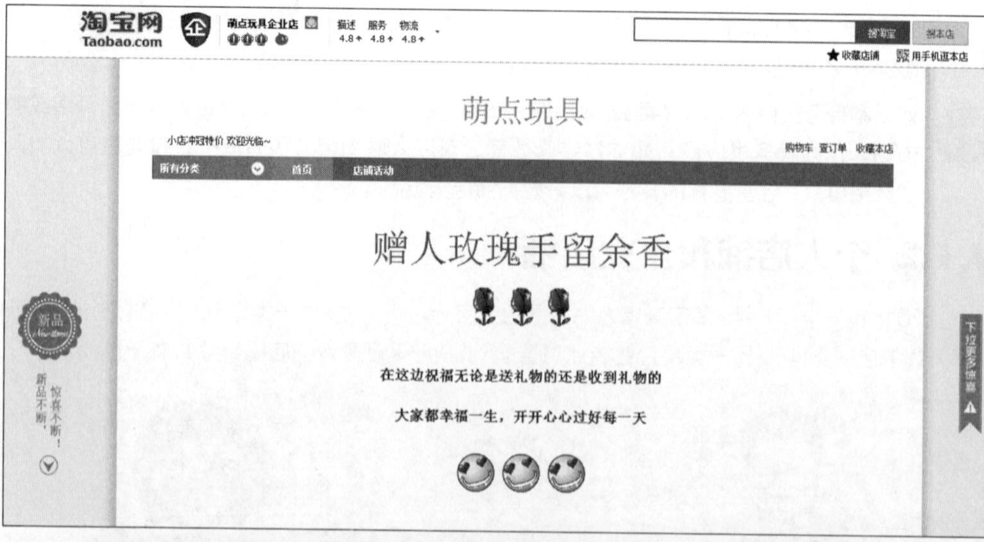

在买家将宝贝收藏和加入购物车后，在对应的页面也会显示企业标识，如下图所示。

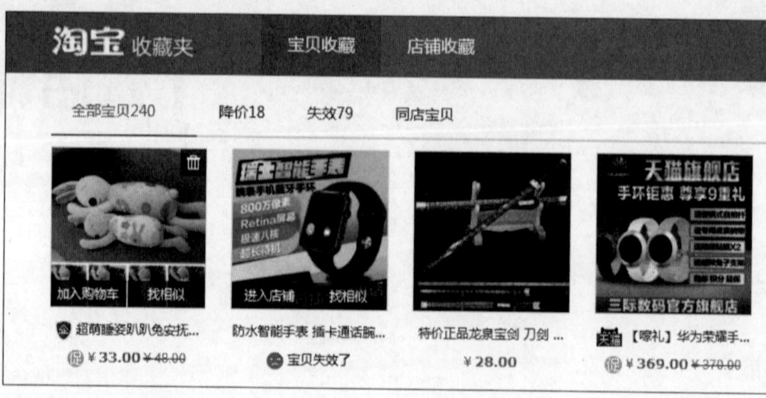

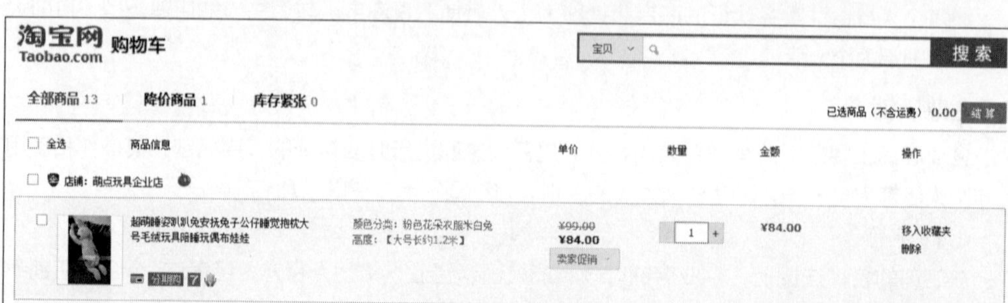

提示 Tips 最开始的企业店铺除了以上无关痛痒的企业标识展示外，在搜索页面也会传递企业标识信息（笔者认为这是最重要的，可以吸引买家点击，提高点击率），不过后来取消了——不知道为什么，淘宝善变的传统文化真是让人无奈。

卖家经验——开个人店铺还是企业店铺

正常来说，企业店铺是优于个人店铺的，但实际上淘宝很多的大卖家却还是依然在使用个人店铺，这是为什么呢？很简单，一个字就可以形容，那就是“税”。

原则上淘宝个人店是不用单独交税的，如果是企业店，就要走企业支付宝，那么就会产生税收。

所以，综合来说，企业店铺在展示上可以给买家更良好的信任度，但是对搜索没有太大帮助，也就是带不来流量，而这点信任度，我们可以通过其他（消保、7天退换）等来替代，也就没必要去申请或者升级企业店铺了。

当然，你原本就有公司，也在正常销售，那么就没必要担心这些，走正常的税务，流水税收高的时候，那证明你的店铺已经比较赚钱了。

4.2 淘宝个人店铺申请

千里之行始于足下，要在淘宝网上开店，要先注册成为淘宝会员，然后再以注册会员身份登录进行开店申请，下面来学习具体方法。

4.2.1 申请淘宝账号

无论在淘宝网中买商品，或者准备开店卖商品，都需要先注册淘宝账号。它的申请方法很简单，下面一步步学习操作。

步骤 01 打开淘宝网（https://www.taobao.com），单击顶部的“免费注册”链接，或者单击右侧的“注册”按钮，如下图所示。

步骤02 打开淘宝注册页面（将展示具体注册步骤供大家参考）第一步为设置用户名，第二步为填写账号信息，第三步为设置支付方式，第四步是注册成功提示，如下图所示。

步骤03 下面来看一看第一步操作，在弹出的注册协议里查看相关条款，接着单击“同意协议”按钮，如下图所示。

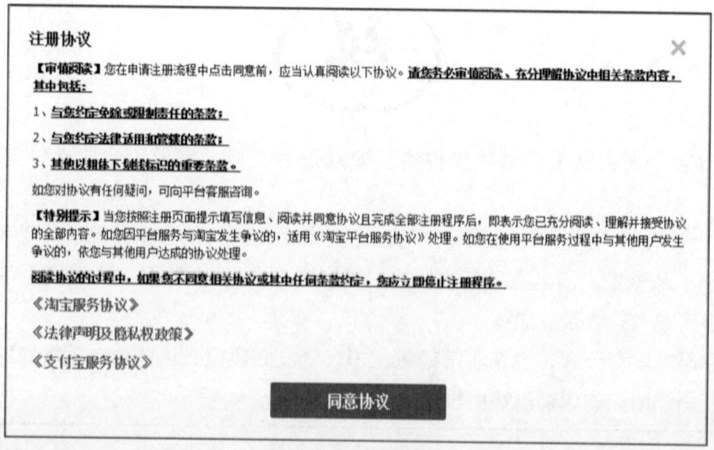

步骤04 选择个人账户注册或者以企业方式注册，默认是以个人账号注册，输入手机号，拖曳鼠标进行验证，验证通过后单击“下一步”按钮，如下图所示。

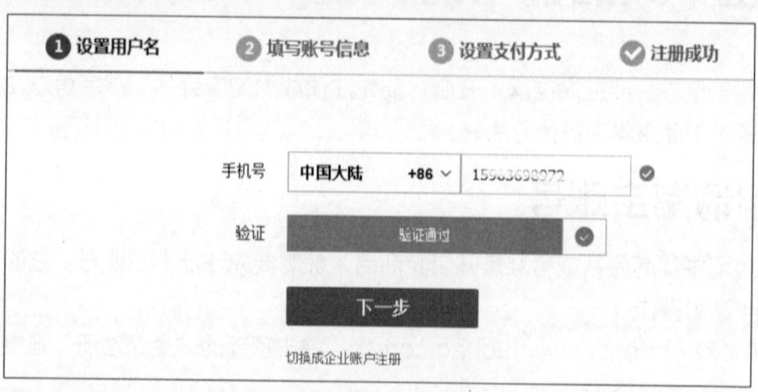

步骤05 输入手机收到的验证码，单击“确认”按钮，如下图所示。

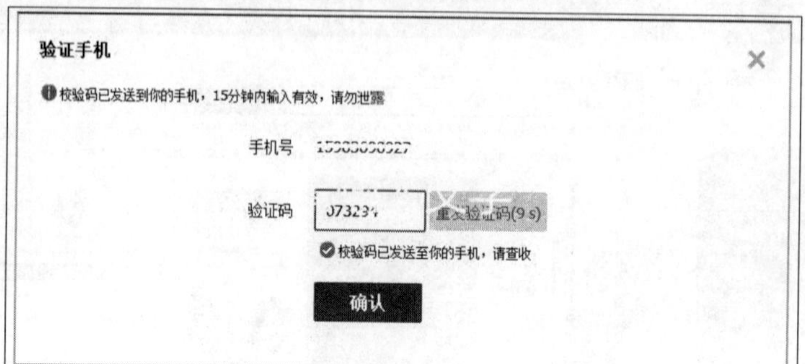

步骤 06 输入电子邮箱，单击“下一步”按钮，如下图所示。

步骤 07 提示验证邮件已送达上一步填写的邮箱地址中，单击“请查收邮件”按钮，如下图所示。

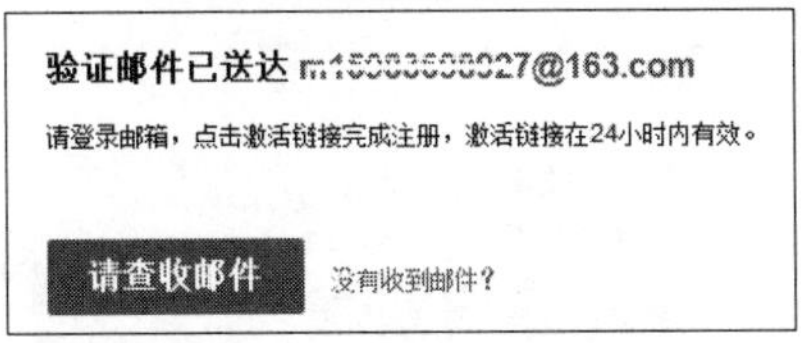

步骤 08 进入邮箱查看当前收到的验证邮件，在这里直接单击“完成注册”按钮，如下图所示。

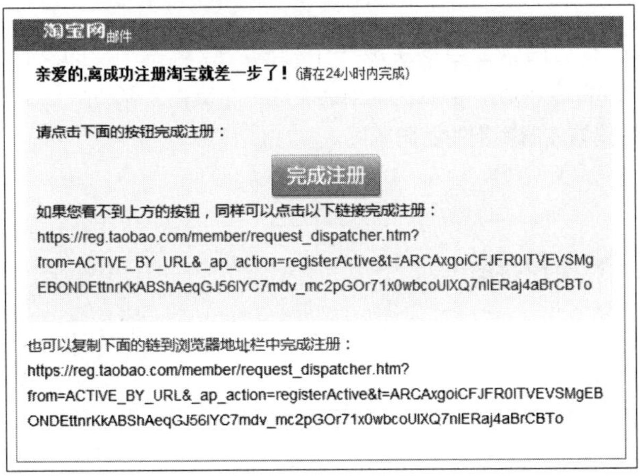

步骤 09 设置具体的淘宝注册信息，包含登录密码、会员名称，然后单击“提交”按钮，如下图所示。

提示 Tips 这里新设置的会员名是你将来显示给买家的名称，建议用中文，可以设置为和你未来的店铺名字一样。

步骤 10 转到注册成功页面，显示你的账号登录名（注册邮箱一致），绑定手机，淘宝会员名，如下图所示。这里建议新手将这些信息单独备份存放，以免忘记。

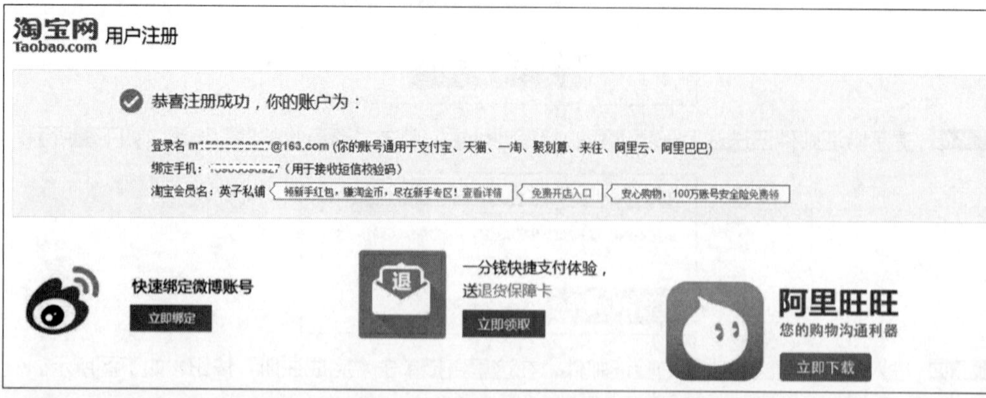

提示 注册淘宝账户成功后，会自动生成一个和淘宝登录名一样的支付宝账户，如注册的m12345678@163.com，那么这里也会生成一个支付宝账户m12345678@163.com，并且其登录密码与注册淘宝的密码相同。

4.2.2 申请个人店铺

淘宝账号注册成功后，我们就可以使用注册时的账户名或者中文会员名登录淘宝进行淘宝店铺申请。

步骤 01 打开淘宝首页，单击顶部或者右侧“登录”按钮，然后输入会员名和密码，单击“登录”按钮，如下图所示。

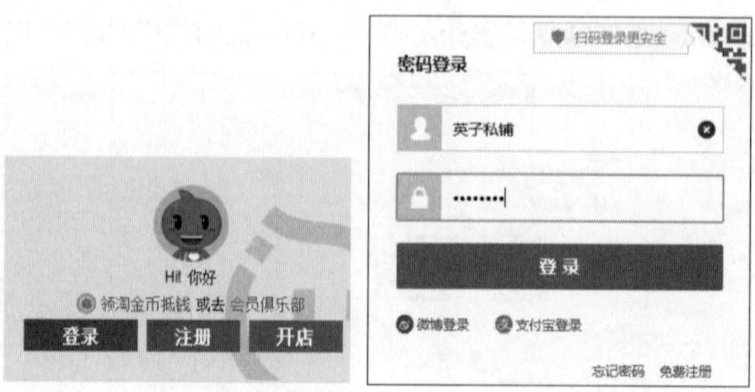

步骤 02 登录以后，在右侧上方单击“卖家中心”下的“免费开店”，如下图所示。

步骤 03 进入淘宝免费开店页面，想开店的用户，可以选择个人店铺或者企业店铺开通；如果不想开店只是单纯发布一些商品，也可以直接选择最下面的“出售二手闲置”， 如下图所示。

● **个人店铺：**普通个人创建的淘宝店铺，也是一直以来淘宝店卖家使用的开店方式。新开店卖家可以（一钻以下）免费使用旺铺专业版以及一些营销活动的支持。

● **企业店铺：**以企业名义创建的店铺，具体权益和个人店差不多，区别是可以突出企业，增加可信度。

● **二手闲置：**所有人都可以发布商品，但是所有商品都会显示为二手。并且只在淘宝“咸鱼”频道显示。

步骤 04 以创建个人店铺为例，选择创建个人店铺，直接单击“个人开店”按钮，进入免费开店页面，这里会进行开店条件监测，提示“抱歉，您支付宝账户的身份信息不够完善”，此时需要单击右侧的“立即认证”链接，如下图所示。

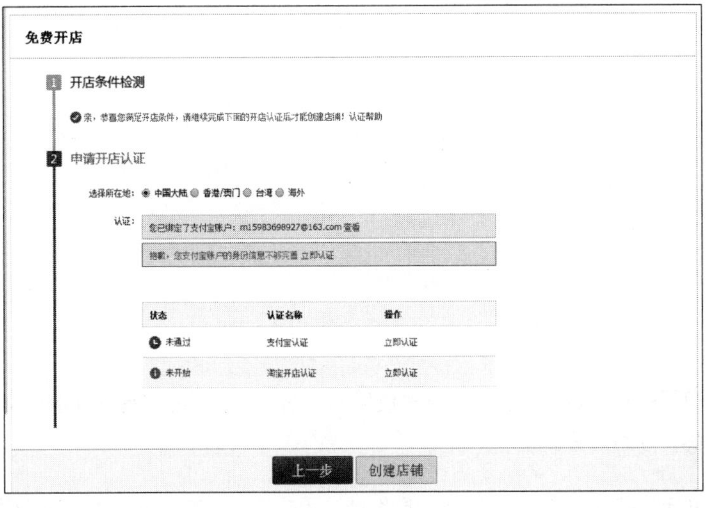

提示 Tips 要进行淘宝开店，需要进行两项认证，一个是支付宝认证、另一个是淘宝开店认证。

步骤 05 进入支付宝身份校检页面，提示账户信息不完整，单击“点此补齐”链接，如下图所示。

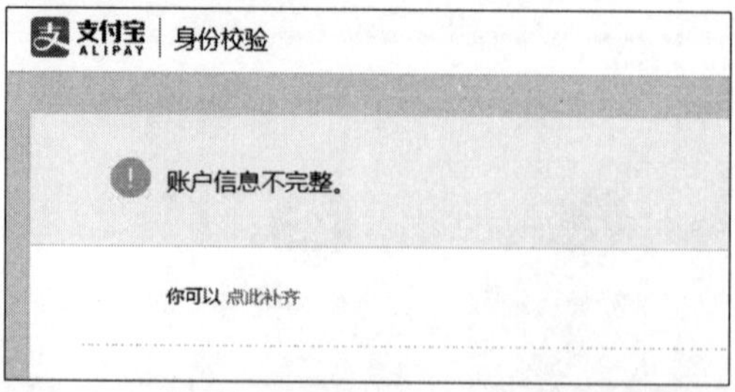

步骤 06 设置支付宝登录密码、支付密码、身份信息，单击“确定”按钮，如下图所示。

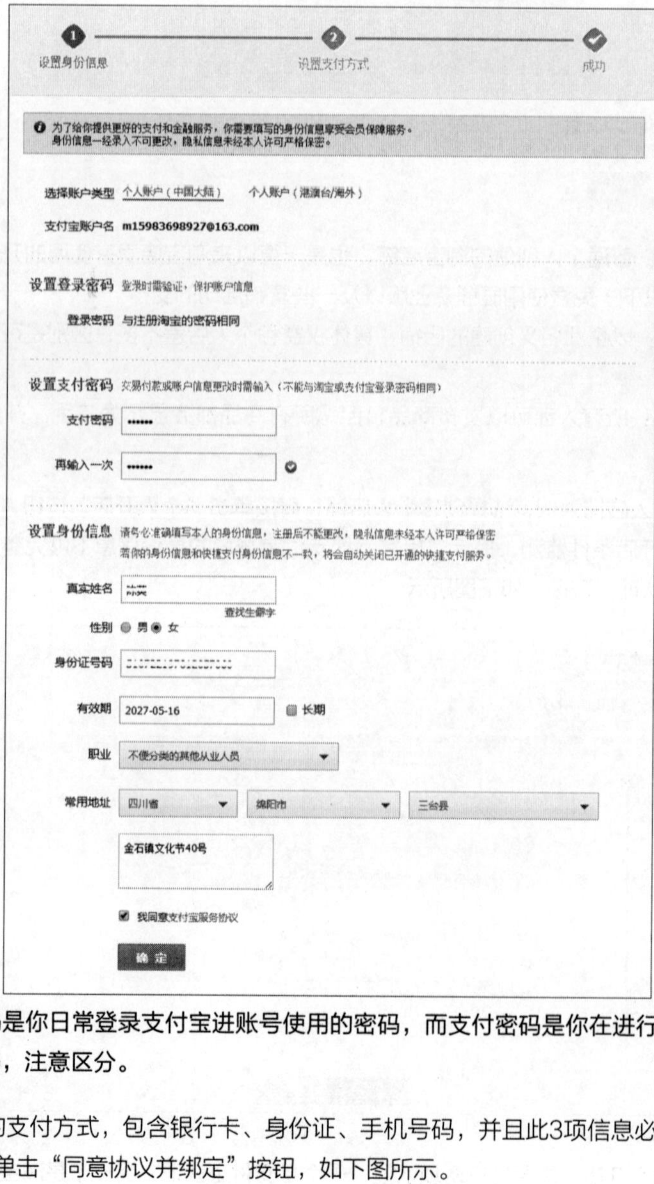

提示 登录密码是你日常登录支付宝进账号使用的密码，而支付密码是你在进行交易、转款时用到的密码，注意区分。

步骤 07 输入你的支付方式，包含银行卡、身份证、手机号码，并且此3项信息必须与银行办卡信息一致，通过后单击“同意协议并绑定”按钮，如下图所示。

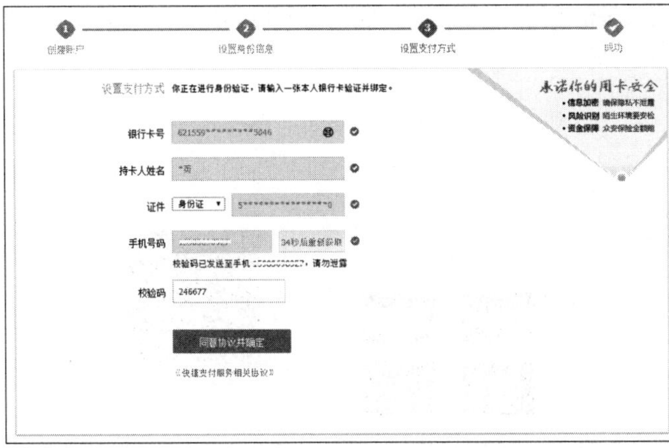

步骤 08 接下来提示支付宝注册成功，同时此账号会正式绑定淘宝，如下图所示。

提示 Tips 前面说注册完淘宝默认开通支付宝，为什么这里还要注册一次呢？因为开始的支付宝只是默认用淘宝号开通了一个支付宝账号，但是只是开通，还没有激活，很多功能不能正常使用，在完成这一步以后才算正式激活支付宝。

4.2.3 支付宝实名认证

补全信息只是激活支付宝，想开店铺，还需要进行支付宝实名认证，也就是还需要重复一次验证操作。

步骤 01 在上图中继续单击“立即补全信息”文字链接，打开身份校检页面，再次输入银行卡信息，单击“下一步”按钮，如下图所示。

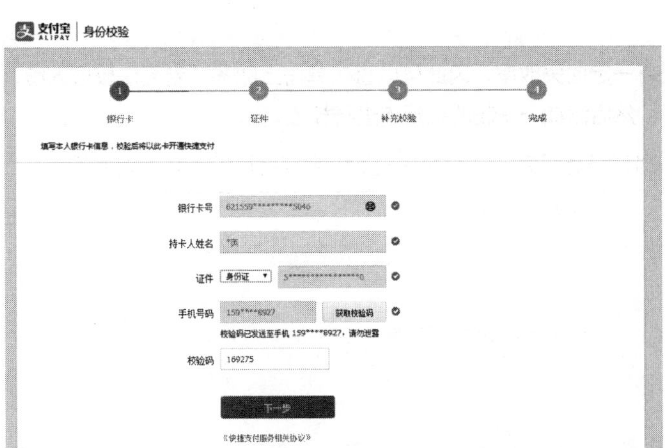

步骤02 这里需要上传注册人的身份证信息，包含正反面身份证照片和证件有效期，输入完成后单击“确定提交”按钮，如下图所示。

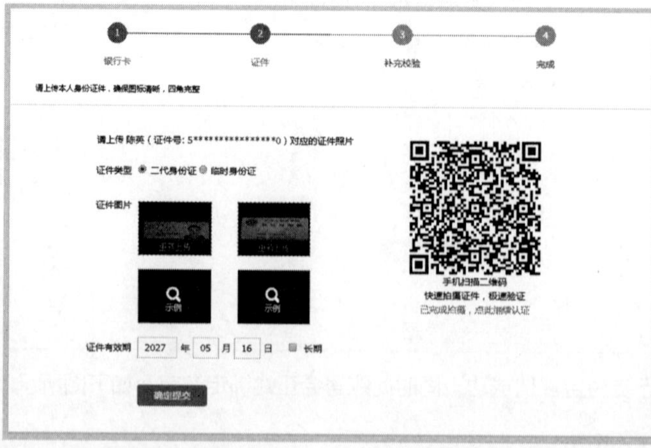

步骤03 进行补充校检，可以下载手机支付宝，然后扫描二维码进行人脸认证（按手机端支付宝提示进行操作），当手机端完成认证后返回这里，单击“已完成拍摄，点此继续认证”链接，如下图所示。

提示 人脸认证有一定的失败率，因此可以直接单击上图的“若无法校检人脸，可校检本人银行卡”链接，然后添加一张新的银行卡进行校检。

步骤04 当提示“身份信息已完善”，即完成支付宝实名认证，如下图所示。

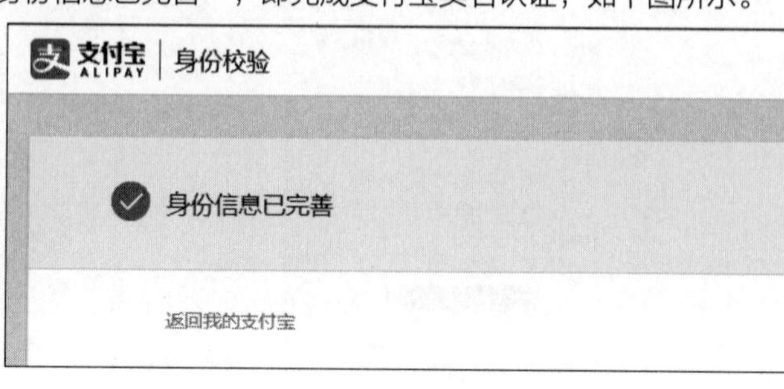

4.2.4 进行淘宝开店认证

完成支付宝实名认证后，还需要进行淘宝开店认证才能正常完成开店操作。值得注意的是，支付宝实名信息必须和这里的开店认证信息一致。

步骤 01 返回淘宝开店页面，此时显示已经符合开店条件监测，在“申请开店认证”中单击“淘宝开店认证”右侧的“立即认证”，如下图所示。

步骤 02 打开淘宝身份认证页面，这里可以查看当前权益和认证方式，直接单击“立即认证”按钮，如下图所示。

提示 淘宝开店过程中经常修改认证方式，因此这里的界面只做参考，具体认证按照注册时的流程提示进行。

步骤03 以前可以直接通过电脑在线上传资料，后来淘宝网为了推广安全工具“阿里钱盾”，现在认证必须在这个手机APP上完成，具体操作流程如下图所示。

步骤04 通过手机端的阿里钱盾进行淘宝开店认证（按照指示说明进行操作）。成功后返回电脑端会显示淘宝开店认证通过，单击“下一步”按钮，如下图所示。

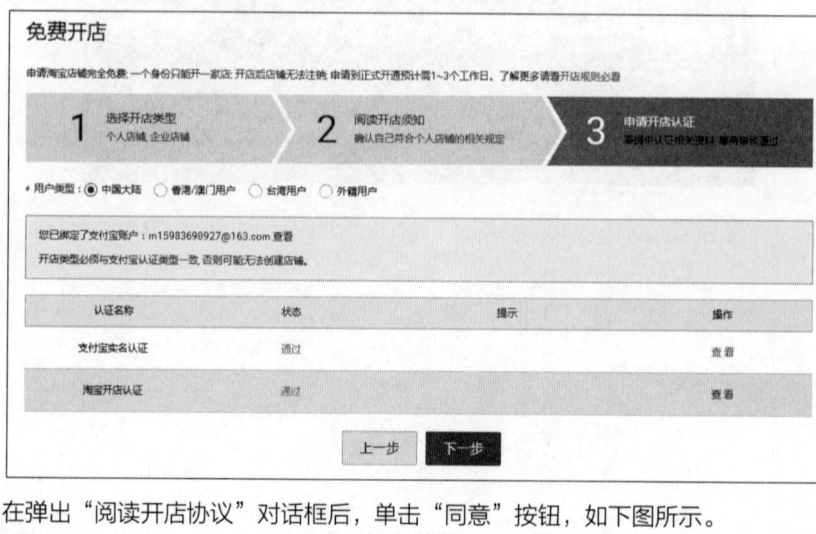

步骤05 在弹出“阅读开店协议”对话框后，单击“同意”按钮，如下图所示。

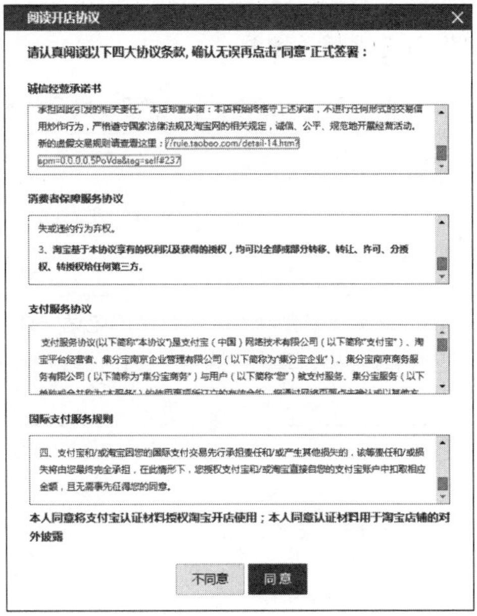

步骤 06 在提示"亲，店铺创建成功啦！祝你生意兴隆"后，完成个人淘宝店的创建，如下图所示。

提示 淘宝开店认证支持使用电脑、手机淘宝客户端和阿里钱盾客户端提交认证资料，系统会根据您的网络安全环境做出推荐。但实际上，都会要求你下载它们的"阿里钱盾"手机软件进行认证。

卖家经验——解锁淘宝账号

有时因网络因素，如IP变化，登录淘宝时会对会员登录进行保护，这个时候是不能正常登录淘宝账号的，我们需要对此进行解锁操作。

（1）当登录提示"你的账户存在安全风险，已被保护，请根据提示自主开通！"消息时，拖曳鼠标进行验证，然后单击"确定"按钮，如下图所示。

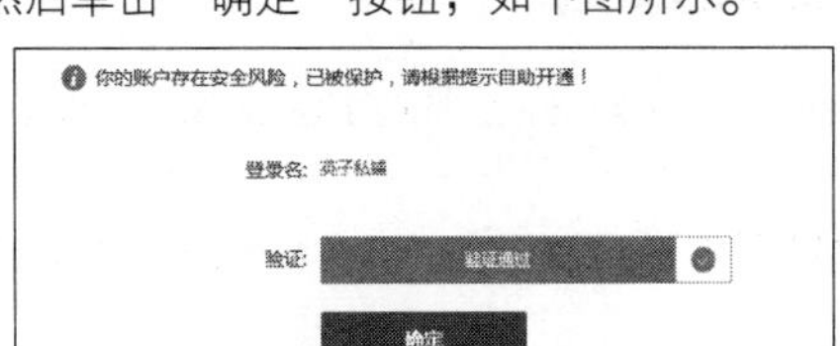

卖家经验——解锁淘宝账号（续）

（2）提示即将通过语音验证，单击“立即验证”按钮，如下图所示。

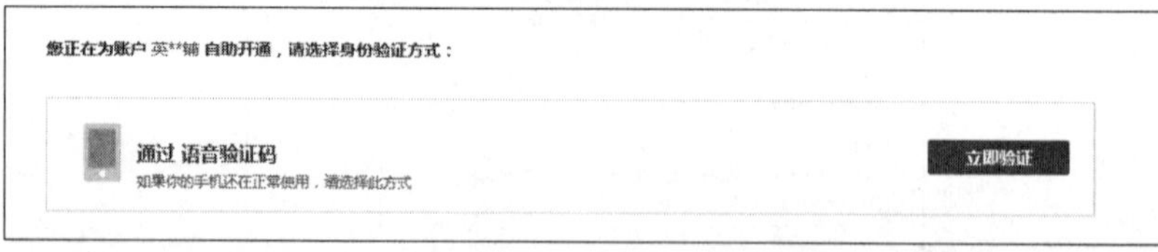

（3）单击“获取验证码”，接下来会收到阿里打来的电话，注意收听语音内容，里面包含验证码信息，然后输入正确的验证码，单击“确定”按钮，如下图所示。

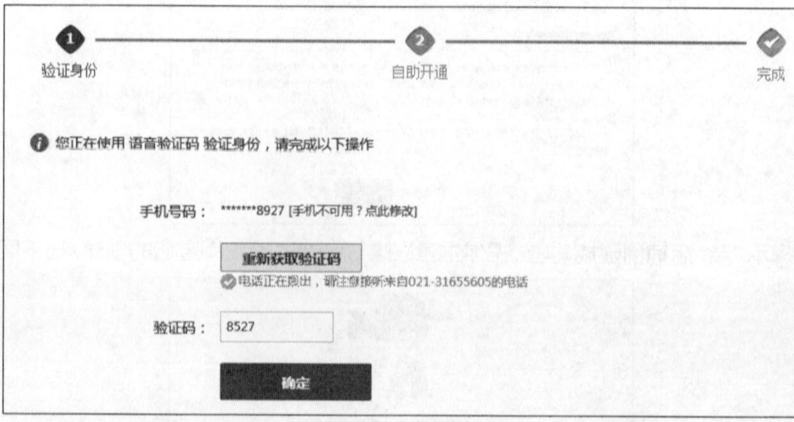

（4）接下来，提示解除锁定成功，重新登录账号即可，如下图所示。

4.3 淘宝企业店铺申请

淘宝企业店铺是指拥有企业公司资质的团体，进行申请淘宝店铺的类型。接下来介绍淘宝企业店铺的开店方法。

4.3.1 注册淘宝企业账号

申请企业店铺与个人店铺申请一样，先注册淘宝企业账户，此账户拥有更便利的店铺申请方式，接下来介绍注册方法。

步骤 01 按照个人店铺淘宝账号申请方式，进行淘宝账号申请，在注册页面单击“切换成企业账户注册”，如下图所示。

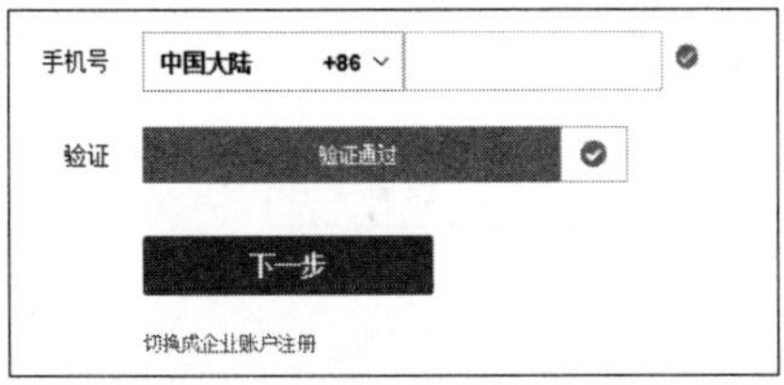

步骤 02 选择注册企业账户，接下来淘宝注册步骤变为3步，也就是支付方式省略了（将默认使用企业对公账户）。输入邮箱地址，并进行验证，然后直接单击“下一步”按钮，如下图所示。

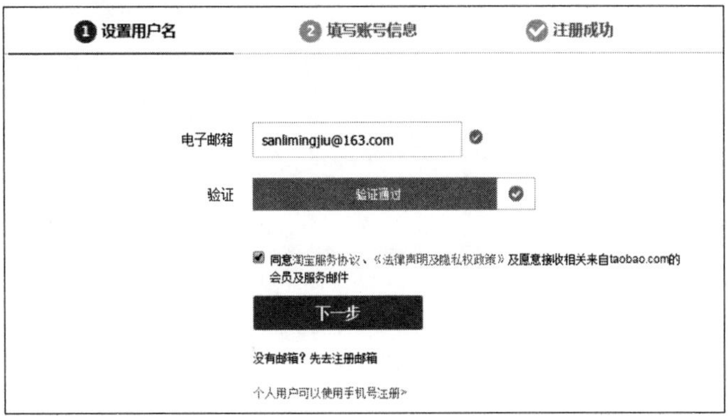

步骤 03 然后淘宝会自动发送邮件到你的邮箱，只需要进入该邮箱，然后查看收到的邮件再确认邮件，单击里面的链接就行了，如下图所示。

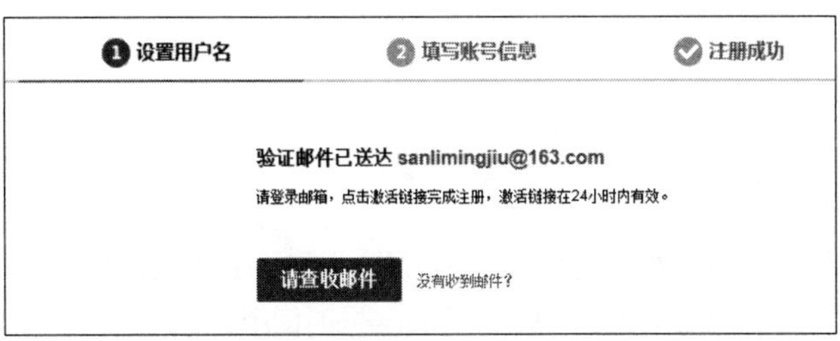

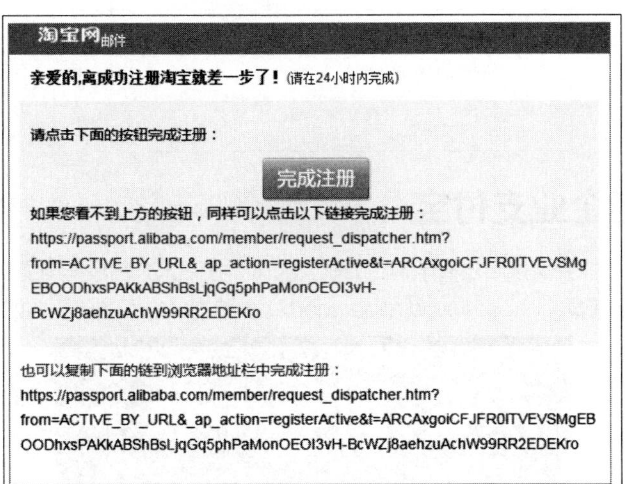

步骤 04 通过该链接再次转入淘宝注册页面，填写企业相关账号信息，然后单击“确认”按钮，如下图所示。

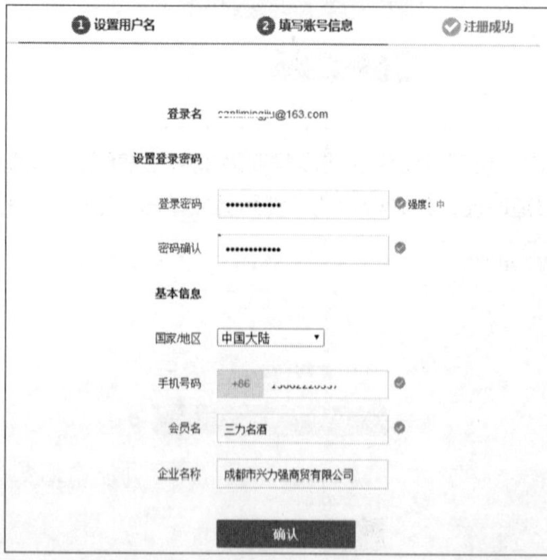

步骤 05 然后淘宝会发送手机验证码到你填写的手机上，输入正确短信验证码，单击“确认”按钮，如下图所示。

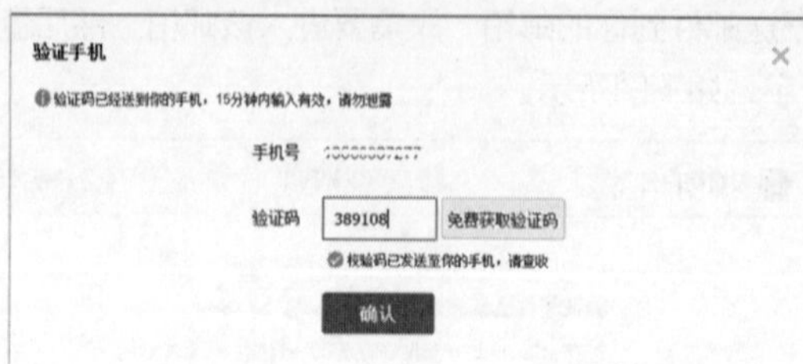

步骤 06 接下来提示注册成功，如下图所示。不管是个人账号还是企业账户，在淘宝都是通用的，也就是注册此账号，可以在阿里巴巴、淘宝、天猫等同时使用。

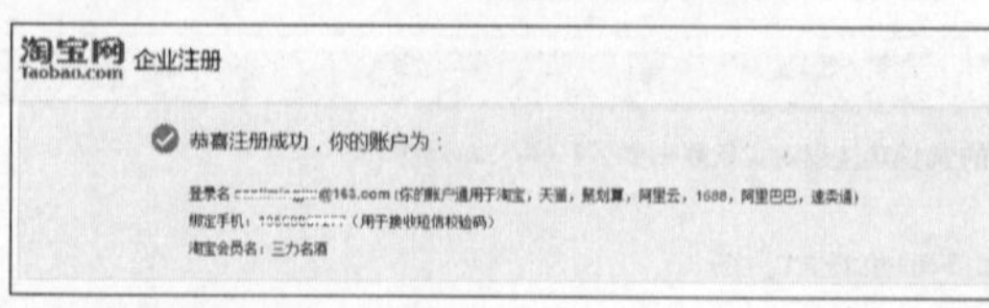

4.3.2 搞定企业支付宝

淘宝企业账号，需要卖家自己去申请企业版支付宝，接下来介绍具体申请认证方法。

步骤 01 打开支付宝首页（https://www.alipay.com），单击“立即注册”，如下图所示。

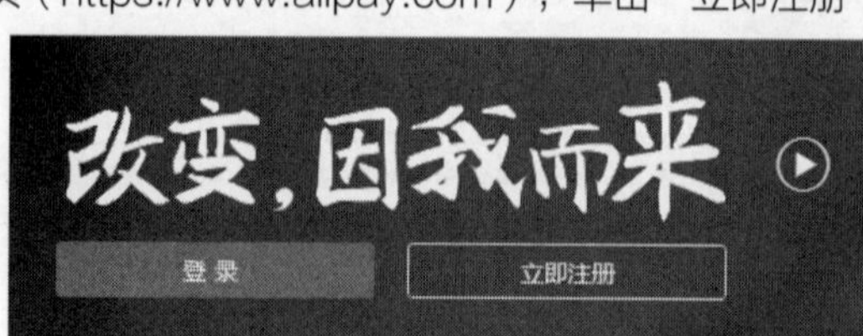

步骤 02 打开支付宝账户注册页面，选择“企业账户”， 如下图所示。

步骤 03 输入要注册的账户名字（要求输入邮箱），然后拖曳滑块进行验证，然后单击“下一步”按钮，如下图所示。

注册前需要准备如下材料。

- 营业执照影印件。
- 对公银行账户，可以是基本户或一般户。
- 法定代表人的身份证影印件。

如果你是代理人，除以上资料，还需准备以下材料。

- 你的身份证影印件。
- 企业委托书，必须盖有公司公章或者财务专用章，不能是合同/业务专用章。

影印件为彩色原件的扫描件或数码照。

步骤 04 接着输入手机号，在收到手机校检码后并输入，单击“下一步”按钮，如下图所示。

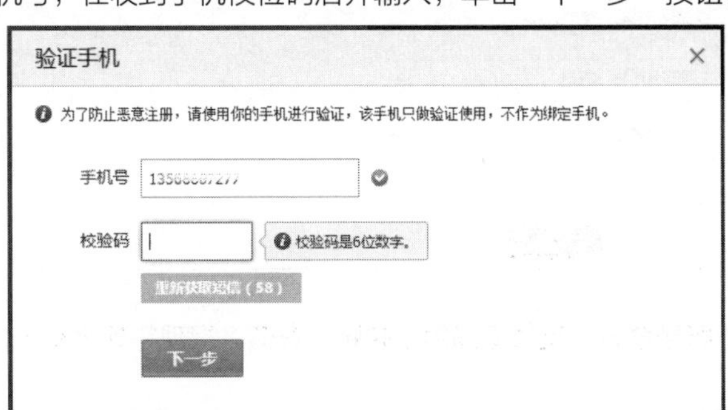

步骤 05 然后开始验证账户名，接下来会发送验证邮件到你填写的邮箱，单击“立即查收邮件”按钮，如下图所示。

步骤 06 在邮箱中查看收到的支付宝验证邮件，单击“继续注册”按钮，如下图所示。

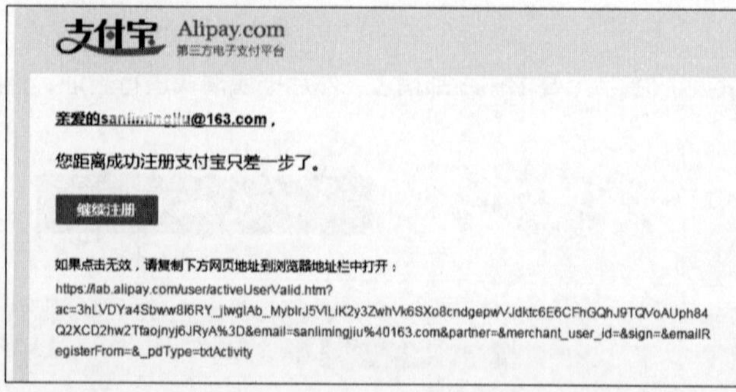

步骤 07 设置支付宝登录密码、支付密码和安全保护问题，如下图所示。

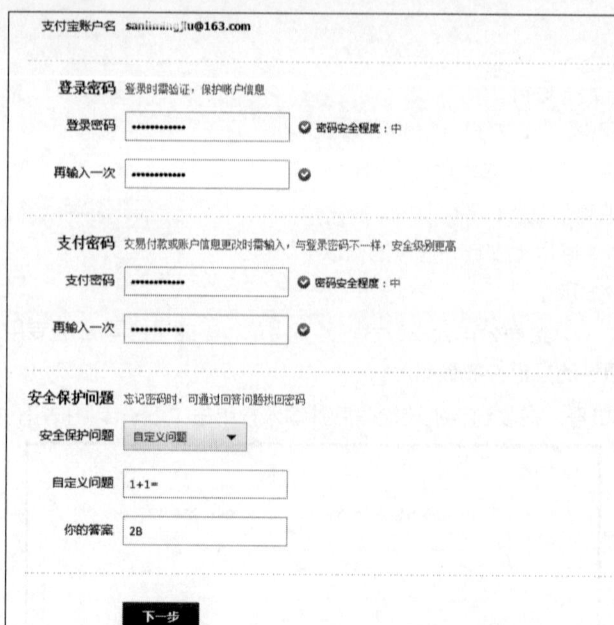

提示 登录密码用于账号登录，支付密码用于转账、充值、提现等现金交易，务必分清并牢记。

步骤 08 进入企业实名认证页面，单击“立即认证”按钮，如下图所示。

步骤 09 接着输入相关认证信息，包含单位类型、企业信息、法人信息、联系方式等，然后单击“下一步”按钮，如下图所示。

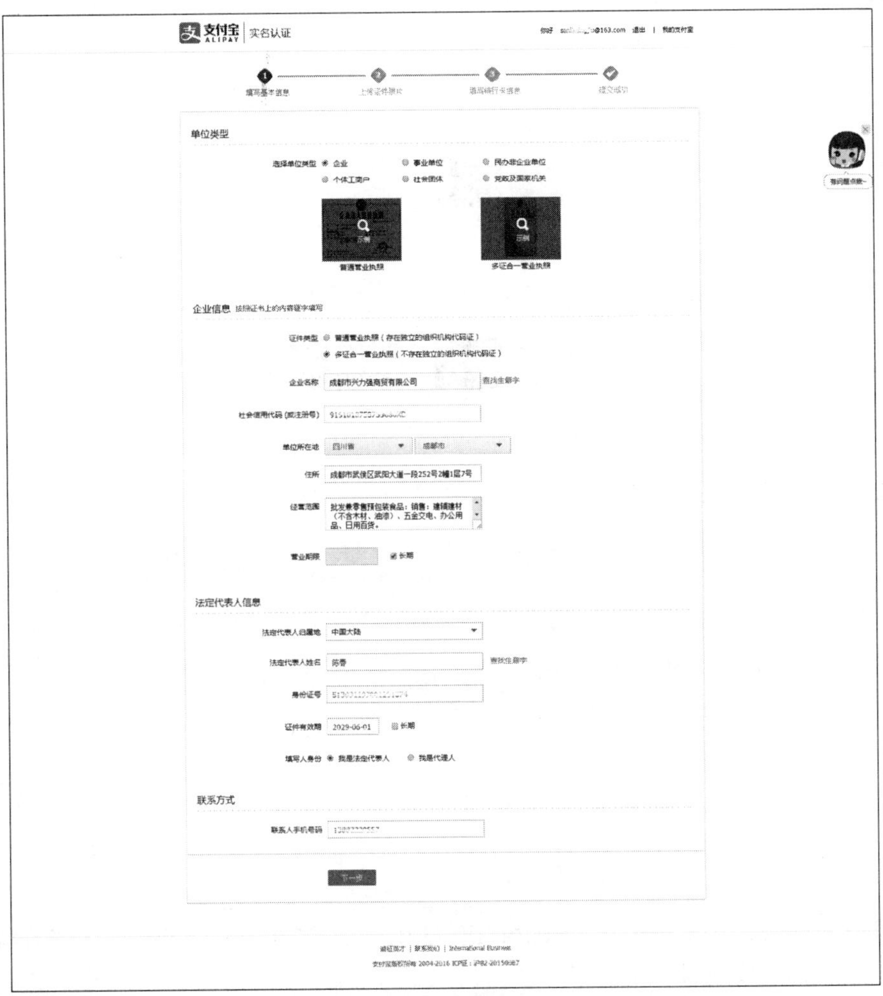

步骤 10 确认公司相关信息是否填写正确，确认无误单击“确定”按钮，如下图所示。

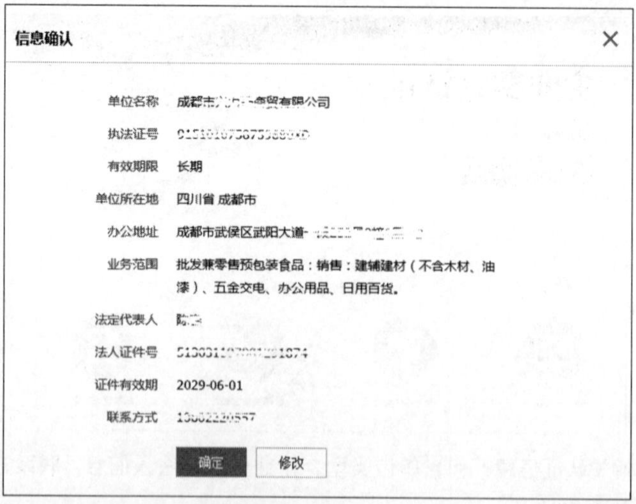

步骤 11 上传营业执照图片信息和法人身份证图片信息，单击“下一步”按钮，如下图所示。

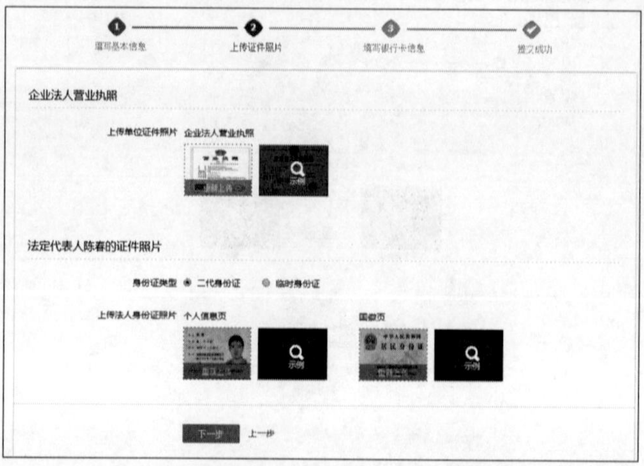

步骤 12 填写公司对公账户信息，确认无误后单击“下一步”按钮，如下图所示。

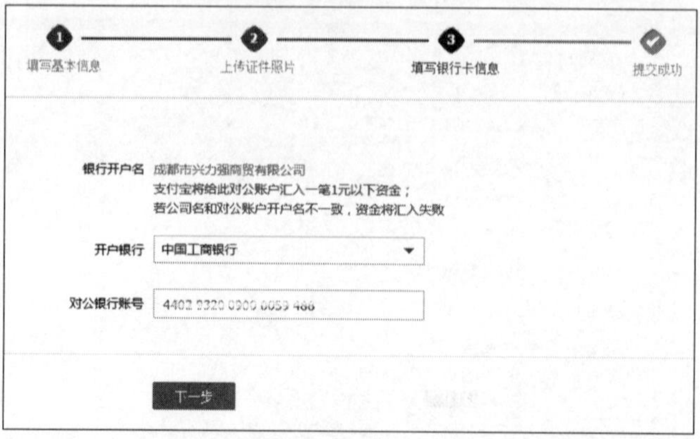

步骤 13 显示提交成功后，一般情况下在2个工作日内，淘宝会向你的对公账号汇入一笔几角钱的汇款，注意查收，如下图所示。

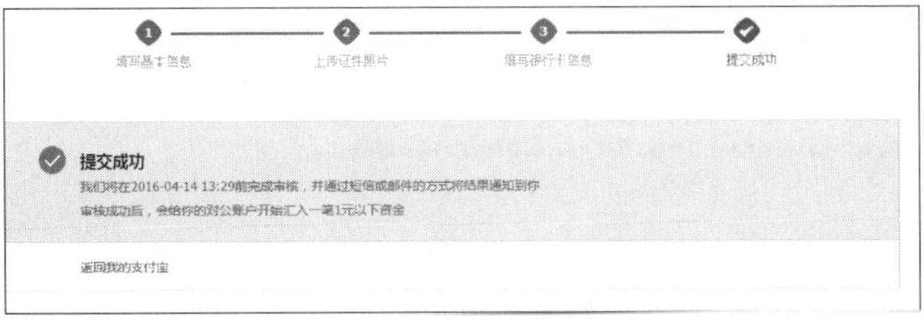

步骤 14 当银行收到支付宝的汇款后，会短信通知到我们，此时可以通过银行柜台或者网银方式查询收到了多少钱，然后记住这个数字，如下图所示。

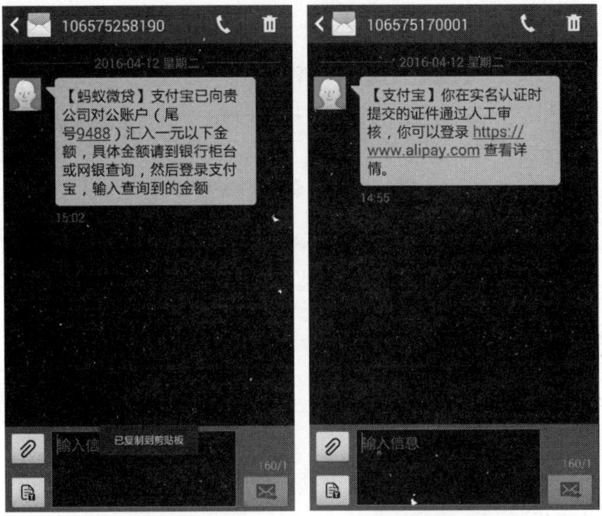

步骤 15 再次登录支付宝，在顶部账户名处单击账户名，如下图所示。

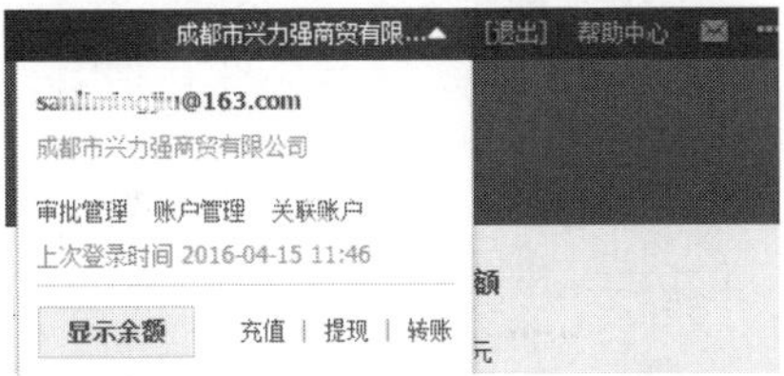

步骤 16 打开账户信息，在右侧账户状态中单击“实名认证”链接，如下图所示。

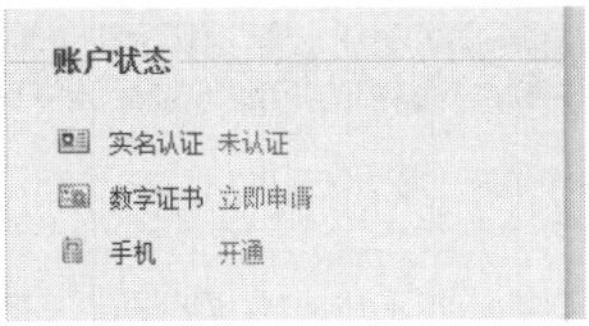

步骤 17 单击 “确认汇款金额”按钮，如下图所示。

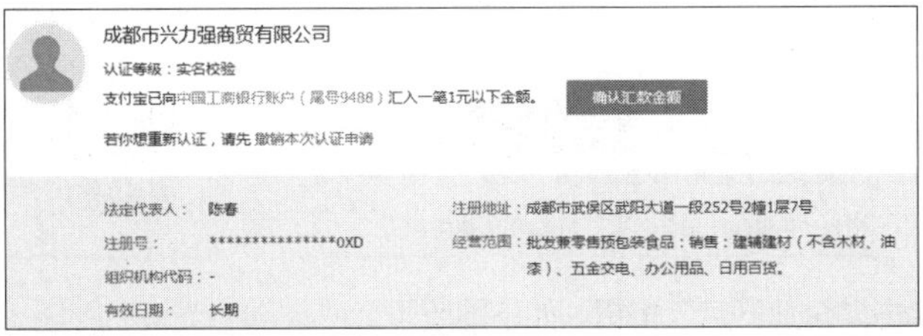

步骤 18 输入查询到的收款金额，单击“确认”按钮，如下图所示。

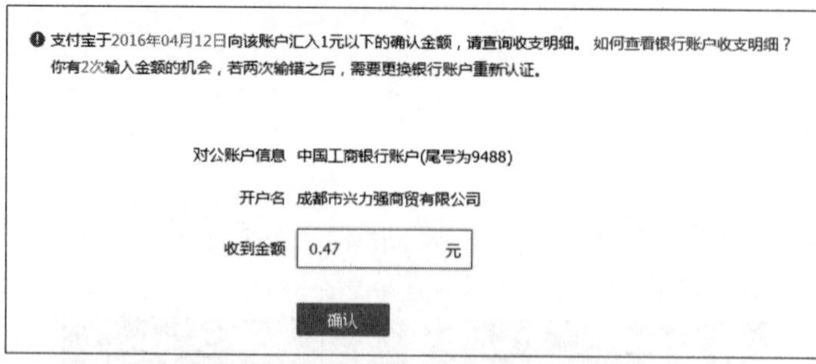

步骤 19 最后提示支付宝实名认证成功，如下图所示。

4.3.3 开通企业店铺

完成支付宝实名认证后，就可以将淘宝企业账号和企业支付宝进行绑定，然后进行开店操作。

步骤 01 首先用刚注册的账号登录淘宝，在首页顶部单击“登录”项，然后输入账号信息和密码，单击“登录”按钮，如下图所示。

步骤 02 在淘宝网右侧，单击“卖家中心”下的“免费开店”文字链接，如下图所示。

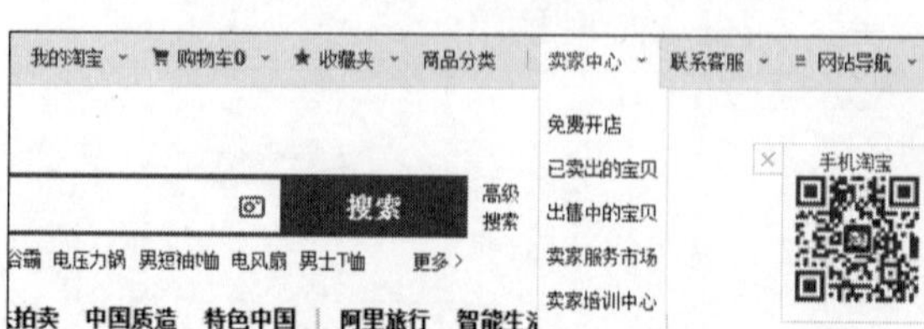

步骤 03 这里选择单击“企业开店”按钮，如下图所示。

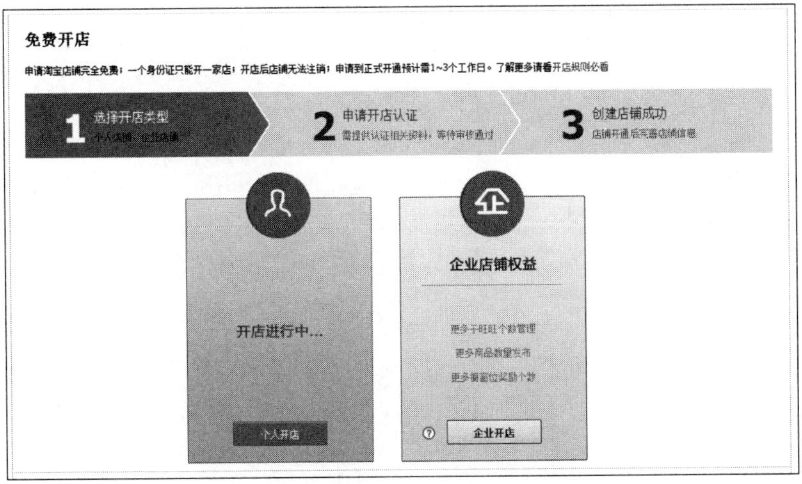

步骤 04 打开企业开店创建页面，提示还未绑定支付宝账户，需要先绑定支付宝并进行认证，这里单击“立即绑定”，如下图所示。

步骤 05 打开我的淘宝“支付宝绑定设置”，这里输入刚注册并实名认证的企业支付宝信息，单击“绑定支付宝账户”按钮，如下图所示。

步骤 06 信息输入无误，即会提示绑定支付宝账户成功，如下图所示。

步骤 07 返回开店页面，单击“已完成”按钮，如下图所示。

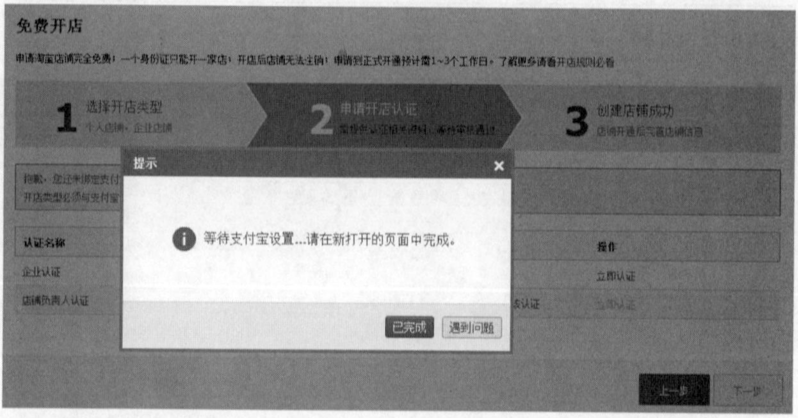

步骤 08 此时，提示你已经绑定了支付宝账户，通过了企业认证，但开通淘宝企业店铺，还需要进行“店铺负责人认证”，这里单击“立即认证”，如下图所示。

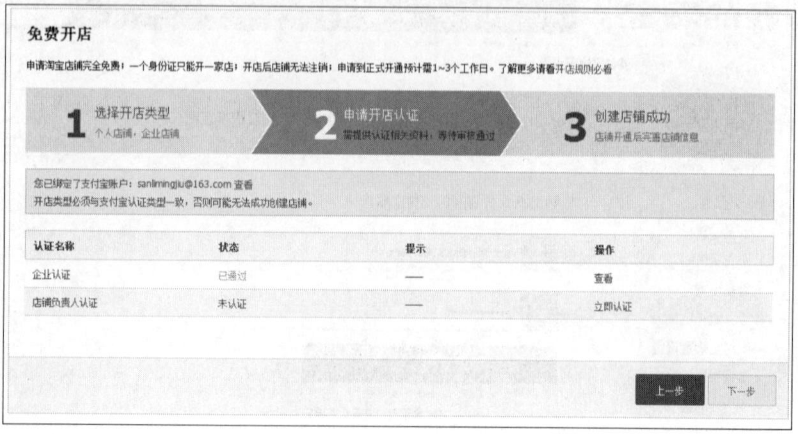

步骤 09 弹出协议条款，单击“同意并继续”按钮，如下图所示。

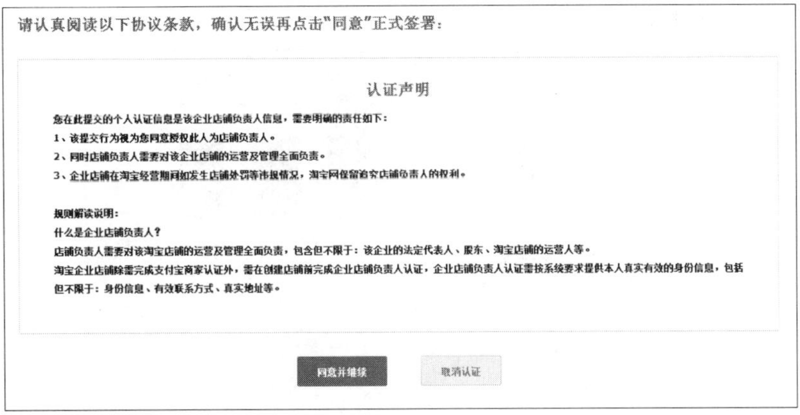
请认真阅读以下协议条款，确认无误再点击"同意"正式签署：

认证声明

您在此提交的个人认证信息是该企业店铺负责人信息，需要明确的责任如下：

1、该提交行为视为您同意授权此人为店铺负责人。

2、同时店铺负责人需要对该企业店铺的运营及管理全面负责。

3、企业店铺在淘宝经营期间如发生店铺处罚等违规情况，淘宝网保留追究店铺负责人的权利。

规则解读说明：

什么是企业店铺负责人？

店铺负责人需要对该淘宝店铺的运营及管理全面负责，包含但不限于：该企业的法定代表人、股东、淘宝店铺的运营人等。

淘宝企业店铺除需完成支付宝商家认证外，需在创建店铺前完成企业店铺负责人认证，企业店铺负责人认证需按系统要求提供本人真实有效的身份信息，包括但不限于：身份信息、有效联系方式、真实地址等。

同意并继续　取消认证

提示 这里的店铺负责人可以是企业法人、股东，也可以是淘宝店铺管理人员。

步骤 10 企业店铺认证和个人店铺认证不一样，无须在阿里钱盾完成，而是用淘宝企业账号打开并登录手机淘宝，然后扫描这里的二维码，说明信息如下图所示。

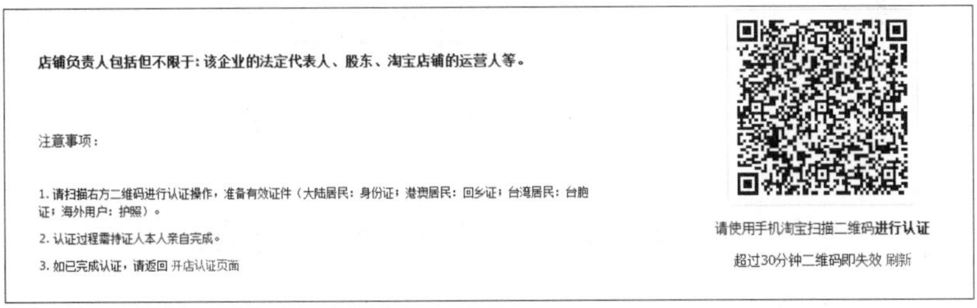
店铺负责人包括但不限于：该企业的法定代表人、股东、淘宝店铺的运营人等。

注意事项：

1. 请扫描右方二维码进行认证操作，准备有效证件（大陆居民：身份证；港澳居民：回乡证；台湾居民：台胞证；海外用户：护照）。

2. 认证过程需持证人本人亲自完成。

3. 如已完成认证，请返回 开店认证页面

请使用手机淘宝扫描二维码进行认证

超过30分钟二维码即失效 刷新

步骤 11 用企业淘宝号登录手机淘宝APP，手指按左上侧的“扫一扫”，扫描上图中的二维码，如下图所示。

步骤 12 进入身份认证界面，单击“开始认证”按钮，然后上传法人/股东/运营人员的照片，单击“下一步”按钮，如下图所示。

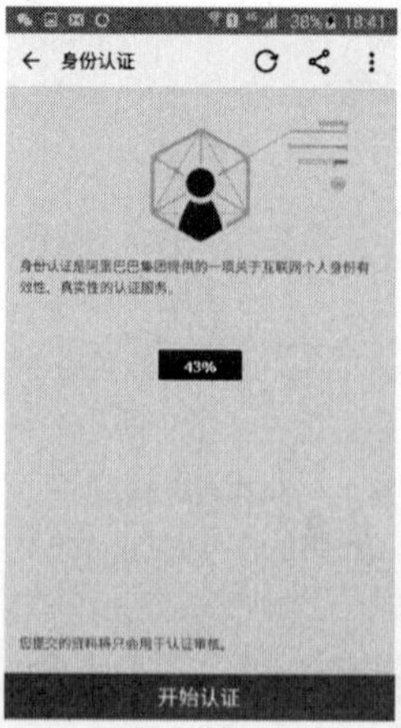

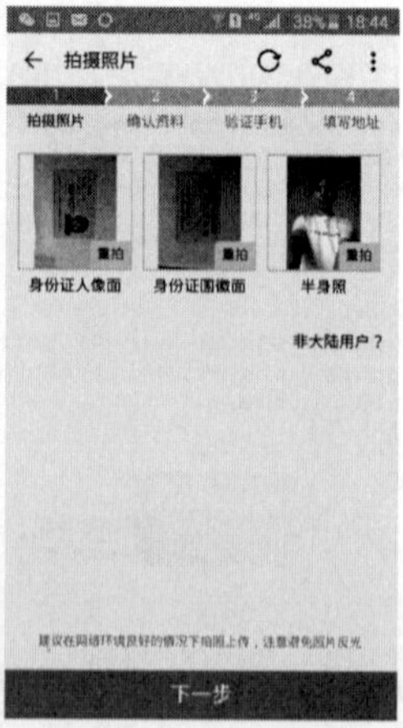

步骤 13 输入姓名和身份证文字资料，单击“下一步”按钮，接着设置手机信息，单击“下一步”按钮，如下图所示。

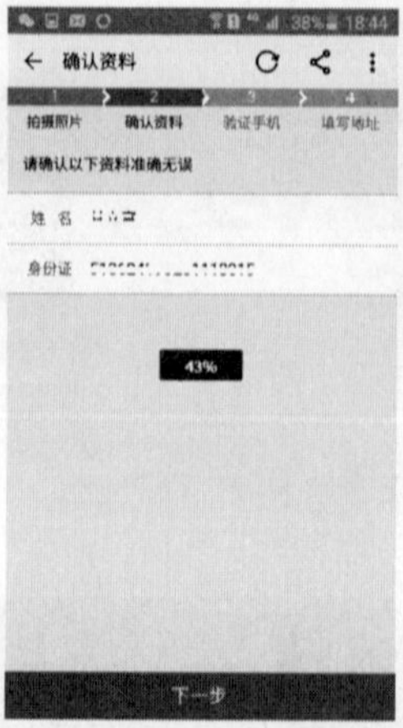

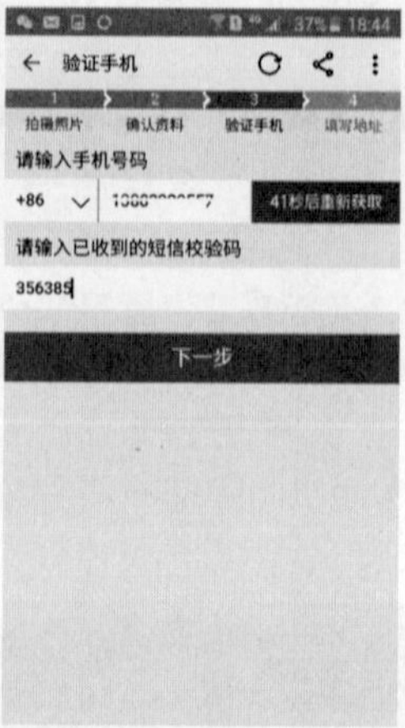

步骤 14 设置地址资料，单击“提交”按钮，此时会提示正在提交审核，如下图所示。

步骤 15 根据资料完整度进行判断，如果提交的资料正确，那么会提示认证成功，同时手机也会收到对应的认证成功短信，如下图所示。

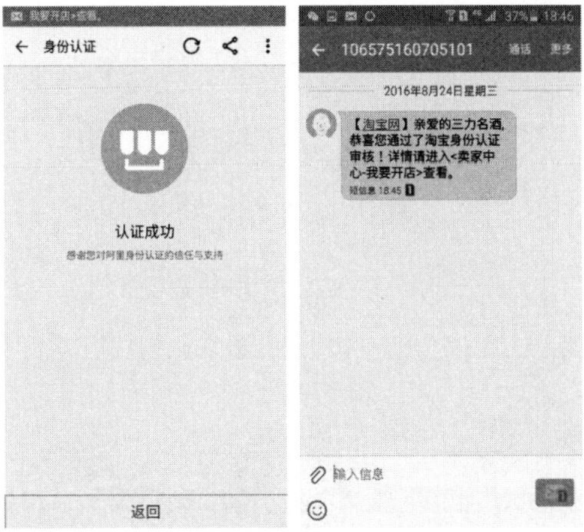

步骤 16 在电脑端返回开店认证页面，此时会显示“企业认证”和“店铺负责人认证”都已通过，单击“下一步”按钮，如下图所示。

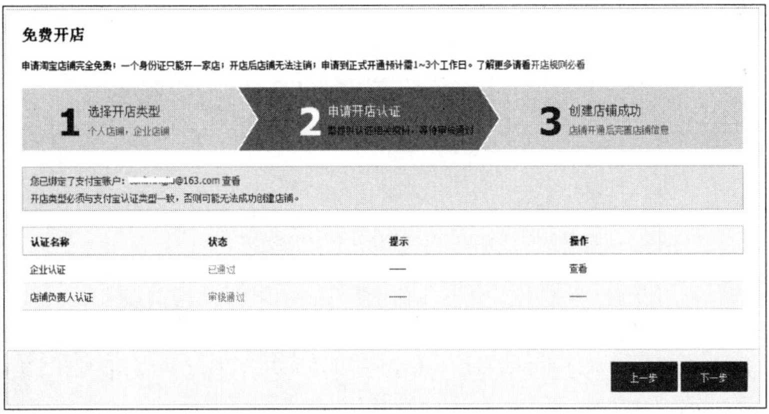

步骤 17 设置公司名称、营业期限、经营范围、营业执照号码、执照所在地等信息，单击“创建店铺”按钮，如下图所示。

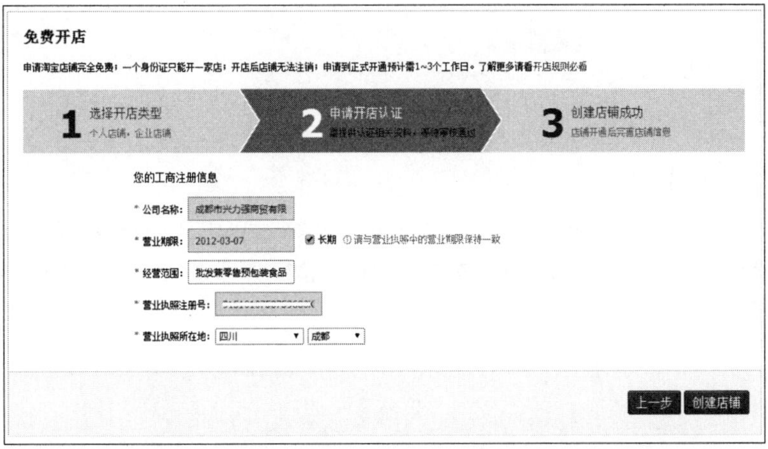

步骤 18 签署淘宝开店协议，单击“同意”按钮，如下图所示。

步骤 19 接着会弹出一个安全提醒对话框，提示“保证金诈骗”相关，单击“我知道了”按钮，如下图所示。

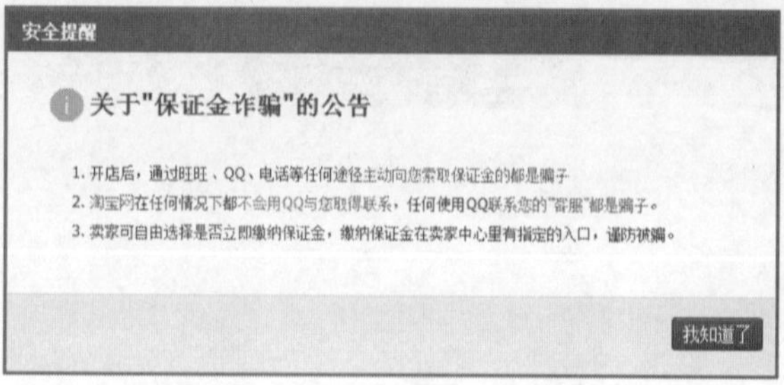

步骤 20 最后可以单击“完善企业信息”，也可以暂时先不用管它，尝试浏览下“卖家中心”看看作为卖家都可以做什么吧。

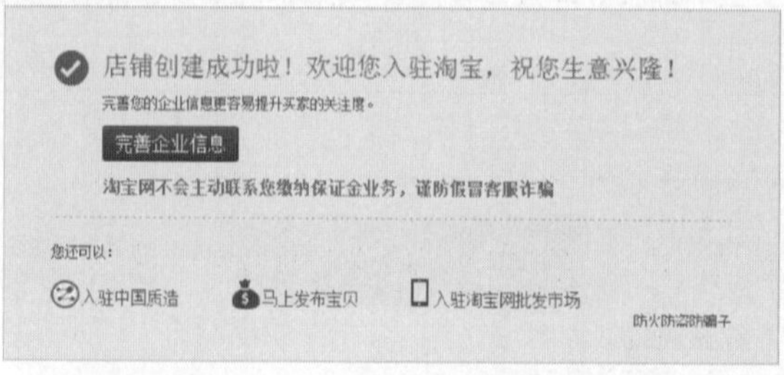

提示 Tips 在下一章节中，我们将向各位新手卖家重点介绍开店以后，大家接触的第一个重要板块“卖家中心”，这里聚集了淘宝卖家的大部分功能，熟悉这里的每一个功能应用，将对后续开店操作有比较大的帮助。

第 5 章

了解淘宝——知己知彼百战百胜

在淘宝的系列图书中，大部分图书都缺少详细介绍淘宝卖家中心和服务市场的章节。这是一个大的误区，对于新手卖家，只有掌握这些基本知识，才能更好地进行开店操作。因此，本章将着重向大家普及这方面的知识。

5.1 卖家必知——淘宝卖家中心布局

淘宝卖家需要知道，上传宝贝、设计装修店铺、推广管理都是在淘宝卖家中心完成的。因此，作为新卖家来说，了解并熟悉卖家中心，是一个重要且必要的过程。

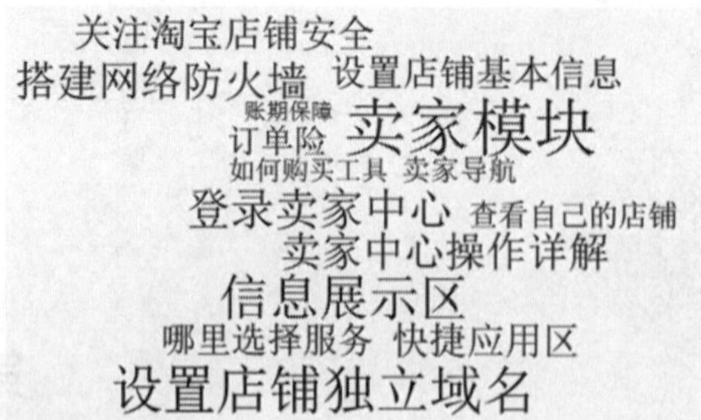

5.1.1 登录卖家中心

登录淘宝账号后，在顶部最上方，有一个“卖家中心”，单击即可进入卖家中心，也可以选择下面的常用功能进行登录，如下图所示。

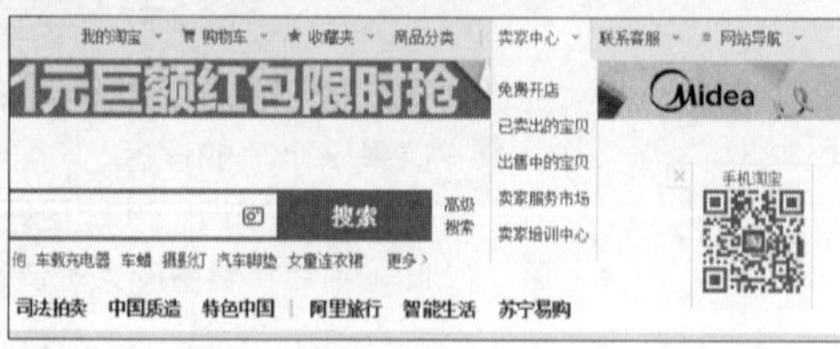

上图的这几个快速登录入口分别为以下几种。

- **免费开店**：针对没有开店的卖家设置，单击即可进入免费开店步骤。
- **已卖出宝贝**：单击可以进入查看已经成功销售出去的宝贝。
- **出售中的宝贝**：单击可查看当前店铺中正在出售的宝贝。
- **卖家服务市场**：这里有帮助卖家营运的收费服务，如拍照、装修、推广服务等。
- **卖家培训中心**：单击会进入“淘宝大学”，淘宝官方的开店授课中心，里面大多数课程是收费的。

5.1.2 卖家中心操作详解

淘宝卖家的功能区域，掌握并熟悉这里的操作，有助于更好地经营管理，接下来具体介绍卖家功能分区。

第一次登录卖家中心，将显示如下图所示的“新手定制版”提示，也就是在店铺等级在3心级之内，卖家中心将显示新手定制版模块。并且在此阶段进行操作，都会弹出对应指导提示，大家可以根据提示介绍进行操作。

新手版卖家中心与通用版卖家中心在卖家模块有所不同，模块区最顶部，新手版显示的是店铺信用分，而普通版则显示的是卖家信息。

新手工作台中提供的模块更简洁，模块固定无法自定义，而通用版的模块区可以自由组合添加模块，更加方便卖家管理，两者具体区别如下图所示。

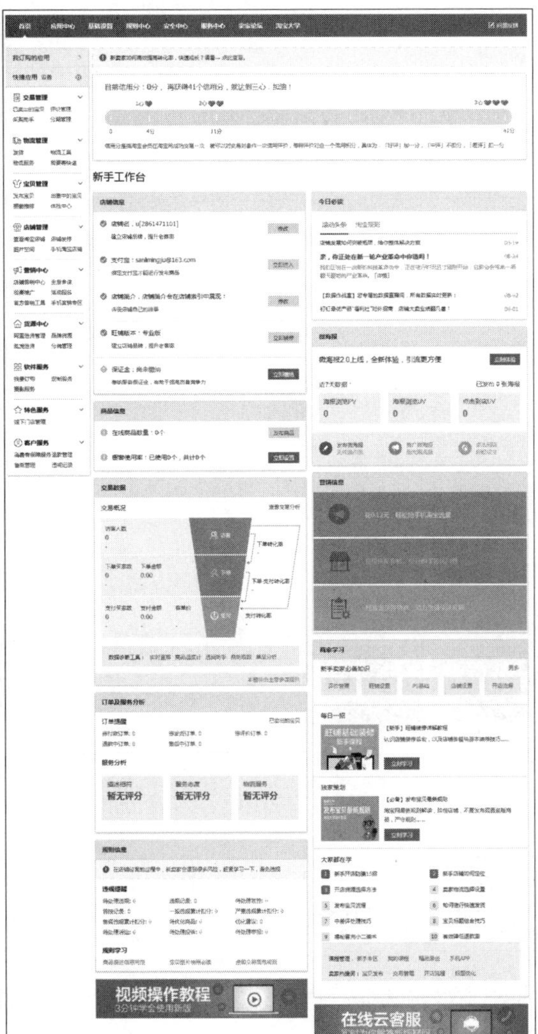

新手是过渡阶段，从0到3心需要41个信用分，也就是41笔交易，完成此任务后这里的模块会变为通用模块。因此，将重点介绍通用版卖家中心，如下图所示。

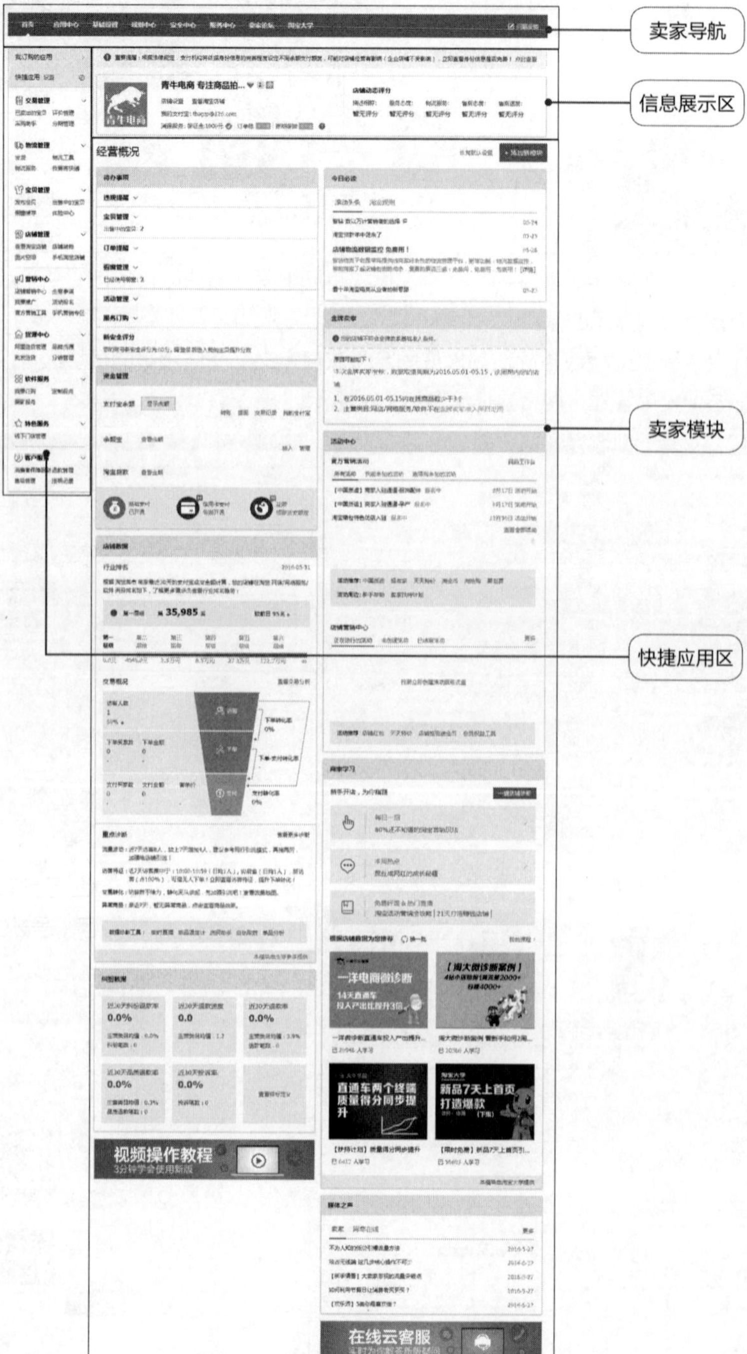

提示 Tips 淘宝针对卖家提供了一套信用分计算方式，信用分越高，店铺等级越高。关于这些方面的详细介绍，可以参考本书第10章售后服务部分的内容。

1. 卖家导航

卖家导航展示了淘宝提供给卖家的各种快捷导航，依次为首页、应用中心、基础设置、规则中心、安全中心、服务中心、卖家论坛、淘宝大学。以及可供卖家提交意见的“问题反馈”，如下图所示。

- 首页：就是默认的界面。
- 应用中心：主要以图形化显示快捷应用区的各种应用，并且可以通过编辑功能来添加和删除，如下图所示。

开店必知——同步删减功能

这里新增应用或者删除应用，左侧卖家功能区也会同步进行删减，建议新卖家不要随意更改，免得找不到自己想要的功能就更费心了。

- 基础设置：这里可针对店铺进行基础信息输入或修改，如店铺标志、联系地址、宣传口号等，如下图所示。

开店必知——手机店铺设置

这里也可以同时对手机店铺信息进行设置，主要包含手机店铺的店标和联系方式。

● 规则中心：单击打开淘宝“规则中心”，作为淘宝卖家，熟读淘宝卖家规则很重要，以免在开店过程中被扣分处罚，如下图所示。

卖家经验——熟读开店规则

阿里在美国上市以后，淘宝规则比以前更加严厉，因此这里强烈建议大家在“淘宝规则中心”熟读开店相关规则，早前有个新开店的朋友，刚开店时宝贝不多，就连续上传了2款同样的宝贝，没想几天后就被处罚，涉嫌发布重复宝贝违规条例，刚开店就被扣分处罚。

● 安全中心：单击进入“阿里110”，这里可以针对账户的一些安全进行设置，建议新手卖家了解使用，如下图所示。

● 服务中心：淘宝卖家的客服中心，列举一些常见的淘宝开店相关问题，单击可查看具体详细的介绍，如下图所示。

● 卖家论坛：淘宝论坛是一个比较综合的卖家论坛，有官方公告内容，卖家经验，创业访谈等，许多新手卖家喜欢在里面互相结识，如下图所示。

● 淘宝大学：淘宝官方的培训网站，网站里有很多的相关开店知识技巧，以收费培训为主，也有较少的免费培训内容，新手卖家可以多学习学习，如下图所示。

● 问题反馈：单击可反馈相关问题给淘宝官方。

2. 信息展示区

信息展示区将展示卖家店铺的店铺名字、店铺LOGO、店铺信誉等级、所用支付宝、消保服务、店铺评分等相关信息，如下图所示。

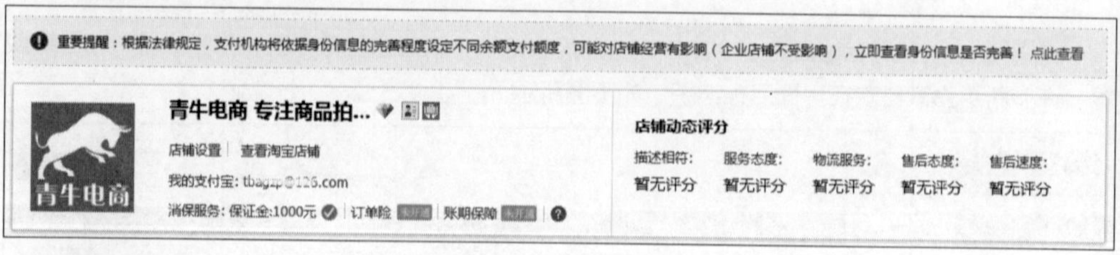

3. 卖家模块

卖家模块包含了众多的不同模块，用来展示当前卖家的经营情况，不同模块可以提供不同的信息展示，如下图所示。

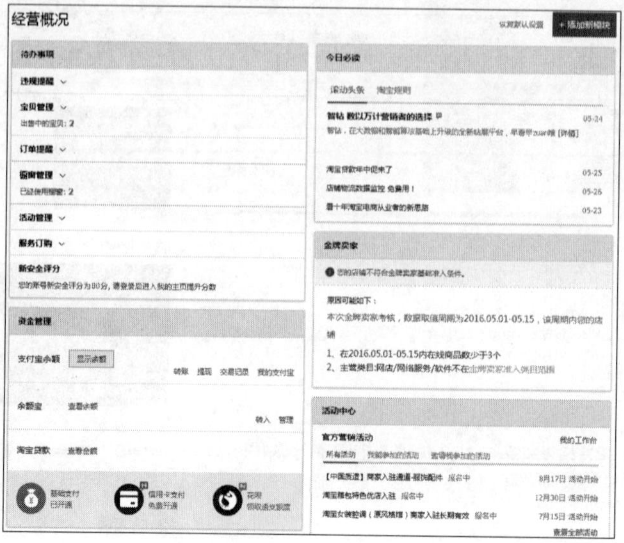

提示 Tips 这里的板块可以根据自己的喜好选择，将鼠标移动到对应板块，按住✚可以进行上下左右拖曳，单击✕按钮可以进行删除。也可以单击右上方的“恢复默认设置”进行恢复，或者单击“添加新模块”按钮来添加更多模块。

- 待办事项：这里显示了当前店铺所有需要紧急处理的事情，单击链接即可进入对应板块进行管理（处理），如下图所示。

卖家经验——尽早熟悉待办事项

此功能比较重要，可以帮助卖家最直接地查看自己的店铺状况，快速管理宝贝，设置橱窗宝贝，了解最新违规情况等，建议大家尽早上手熟悉。

- 今日必读：滚动头条显示淘宝推送的相关新闻信息，淘宝规则显示较为重要的规则更新，如下图所示。

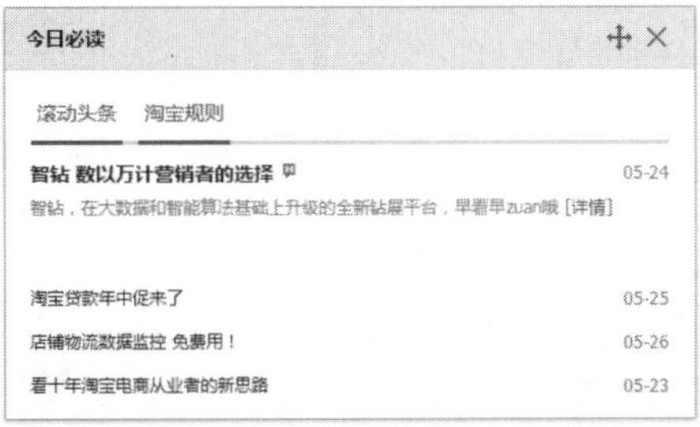

- 资金管理：资金管理与您的支付宝相连，可以直接调用显示支付宝的相关信息，如下图所示。

● 金牌卖家：淘宝金牌卖家是淘宝推出的针对优秀卖家所提供的一个标识，通过后可以获得一些淘宝资源。在此板块可以快速查看自己是否满足相关条件，如下图所示。

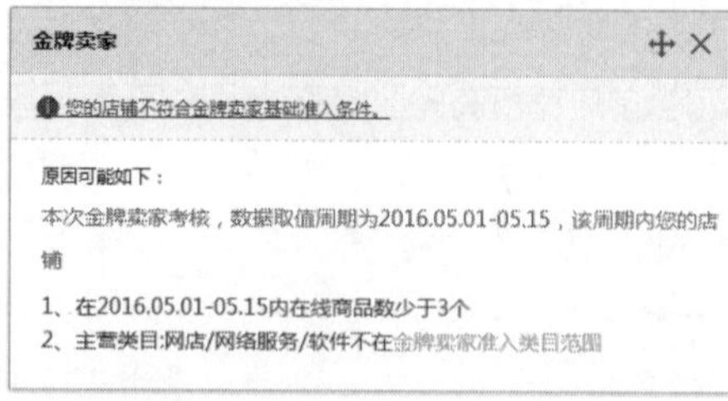

卖家经验——淘宝金牌卖家的好处

淘宝金牌卖家半个月评选一次，加入以后，能够获得淘宝流量加权、资金支持、异常评价自检、专属活动展现、学习提升、PC与无线端口的多场景展现。好处多多，建议大家有条件可以试着加入。

● 活动中心：上半部分为淘宝官方活动中心，从这里淘宝卖家可以快速查看当前所有活动以及店铺所能够参加的活动，是进行店铺商品推广的重要板块；下半部分为店铺营销中心，主要显示店铺内可以创建的活动，如下图所示。

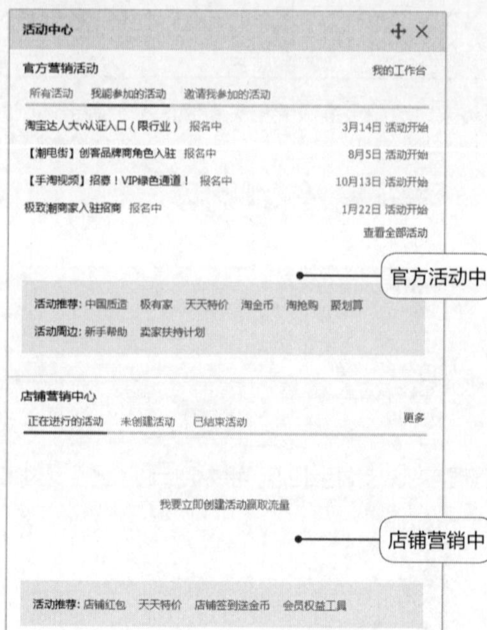

卖家经验——区别对待活动中心

官方活动中心为淘宝官方活动，加入有一定的条件限制，可以通过查看“我能参加的活动”来快速查看；而店铺营销中心主要针对店铺及店铺内的商品进行自主营销，无限制条件。

● 店铺数据：这里显示了店铺每日的数据情况，包含行业排名，每日到店用户数量、成交数量、客单价等信息，可以帮助卖家更好地了解店铺经营情况，如下图所示。

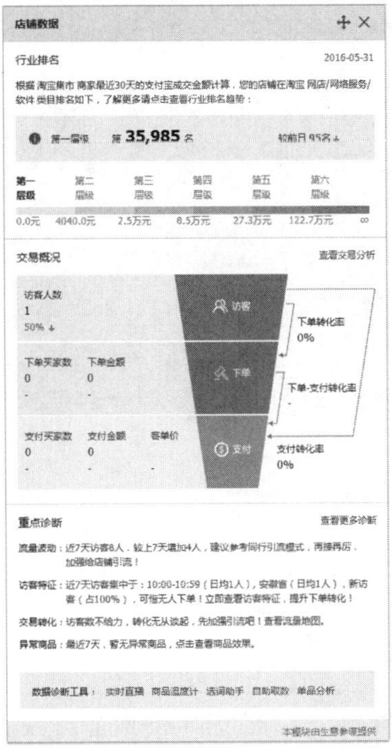

● 商家学习：淘宝大学提供的功能板块，每日推送一些淘宝开店技巧，如下图所示。

● 纠纷数据：显示店铺经营过程中产生的退换货数据，可以帮助卖家改善店铺售后情况，如下图所示。

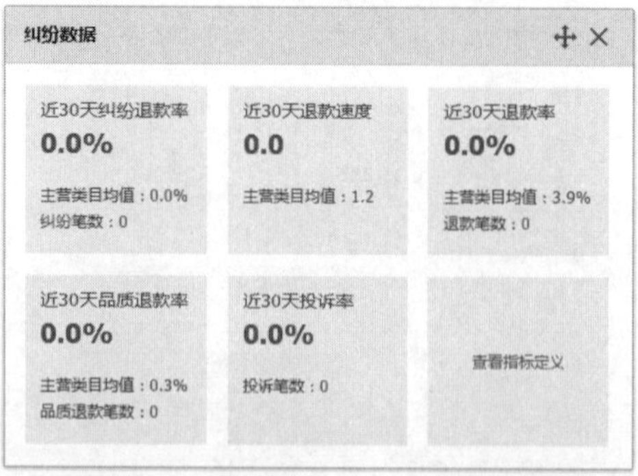

● 媒体之声：淘宝的“网商在线”和“电商在线”媒体推送的相关信息，如下图所示。

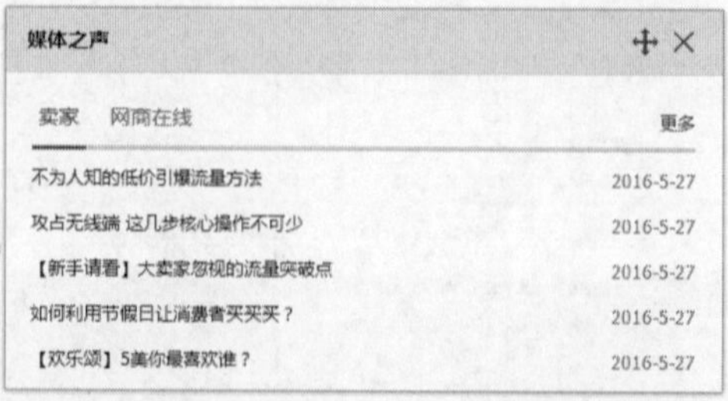

● 淘海报：淘宝官方提供的一种制作微海报（H5页面）的工具应用，如下图所示。

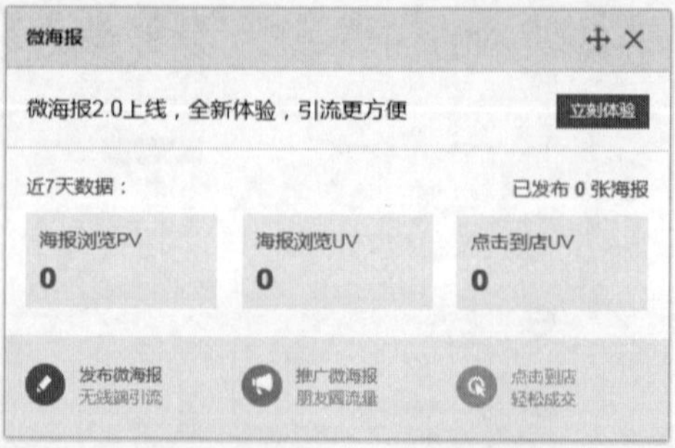

开店必知——添加新模块

微海报创建后可以在微信上进行分享，是阿里巴巴为了让商家从微信引入流量免费推出的一款工具。如需要使用这个功能，还需要在经营概况顶端单击“添加新模块”功能来进行添加，默认是不显示这个模块的。

● 在线云客服：这一个模块是淘宝客服中心，卖家在开店过程中有什么问题，可以单击这里与客服联系咨询，如下图所示。

> **卖家经验——询问客服更便捷**
>
> 在开店过程中，往往有各种问题，如果我们花时间去论坛等地方提问，不如快捷地咨询客服。提供一个小技巧，一般这里点击进入以后是默认的机器人客服，复杂的问题它是没法解答的。大家可以单击右上角“人工云客服”来找人工客服进行咨询。

4. 快捷应用区

快捷应用区，是淘宝卖家经营淘宝店铺的过程中比较常用的工具组合。下面列举的应用模块包含官方和大多数服务市场订购的第三方应用（未订购则不显示），如下图所示。

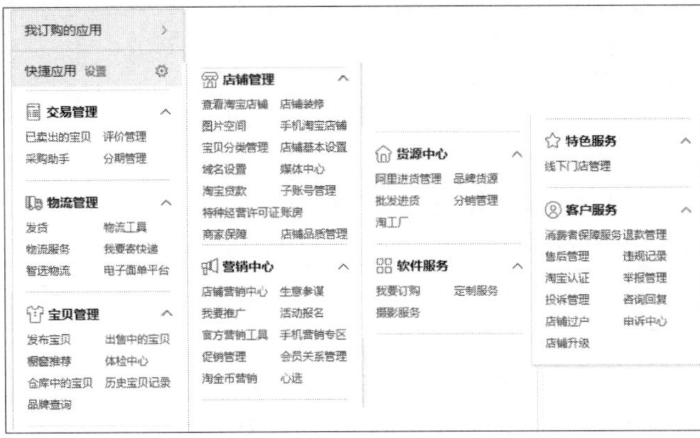

- 交易管理：淘宝网店交易管理中心，单击可打开对应功能板块，大多数的淘宝交易相关指令都在这里实现，如下图所示。

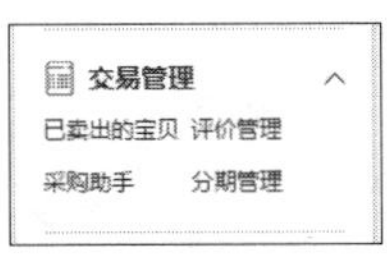

已卖出的宝贝：单击可查看店铺已经卖出去宝贝。

评价管理：单击进入评价中心，对买家进行评价。

采购助手：淘宝采购中心，类似阿里巴巴，可进行商品批发采购。

分期管理：可开通分期服务，让买家分期购物。

> **开店必知——变动的功能区**
>
> 单击 ∨ 可打开更多功能，单击功能可进入具体功能板块。此外，由于淘宝网会不定期更新，所以部分功能有可能会在不同时期有所变化。

- 物流管理：是商品发货、运输等物流管理中心，大多数涉及物流的操作都在这里执行，如下图所示。

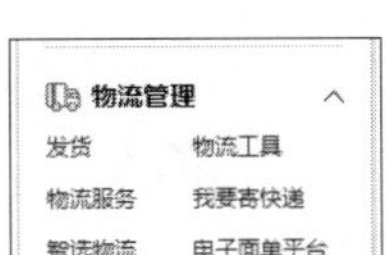

发货：进行发货操作，填写物流单号。

物流工具：设置物流模板，如价格、发货地址、发货区域等。

物流服务：更多物流相关服务。

我要寄快递：如果线下没有合作快递，可以通过这里快捷选择在线快递。

智选物流：可即时跟踪物流最新运输近况。

电子面单平台：申请后可提供电子面单，便于发货量大的卖家管理物流订单。

● 宝贝管理：淘宝店铺中的所有宝贝相关操作都在这里进行，是淘宝店铺管理中使用频率最高的功能板块之一，如下图所示。

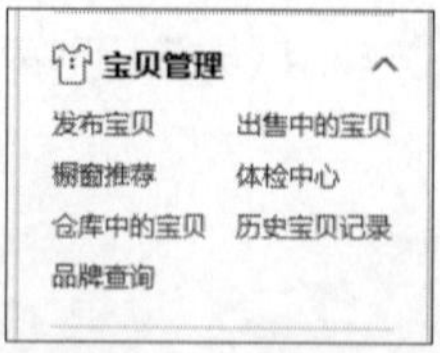

发布宝贝：单击进行宝贝发布操作。

出售中的宝贝：单击可查询当前店铺出售中的所有宝贝。

橱窗推荐：这里可设置橱窗推荐宝贝，设置后的宝贝会获得更多优先展示机会。

体检中心：针对当前店铺宝贝进行页面检测，查看是否有违规的宝贝以便及时下架。

仓库中的宝贝：这里会显示没有在出售状态下的宝贝。

历史宝贝记录：可查看开店以来的宝贝创建发布情况。

品牌查询：可查看自己销售的宝贝是否在淘宝品牌库中。

● 店铺管理：淘宝店铺管理模块，在这里可以查看店铺，装修店铺，管理店铺图片，进行店铺多账号管理等，如下图所示。

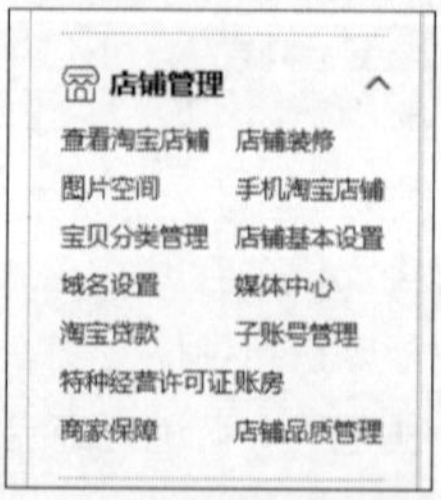

查看淘宝店铺：对于新手卖家来说，可通过这里快速进入并查看自己的店铺。

店铺装修：单击进入店铺装修模块，可以对店铺进行页面装修。

图片空间：用以存放宝贝图片，店铺装修图片，各类海报图片。

手机淘宝店铺：可设置和装修手机淘宝店铺。

宝贝分类管理：如果宝贝种类多，可以在这里对淘宝店铺就行宝贝分类。

店铺基本设置：对店铺相关信息进行设置修改。

域名设置：可为店铺设置独有的域名，通过域名可以更快速地访问店铺。

媒体中心：可购买淘宝提供的增值视频服务。

淘宝贷款：单击可进入淘宝金融中心，包含各种金融相关的功能。

子账号管理：可针对店铺经营情况，为不同的运营人员设置独立的子账号。如美工设置美工权限账号、客服设置基本权限账号。

特种经营许可证：针对有特殊种类的宝贝，需要获得特种经营许可证后才可正常经营。

商家保障：在这里可选择是否加入淘宝提供的一些卖方保障计划。

店铺品质管理：系统自动查看当前店铺经营过程中是否有应为宝贝品质造成的退货推广，帮助卖家加强对宝贝质量的管理。

- 营销中心：淘宝店铺宝贝推广中心，基本所有的推广操作都可以在这里找到入口，如下图所示。

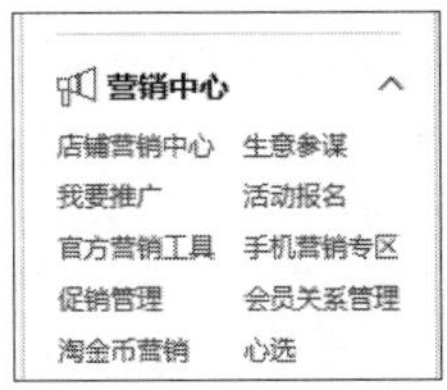

店铺营销中心：这里集合了店铺可自主参与的各类活动，包括店铺宣传工具（搭配套餐、限时打折等）以及部分官方活动指定入口（天天特价、试用中心等）。

生意参谋：淘宝提供的一个针对淘宝卖家的全网数据统计工具。

我要推广：与店铺营销中心功能类似，提供各种活动促销工具入口。

活动报名：这里有淘宝官方营销活动中心提供的大多数活动，可定期查看选择能参加的活动进行报名。

官方营销工具：提供了几款淘宝免费提供的营销工具。

手机营销专区：针对手机淘宝进行营销设置的板块。

促销管理：单击进入商家营销中心，可监控各种活动的数据。

会员关系管理：可查看设置所有曾经产生交易的历史会员情况，可针对性地进行相关活动设置。

淘金币营销：单击进入淘金币营销中心，可以参加淘宝金币活动，通过淘金币折扣来进行宝贝营销。

心选：单击进入心选，可以自由选择几款宝贝作为心选推荐对象，提高宝贝展现率。

- 货源中心，如下图所示。

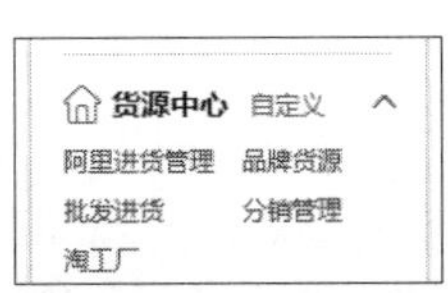

阿里进货管理：卖家在阿里巴巴进货，这里会显示相关的数据。

品牌货源：连接天猫供销平台数据，可以帮助分销卖家供货。

批发进货：单击直接进入阿里巴巴。

分销管理：单击直接进入天猫分销平台。

淘工厂：单击进入阿里巴巴淘工厂频道。

卖家经验——相信熟能生巧

淘宝的功能有很多是重复的，有时候会进行合并或者分解，让新手卖家往往分不清楚。在长期使用后就知道自己需要使用哪些功能了。

● 软件服务，如下图所示。

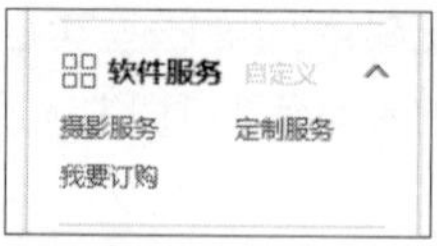

摄影服务：淘宝摄影服务市场，可以选择提供宝贝拍摄服务的卖家。

定制服务：淘宝服务定制市场，可以找到提供主图设计、店铺装修、客服外包等服务的卖家。

我要订购：淘宝卖家服务中心，除了人工服务定制，还有开店服务软件的定制。

● 特色服务：这里主要为实体门店卖家提供实体门店添加管理服务，如下图所示。要知道，如果没有实体店并且没有开通淘宝商户中心，这里默认是没有此模块的。

● 客户服务：淘宝卖家客户服务中心，这里可对自己店铺售后管理、店铺过户升级等进行操作，如下图所示。

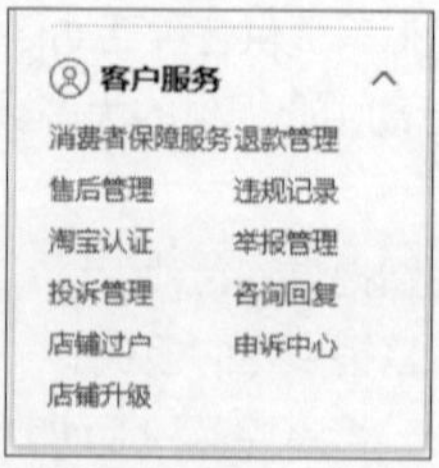

消费者保障服务：单击进入消费者保障服务中心，可提交保证金加入淘宝消费者保障服务，提高买家对店铺的认可。

退款管理：当产生交易退款时，这里可查看和处理。

售后管理：针对提交售后维权的交易提供处理。

违规记录：显示店铺里违规的宝贝等违规记录。

淘宝认证：淘宝认证中心，淘宝开店的各项认证都可以在这里进行。

举报管理：对淘宝商品、其他网页发起的举报可以在此处进行管理。

投诉管理：淘宝内发起的投诉处理结果和流程在此处进行查看。

咨询回复：淘宝网官方对你发起的投诉、咨询等信息进行回复的消息可在这里进行查看。

店铺过户：如果你想将经营的店铺进行过户，可在这里执行操作。

申诉中心：如果明确没有违规，可针对涉嫌违规的宝贝或者其他原因进行申诉。

店铺升级：个人店铺升级为企业店铺。

5.2 开店实战——店铺基本设置

了解了卖家中心布局，应该对店铺进行基本设置。

5.2.1 设置店铺基本信息

店铺开通后，要进行一些必要的相关设置，让买家了解到卖家叫什么、卖什么、有什么特征，这一切都可以在淘宝“店铺管理”中进行操作。

步骤 01 登录卖家中心，在左侧单击“店铺管理”的 ∨ 按钮，展开更多设置选项，在这里单击“店铺基本设置”链接，如下图所示。

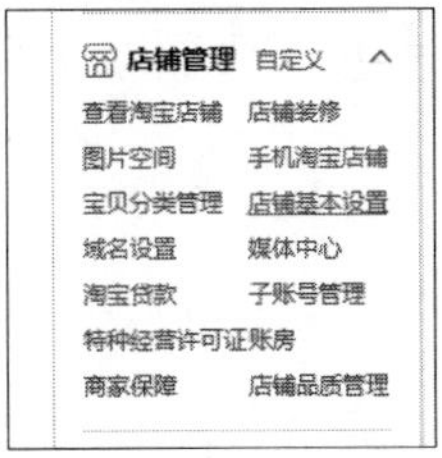

步骤 02 打开淘宝店铺设置页面，输入“店铺名称”，上传“店铺标志”，设置店铺简介、联系地址、主要货源、店铺介绍等信息，然后单击“保存”按钮，如下图所示。

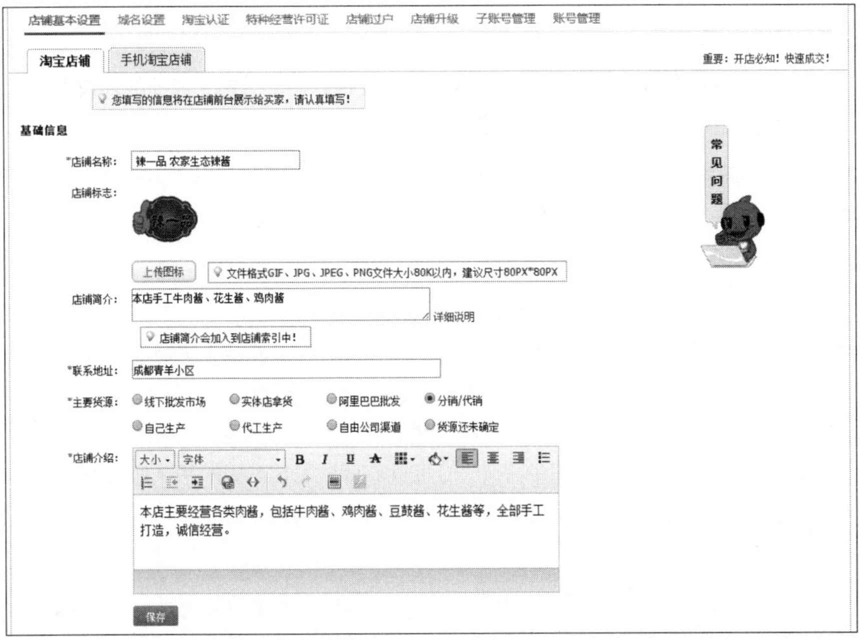

提示 默认开店的时期，是无法修改店铺名字的，只有在店铺开通以后，才能够进行修改设置。

5.2.2 设置店铺独立域名

一般买家访问淘宝，除了搜索“淘宝”关键词外，更多的是习惯直接输入官方域名www.taobao.com来打开淘宝，而这个网址就是我们说所的域名。

为了方便买家快速找到卖家的店铺，卖家可以开通淘宝2级域名。方法就是将www替换成所想要自定义设置的字母，如123.taobao.com、321.taobao.com等。

步骤01 在淘宝店铺设置页面单击“域名设置”，输入个性域名点“查询”按钮，如果显示✅则代表此域名可以申请，单击“申请绑定”按钮，如下图所示。

步骤02 阅读淘宝域名使用规则，确认后勾选“同意以上规则”复选框，单击“确定”按钮，如下图所示。

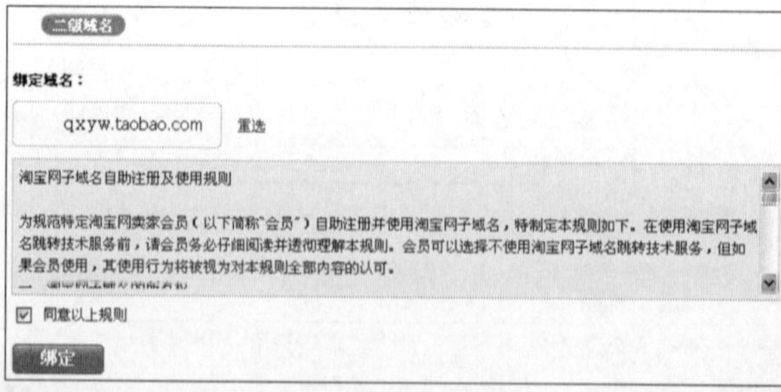

提示 Tips 域名只能由字母和数字组成，不能包含字符、空格等。此外由于注册的人过多，重复的域名是不能通过的，卖家在自定义设置的时候请注意。

步骤03 接下来会提示绑定域名成功，然后卖家通过访问这个网址就可以浏览店铺。除此之外，在店铺基本设置选项里，还包含以下设置选项，如下图所示。

- **淘宝认证**：需要经过资料认证后才能进行开店。
- **特种经营许可证**：经营特殊种类产品，如酒类、图书，就必须上传对应的许可证明。
- **店铺过户**：需要转让店铺到其他淘宝账户，选择此项进行操作。
- **店铺升级**：个人账户可以在此选项升级为企业账户。
- **子账号管理**：可以开通并管理子账号，让团队不同成员用不同的子账号来操作淘宝。
- **账号管理**：进入我的淘宝账号管理中心，对账号进行各类设置。

5.2.3 查看店铺

淘宝开店、设置、装修，所做的一切结果就是让买家来查看卖家的店铺，作为新手卖家来说，不要到最后却不知道如何查看店铺。

如果已登录淘宝卖家中心，可以在左侧“店铺管理”栏目中单击“查看我的店铺”即可访问自己的店铺，而这里的打开的链接即为淘宝默认店铺地址，可以复制此链接给顾客或者朋友，让他们访问店铺。如果已经设置了店铺独立域名，直接访问进入网址即可。

如果没打开卖家中心或者没记住独立域名，可以直接在搜索栏左边的选项中选择“店铺”，然后搜索店铺名或者卖家ID来找到查看自己的店铺，如下图所示。

5.3 卖家服务工作台

在淘宝开店过程中，除了卖家中心默认提供的功能外，还会用到一些官方收费或者第三方开发的应用。

5.3.1 哪里选择服务

卖家中心有一个“软件服务”，旗下针对卖家提供3大服务市场，分别是“摄影服务”“定制服务”“我要订购（综合服务）”，如下图所示。

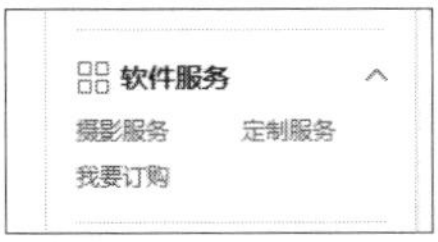

1. 我要订购

单击“我要订购”，或者直接访问https://fuwu.taobao.com可打开淘宝服务市场，这是淘宝最基本最普及的市场，不管是装修过程中涉及的旺铺、装修用的模板；还是千牛软件中的一些插件，如交易、数据监控软件；或者店铺营销中所包含的软件，如打折工具、直通车工具等，都包含在服务市场中，如下图所示。

在服务市场中，几乎包含了卖家日常开店所需的各类应用、服务，从上图右侧的导航条可看出，基本的装修设计、店铺管理、营销管理、客服仓储等服务都有提供。

2. 定制服务

单击“定制服务”，或者直接访问https://weike.taobao.com可打开淘宝定制服务市场，这里主要提供各种外包定制，而服务卖家的对象类似于“威客”，帮助淘宝卖家解决在开店过程中遇到的各种问题，如下图所示。

这里的服务五花八门，售前、售后客服外包，代运营服务，定制设计，营销服务，商家咨询，甚至培训招聘等都可以在这里找到提供服务的“威客”。

提示

“威客”是指那些通过互联网提供智慧、知识、能力、技巧等来换取收益的人群，在淘宝里，也就是帮助卖家解决问题换取收益的服务方的一种统称。

与服务市场不同的是，定制服务市场除了可以由服务方提供服务，卖家在页面中进行选择外，甚至可以由卖家在“需求大厅”发起服务需求，然后由市场中的“威客”们来接任务，如下图所示。

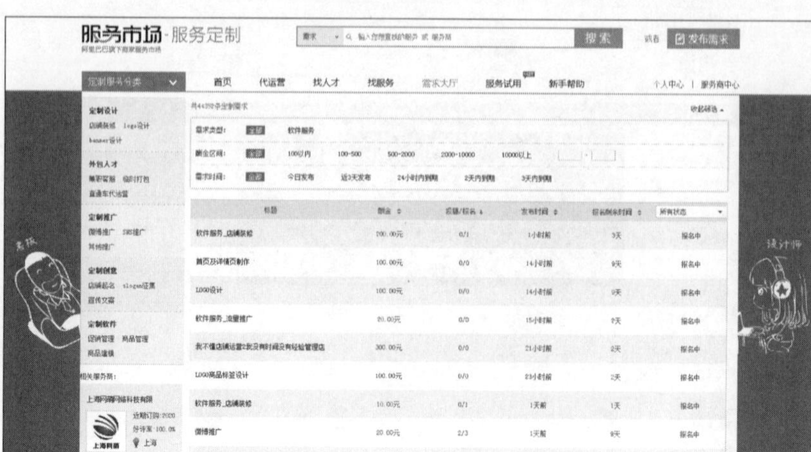

提示 Tips：一些有专业技能的卖家，除了开一个淘宝店外，还可以在这里当一名“威客”，把淘宝大量卖家作为自己的客户，为他们服务赢取报酬。

3. 摄影服务

单击“摄影服务”，或者直接访问https://sy.taobao.com打开淘宝摄影服务市场，此处可以提供各种摄影服务，为那些需要图片拍摄处理的卖家解决问题，如下图所示。

除了图形拍摄，还提供视频拍摄服务，对于需要首图使用视频的卖家，付费就可以获得专业的视频图片，如下图所示。

除此之外，对于有摄影能力，但是需要专业模特的卖家来说，也可以在这里找到拍摄对象，在“模特广场”中，包含了以前“淘女郎”以及各类专业模特，可以让你拍摄出更加专业的宝贝图片，如下图所示。

4. 装修服务

除了以上介绍的3大服务市场，还有一个淘宝卖家们长时间使用到的专业市场，那就是淘宝装修市场，可以通过https://zx.taobao.com访问，也可以从店铺装修后台进入，如下图所示。

这里主要提供各类淘宝店铺模板，在淘宝卖家日常装修过程中有重要作用，具体的相关详情介绍可以参见本书第6章相关内容。

5.3.2 如何购买工具

淘宝开店，除了基本的开店功能外，基本一些实用的帮助开店的工具都需要付费使用。因此，在开店过程中，了解如何购买这些工具是比较重要的。下面来介绍具体的操作方法。

打开服务市场，如订购“数据统计类”工具，就在服务分类里面单击如下图所示的分类。

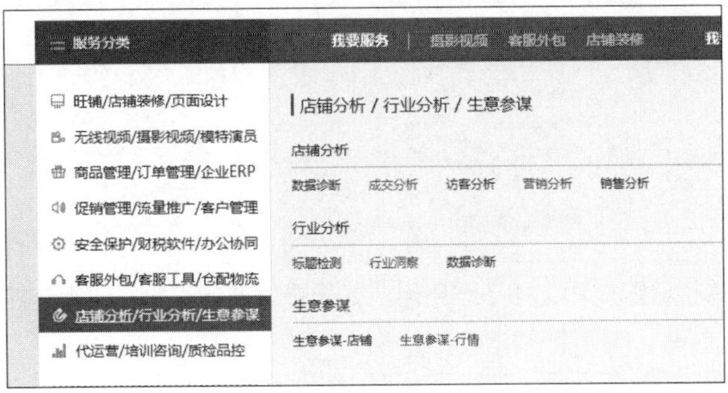

选择要进行订购的服务，选择官方的“生意参谋”，将鼠标移动到该宝贝上，将显示具体文字说明，单击鼠标可直接进入购买，如下图所示。

打开工具的详情介绍页面，页面和淘宝购物时的页面差不多，上面是购买选项，下面是具体的工具介绍，这里选择免费标准包，设置购买周期，单击“立即订购”按钮，如下图所示。

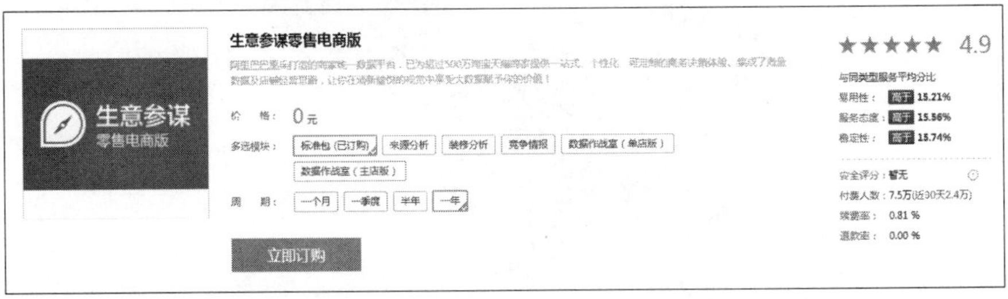

进入付费购买页面，单击“同意协议并付款”按钮即可，如下图所示。

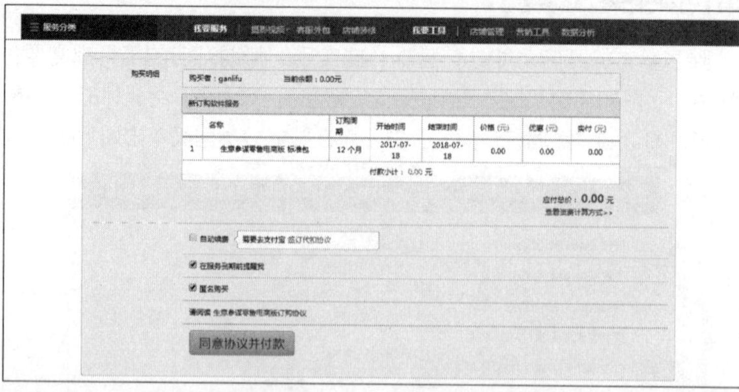

接下来，提示软件订购成功，如下图所示。如果是付费的工具，这里还需要如同淘宝购物一样进行付款操作。

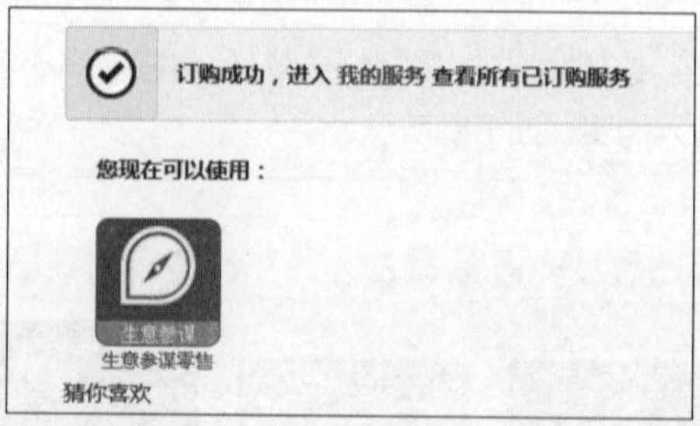

提示 Tips 这是淘宝一个官方数据统计工具，可以帮助卖家监控推广、销售、物流等各种数据，具体介绍可参见本书第8章相关内容。

5.4 消费者保障服务

“消费者保障服务”项目是淘宝网针对买卖双方，提供的一项消费权益保护政策。对于卖家而言，这不仅是一种信誉的体现，更是对自己产品质量和服务的自信。

“消费者保障服务”以个性化、多样化的服务给消费者提供更好的选择，让消费者能了解到除商品之外的更多重要服务承诺，从而使消费者在购物过程中能放心购买、快速下单、售后处理也更有保障。

淘宝开店以后，默认加入“消费者保障服务”，也就是全网实行消费者保障，这样可以大力地得到买家的支持和信任，从而也间接拉动卖家商品出售概率，从而提高网点销售量。

当网店卖家完成开店并签订加入“消费者保障服务”的协议（免费加入）后，您即可单击【卖家中心】-【宝贝管理】-【发布宝贝】按钮进行发布商品。但是并非所有商品类目都支持发布全新商品，会根据您发布商品的类目而定，部分类目需要您缴纳保证金后才能发布全新商品，如您要发布该类目商品，未缴纳保证金的情况下，就只能发布二手商品。

以前这项服务可以由卖家自由选择是否开通，并且开通后的卖家比普通卖家在商品上有优先显示权。而在2011年1月1日以后，则规定所有开网店的卖家必须开通这项服务。

卖家承诺为消费者提供保障服务，并签署诚信协议。如果卖家未履行服务承诺，淘宝将通过卖家交付的押金，对买家进行先行赔付，以保障消费者权益。

对卖家来说，加入“消费者保障服务”可以给卖家带来的优势有以下几个方面。

- 商品加上特殊标记（缴保证金后），并有独立的筛选功能，可以马上被买家找到。
- 拥有相关服务标记的商品，可信度高，买家更容易接受。
- 为提高交易质量，淘宝网单品单店推荐活动只对“消费者保障服务”的卖家开放。
- 淘宝网橱窗推荐位规则对签署“消费者保障服务”的卖家有更多奖励。
- 淘宝网抵价券促销活动只对签署“消费者保障服务”的卖家开放。
- 淘宝网其他服务优惠活动会优先对签署“消费者保障服务”的卖家开放。

5.4.1 消费者保障服务的类型

现在的消费者保障服务比较人性化，在卖家中心，“客户服务 ”→“ 消费者保障服务”中，我们可以看见“消费者保障服务”主要分为初级服务和高级服务2个部分。

1. 初级服务

消费者保障服务（以下简称消保）的初级服务为默认开通状态，主要包含“基础消保”和“7天无理由退货”，如下图所示。

（1）基础消费者保障服务：淘宝网消费者保障服务的基础，默认开通状态。不管是其他初级服务或者高级服务，都是在基础消费者保障服务的基础上衍生的服务，用以保障消费者权益。

（2）7天无理由退货：开通此服务后，买家可以在收到货物的7天内自由申请退货（不影响二次销售的前提下）。此项服务以前为高级可选服务，在2015年国家发布了电商相关法规，此消保也成为默认开通的初级服务之一。

需要注意的是，虽然开通了7天无理由退货，但是并非所有类目都强制实施，卖家发布的商品属于支持“七天无理由退货”服务的范围内，就必须提供售后服务，并严格遵守；部分发布商品则可以不履行这个义务。具体我们可以在发布宝贝的时候，最下面 “售后保障信息”一栏里，服务承诺中是否取消勾选，如下图所示。

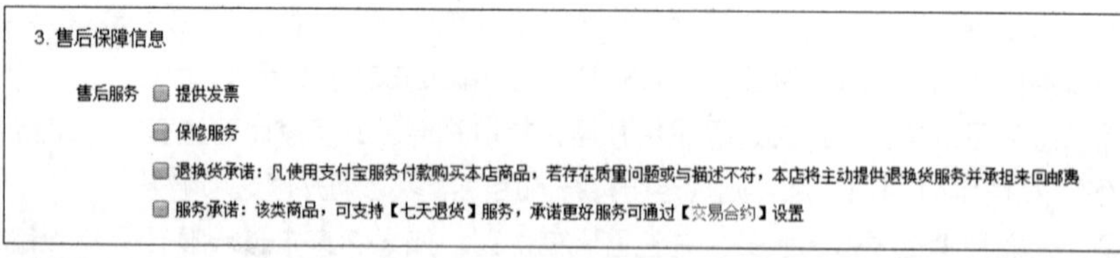

2. 高级服务

在基础消费者保障服务之上，淘宝还提供了多种特色消保服务，简称高级服务，具体服务内容如下图所示。

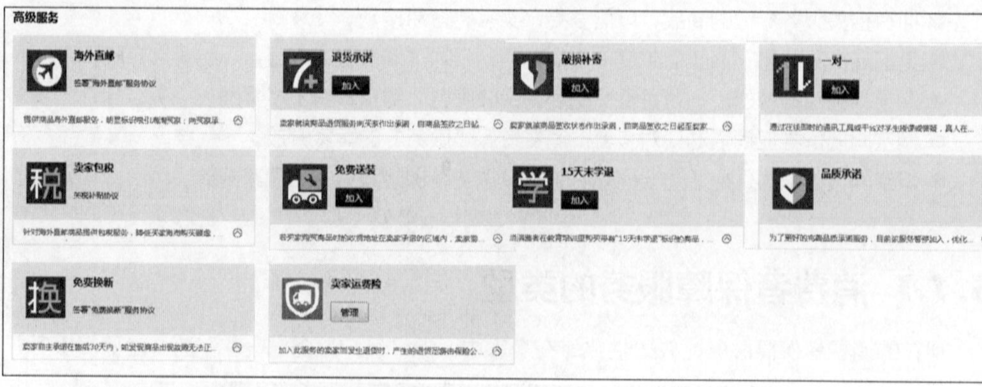

接下来介绍这些高级“消费者保障服务”的官方解释。

● **海外直邮**：提供商品海外直邮服务，明显标识吸引海淘买家；向买家承诺相应违约金，增强买家购买信心，提升浏览转化和下单转化率。

● **退货承诺**：卖家就该商品退货服务向买家做出承诺，自商品签收之日起至卖家承诺保障时间内，商品符合卖家约定状态的情况下，如买家对购买的商品不满意可无理由申请退货。

● **卖家包税**：针对海外直邮商品提供包税服务，降低买家海淘购买顾虑，提升浏览转化和下单转化率。

● **免费送装**：若买家购买商品时的收货地址在卖家承诺的区域内，卖家需向买家免费提供送货到买家收货地址并安装（包括但不限于长途干线运输、同城配送、搬楼、入户安装）的特殊服务。

● **免费换新**：卖家自主承诺在售后30天内，如发现商品出现故障无法正常使用，可提供买家免费更换全新同款商品或等值商品1次换新的服务，提供更好的售后保障，增加买家购物信心。

● **卖家运费险**：加入此服务的卖家当发生退货时，产生的退货运费由保险公司来承担。

● **破损补寄**：卖家就该商品签收状态做出承诺，自商品签收之日起至卖家承诺保障时间内，如发现商品在运输途中出现破损，买家可申请破损部分商品补寄。

● **一对一**：通过在线即时的通信工具或平台对学生授课或答疑，真人在线教学，对用户提供个性化定制课程以及免费试看服务，且一对一的服务次数大于等于一次，买家从预约服务到给予第一次服务时间不超过7天（与买家协商达成一致的除外）。

- 15天未学退：当消费者在教育培训里购买带有“15天未学退”标识的商品，商家承诺如果学员在收到货后15天内没有学习，给予全额退款。
- 品质承诺：卖家保证提供高品质的商品，提高竞争力。但是为了更好地完善品质承诺服务，目前该服务是暂停加入的。

提示 Tips 这里的退货承诺和默认的7天无理由退货性质差不多，不同的一个是法律强制性的，另一个是卖家自主加入。退货承诺可以由卖家设置更长的退货时间。

提示 Tips 作为卖家，合理的加入消费者保障服务，可以增加买家的认可度，潜在提高宝贝竞争力。但同时，更应该量力而行，如果加入了之后却无法提供所描述的服务，那么是会被判罚的！

5.4.2 订单险和账期保障

在基础“消费者保障服务”保证金的基础上，淘宝于2016年还新增“订单险”和“账期保障”两种资金保障工具供卖家选择，如下图所示。

1. 订单险

订单险是淘宝网联合保险公司为淘宝集市卖家量身定做的险种。卖家投保成功后，店铺内的实物类目交易都将在订单险保障范围内。卖家需要根据每笔订单的成交额按比例缴纳费用，无成交不缴费。

订单险目前试运行阶段，初始费用为每笔千分之一，封顶5元（即每个店铺每个月5元，只要是这个店铺里产生的所有实物交易全部由保险公司承保）。后续将结合卖家的信用情况来实施浮动费率。也就是信用越好，费用越低！但是要注意，订单险开通后 6 个月内无法主动退保。

订单险的优势在于无须任何资金质押，即可加入消保服务。只需根据每笔订单的成交额缴纳极少费用，无成交不缴费。凡是投保订单险的交易，均由保险公司全程担保赔付。保险公司将为您需要保障的交易先行垫付。让买家感受到您贴心、极速、全面的保障服务，买家体验提升！

提示 Tips 目前订单险还在试运行中，并且咖啡/冲饮/麦片等几个食品相关类目需强制性缴纳订单险。而其他类目则暂时没有要求。

2. 账期保障

开通账期保障后，货款将在交易成功后15天保留在您的支付宝账号内，冻结为不可用余额。如果此期间发生售后，则淘宝会根据最终判责结果来确定是否将这笔费用作为赔付使用。

提示 Tips 建议都别开账期保障，老实缴纳1000元的保证金或者30的年费就行，或者每月缴订单险也可以。如果开通此账期保障，那么会大大占用你的资金，卖得越多占用越大，造成你的资金流动压力。

5.4.3 “消费者保障服务”的保证金

加入前面介绍的特殊服务后，卖家需要在淘宝网缴纳一定的保证金，保证金用于当卖家商品与所加入服务不符时淘宝网向买家赔付。若您要发布全新商品，部分类目是必须强制性缴纳保证金的，具体类目保证金如下表所示。

类目	保证金金额
电动车/配件/交通工具/电动车整车/老年代步车	50000
电动车/配件/交通工具/电动车整车/电动四轮车	50000
手机	10000
农业生产资料（农村淘宝专用）	10000
宠物/宠物食品及用品/狗狗	6000
宠物/宠物食品及用品/猫咪	6000
度假线路/签证送关/旅游服务	1000
景点门票/实景演出/主题乐园	1000
特价酒店/特色客栈/公寓旅馆	1000
手机号码/套餐/增值业务	1000
网店/网络服务/软件	1000
网游装备/游戏币/账号/代练	1000
品牌台机/品牌一体机/服务器	1000
电脑硬件/显示器/电脑周边	1000
MP3/MP4/iPod/录音笔	1000
个人护理/保健/按摩器材	1000
办公设备/耗材/相关服务	1000
厨房电器	1000
大家电	1000
闪存卡/U盘/存储/移动硬盘	1000
网络设备/网络相关	1000
音乐/影视/明星/音像	1000
平板电脑/MID	1000

续表

类目	保证金金额
书籍/杂志/报纸	1000
国货精品数码	1000
影音电器	1000
电子词典/电纸书/文化用品	1000
生活电器	1000
鲜花速递/花卉仿真/绿植园艺 /庭院植物/行道树木/果树	1000
鲜花速递/花卉仿真/绿植园艺/花卉/蔬果/草坪种子（新）	1000
鲜花速递/花卉仿真/绿植园艺 /花卉/绿植盆栽（新）	1000
彩妆/香水/美妆工具	1000
笔记本电脑	1000
美容护肤/美体/精油	1000
美发护发/假发	1000
电玩/配件/游戏/攻略	1000
3C数码配件	1000
数码相机/单反相机/摄像机	1000
腾讯QQ专区	1000
网络游戏点卡	1000
移动/联通/电信充值中心	1000
床上用品/布艺软饰	1000
玩具/童车/益智/积木/模型	1000
童装/婴儿装/亲子装	1000
童鞋/婴儿鞋/亲子鞋	1000
零食/坚果/特产	1000
家装主材	1000
电影/演出/体育赛事	1000
本地化生活服务	1000
奶粉/辅食/营养品/零食	1000
新车/二手车	1000
网络店铺代金/优惠券	1000
休闲娱乐	1000

提示 Tips

如果商品类目不在上述表格中，那么可以自主选择是否缴纳保证金，平台不做限制。另外，“消费者保障服务”保证金只需缴纳一次，若店铺中销售的产品覆盖多个类目，那么消保保证金不需要分别缴纳，例如,卖家A既销售玩具又销售童装，那么保证金只要缴纳1000元。

可以在“保证金”页面下，单击“保证金额度计算器”，然后在“搜索一级类目”文本框中搜索自己的经营类别来查看具体的缴纳金额，如下图所示。

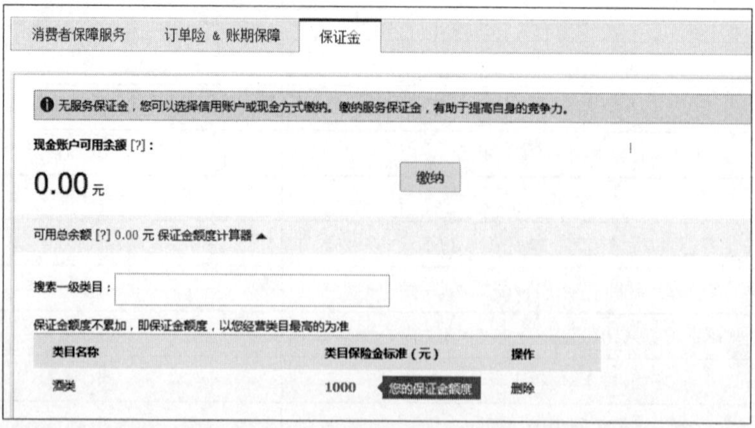

确定基本金额后，就可以单击上图的“缴纳”按钮，然后设置具体缴纳金额（你也可以缴纳更多的保证金），然后输入支付密码，单击“确定”按钮缴纳保证金，如下图所示。

缴纳保证金成功后，将在此页面看见具体的缴费金额，现在的淘宝又提供了一项服务，就是只要你每年缴纳30的年费，就可以不用缴纳保证金。不过这30将作为年费征收，具体是缴纳保证金还是按年交费，大家可以自己斟酌一下，如下图所示。

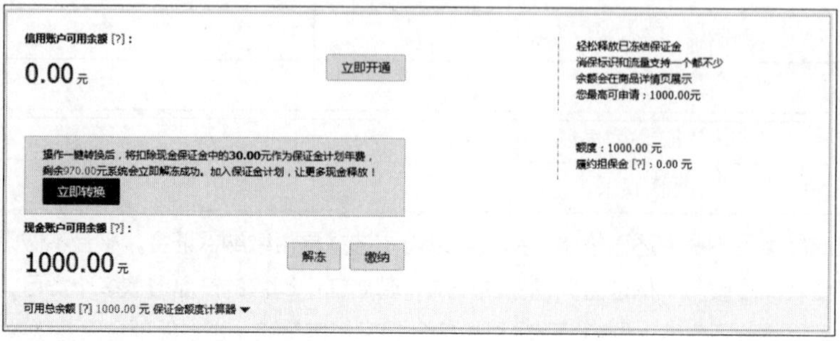

成功加入“消费者保障服务”后，保证金将冻结在您个人的支付宝账户里，显示为“不可用余额XXX”，如下图所示。当发生赔付的时候，淘宝将动用您的保证金进行对买家进行赔付。

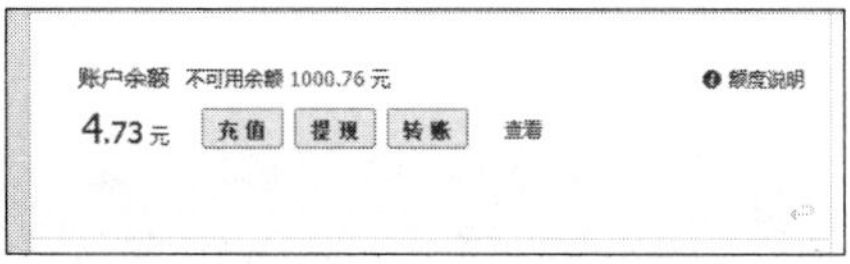

5.5 关注淘宝店铺安全

在经营网店过程中，不可避免地要接触资金的运转与流动，尤其对于销量较好的卖家，在网店中流动的资金数额也会比较大。因而在开店过程中，卖家必须要了解与掌握如何保障网店以及资金安全。

5.5.1 搭建网络防火墙

网络的发达，使病毒木马无处不在。这也极易导致淘宝卖家的电脑存在安全隐患。作为卖家，该如何避免这种情况发生呢?

一般的淘宝卖家，基本上开店操作都是在电脑端完成的，因此电脑环境是否安全，将影响到店铺的安全。

目前，电脑端各类免费的安全软件众多，我们可以选择一套系统来为自己的系统护航，下面针对淘宝卖家，推荐几款日常淘宝过程中所需要涉及的工具，推荐如下。

1.360安全卫士+360杀毒+360浏览器

平时日常淘宝工作直接通过360浏览器打开淘宝登录卖家中心操作，而360安全卫士+360杀毒的配合，可以基本杜绝大多数危险网站和恶意木马。

安全卫士　安全浏览器　杀毒

2.电脑管家+金山杀毒+QQ浏览器

很多淘宝卖家除了使用淘宝千牛和买家沟通外，平时一般也会登录QQ与同事同行朋友进行交流，因此使用QQ的浏览器也是不错的选择，再加上腾讯自家的电脑管家和伙伴金山杀毒的结合，也能让卖家平时放心工作。

电脑管家 您的安全专家　QQ浏览器　金山毒霸

3.百度管家+百度杀毒+百度浏览器

百度浏览器比较好用，使用谷歌Chrome内核，浏览速度比IE快不少，但是百度管家和杀毒软件使用的人数相比以上两款少很多，不过对于淘宝卖家来说，也基本够用了。

百度浏览器　百度杀毒　百度卫士

5.5.2 提升淘宝账户安全等级

登录淘宝，在页面右侧单击“我的淘宝”，然后单击“账户设置”，如下图所示。

此处将显示店铺安全等级，并提示完成密保设置可以提升账户安全，单击“密保设置”，如下图所示。

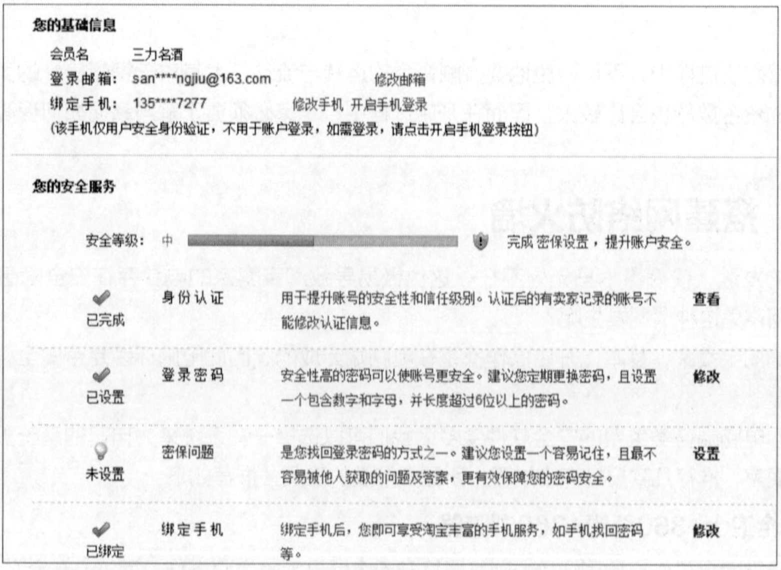

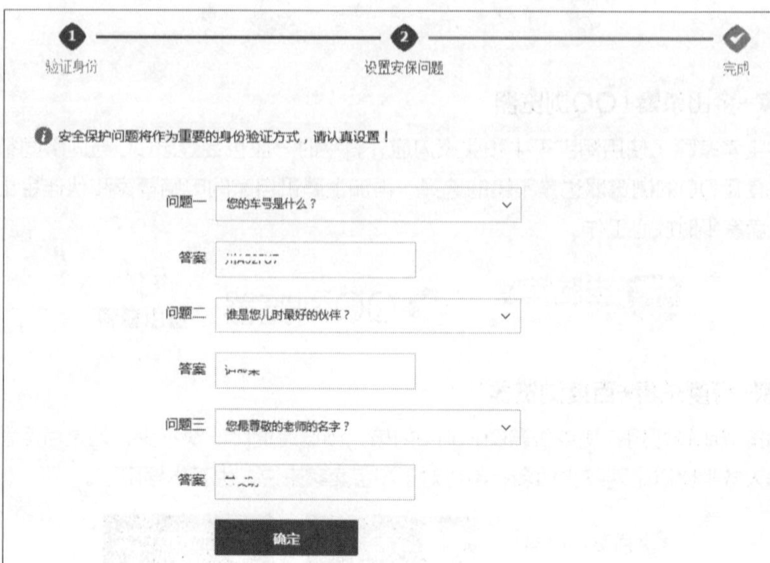

5.5.3 给账户买“保险”

返回安全设置页面，查看当前的淘宝账户安全等级，这时候已经显示 “高”了。不过为了更加保险，我们还可以为账户买个保险，真正的让店铺固若金汤。

这里单击“账户被盗最高可赔100万，立即投保。”文字链接，如下图所示。

进入支付宝， 打开“支付宝账户安全险”页面，这里可以查看当前险种说明，单击“立即投保”按钮即可加入该险种。

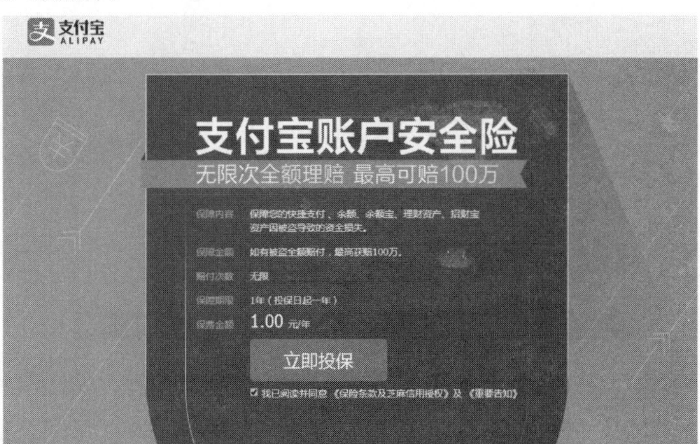

"支付宝账户安全险"是支付宝为淘宝卖家推出的一个卖家商业险，每年只需1元，在保险期间，只要账户因为安全问题造成财产损失，都可以进行赔付，如下图所示。

账户安全没有意外 手机丢失、电脑中毒、身份证丢失都无需担心，都可全额获赔，安全有保障。

"支付宝账户安全险"最大的特色就是保险费超级低，而且赔付的范围很广，基本上保证了由于卖家电脑或者手机安全问题造成的财产损失，具体赔付范围如下图所示。

保障理赔范围 支付宝账户安全险由众安保险或永安保险承保

保障内容	理赔范围	保障金额	赔付次数	保障期限
快捷支付 余额 余额宝 招财宝资产 理财资产	以下情况被盗可获赔： 1、由于您的支付账户密码、安全工具被盗取。导致你的支付账户资金被盗转、盗用。 2、不法分子盗取被保险人身份证、银行卡或安全工具等方式在支付宝平台注册、开通支付账户，造成被保险人支付账户资金支付宝被盗转、盗用。	全额赔付 最高100万	无限次	投保日起 一年有效

建议大家开通这个保险，如出现安全状况，可以直接拨打支付宝热线95188进行理赔，如下图所示。

被盗理赔流程 24小时理赔报案电话95188，资料齐全，72小时完成理赔。

拨打支付宝 热线电话95188 → 一对一人工服务 协助完成保险理赔流程 → 审核通过 保险公司极速现金赔付

	损失金额	理赔资料
理赔所需材料	0 - 499元	无
	500 - 1999元	身份证、银行卡
	2000-4999元	身份证、银行卡、报案回执
	5000元以上	身份证、银行卡、报案回执、承诺函

根据案件需要提供相关材料。

5.5.4 支付宝安全中心

打开支付宝“安全管家”页面，这里主要有保护资金安全、保护账户安全、保护隐私安全3个安全选项，如下图所示。

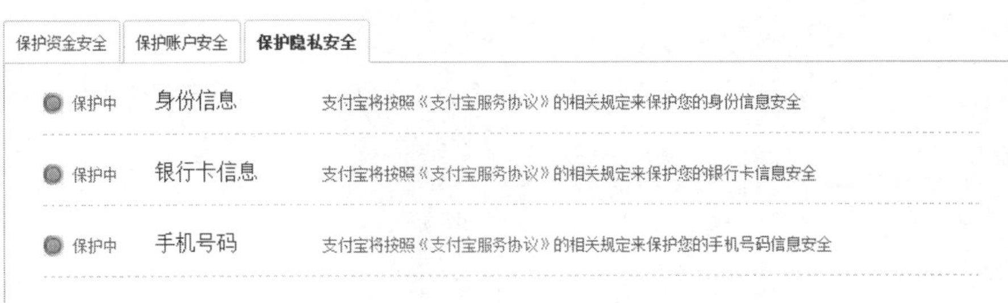

登录密码和支付密码在申请支付宝时已经填写，不过为了安全，可以考虑每隔一段时间修改一次。其中的“数字证书”和“安全保护问题”两项比较重要，建议进行设置，以保护支付宝的登录和使用安全。

5.5.5 淘宝店铺守护神“阿里钱盾”

在店铺注册环节，已经使用到了一款淘宝出品的安全管理软件——阿里钱盾。实际上它的功能不止于此，还包括了众多的淘宝安全选项，可以帮助卖家安全管理店铺。初次登录阿里钱盾，会自动监测你的账号是否为卖家，并进行对应的切换，如下图所示。

1. 扫码登录

目前，在淘宝进行登录、查看店铺交易时，都需要使用阿里钱盾进行解锁才能继续操作，这样就能最大限度地保证账户安全，别人即使破解了密码，也是无法登录的。

步骤 01 需要登录打开卖家中心进行店铺管理的时候，网页会打开如下图所示的手机扫码，安全登录页面。

提示 Tips 2016年下半年开始，在登录淘宝的时候，默认的传统用户名密码登录已经变成了扫码登录，单击旁边的“小电脑”图标可以切换回用户名密码登录。

步骤 02 接下来，需要登录阿里钱盾，然后按图标扫描上图的二维码，扫描完成后，阿里钱盾会提示你是否进行淘宝网登录，按下“确认登录”按钮，如下图所示。

步骤 03 此时电脑端会载入淘宝卖家中心，相比手动输入用户名密码的方式，更为便捷安全，如下图所示。

2. 安全操作验证

淘宝卖家们可以在阿里钱盾中开启“验证中心”，当开启此功能后，默认不通过验证是无法进行淘宝店铺管理操作的。

打开阿里钱盾后，按首页的“验证中心”，再按“立即开启”按钮即可，如下图所示。

当淘宝账户被盗，或者执行异地操作、换电脑操作等危险指令时，网页端将出现“安全验证”提示，只有验证通过才能继续打开功能网页，此时可以打开阿里钱盾，在验证中心内按下“加载验证”，如下图所示。

提示 Tips 淘宝现在大力推广“阿里钱盾”，基本很多操作都要求你登录阿里钱盾进行验证，虽然安全，但也相当的烦琐，所以也被很多卖家所排斥。不过对于淘宝新手来说，使用这个软件将很大程度上提高淘宝店铺的安全，建议优先下载使用。

第6章

装修店铺——成为皇冠店铺的前提

人靠衣服马靠鞍，淘宝店铺也一样。一个店铺是否成功，装修效果起着非常大的作用。

在本章中，将通过多个知识点的结合，利用不同的方式一步步教导卖家打造一个好的品牌店铺的效果。

6.1 为什么要装修店铺

店铺设计的好与坏，关系着买家是否购买。灵活地对旺铺中的各个页面的布局、显示模块进行调整，同时针对这些模块进行装修与设计，使店铺视觉效果更好，更能吸引买家的眼球。

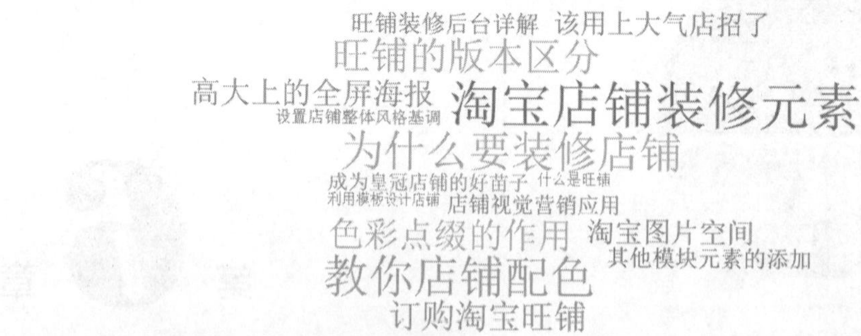

6.1.1 店铺视觉营销应用

最近几年，实体经济衰败，电子商务强势崛起，以淘宝、京东为首的电商企业屡屡创下令人叹为观止的业绩。而这些傲人业绩的背后，最大的功臣就是——视觉营销。

可以毫不夸张地说，视觉营销就是电商的本质，因为电商与实体经济不同，几乎大多数的商品都是通过图片作为中介进行推送，实现成交。

而在早期的网络营销过程中，往往不注重视觉营销，产品大都通过硬性的搜索竞价、SEO等方式获取客户，但是推广产品本身并没有进行视觉优化，往往造成了流量的浪费。

而在“淘宝时代”，作为一个合格的卖家，除了搜索推广外，还要做好视觉营销，更好地迎合买家需求，赢得共鸣，促进成交销售，如下图所示，这个聚划算的广告图就是很好的视觉营销案例，能够较好地为店铺获得更多的访客流量。

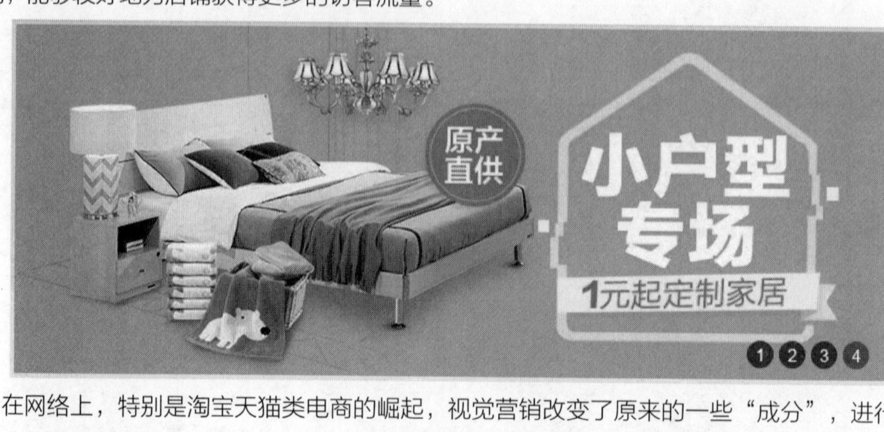

在网络上，特别是淘宝天猫类电商的崛起，视觉营销改变了原来的一些“成分”，进行了更细化。就是淘宝卖家利用文字、宝贝、色彩等组合成图像，展示在淘宝首页、分类页、直通车广告上，而浏览的买家会受到这个图像带来的极富吸引力的视觉冲击，而进行关注，继而点击该图片进入卖家淘宝店铺进行浏览，最终实现下单、成交。

视觉营销不只是用来增加访客流量，当买家通过吸引访客的图片，进入到店铺，然后店铺的装修和详情页里的介绍会引导卖家购买。最终是否购买，一定程度上也依赖视觉营销，如下图所示。

通常来说，同款宝贝，在价格相差不大的情况下，图片越好，下单购买率越高。

买家视角——这里我们来模拟一个正常买家的购物过程

买家A想买一条夏裙，通过淘宝搜索“女 夏裙”，在搜索结果中，通常会选择自己认为最好看的宝贝（也就是主图图片），其次会参考成交量，包邮等潜在因素，确定后会点击直接进入当前宝贝的详情页查看宝贝的详细信息。

当顾客进入宝贝详情页以后，会通过详情图片来完成对整个宝贝的了解，同时会看看卖家的店铺，如果装修风格也吸引她，差不多就会购买。反之，如果宝贝详情页的图片介绍不清楚商品，店铺装修也很糟糕，就会让这个顾客失望，即使宝贝本身对买家有吸引力，也会造成买家的顾虑，考虑再三，从而影响成交。

视觉营销在推广过程中起到引流作用，吸引顾客点击，而在顾客进店以后，将促进商品成交，全程参与整个宝贝销售的过程。

除了视觉因素外，价格、宝贝信息介绍、成单率、好评度等各方面也是造成买家下单购买的原因，作为淘宝卖家应该多方面促成转化率的提升，而不能盲目打造单一的“效果”。

6.1.2 色彩点缀的作用

视觉离不开色彩的点缀，对于新开店的卖家来说，大多数人都是使用淘宝装修市场的模板来进行装修，往往花费精力装修以后却达不到预想的效果，这里不好看那里也不行。好看的模板，购买并使用后却发现奇丑无比，食之无味弃之可惜。

这主要是因为你所使用的图形元素与模板之间的色相、明度、饱和度不搭调，看起来就很突兀。你得了解一些基本的色彩三要素。

1. 色相

色相即各类色彩的相貌称谓，如红、黄、蓝等。色相是色彩的主要特征，是我们区别不同色彩的最基本标准。

色相万千，其中三原色为最基本的，分别为红、黄、蓝3种色相。通过三原色的搭配相加（红+黄、黄+蓝、蓝+红），这样就可以等比调出“三复色”（橙、紫、绿）。

如果这个时候再用原色和复色互相调配，还可以衍生出红橙、黄橙、黄绿、蓝绿、蓝紫和红紫6色，即为“三间色”，三原色加三复色再加三间色就成为我们最常见的12种基本颜色，业内俗称12色相环，如右图所示。

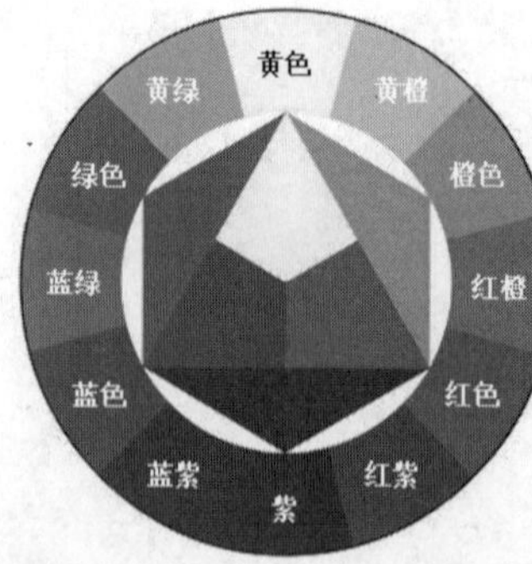

开店必知——除了三原色，其他颜色都可以调和出来

用同样的方法还可以调和24色相环，48色相环。当然，如果需要，利用专业工具还可以调和更多不同色相的色彩。

了解了色相，那么就有必要清楚色相的3种常见搭配关系，即对比色、互补色、相近色。这是比较基础的色彩搭配。

对比色：色相环120度内的颜色，在这120度范围内，任意找出两边相对应的一组色彩就是对比色。同时，黑、白、灰的搭配；冷色和暖色的搭配；亮色和暗色的搭配也都属于对比色关系。它们之间的互相搭配能产生强烈、醒目、活力、兴奋的效果，但是运用过程中表现不好就非常难看，如下图所示。

互补色：色相环180度相对应的颜色，如黄色和紫色、红橙和蓝绿、红色和绿色。它们之间有着强烈的对比关系，色相相对差别大，在搭配运用上更难，一般高手会通过面积大小、明度的调和来使其达到和谐的目的，如下图所示。

相近色：又叫同种色，也就是比较接近的颜色，如黄橙和橙色、紫色和红紫。利用同种色搭配出来的色调给人非常舒服的感觉，适合小清新、甜美类风格的店铺。并且搭配上便利，适合新手，如下图所示。

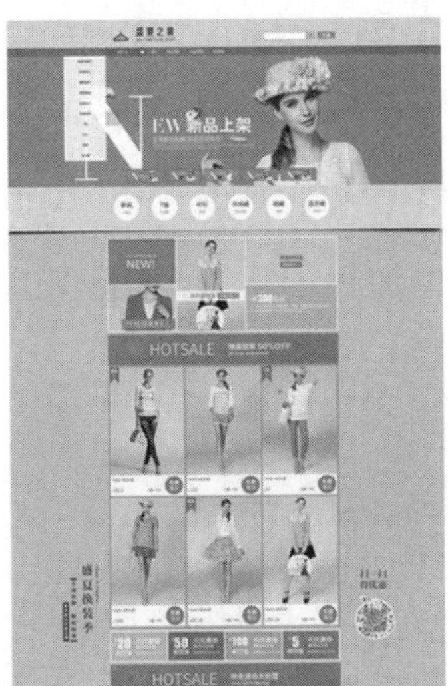

开店必知——色彩搭配切勿生搬硬套

对比色和互补色搭配将让店铺看上去对比强烈，视觉冲击力强，如果用于海报设计，则会让主题突出，醒目，色彩感觉有力且振奋人心。但是大家在搭配过程中，需要注意适当运用无彩色（黑、白、灰）来进行调和搭配，以免造成突兀的色彩效果。

2. 明度

明度就是指色彩的明暗程度。不论什么颜色，都可以混合成黑色，而令色彩产生明度的变化。如蓝色混入白色，则明度越高。如果混入黑色，则明度越低。

在淘宝装修过程中，不同装修对明度的需求完全不一样，如下图所示为产品图片，左为明度过高、中间正常、右侧明度过暗。

设计一些重调的首页海报时，那么明暗对比强烈的图片效果就更让人有购买欲望，如下图所示。

开店必知——色相在色彩点缀过程中要适可而止

一般情况下，浅色系的图片调节色彩明度带来的效果不稳定，我们应尽可能保证图像色彩的原本的明度，无须过多调节。而深色系的图片则可以通过适度明暗关系变化来达到更好的效果。

3. 饱和度

色彩的鲜艳纯度即饱和度，饱和度越高，则色彩越鲜明，饱和度较低，色彩越柔和灰暗。纯的颜色都是高度饱和的，如鲜红，鲜绿。混杂上白色，灰色或其他色调的颜色，是不饱和的颜色，如绛紫，粉红，黄褐等。完全不饱和的颜色基本上没有色调，如黑白之间的各种灰色。

下图中左侧为饱和度较低的宝贝图片，色彩暗淡偏灰，中间的色彩度为正常，右侧图片的饱和度则比较高，在一些特定情境下可以让图片更醒目、更吸引人。

开店必知——饱和度在不同场合的应用

饱和度过高可以让图片更浓郁，大家可以用在店铺首页装修和店铺点缀上。但是不建议大家过度调节宝贝图片的饱和度（特别是服装鞋帽类宝贝）。因为很多买家都是通过图片效果来购物，如果因为图片效果与买回家的实物相差太大，造成退换货，就得不偿失了。

综上所述，买家大多数喜欢明暗对比强、色相反差大、饱和度高、细节丰富的图片，因此我们在店铺装修、主图设计、宝贝详情页设计过程中，就可以通过此条件来进行设计，让店铺和宝贝更吸引买家。

6.1.3 淘宝店铺装修元素

淘宝整店店铺装修主要分为3块，分别为首页装修、宝贝列表页、宝贝详情页3部分。其中首页承担了店铺形象、并有主推产品展示等功能；而作为流量入口的淘宝详情页，则是流量转化的基石，影响着商品的成交（好看的宝贝不是唯一因素，却是重要的因素之一，直接影响客户是否下单购买）；而相对而言，宝贝列表页的功能性相对较弱，主要便于宝贝过多的店铺方便客户进行分类选择。

首页装修

列表页装修

详情页装修

在实际店铺装修过程中，除了整店装修外，平时的视觉营销过程里还会涉及其他一些设计元素，其中主要就是形形色色的各类海报，除了用于店铺宣传外，还承担一些对外推广（如各类钻展广告、类目广告位等），如下图所示。

店铺海报

钻展海报

无论是首页、详情页或者海报，都只有一个功能，那就是吸引更多人点击获得访客流量。而我们要做的就是通过文字、图片色彩的组合搭配，做一个对客户来说充满诱惑力的视觉图片（更多详情页介绍请参考第7章相关内容）。

卖家经验——教你店铺配色

了解了色彩的三要素后，并不代表我们立马就成了高手。在实际应用过程中，会发现很多新手卖家往往不知道在店铺装修过程中，如何给店铺定位选择颜色，或者不理解该如何搭配颜色才能更加好看，我们看看下面这个案例，左侧为装修市场中一个很好看的模板，右侧为购买模板后自己装修后的效果，如下图所示。

原始模板

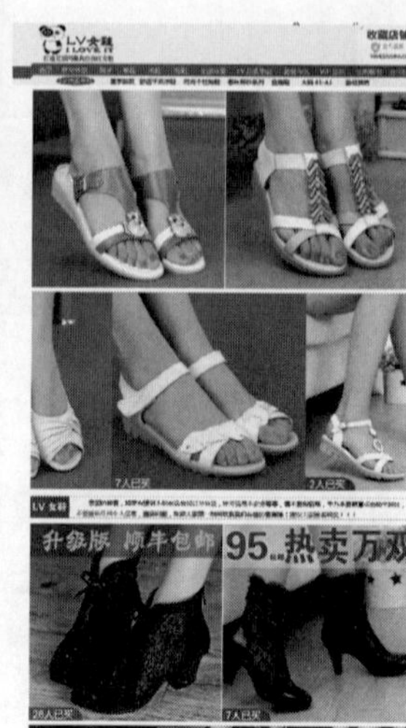

装修效果

卖家经验——教你店铺配色（续）

好好的一个小清新模板，到卖家手里怎么就变了呢？

这在新手卖家中还比较普遍，原因有两个，一是自己不懂模板设计模块的使用；二是不知道如何搭配色彩，原始模板是使用粉色系相近色作为主题色调，而卖家就全部使用了紫红色，太过单调。

说了这么多，是不是感觉还是很复杂，懵懵懂，没关系，笔者也是这样过来的，这里告诉大家一个技巧。

搜索“Color Scheme Designer”，它是一个网络在线配色工具，可以让大家通过单击鼠标，自动生成对应的相近色、对比色、补色。

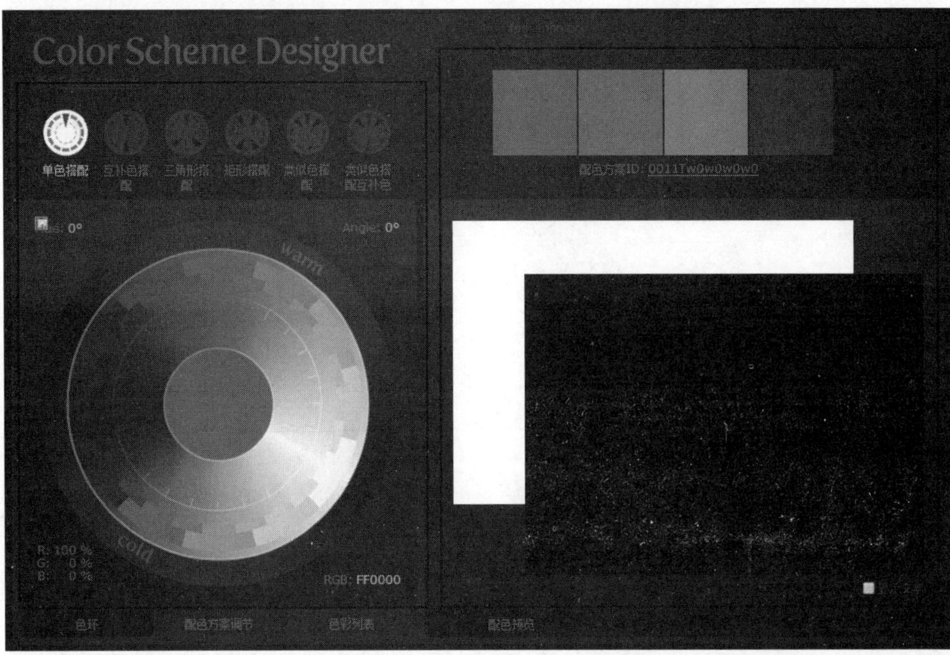

这里的工具界面主要由两个部分构成，左侧的颜色设置区域和右侧的颜色显示区域。

（1）颜色设置区域。

左侧颜色设置区域的上半部分，可以选择颜色搭配种类，分别为单色、互补色搭配、三色对比色、四色相近对比色、三色相近色、三色相近对比色等。

左侧中间部分圆盘是调整色相的颜色环。

在最下面的菜单可以调整饱和度和明度。

（2）颜色显示区域。

右侧颜色显示区域，根据左侧选择的色相、饱和度和明度显示出配置后的主色和辅助色。

卖家经验——教你店铺配色（续）

（3）接下来我们看看如何进行配色，首先在心里确定一个大体的色调，也就是页面的基本主体色调。如卖童装，就可以选择较活泼的颜色，如选择绿色，就用鼠标在圆盘里单击绿色部分，此时右侧会自动生成搭配色相，如下图所示。

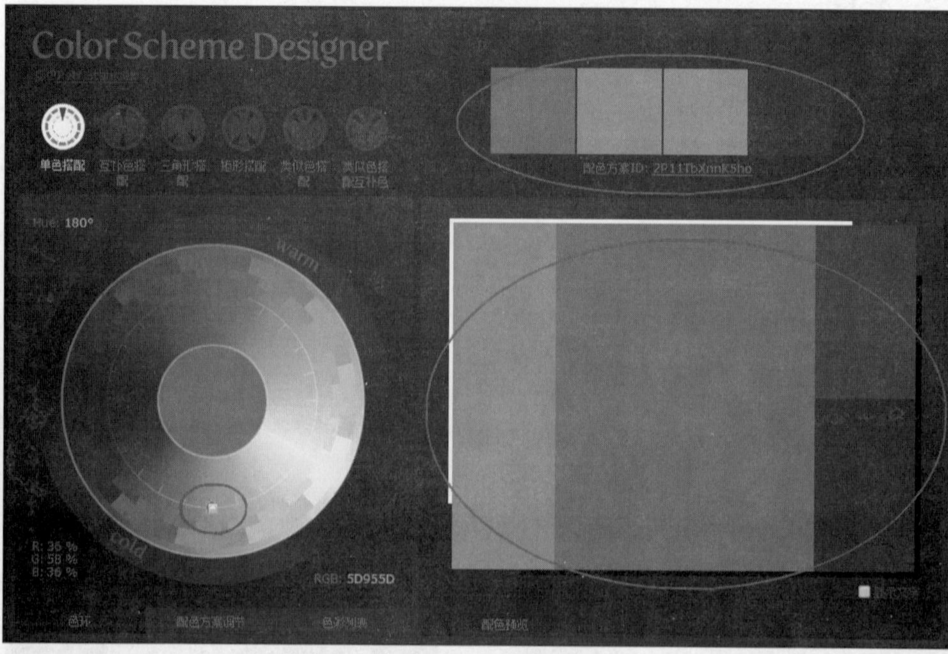

（4）如果想选择互补色进行搭配，那么就单击“互补色搭配”选项，此时右侧也会发生相应的变化，出现所选颜色的补色，如下图所示。

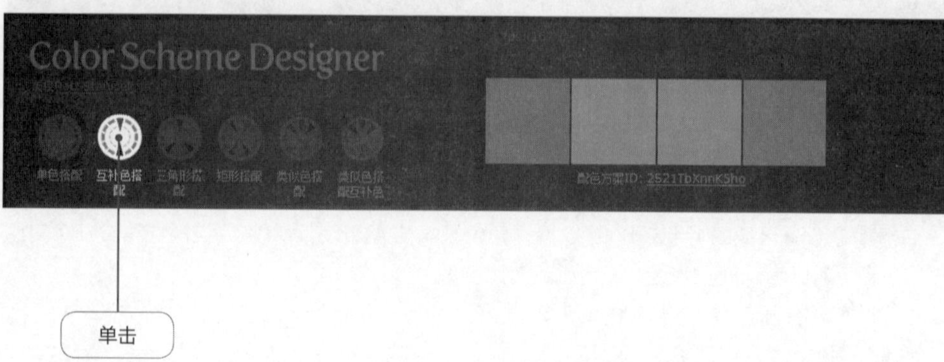

（5）同理，选择不同的颜色种类会出现不同的结果，在下方单击“配色方案调节”，还可以自由设置颜色的明度和饱和度（彩度），以及配色的对比度等，如下图所示。

卖家经验——教你店铺配色（续）

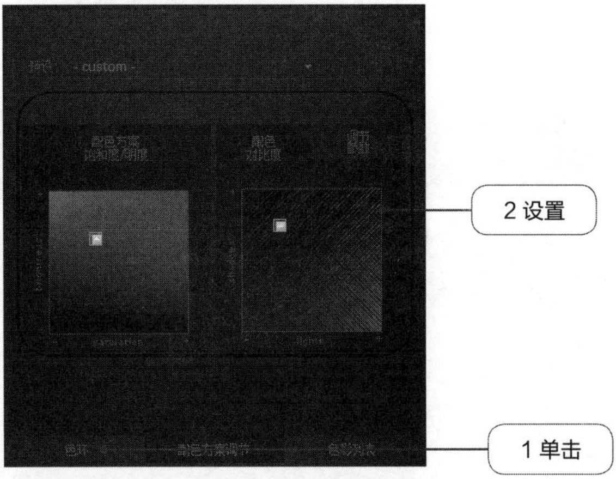

(6) 单击“色彩列表”，可以查看当前色彩的6位颜色代码，我们可以直接将这个代码复制到Photoshop等软件的调色板中进行应用。

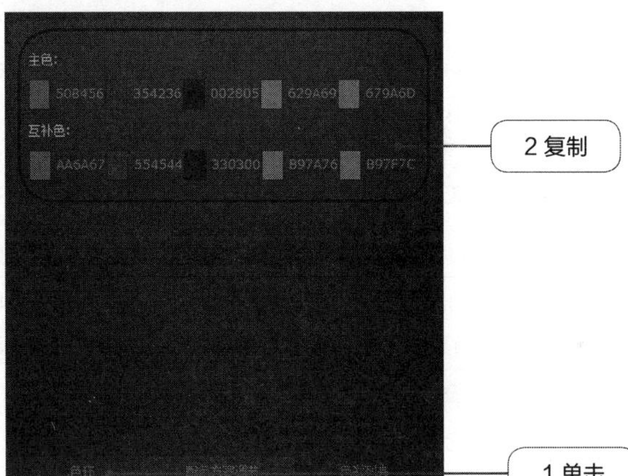

6.2 视觉营销必备——淘宝旺铺和图片空间

开通店铺后，店面比较简陋，没法让买家产生好的印象，虽然淘宝会免费赠送扶植版旺铺，但是它只有一些基本功能，要想体验强大的店铺装修、营销，还得开通淘宝的其他旺铺。

6.2.1 什么是旺铺

淘宝旺铺是淘宝开辟的一项增值服务和功能，可以使得店铺装修效果更美观，让顾客购物体验更好，以促进商品成交率，如下图所示。

淘宝旺铺是淘宝为卖家提供的一项增值服务功能，它为卖家提供了区别于淘宝网一般店铺的展现形式，具有更专业、更个性的店铺页面，并提供了更强大的功能，对塑造店铺形象，打造店铺品牌起到了相当重要的作用，在吸引顾客的同时为顾客营造良好的购物环境。

6.2.2 旺铺的版本区分

以前淘宝旺铺版本众多，有旺铺标准版、旺铺拓展版、旺铺旗舰版等。现在淘宝为了统一装修板块，推出了全新的“新旺铺”，总共可分为基础版、专业版和智能版3种。

其中基础版在用户开通网店时就默认开通，可永久免费使用；而如果用户需要更好的定制效果，可以购买新旺铺的专业版，专业版功能更加强大，不过需要每月固定50元的租赁费用（一钻等级以下免费），两者具体功能可参考下图。

而旺铺智能版，则是淘宝在2016年6月试推出的一种全新智能旺铺，它包含专业版所有功能，并在此基础上新增了无线装修功能，同时针对消费者和商家需求，提供了更多增值服务及功能优化。需要每月固定90元的租赁费用，如下图所示。

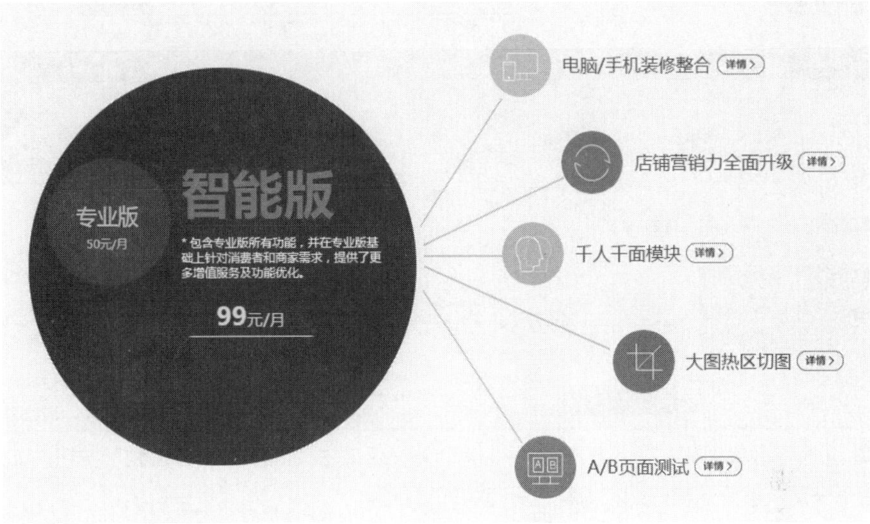

6.2.3 订购淘宝旺铺

对于新开店买家来说，卖家等级不高，因此在成长为钻石级卖家之前都是可以免费使用淘宝旺铺的。

步骤 01 进入卖家中心，在左侧店铺管理下，单击“店铺装修”链接，如下图所示。

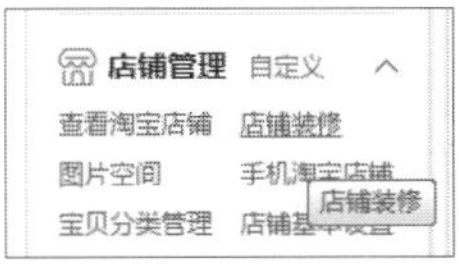

步骤 02 打开淘宝装修页面，查看左侧顶端显示当前为基础班，鼠标移动到“免费升级专业版”链接并单击，钻石卖家以下即可自动升级为专业版，如下图所示。

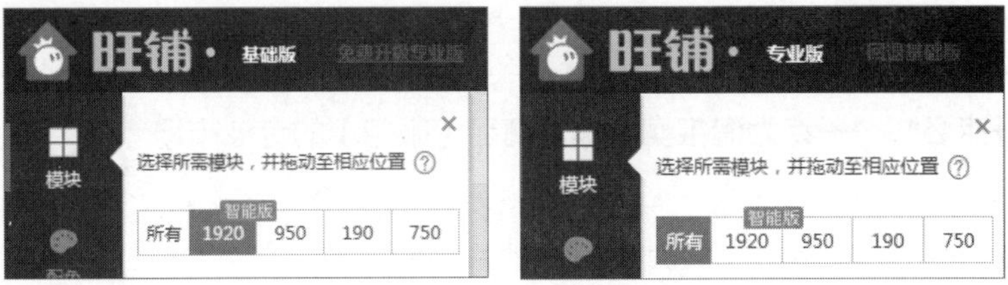

开店必知——回退基础版旺铺

升级后可以自由回退到基础版旺铺，不过一钻以上的缴费卖家旺铺到期，会自动返回基础版，一钻以下返回基础班则没有丝毫意义。

步骤03 如果是钻石级老卖家，那么此时会进入淘宝卖家服务市场，在这里可以选择购买专业版，或者智能版，并选择购买时间，然后单击“立即订购”按钮即可，如下图所示。

步骤04 进入下订单页面，确认相关信息，信息无误后单击“同意协议并付款”按钮，如下图所示。接下来直接按照正常的购物流程进行支付即可。

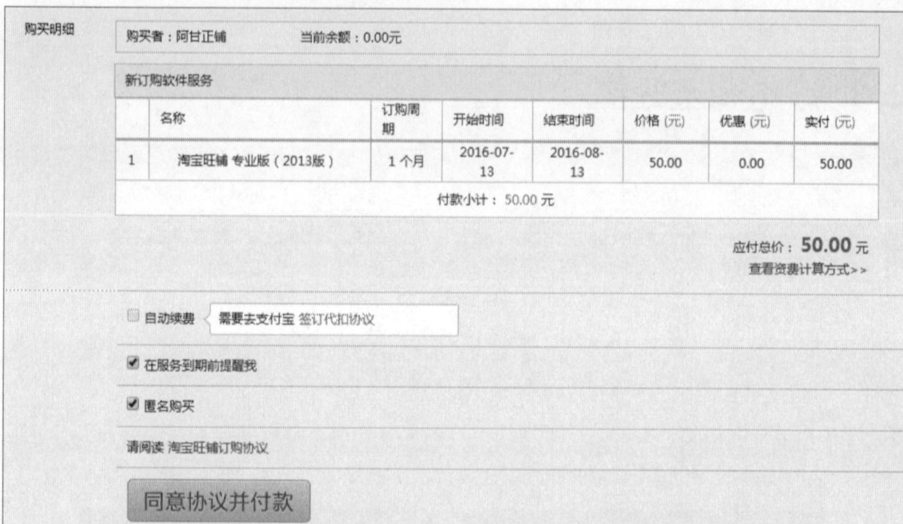

开店必知——专为淘宝卖家提供商品（服务）的专业市场

大家注意，不只是旺铺，只要是淘宝开店需要付费的内容，包括各种开店工具、数据统计服务、相关模板等，都包含在淘宝服务市场里，其购买流程也类似。

6.2.4 旺铺装修后台详解

订购旺铺以后，就需要对旺铺进行装修，必不可少会接触店铺装修后台。所以，装修前，先来简单了解下淘宝装修后台的基础知识。具体导航分布图如下。

1. 主导航

主导航展示了淘宝后台装修管理栏和装修数据分析栏目板块，栏目板块提供给卖家的各种快捷导航，依次为【页面装修】、【模板管理】、【装修分析】、【装修模板】、【微海报】、【宝贝分类】和【营销】，如下图所示。

步骤 01 页面装修：单击可切换到“页面管理”。

步骤 02 模板管理：单击可进入店铺模板中心，这里显示了当前店铺能够使用的店铺模板（包括免费的3套系统模板和购买的模板），用户可以在这里进行模板的备份和还原，如下图所示。

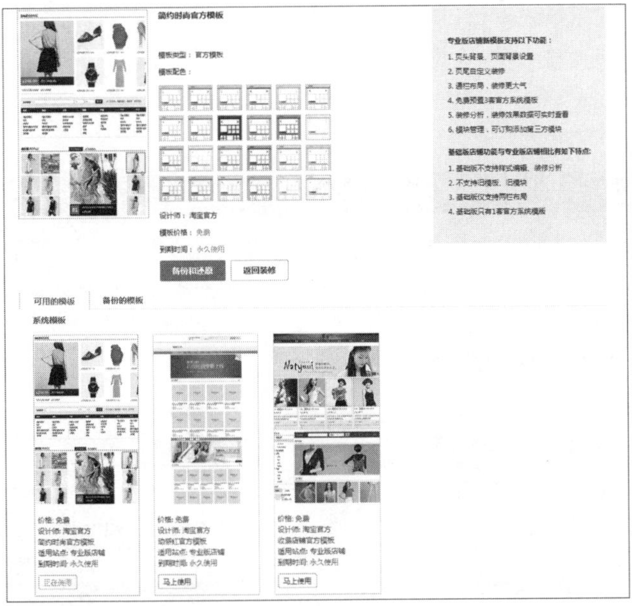

开店必知——备份和还原

卖家7月1日对店铺进行了装修并进行了备份，如果在7月10日重新装修后觉得不满意，就可以通过还原功能还原到7月1日的装修效果，这对于经常进行装修的卖家是一个比较方便的功能。

步骤 03 装修分析：这里主要可以选择“装修分析”和“流量地图”两个功能命令，单击后会直接进入淘宝数据统计中心“生意参谋”页面，在这里可针对店铺的基本相关进行数据统计，便于卖家对自己的店铺装修效果进行预测，如下图所示。

步骤 04 装修模板：单击直接进入淘宝卖家服务的装修市场，可以选择付费的各类专业模板，更利于一些没有设计基础的卖家快速打造店铺效果。

步骤 05 微海报：微海报是淘宝在微信上推广淘宝店铺，而单独创建的一个推广功能，卖家在这里进行微海报编辑后，可以在朋友圈进行分享导流。

步骤06 宝贝分类：单击进入分类管理页面（也可以直接在卖家中心的“店铺管理-宝贝分类管理”进入），在这里可以对店铺进行类目划分，并可以将对应产品添加到对应的类目里面，方便顾客更合理地选择宝贝，如下图所示。

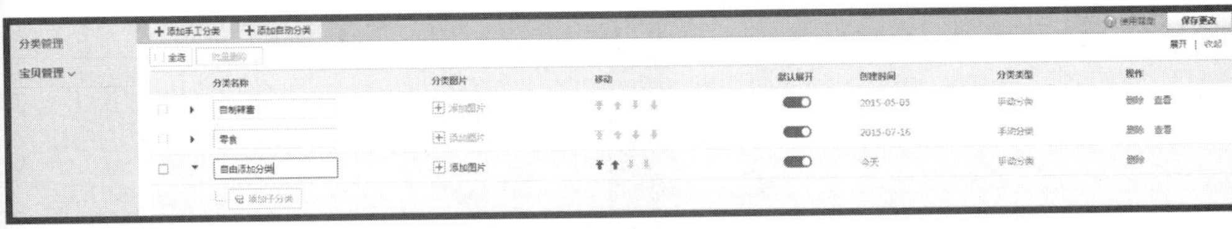

买家视角——从买家角度看问题

买家A进入女鞋卖家小B的店铺，发现小B家有上百款宝贝，本来想选一双好看的高跟鞋，但是在100款宝贝里挑选真不是个容易的事，最终A觉得麻烦直接关掉店铺去淘宝重新搜索其他高跟鞋。

步骤07 营销：单击进入店铺营销中心，在这里可以创建各种各类的活动，帮助大家获得更多流量，如下图所示。

开店必知——店铺营销中心和淘宝官方营销中心

店铺营销中心集合了当前买家等级所能够参加的各类活动，是卖家进行站内推广的一个重要途径。除此之外，通过卖家中心的“活动中心”模块，还能够进入“淘宝官方营销中心”，这里则包含了全网所有的活动介绍及加入方法，在后续推广章节将向大家进行介绍。

2. 功能导航

淘宝装修后台的功能列表大区，主要包含了模块、配色、页头、页面以及CSS几个大区，如下图所示。

（1）模块：模块是后台装修的基础，所有的装修元素都包含在模块里面，其中又分类为“基础模块”和“设计师模块”。其中基础模块是旺铺自带的功能模块，能够基本满足一般的装修需求；设计师模块则是必须购买服务中心的高级模板后才拥有，包含了很多特殊的装修效果，如下图所示。

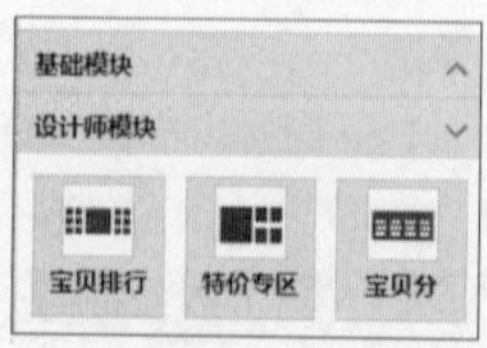

（2）配色：在这里可以对当前所选模板进行调色处理，也就是店铺整体风格色调。

（3）页头：设置店招（导航栏）左右的背景。

（4）页面：设置店铺背景色或者背景图片。

（5）CSS：此功能需要单独订购，适用于一些需要更高级特效的店铺使用。

3. 装修确认栏

此区域主要是对当前装修页面进行选择、备份和发布的地方，如下图所示。

（1）首页：单击 ∨ 可以新增装修页面，功能和主导航的“页面管理”功能一样。

（2）页面编辑：默认此项状态下可以对当前店铺进行各类装修操作。

（3）布局管理：可以更快速地新增或者删减模块内容。

（4）备份：备份当前装修效果到当前日期。

（5）预览：预览当前装修效果。

（6）发布站点：每次装修完成后，必须单击发布站点功能才算正式完成装修，只有单击此按钮，才能对外展示装修成果。

4. 装修操作区域

此为编辑区域，就是日常装修店铺的主操作区域，基本所有的编辑、添加工作都是在这里完成，接下来就会介绍这方面的内容。

6.2.5 淘宝图片空间

介绍完淘宝旺铺，那么就不得不介绍另一个与淘宝视觉营销紧密关联的一个产品，那就是淘宝图片空间。简单来说，它就是一个用来存放淘宝各类图片，包括发布宝贝时上传的主图、详情页图片；装修店铺时设计的店招、海报等，如下图所示。

大家可以通过“卖家中心-店铺管理-图片空间”功能进入，在这里，可以进行图片的上传、替换、移动和删除等操作，也可以通过单击图片上的不同按钮获得不同功能，如单击获取图片地址可以进行图片引用，如下图所示。

淘宝图片空间的主要功能有以下几个。

- 支持图片上传以及文件夹直接上传，减少上传入口选择，图片上传更便捷。
- 图片引用关系提示，不管是宝贝，还是店铺引用了图片都会准确展示，未引用图片方便删除。
- 提供图片及文件夹搜索，方便卖家对左侧文件夹中的文件进行快速定位，查找分类更方便。
- 提供图片分类管理，让卖家可以像本地电脑一样管理线上图片，支持无限量文件夹分类，管理文件夹和图片更便捷。
- 图片空间还支持详情页图片编辑，拖动鼠标轻松编辑，个性化排序操作一步完成。

开店必知——图片空间容量

淘宝图片空间默认为20G容量，超过这个容量就要收费，不过一般来说，20G容量对于一般的正常店铺完全够用了。

6.2.6 利用模板设计店铺

很多淘宝掌柜，没有专业培训过任何美术相关知识，在装修店铺的时候，往往不知道该如何下手，这种情况不是短时间能够通过学习提升出来，而是需要日积月累而来。

这类用户可以用模板市场，让大家无须过多设计功底，简单套用模板就能出现比较好的效果，下面来看看具体操作。

首先在装修市场（http://zxn.taobao.com）选择一款模板，在介绍页面，可以对当前模板进行试用，感觉效果还满意，就直接单击“立即购买”按钮，如下图所示。

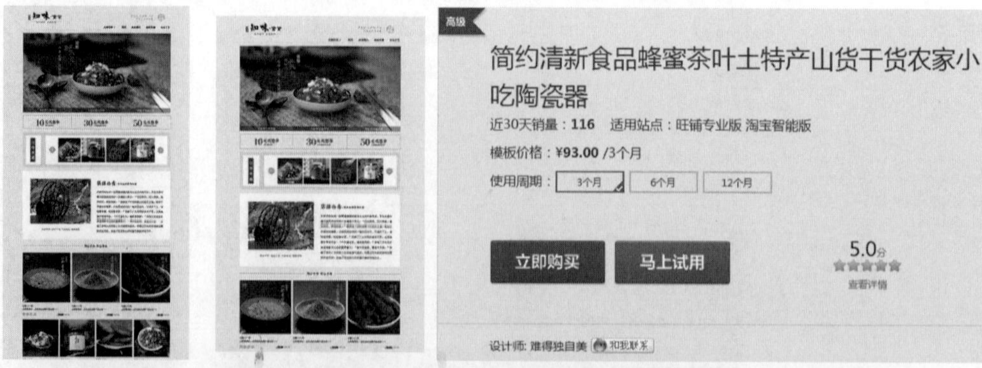

购买成功后，应用模板，这时候就可以在这套模板基础上进行改装了，如下图所示。

改造店招，执行“编辑”命令，在打开的对话框里，可以对当前店招进行各项设置，如下图所示。

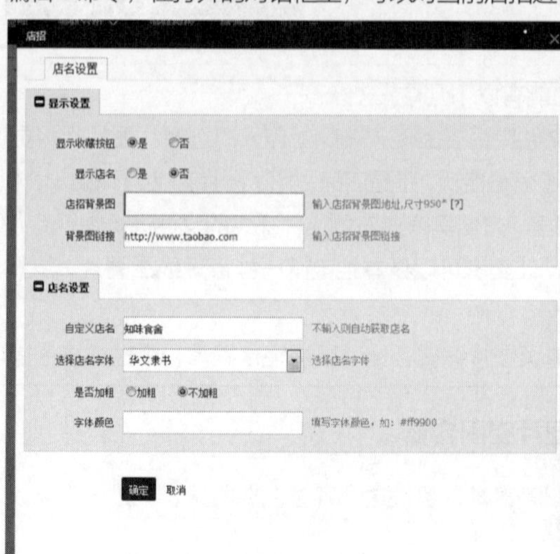

仔细观察，发现当前背景图默认是模板的，我们需要改成自己的，如下图所示，利用Photoshop把原本模板店招改成我们自己的店招。

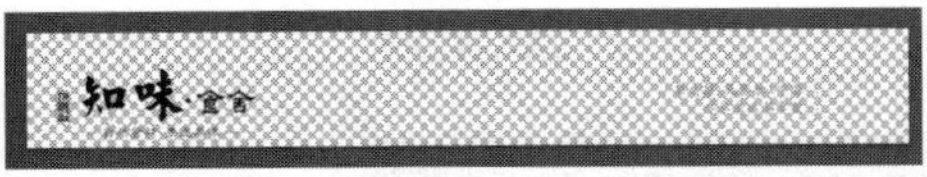

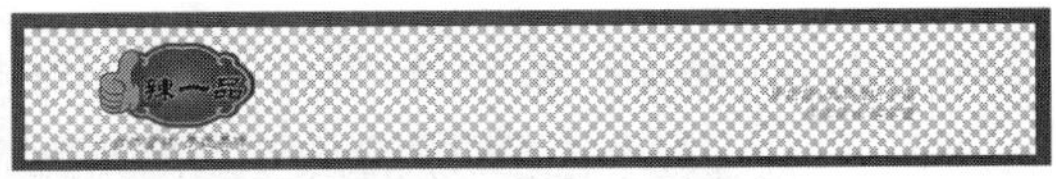

接下来把制作好的图片上传到自己的图片空间，完成后，复制图片链接，如下图所示。

返回店招编辑页面，在“店招背景图”里输入刚复制的店招图片地址，如果有需要，也可以在下方设置文字店招名字，一般情况下使用了图片店招就不需要这样画蛇添足，直接单击“确定”按钮即可。

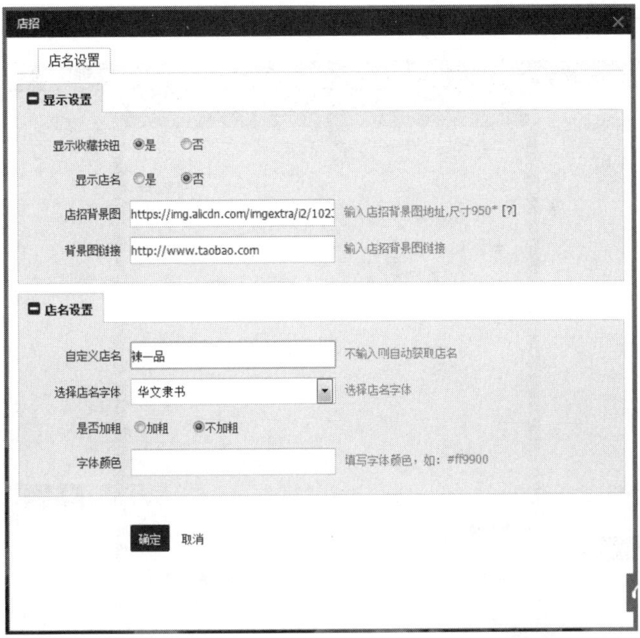

返回首页装修界面，查看当前的店招效果。

店招做好了，接下来就是导航，将鼠标移动到导航栏，单击“编辑”，然后在“导航设置”里单击“添加”按钮。

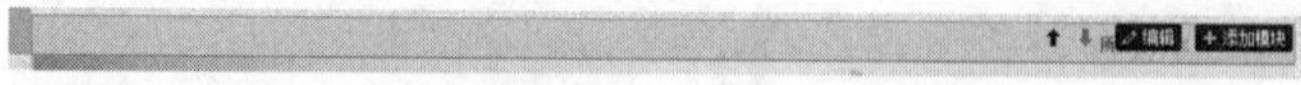

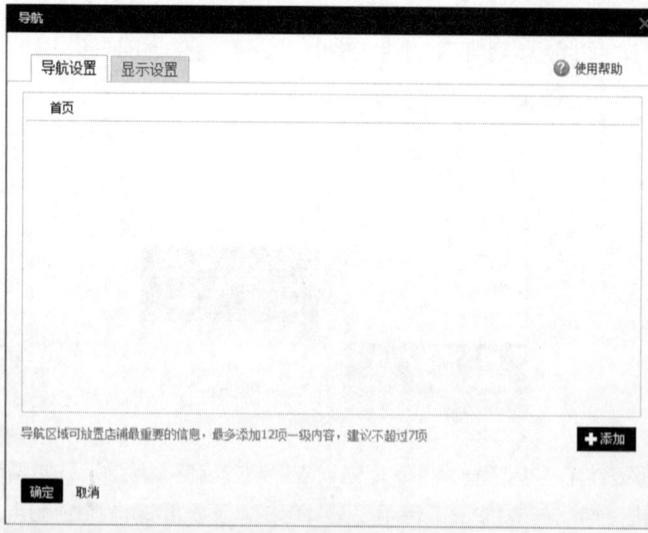

在这里添加宝贝分类，如果需要，也可以添加页面或者自定义链接，完成后单击“确定”按钮，如下图所示。

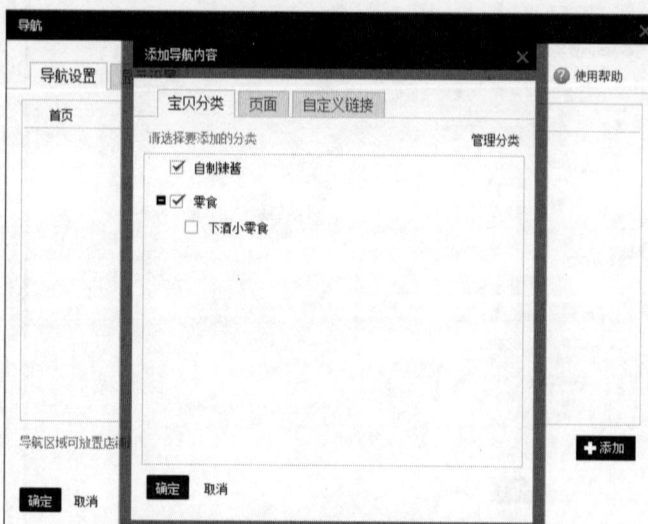

接下来还是全屏海报，设计好海报后，设置尺寸，一般宽度都为1920，高度400~600，如下图所示。

导出当前海报图片，上传到图片空间，复制在线图片链接地址，然后在模板海报位置，单击“编辑”。

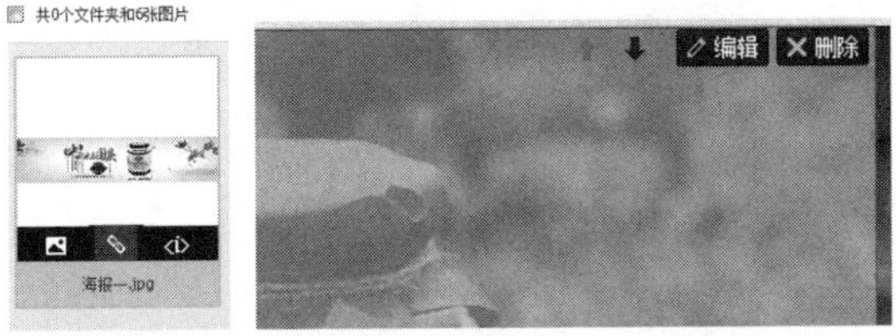

在图片地址处，粘贴当前制作的海报地址，注意，淘宝里面如果有多张图片，一般是用“|”分割，完成后单击“确定”按钮，如下图所示。

完成制作，我们返回装修页面看看当前的整体效果，如下图所示。

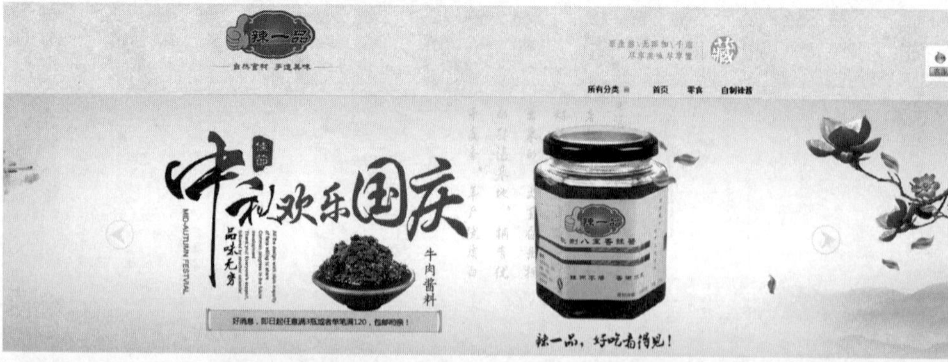

用同样的方法添加更多海报，根据店铺需要，添加类似新品促销海报、打折海报、店铺活动海报等，如下图所示。

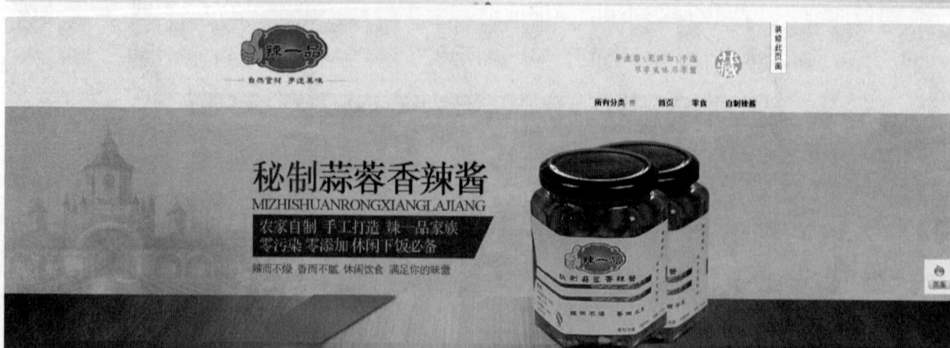

用同样的方法，可以对其他设计师模块进行替换，要注意的是，不同的设计师模板，所包含的功能有所不一样，但是基本的操作还是相同的，如上传图片，获取地址替换，选择宝贝等。

替换前

替换后

宝贝选择类模块使用如下图所示。

文字类使用如下图所示。

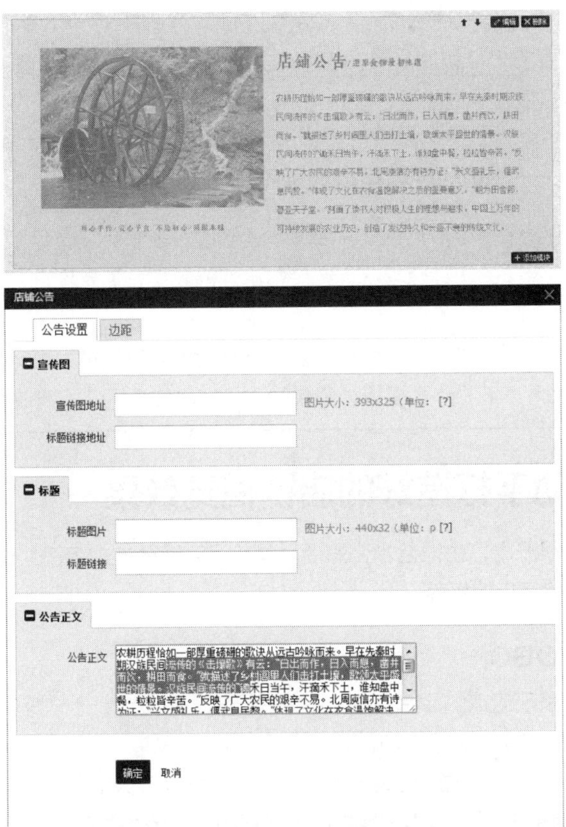

在线客服如下图所示。

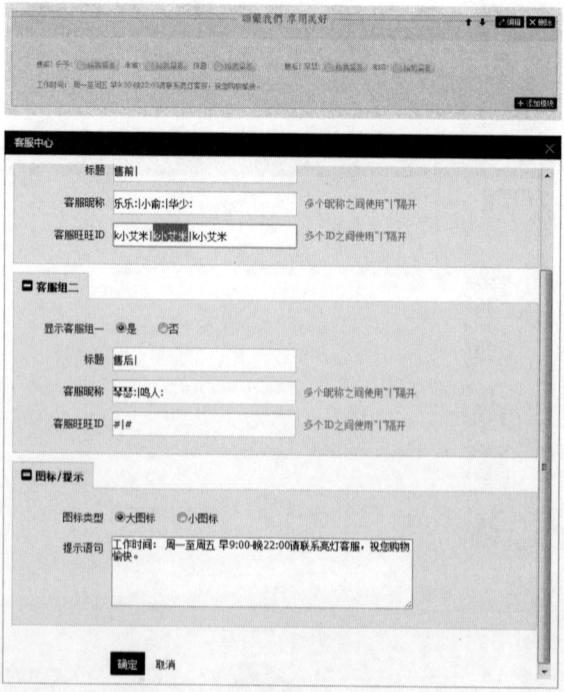

客服旺旺是最重要的一个属性设置，如果有多个子账号，这里可以直接填写子账号，如果是个人开店，那么可以直接设置主账号，子账号可以自动分流。

开店必知——成功的经验可以汲取不能复制

看完本节，发现买了模板，也还是需要动手去修改很多东西，实际上模板只是给你一个搭建好的框架以及一些特殊的设计师模块，要装修出好的效果，需要你自己拥有足够的动手能力才行。

要解决这一问题，要么花钱请人装修，要么自己花更多时间精力去努力学习，在这两点未达标之前，强烈建议大家不要购买模板，免费的已经够你使用了，不用浪费冤枉钱。

6.2.7 亲自动手打造好的店铺视觉效果

打造店铺是一个很严肃，也很艺术化的活，是自己店铺精神、店铺文化的一种传递。有利于店铺品牌的树立和店铺客户的培养。

1. 三步打造店铺LOGO

店铺LOGO，代表了店铺的品牌形象，不管是天猫还是淘宝，一个好的LOGO能够让你脱颖而出。因此作为新卖家来说，装修之前首先是设计一个LOGO。

设计的方法很多，本书侧重点在淘宝而不是设计，所以，这里以一个简单的案例来介绍，想要更详细的设计思路和技巧，可以看人民邮电出版社的其他相关书籍。

卖家经验——LOGO打造思想浅谈

个人以为，LOGO设计的技巧其实不多，重在有思想在里面，只要你有好的思路，就能轻松通过图形和文字结合来打造一个让人满意的LOGO作品。

一个LOGO主要包含图形、文字、色彩3种要素，只要这三要素想好了，那就可以开工了。接下来就练习一下。

首先，这个案例要做一家装修公司的LOGO，它们是干什么的？装修房子的，因此就想到能不能在图形元素里用到房子。

其次，我们设计文字一开始从公司或者品牌自身名字中考虑，其次也可以从行业划分来考虑，只要大致接近即可。我们用优家生活，贴近装修中的主题“家”，其中也涉及公司名字部分，所以，文字也很快确定下来。现在流行字母加中文的组合，这样显得更大气，因此我们再从确定的中文里拆拆补补，最后直接拼凑了字母OUJA，近优家的意思，文字这块完全确定了。

最后，色彩很重要，如果设计功底不够强，那么就别考虑用大块大块的色彩组合了，反而纯色是首选，干净、整洁、大方。装修流行回归自然，这里就用绿色。

（1）开始设计，首先在Photoshop里画一个房子的形状，默认设置就行，然后转换选取后进行删减，最终形状如下图所示。

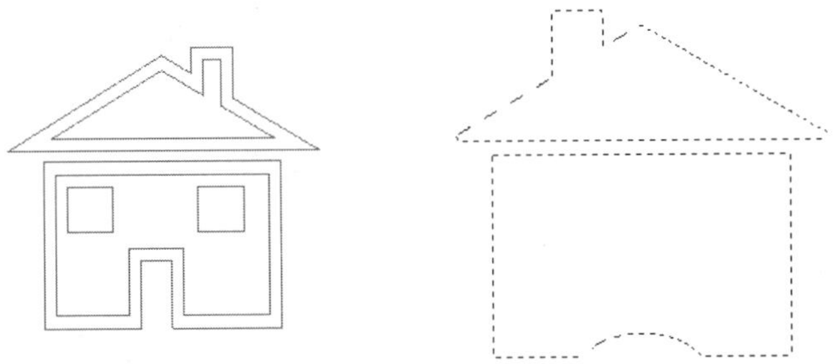

（2）接下来填色，这里填充稍微灰一点的绿色，然后加上文字组合（这里用到的是普通字体，没有进行额外字体变形设计，如果你是高手，可以单独考虑），一个LOGO就搞定了。

卖家经验——LOGO打造思想浅谈（续）

(3)当然，还可以根据自己的想法微调，改变版式，或者更换底色都可以，注意尺寸大小就行，如下图所示。

(4) OK，这里LOGO搞定了，接下来就要吧LOGO用到自己的店铺里，进入卖家中心，在店铺管理分类下单击“店铺基本设置”按钮，如下图所示。

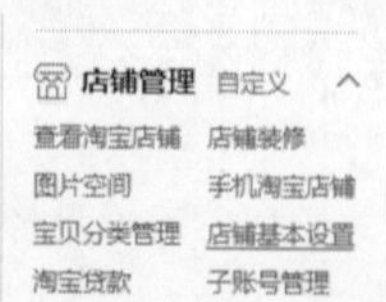

(5)单击“上传图标”按钮，然后选择自己设计的LOGO，进行替换即可，如下图所示。

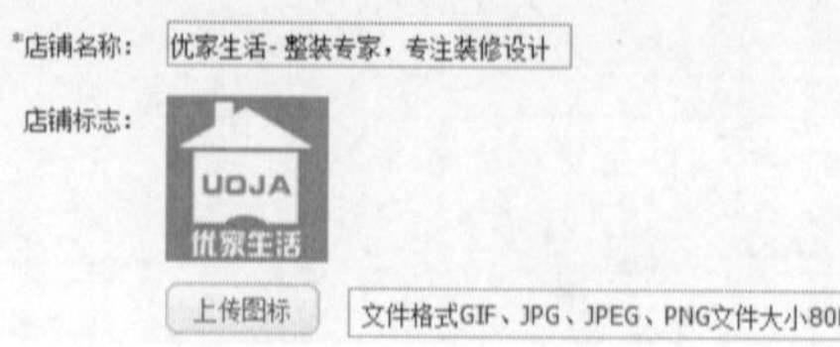

2. 设置店铺整体风格基调

首先升级到专业版淘宝旺铺，在左侧功能栏位单击“配色”，然后即可根据自己店铺的需求分别设置不同的店铺整体色调，如下图所示。

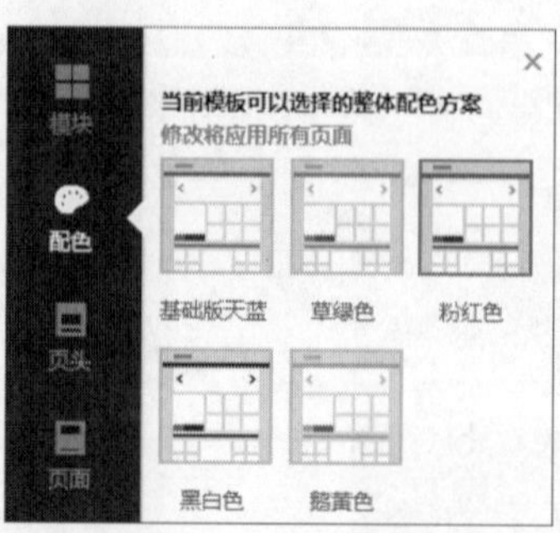

设置完成后，单击右侧的“备份”按钮，可以对当前色调进行备份、单击“预览”按钮可以查看当前色调效果，如果需要对外发布，那当然直接单击“发布站点”按钮，这样所有的买家都能看见你当前的店铺效果，如下图所示。

> **开店必知——发布站点命令适用所有装修操作**
>
> 注意，这里更换色调后，店铺所有页面色调都会变化，包括首页、列表页和详情页。而“备份”“预览”和“发布站点”命令也适用于所有的店铺装修操作。

3. 自定义店招设计

首先看看默认店铺的店招，如下图所示。注意默认状态下，淘宝店招和导航分类栏是一体的，其总高度为150像素。其中店招占据120像素，而下面的分类栏占据30像素。如果店招高度设置为150像素，则分类栏为不可见。

步骤01 然后设计店招，Photoshop设置图像大小为如下图所示的950像素×150像素。

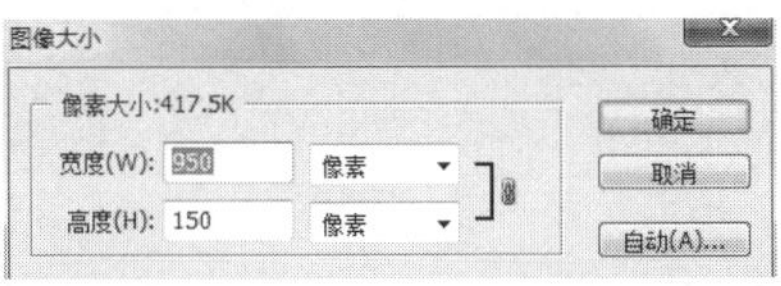

步骤02 填充天猫红，截图天猫首页到Photoshop里，然后用吸管吸取，如下图所示。

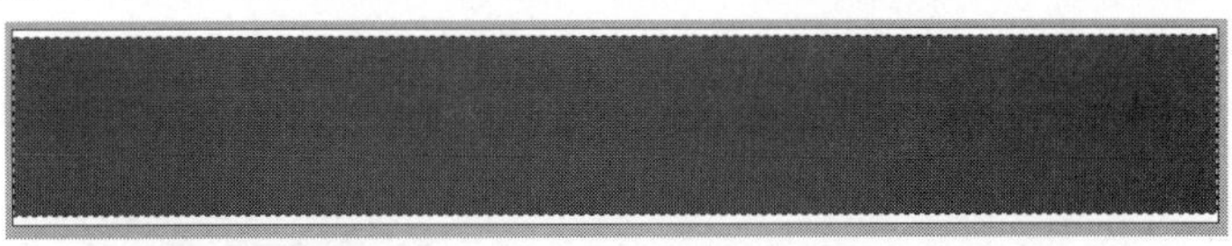

步骤03 如果有标识这里就放上自己的LOGO标识，因为案例是帮一家空调代理商做的店铺装修，因此直接百度搜索相关LOGO便于利用，如下图所示。

步骤04 将下载的LOGO填充纯白，然后放到右侧，用同样方法加上大金空调的LOGO标识，如下图所示。

步骤 05 安排店铺名称，这里可以找好看字体，中正、大气即可，然后在主题上修改文字颜色，如下图所示。具体字体自己把握。

步骤 06 如果觉得单调，可以加上自己店铺域名等作为装饰，如这里右下侧，加了一个空调专卖店的篆体，在视觉上起到丰富画面的作用，如下图所示。

步骤 07 设计完成后，导出为图片，保证图片尽量清晰美观，不要出现锯齿等。准备好以后，将鼠标移动到店招处，单击“编辑”按钮，如下图所示。

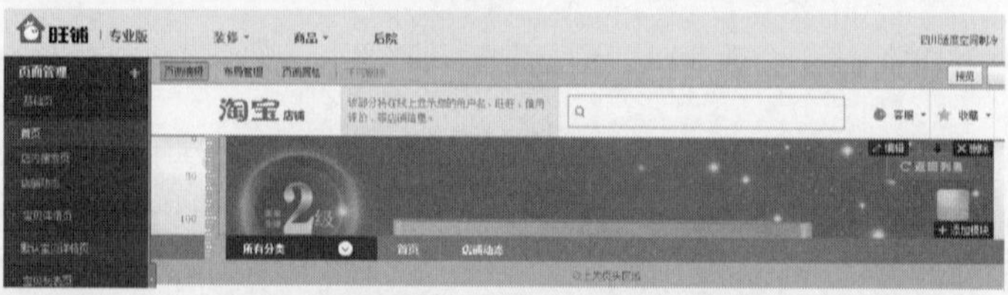

步骤 08 打开招牌内容对话框，取消“是否显示店铺名称”的勾选状态，然后单击“选择文件”按钮，如下图所示。

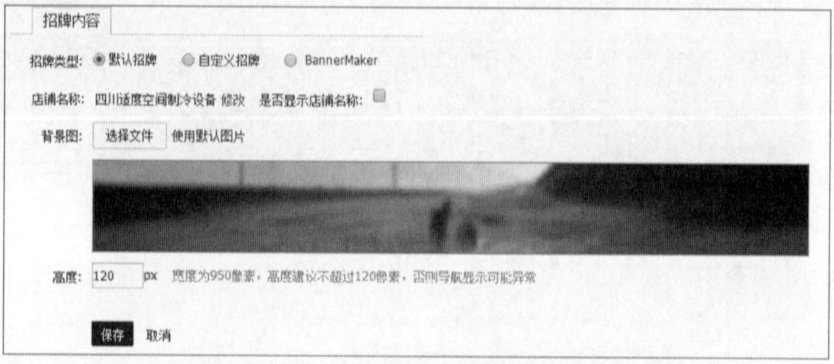

步骤 09 选择添加图片，将准备好的图片上传，完成后显示当前效果，单击“保存”按钮，如下图所示。

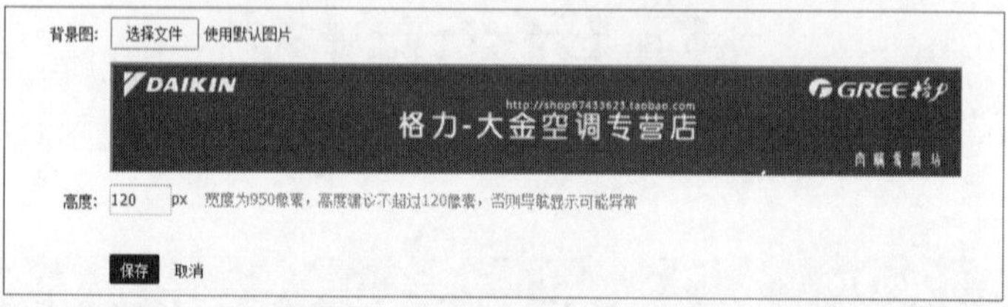

步骤 10 接着返回装修页面，看看当前的店招效果，如下图所示。下面分类栏颜色和我们现在的店招颜色不一样。鼠标移动到分类栏，单击“编辑”按钮。

开店必知——装修过程中的小问题需要耐心解决

当时帮客户装修上传这个店招图的时候，在店铺里显示都会默认带文字显示，开始还以为是店铺名字，没想到取消后还是有，百思不得解。后面想了很多办法，找了很多人，还咨询过官方旺铺小2，没想到一直没法解决。

后来仔细观察半天才发现，是客户默认设置为“所有图片上传时都会自动添加水印”，才会有这个通过常规手段解决不了的小问题。哪怕是淘宝老卖家也可能会遇到这样那样的问题，通常很多问题是自己忽略了细节。所以，大家务必在装修过程中多学、多问，多点耐心。

步骤 11 打开导航对话框，切换到“显示设置”，在这里输入CSS代码，调节当前导航栏的颜色，完成后单击“确定”按钮，如下图所示。

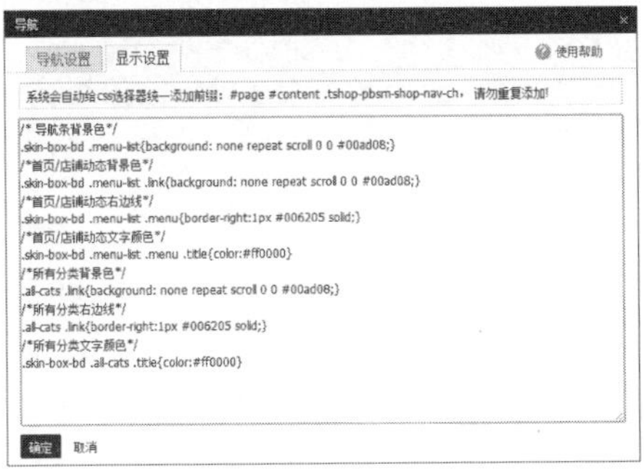

步骤 12 最后返回装修主页面，查看当前导航分类栏的自定义颜色效果，如下图所示。

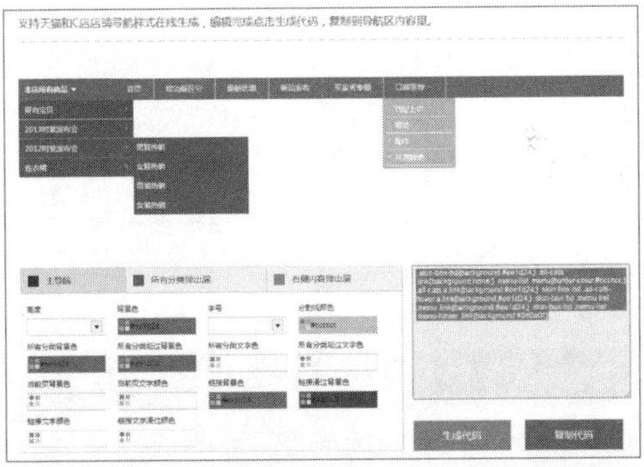

卖家经验——轻松搞定导航栏色彩代码

新手卖家开淘宝店，不会设计，不会编程弄代码，很正常；不过现在很多网站都提供了导航栏编辑功能，可以直接百度一下，这些在线工具都可以直接在线设置主导航的背景色、分类背景色、文字背景色等，并且可以即时显示当前设置效果，在设置完成后，生成代码并复制，然后将复制的代码添加到上面步骤中的导航-显示设置里即可。

步骤13 添加导航分类，打开导航编辑对话框，在导航设置里单击“添加”按钮，如下图所示。

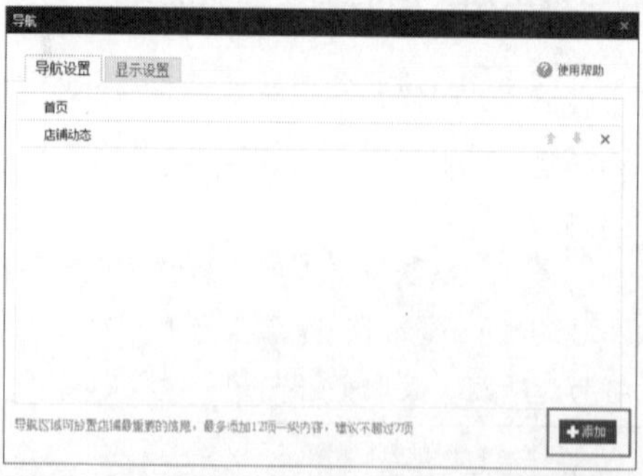

步骤14 添加宝贝分类，这里的分类可以在“卖家中心-店铺管理-宝贝分类管理”里面进行，完成后就可以添加，直接勾选想要显示的分类，然后单击“确定”按钮即可。

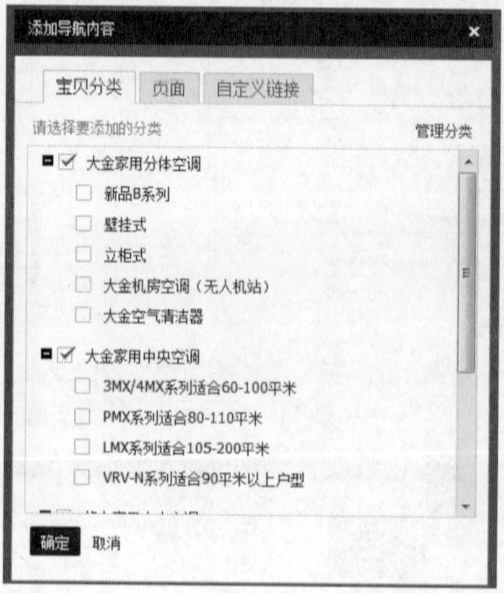

步骤15 添加自定义页面，切换到“自定义链接”选项卡，输入链接名称和地址，单击“保存”按钮，如下图所示。

步骤 16 看看当前添加分类后的效果，如下图所示。

步骤 17 添加两侧背景图，在Photoshop里新建高度150像素，宽度50像素的白底图像，将之前做的120像素高度的店招拖曳到这里，放在上部，就出现了120像素高度的红色图像和30像素高度的白色图像。

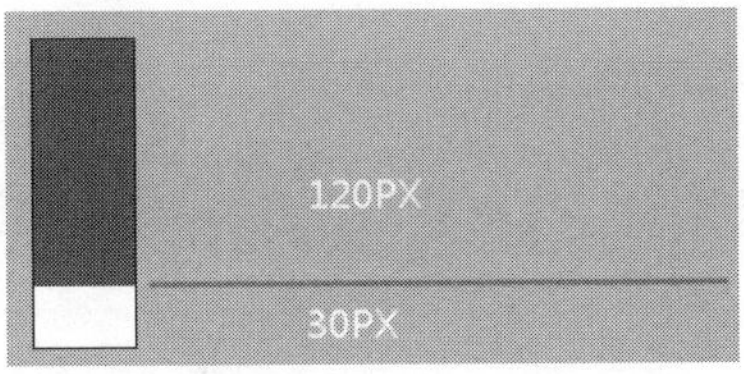

步骤 18 其中白色区域就代表导航栏的颜色部分，因此我们将其填充和导航栏背景色一致的颜色（可用吸管吸取分类栏颜色），效果如下图所示。

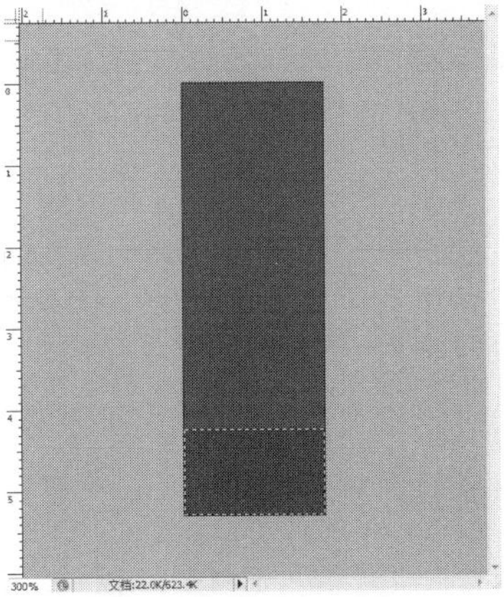

步骤 19 返回旺铺装修页面，在左侧单击“页头”，在页头背景图右侧单击“更换图片”按钮，背景显示里单击“横向平铺”，背景对齐里单击“居中”，最后单击“应用到所有页面”，如下图所示。

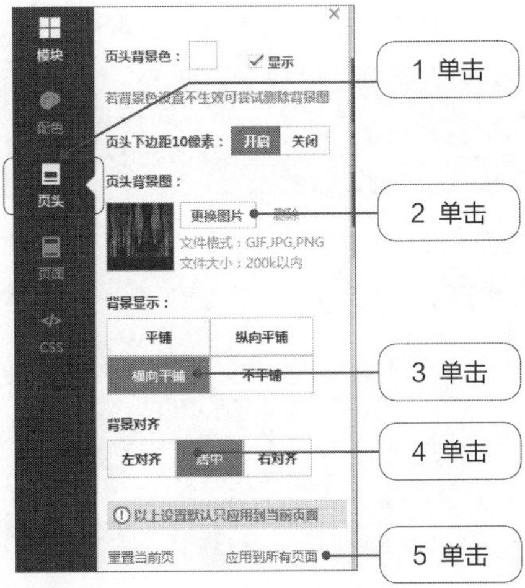

步骤20 再次返回店铺首页，浏览当前效果，全屏自适应店招这样就算成型了，如下图所示。

步骤21 左侧单击“页面设置”，然后可以设置导航栏下面整店的背景色，为了形象统一，这里我们将页面背景设置为与店招一样的红色，如下图所示。

4. 高大上的全屏海报

一个店铺好看不好看，由多方面因素构成，其中全屏海报部分往往由于特殊的“地理位置”占据了买家第一眼位置。而没有购买淘宝店铺模板，类似天猫商城的通栏全屏效果，在你看了本书后有所改变，接下来介绍如何简简单单打造全屏海报。

> **买家视角——从买家角度看问题**
>
> 在淘宝中，一般买家进入某个卖家店铺，主浏览器中所看到的第一个页面就是店招（导航）加全屏海报，它的好坏，将决定顾客是否拖曳鼠标继续往下浏览。

步骤01 首先看看当前店铺普通海报效果，950宽度海报，如下图所示。

步骤 02 接下来进行改造，设计一个绿色、健康主题的电器广告，用百度搜索一个相关的素材，如下图所示。

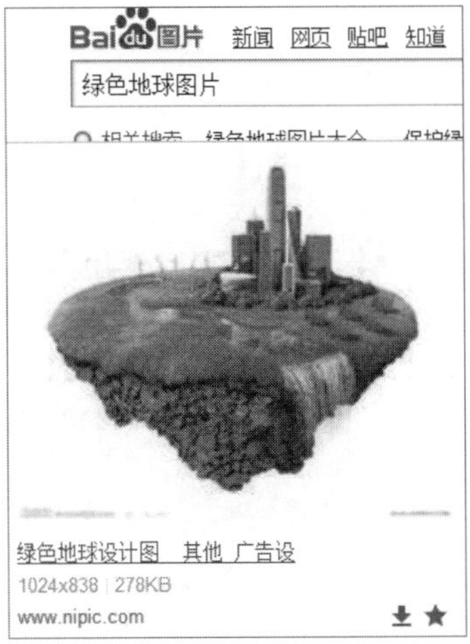

开店必知——学会复制设计灵感

对于没学过设计的卖家来说，要自己迸发灵感去设计可能有点难度。作为普通经销或者代理，我们可以进入产品的官网去看看他们是否有好的创意可以借鉴，毕竟官网有专业的设计师坐镇，如下图所示的格力官网广告，就可以借鉴参考，这里就做一个仿造设计了。

步骤 03 上图用的是绿色之城的广告主题，在找到素材以后，直接用Photoshop新建宽度1500像素，高度400像素的图像，如下图所示。

步骤04 复制一个图层，然后在图像上打造一些云朵，最便捷的方法就是使用相关云层滤镜来制作，如下图所示。

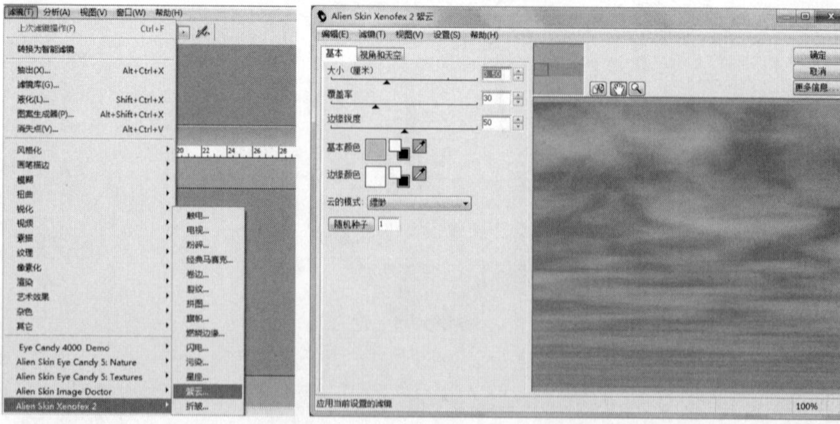

开店必知——能有的该有的我们都赠送

一般的Photoshop是没有这些滤镜的，购买本书的朋友，滤镜、素材的都会送给你，还有专业的Photoshop全视频教程奉上。

步骤05 如果有一定的基础，也可以选择画笔，然后设置合适大小在上面进行涂抹，然后执行“扭曲”→“模糊滤镜”命令来自行打造云朵效果，如下图所示。

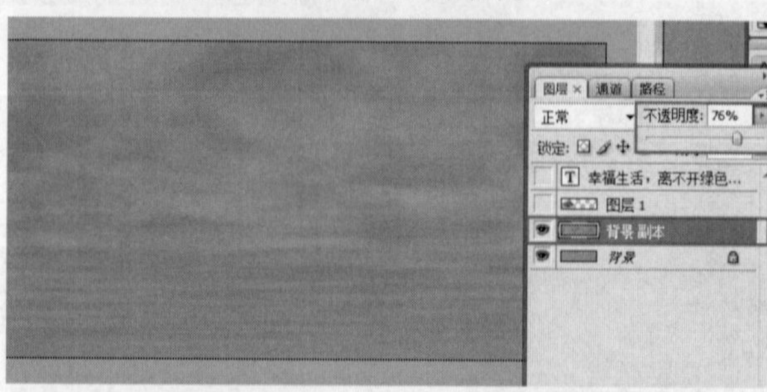

步骤06 利用辅助工具，尽可能保证重要信息在海报中间950像素范围内，因为部分买家可能使用小尺寸的笔记本上网，海报尺寸过大会造成海报显示不完全，如下图所示。

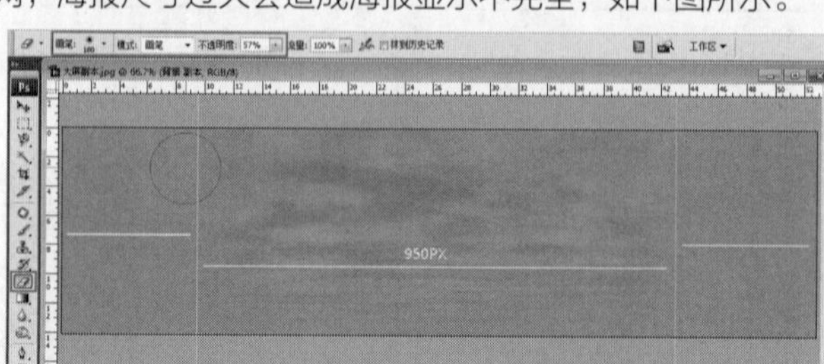

步骤07 添加百度搜索到的地球图片，排版到合适位置，添加文字，具体添加什么内容根据实际情况而定，可以突出环保主题、店铺打折主题，如下图所示。

步骤 08 图片做好了，接下来输出图片，打造全屏广告，百度“淘宝全屏海报”，会出来很多制作全屏海报的功能网站，选择一个打开，然后输入海报的图片地址（先把制作好的设计图片上传到自己的图片空间），再设置相关效果进行生成，获取代码即可，如下图所示。

开店必知——只有购买了淘宝智能版才有全屏海报功能

默认情况下，不管是淘宝基础版和专业版，都是没有智能版的“全屏款图”和“全屏轮播”模块的（以前专业版有，出了智能版就被收费了）。也就是意味着从官方层面上，使用这两个版本的淘宝卖家没法获得全屏展示体验。

步骤 09 返回淘宝装修页面，添加一个“自定义内容区”模块，进行编辑，单击◇按钮切换到代码编辑模式，然后粘贴刚获取到的代码，单击“确定”按钮，如下图所示。

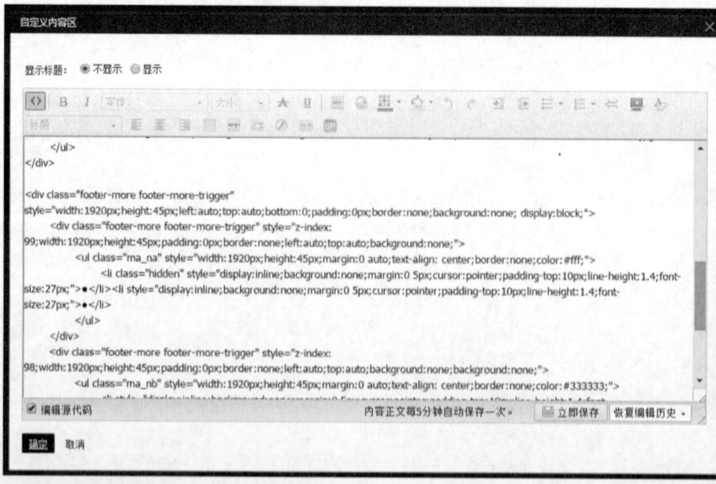

步骤 10 到这里全屏海报就完成了，如下图所示。

5. 其他模块元素的添加

一般在全屏海报之下，可以根据店铺内容，自由发挥想象进行设计。既可以添加自定义模块然后上传DIY设计的图片，也可以添加店铺其他基础模块或者设计师模块（已购买模板后会出现），使店铺整体布局看上去更加符合视觉营销的需求。

这里介绍一个添加自定义模块来制作老板请假小广告贴，供读者参考。

步骤 01 首先制作一个纯色背景的简单通栏广告，填充背景色，然后百度图形元素（如果做产品广告就放产品图片），添加到背景层上面，再添加文字，如下图所示。

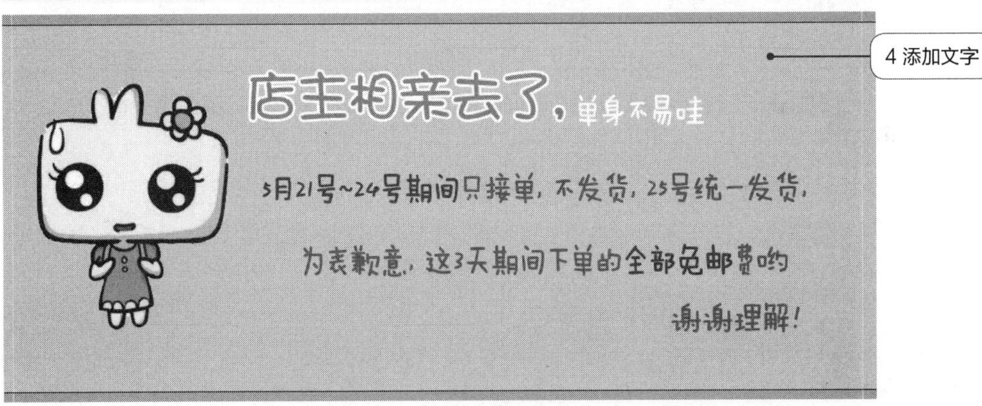

步骤 02 保存图像并上传到淘宝图片空间，在首页添加一个“自定义区”模块，并对模块进行编辑，单击“插入图片空间图片”按钮，如下图所示。

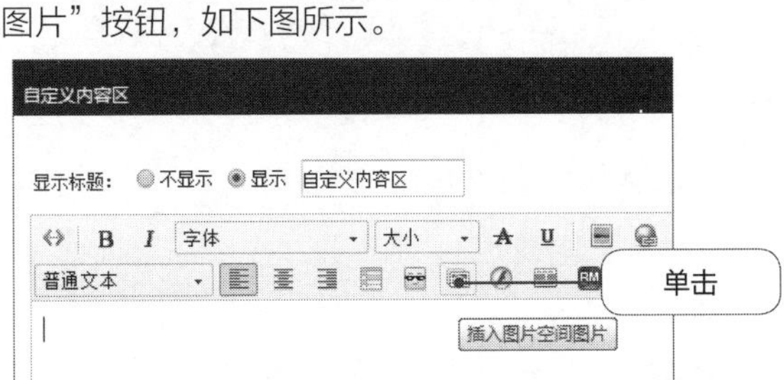

步骤 03 选择刚上传的图片，单击“插入”按钮，再单击“确定”按钮，如下图所示。

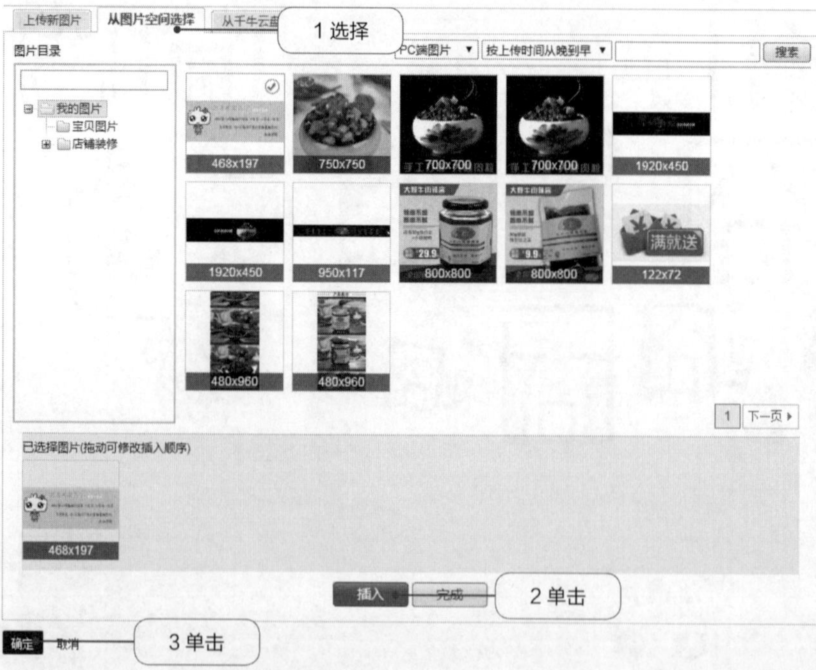

> **开店必知——上传新图片说明**
>
> 一般装修过程中插入新图片时，也可以直接单击如上图对话框中的“上传新图片”来进行操作，与上传后再插入图片的效果一样。

步骤 04 实际上可插入可设计的各类模块，设计元素众多，但是方法大都一样，常见首页模块如下图所示。

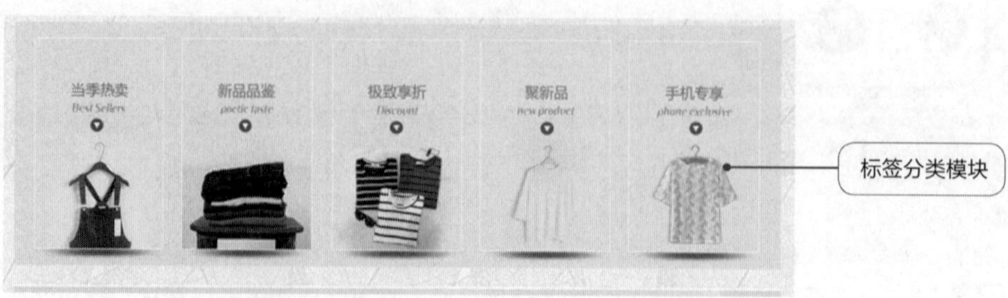

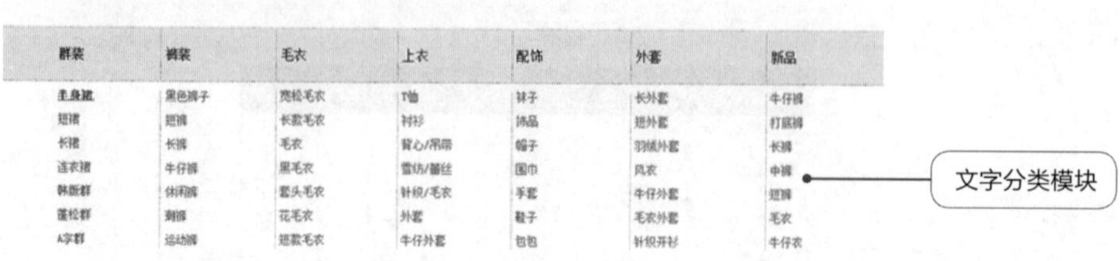

以上介绍了一些常见的首页模块内容，卖家可以自行设计图片，然后通过添加自定义模块来进行添加，如果购买的模板，那么很多设计师模块中都包含这些内容，使用上更为方便。

并不是说这里的内容越多越好，具体的要根据你的店铺风格、产品风格等综合分析，酌情使用。

6.2.8 怎么做促进销量的好图片

想做一个店铺促销海报没有思路，就可以多浏览平面网站，参考借鉴，寻找灵感。

步骤 01 淘宝旺铺（http://wangpu.taobao.com）有很多类似装修，如下图所示。

步骤 02 旺铺旗下还有装修市场，这里模板都是专业人士设计，如下图所示。

> **卖家经验——不能说的秘密**
>
> 淘宝旺铺类似于淘宝的美工中心，发布的各种广告也很吸引眼球，并且不光是淘宝官方，在装修市场中还汇聚了淘宝最专业的美术人才，这些素材都是针对淘宝店铺的，在尺寸、内容上更适合淘宝店铺使用，所以在这里参考借鉴是快捷有效的。

步骤 03 选择一个模板，单击试用并查看效果。

步骤 04 打开详细的图片，然后用截图软件抓取需要的内容。

开店必知——成功的经验可以汲取不能复制

下载图片的方法很多，用截图软件是比较便捷的方法。当然，截取图片的时候注意尺寸，尽量符合自己所需要装修海报的图片大小。

步骤 05 将图片导入Photoshop，然后改为符合自己店铺需要的广告内容。如装修的这个店铺主色调是蓝色，下图所示为修改后效果。

步骤 06 下一步，将修改后的图片添加到店铺中去。

淘宝开店，卖家都希望将店铺装修得美观大气，吸引顾客购买店铺的产品，但很多卖家在装修上面过多的设计，反而画蛇添足。

接下来以实例来分析一下，目前很多卖家喜欢的精美而不太实用的装修风格（实际上是模板设计师做得太复杂，华而不实，新手店主反而喜欢这种东西）如何进行优化。

1. 店招

店招代表的是店铺的形象，突出的是店铺的LOGO、名字以及一些必要的信息元素，一般顾客进店铺大多关注的只有1到2个点，而过多的信息则被忽略，反而降低顾客对店铺的第一印象。

下图所示的店铺招牌，LOGO太大，店招上元素太多，右侧还有认证标志，这种设计可能不会吸引注意，而且降低了买家的认知度。

再看下图这个店招，元素虽然不多，但简介大气，突出重点。店招就像实体店铺的门头，是能够让顾客记住你的方式之一，简洁明了才是比较好的表达方式。

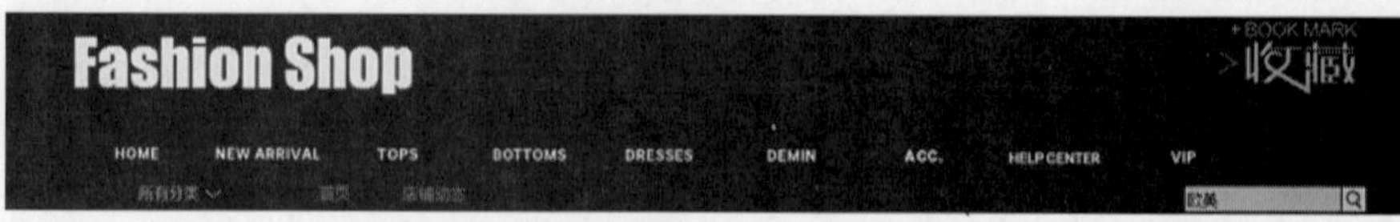

2. 繁杂的活动招牌

很多新手卖家喜欢用复杂特殊效果的广告模块，下图所示的这种这种日历活动设计，从特效上的确不错，但实际上，密密麻麻的活动日历上，要单击对应数字，右侧才会显示相应的图片，在商品展示上比较烦琐，不利于买家对商品的浏览。

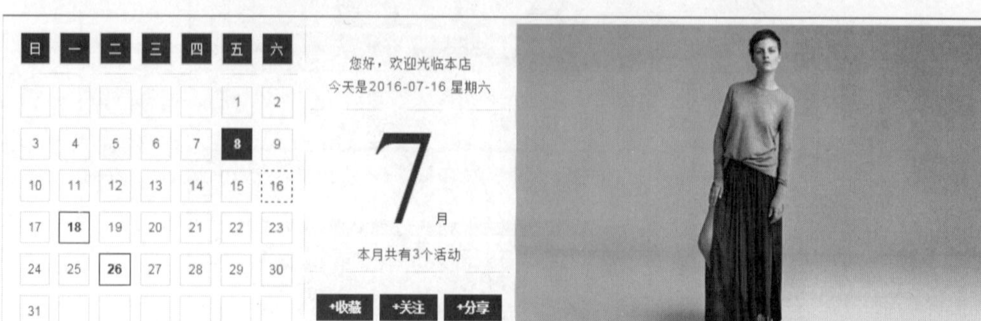

并且用这种日历广告牌的商家通常会将其放到了店铺的第2屏或第3屏位置，而这些位置都是关键的黄金展现位置，让顾客浪费时间来单击选择广告，实在不明智，所以通常情况下建议换上通栏的活动图更好，简单直接向客户传达信息，如下图所示。

3. 推荐模块

很多卖家都会用首页的推荐模块，这里通常会放店铺里销售最好或者最有特色的产品，但在制作时，尽可能的突出产品本身，而不是那一堆堆密密麻麻的文字，如下图所示。文字太多影响宝贝的浏览。

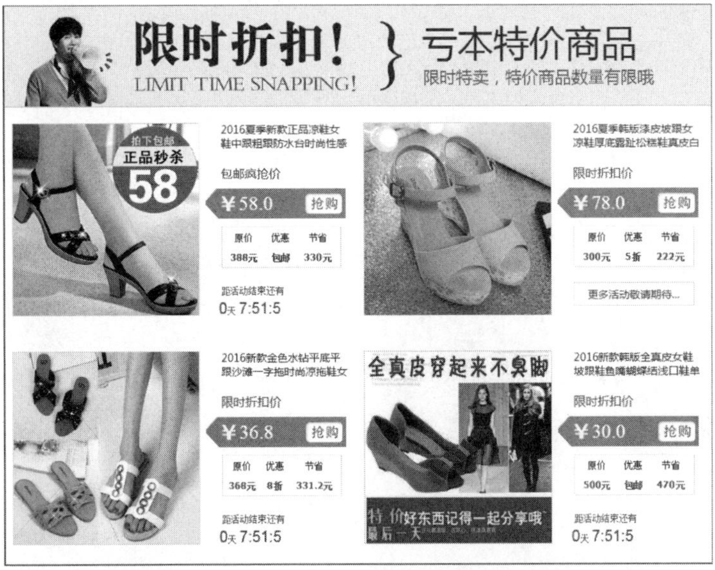

推荐这个功能一度很流行是因为其华丽的效果，但是过多的信息反而降低了它的客户体验，反之用简单的展示效果来进行推荐，单击效果说不定会好上很多，如下图所示。

4. 分享功能

随着微博的流行，很多淘宝卖家都喜欢在自己的装修页面中添加宝贝分享，如果分享功能过多，反而会对宝贝产生障碍，如下图所示。其中优惠、购买、分享等功能按钮占据了人体视觉很大一部分空间，也就是将客人的视线从宝贝上移动到了功能按钮上，削弱了宝贝的展现价值，同时影响客户体验，降低了转化率。

很多顾客不会在第一次光顾店铺时就分享，这个分享功能来说要么不用，要么就用好，也就是使用分享按钮的宝贝一定要将宝贝图片做的够大，将客户的注意从功能按钮上吸引过去，不要让分享成为转化的杀手，从而合理地利用它推广宝贝，如下图所示。

例如，悬浮模块之类的，这些一直很受卖家甚至一些大卖家的推崇，它的实用性确实值得商榷，遇到买家用安卓手机、苹果手机、iPad等设备上网时，可能旺旺会遮挡住商品信息。

所以，店铺装修并不是越豪华越好，只要做到简洁、明了，美观、时尚即可。当然，这也不是说所有装修设计上都要做“减法”，适当的加法也是可行的，但是要有度，加法的比例在10%，做到画龙点睛，减法的作用在90%，做到化繁为简。

开店必知——懂得舍弃是件不容易的事情

虽然懂化繁为简这个理，但是真正敢于舍弃真的需要勇气！就个人来说，虽然喜欢简洁的东西，但是真正做的时候，往往会添加更多，抛弃其中任何一个东西都很纠结， “性格心态”的作用也是不可忽视，是一个很重要的因素。

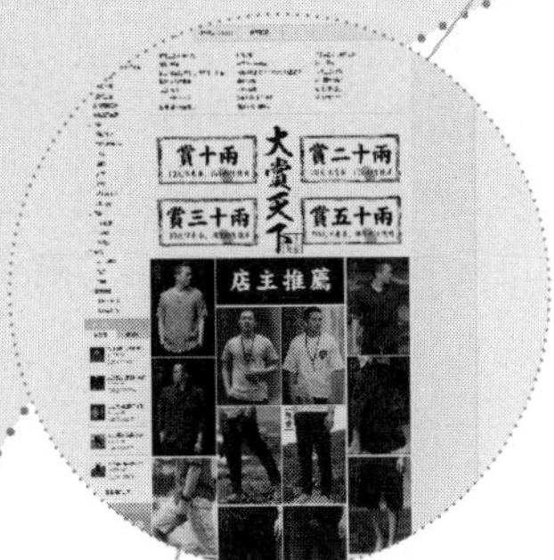

第7章

开始铺货——万里征途始于足下

找货、备货、开店以后，接下来的工作就是将我们精心准备的“宝贝”公布于众，上传到淘宝店中，供淘宝网的买家浏览。当然，这个工作量也是蛮大的，需要做很多工作。

7.1 宝贝发布前你应该这么做

通过前面的各种准备，现在店铺轮廓基本上已经有了，接下来的工作就是发布宝贝到网店中进行销售。在这个发布过程中，需要先准备商品的实物图片与资料、然后逐步发布宝贝，同时为了使宝贝更加吸引买家，掌握对宝贝命名的技巧，以及合理对宝贝定价。

在具体发布宝贝时，涉及很多商品关键性因素，如销售方式、商品分类、商品规格、商品价格、商品图片与描述、运费以及商品附属信息。在发布宝贝的过程中，同时需了解各种商品发布知识。

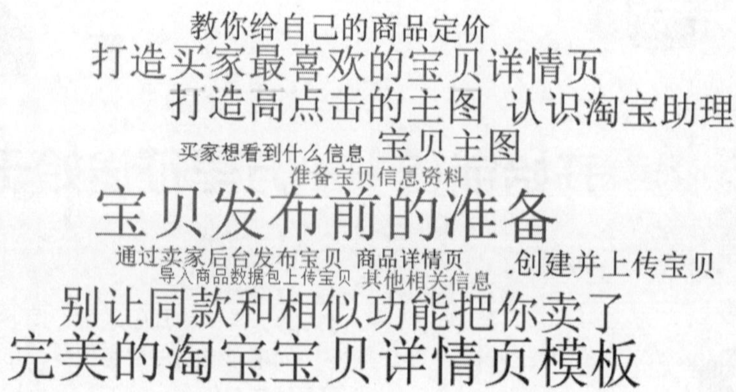

7.1.1 准备宝贝信息资料

无论是进货在网店中销售，还是选择网络分销，在开店之前，都应该准备6件以上的宝贝和相关资料，用于在淘宝网上发布商品的资料填写和资料介绍。

开店必知——超过6周无在售宝贝店铺将被释放

如果连续6周没有在售商品，店铺会被删除。则需要发布全新宝贝（除闲置转卖以外）或上架仓库中的宝贝，保持在售状态24小时后店铺会自动激活。

商品的资料包括：宝贝主图、商品详情页、商品相关规格信息（标题/价格/规格等）。

1. 宝贝主图

宝贝主图，是商品给人的第一视觉感官，也就是平时看到的宝贝。主图则分为宝贝详情主图和对外推广主图（如直通车推广时用到的主图）。

一般在发布宝贝的时候，要上传5张主图，这5张主图都会显示在买家搜索结果的宝贝详情页里，如下图所示。

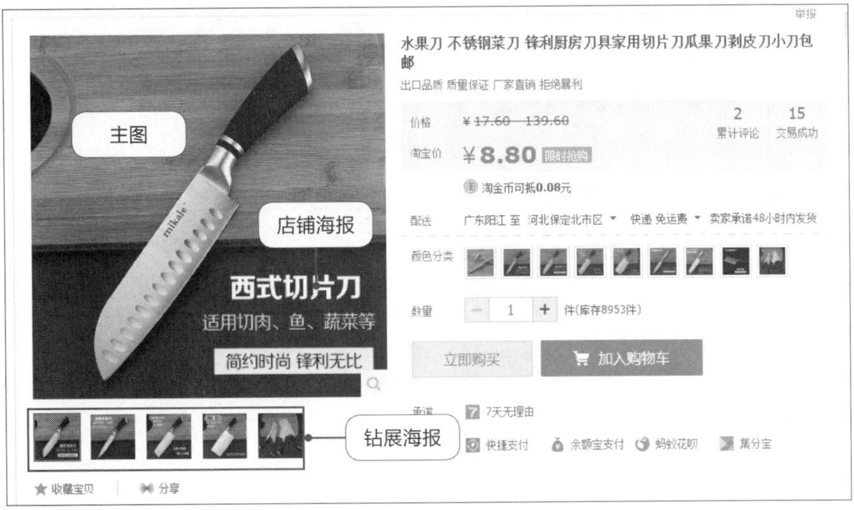

需要注意，这5张主图中，排列在第一位的这张主图，将同时显示在搜索结果中，也就意味着这张主图将承载吸引流量的功能，是重中之重，如下图所示。

淘宝商品首图优化原则是。

- 主体突出，宝贝清晰漂亮，从最佳角度展示商品全貌，不要有过于杂乱的背景；
- 展示你的促销信息，一看图片就知道你店铺有优惠活动，更能吸引顾客点击；
- 尽量把主图做成正方形。

同时，如果我们做了直通车推广营销，那么还需要单独设置直通车主图，它将出现在搜索结果右侧的广告栏目中，如下图所示。

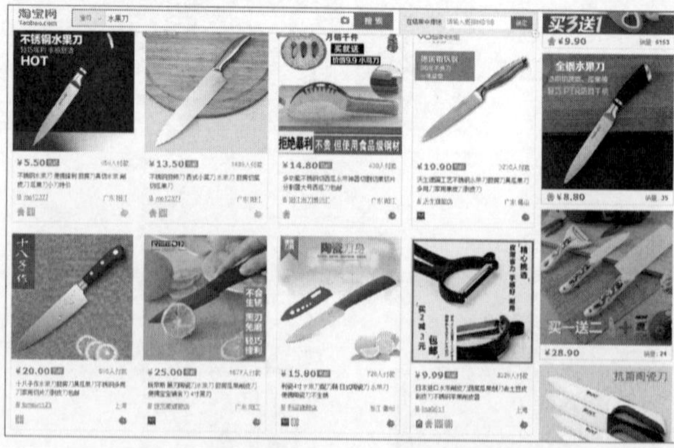

> **开店必知——成功的经验可以汲取不能复制**
>
> 一般情况下，宝贝主图关系品牌形象、定位和产品的搜索量。在前期测试完成后，通常不频繁更换，比较固定；而直通车主图则可以根据情况不断调整更迭。

2. 商品详情页

通过主图获得访客流量后，就是商品详情页的介绍了，商品详情页决定买家是否关闭当前页面，还是确定购买当前这件商品。

商品详情页将最终影响买家的购买意向，如下图所示。

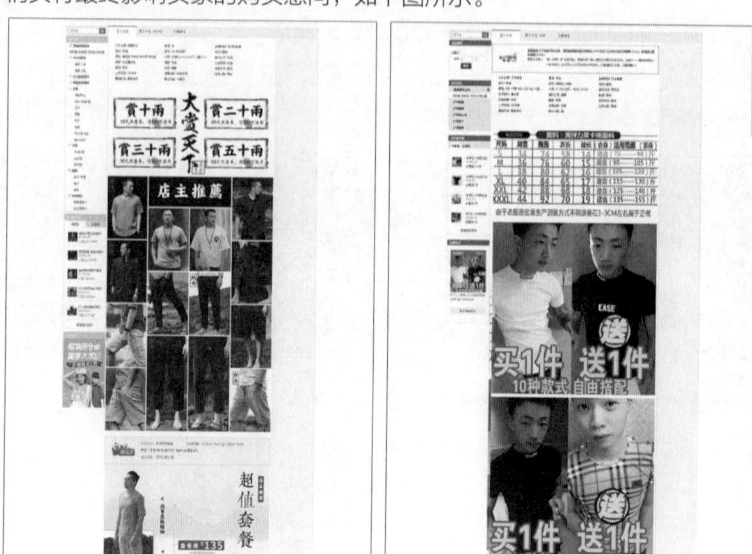

对于新卖家来说，可以在发布宝贝页面或者淘宝助理页面时添加文字和图片，制作简单的详情页，可以通过淘宝的“神笔”模板来制作排版好看的详情页，对于宝贝比较多，并且想统一风格的卖家来说，最好是自制模板，统一设计宝贝详情页，不仅效果好，而且效率高。

3. 其他相关信息

在店铺中，通常需要上架很多商品，而每个商品包含了不同名称、价格、图片、规格信息等。因此，在上传宝贝之前，应该在电脑中提前按类划分，依据合理的结构进行保存。

原始拍摄图片、主图、详情页图片建议进行分类存放，以避免页面设计过程中被覆盖导致无法还原，如下图所示。

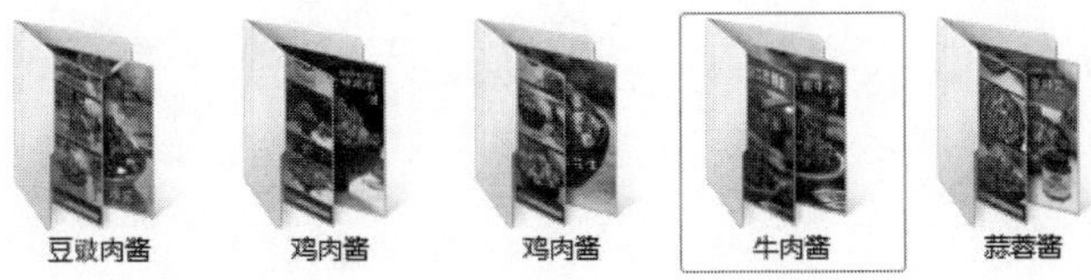

商品描述信息，建议使用Word文档或记事本进行记录，商品规格信息需要在发布商品时逐个选择，只要在发布前了解自己所销售商品的相应规格即可。发布淘宝宝贝，必备的宝贝规格属性如下。

（1）商品类别。

也就是宝贝的分类情况，用户在发布宝贝时可以在分类列表区域中选择自己所销售商品的详细分类，方式为从左到右，一般先选择商品大类，然后进一步选择小的分类、品牌等，如下图所示。

开店必知——准确地选择宝贝所属类目

要注意，大多数买家在淘宝网中选择商品时，都会通过商品类别来一步步进行浏览，因此卖家在设置商品类别时，要设置得细致、准确，这样能增加买家搜索概率，同时增加了商品的销售概率。

如果商品的类别没有设置准确，那么在买家浏览过程中，可能搜索不到该商品。并且淘宝对分类有强制规定，随便选择类别会被下架商品甚至扣分处罚。

（2）商品发布页面。

选择好商品类别后，就会打开商品发布页面，此页面包含了4块内容，分别是“1.宝贝基本信息”“2.宝贝物流服务”“3.售后保障信息”“4.宝贝其他信息”，其中“1宝贝基本信息”里包含的内容最多，基本上宝贝自身属性都在这里进行设置，如下图所示。

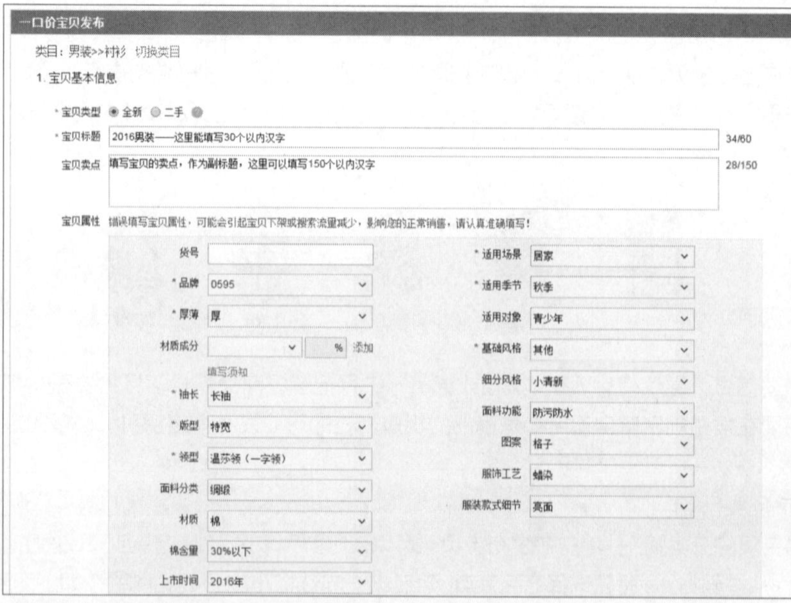

开店必知——不同类目属性信息选项也不一样

不同类别的商品，该页面中可供选择的属性是不同的，其中页面中含红*的为必填项，其他选项也要尽可能的填写，宝贝信息很大程度上影响着商品的销售，因此设置上述信息时，卖家应该力求做到细致、精确，从而能够将当前商品的详细信息准确提供给买家。

“1.宝贝基本信息”里所选择的各项属性，最终以表格形式显示在商品销售页面的上方（主图右侧和好评下侧），如下图所示。买家也会根据卖家所提供的商品属性决定是否购买商品，因此，卖家对自己的商品全面了解后，再设置商品属性，从而避免商品与描述不符而造成交易纠纷。

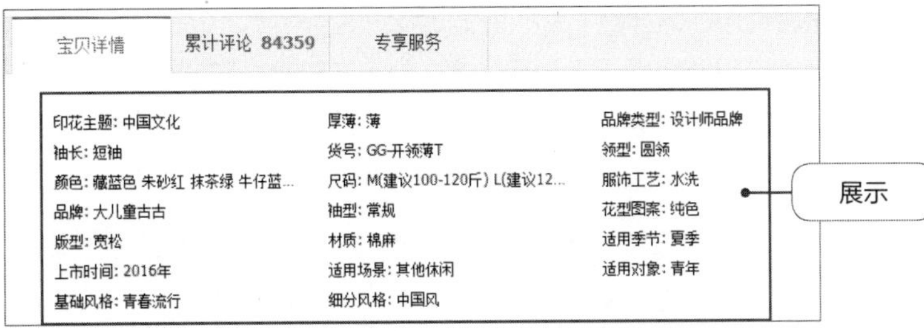

“2.宝贝物流服务”中，主要是设置店铺的各种物流的选项，针对不同宝贝设置不同物流的选项，可以更方便针对不同区域进行销售。如销售到成都的宝贝会显示免邮，销售到新疆的宝贝会自动显示补加邮费。

网上交易的商品，大多是通过物流来进行的，常见的运输方式主要有平邮、快递以及EMS3种，在这里需要根据商品的情况（主要取决于重量与体积）来设置相应的运费。具体的物流相关设置，可以在“卖家中心-物流管理”中进行操作。

开店必知——运费价格的填写

物流运费的价格，可以在网上查询，或者到邮局、快递公司进行咨询，然后根据自己当地的价格来填写。也可以参考其他同类商品卖家的运费价格。因为“商品总价=销售价+运费”，所以运费的精确度上，可以不必太过深究，只要保证了商品的利润，就算运费设置的少一点也没有太大的关系，这样可能还会吸引买家注意。

“3.售后保障信息”区域，主要用于卖家设置提供售后服务，如是否提供发票、提供保修等，根据所选类目不同，该处的可选项也不同，如选择发布男装，此时前3项为可选项，默认的“服务承诺”则为强制必选项，如下图所示。

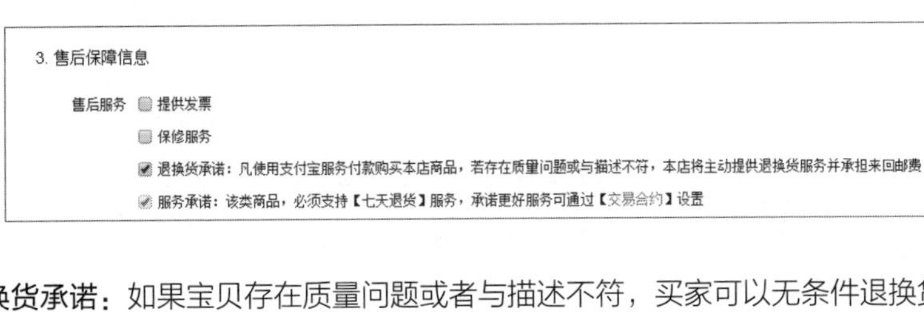

- **退换货承诺：**如果宝贝存在质量问题或者与描述不符，买家可以无条件退换货，并且邮费由卖家承担。
- **服务承诺：**此项选择后，7天内买家不满意商品都可以申请退换货，邮费由双方协商承担。

开店必知——售后服务是“双刃剑”

售后服务是把“双刃剑”，用得好，可以让买家更信赖你的店铺和商品，促进成交率。反之，也会遇见一些故意刁难的买家，产生更多的退换货交易。是否开通，需要认真考虑。

“4.宝贝其他信息”包含库存计数方式、开始时间、橱窗推荐，可以自由设置上下架时间，以促进流量；橱窗推荐的宝贝能获得更多展示机会（“下架流量”和“橱窗宝贝”相关操作技巧参考后续的推广章节），如下图所示。

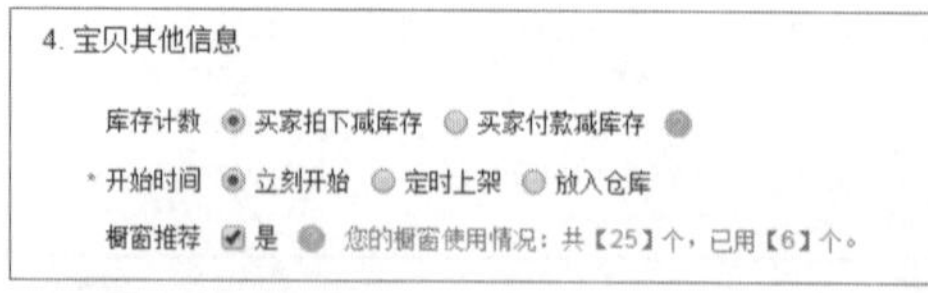

7.1.2 打造高点击的主图

不论什么类型，主图大都会吸引买家眼球，并让他们点击图片进入宝贝详情页。因此在主图设计过程中，一定要用心将产品关键点挖掘出来，把产品的特点展现给买家。接下来浅析一般主图设计过程中的一些优化技巧。

（1）展现特性。

找货、备货、开店后，接下来的工作，是将精心准备的“宝贝”公布于众，上传到淘宝店中，供淘宝网的买家浏览。

淘宝卖的是商品，因此突出产品特性是很重要的，如金属类产品，就应该突出金属的“光泽”，适当结合比较深的背景或者道具就能让主图效果更好；再如卖牛排，就应该突出牛排的“多汁”，而不是直接拍摄一块肉饼，如下图所示。

（2）融入场景。

> **开店必知——主图应该早期准备**
>
> 好的主图设计，要从宝贝进行拍摄时就开始构想，这样不论是取景、背景、色调都更适合所设想的主图效果。

有时候，单一产品拍摄出来不一定好看，这时可以搭建比较调和的场景，让宝贝“跳”出画面，显得更有吸引力，如下图所示。

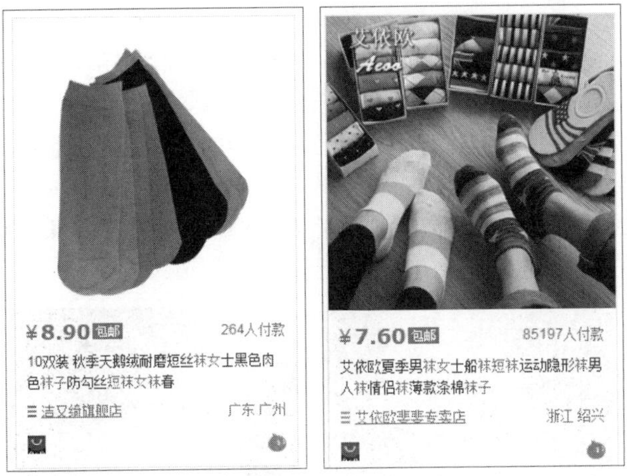

（3）体现商品附加值。

类似打折特价、宝贝赠送，宝贝成交销量等所有能够体现宝贝附加值的东西都可以在主图中体现出来，如下图所示。

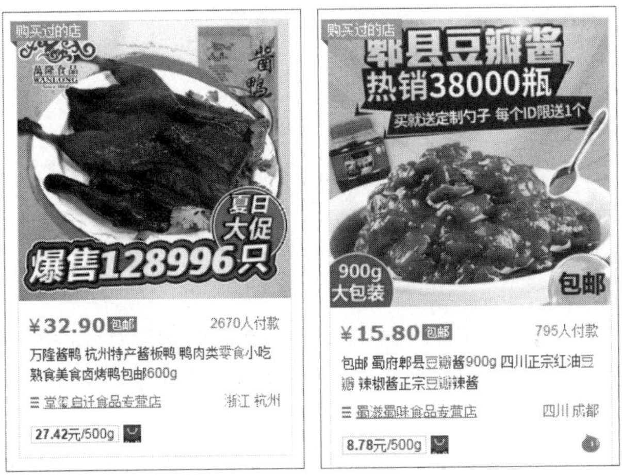

（4）图片干净。

图片的大小要调整好，要符合在网站上打开时浏览者的视觉感受，并且上传至网站上不会影响网页打开的速度。同时主图的图片不能过亮也不能偏暗；加上店铺的防盗水印，彰显店铺的专业性，也可以减少网络盗图，如下图所示。

（5）产品模特。

淘宝上卖商品，有真人模特会增加吸睛率。商品图片不仅要吸引人、清晰、漂亮，还向买家传达丰富的商品信息，如商品的大小、感觉等看不准、摸不着的信息。想用心地经营一个品牌店，采用模特实拍图片是不错的选择。建议经营服装、包包、饰品等商品的卖家用真人模特拍摄图片，传递给买家更多的信息。

和平铺的衣服图片比，使用真人模特的图片更能体现衣服的试穿效果。而且模特也是各不相同、能显示出服装的板型和试穿效果，如下图所示。

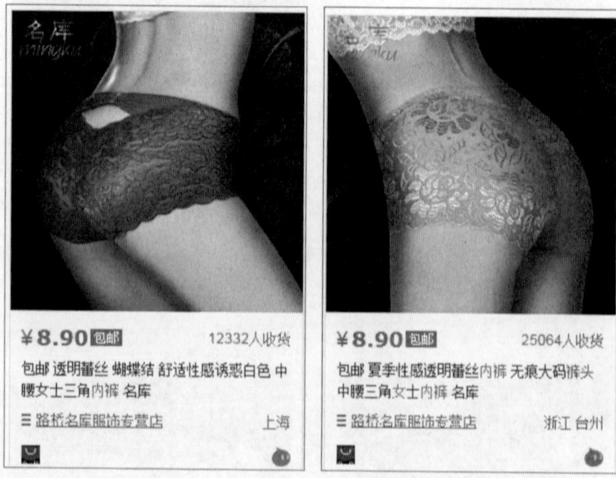

使用真人模特拍出来的商品图片，不仅能让买家了解更多地商品信息，还能美化店铺，吸引买家的眼球，店铺浏览量也会随之提高。

- 使用真人做模特，最好在商品描述中标明模特的身高或商品的大小，让买家对于商品的了解更加透明。
- 尽量不要在逆光状态下直接面对模特，拍摄者或模特也可以尽量采取斜45度的拍摄角度。
- 使用真人模特拍摄图片，选择合适的背景很重要。地点可以选择户外，自然光拍摄出来的效果更好。
- 要协调拍摄对象之间的关系，不能喧宾夺主。重点体现商品的特点，同时也要注意商品和模特之间的协调。
- 模特姿势要多，动作要自然，不能太僵硬。

开店必知——成功的经验可以汲取不能复制

想知道设计的宝贝主图好不好，可以通过免费的“生意参谋”工具来进行数据监控，一般3~7天为一个观察期，多做几张图片轮流测试，点击率高的主图更受欢迎。如果是直通车主图，直接添加主图创意，选择点击率高的进行推广。

7.1.3 打造买家喜欢的宝贝详情页

详情页承载的信息量很大，要优先选择客户关注的信息作为导航，放在前几屏显示。其他次要信息可以放在页尾，也可以新建页面描述，还可以通过客服告知。

1. 买家想看到什么信息

淘宝宝贝详情页是店铺与买家沟通的重要桥梁，也是促进交易达成的因素之一。因此在安排宝贝详情页的逻辑顺序时，应当尊重买家的需求。节约买家时间，展现给买家最直观的信息和视觉感受。

> **买家视角——从买家角度看问题**
>
> 买家进入淘宝，是直接搜索还是相关频道查找，都是通过直接点击宝贝进入卖家店铺，而当前浏览的宝贝详情页是否吸引人，是否能让买家停留更长的时间则至关重要。

排除价格、评价/销量等因素外，宝贝详情做多长效果比较好？太短产品展现不清楚，太长买家不愿意看，接下来逐步分析。

（1）买家停留时间。

由于网络的便捷性，买家打开一个宝贝的停留时间很不稳定，如果宝贝详情页内容过多，那么加载时间过长，造成卖家没耐心等就离开，最终得不偿失。

根据淘宝官方数据平台统计，买家在宝贝详情页面的平均停留时间是70秒，而其中50%以上的买家都是详情页停留不到30秒就关闭页面。

几乎一半的流量都只有短短的半分钟停留时间，那么太长的详情页起到的作用不大，就应该利用好这半分钟来将详情页做得更具有吸引力，而不是堆砌长度。

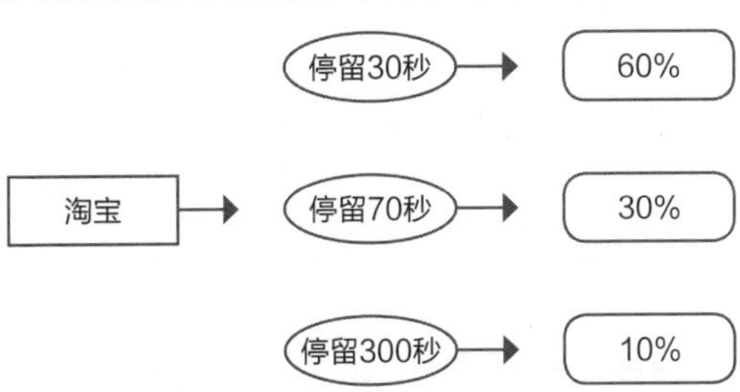

（2）宝贝详情页长度和大小。

基本上要求在保留完整的产品介绍时尽量将详情页精简。电脑端建议详情页不超过20屏，移动手机端不超过10屏，下图为官方统计的浏览屏数占比，可供参考。

浏览屏数	pv占比
2屏以上	48.02%
4屏以上	34.91%
8屏以上	20.31%
13屏以上	10.73%
19屏以上	5.23%
35屏以上	1%

开店必知——显示屏数对买家浏览的影响

电脑端的一屏大小代表显示器当前页面所显示的内容区域，而手机端代表当前手机屏幕所能够显示的内容区域。

在详情页中的图片，注意图片尺寸，其中宽度不超过750px，单张高度不超过1500px，并且单张图片的大小尽量不要超过300KB，如下图所示。

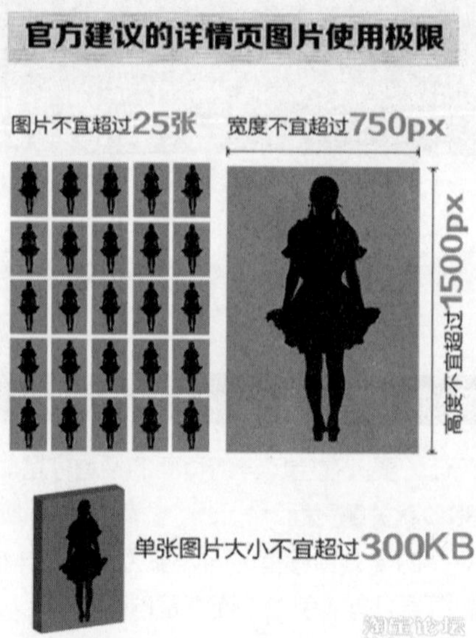

开店必知——分割详情页图片，减少打开时间

大卖家都是自行设计详情页图片，如果将这个设计完成的详情页作为一张整图上传，除了图片体积大，在买家打开时等待的时间也会很久。因此我们最好将实际完成的详情页图片分割成多张图片再进行上传。

2. 效果好的宝贝详情页模板

一个好的淘宝商品宝贝详情页页面，应该是尽可能地节约买家时间，而不是让买家花费时间精力去找，这样大多数买家是会关掉当前网页。而作为卖家，也就丢失了客户。下面是淘宝官方搜索安排的一个优化宝贝详情页模板，可以参考一下。

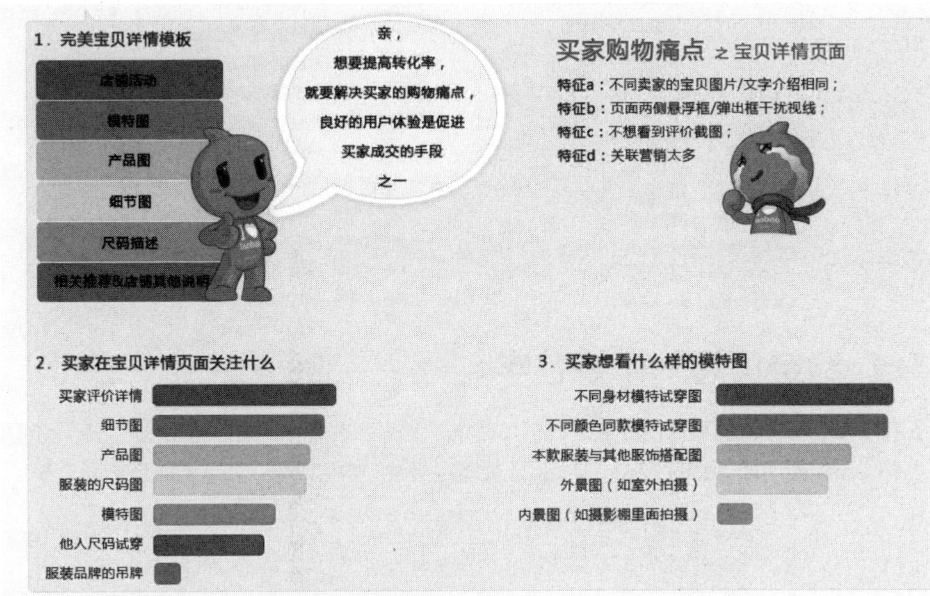

> **买家视角——从买家角度看问题**
>
> 卖家在做好“视觉传达”时应该更多考虑“用户体验”，解决买家的“购物痛点”问题。让用户了解并认同，他们有权利选择是否查阅你所传达的视觉信息。

不是所有类目的宝贝详情页都要统一排序，淘宝商品千差万别，不同类目、品牌都有不同的特征，在使用过程中还需根据实际情况而定，接下来参考一下淘宝官方统计的4大类目买家浏览需求，如下图所示。

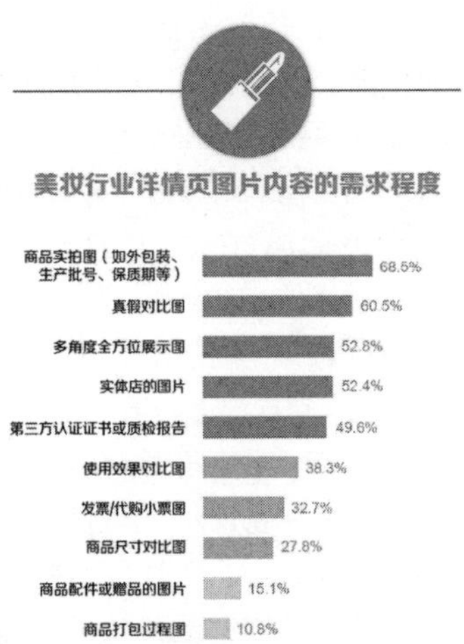

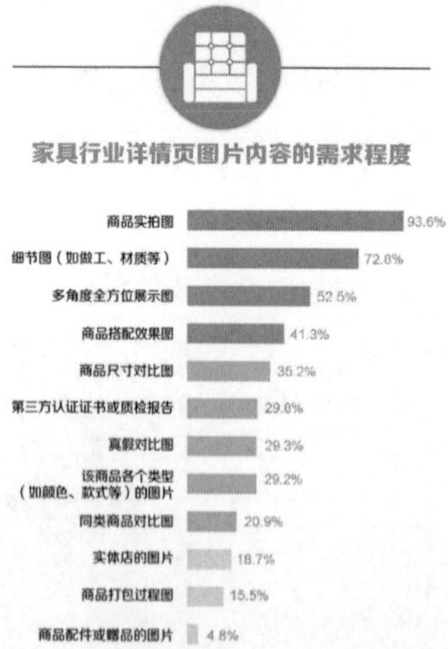

7.1.4 给宝贝想一个好名字

买家在淘宝选择浏览某件商品的过程中，首先关注的就是商品主图与商品名称，一个准确的商品名称，不但能增加商品的浏览量，而且还能激起买家的购买欲望，如下图所示。

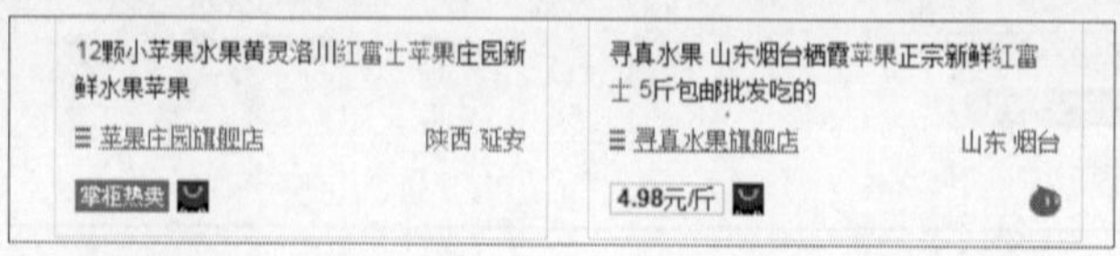

一个完整的商品标题应该包括3个部分。

- 第一部分是“商品名称”，这部分要让客户一眼就能够明白这是什么。
- 第二部分是由一些“感官词”组成，感官词在很大程度上可以增加买家打开宝贝链接的兴趣。
- 第三部分是由“优化词”组成的，可以使用与产品相关的优化词来增加宝贝被搜索到的概率。

举一个商品标题的例子，例如，“【热销万件】春季新款女士短款纯棉休闲外套 正品外贸大牌”，其中“外套”这个词是商品名称，也是客户想要找的东西；而“春季新款”“热销万件”属于感官词，可以让客户产生对产品的信赖感；“纯棉”“休闲”“女士短款”这3个词是优化词，它能够让你的潜在客户更容易找到宝贝。

在商品标题中，感官词和优化词是增加搜索量和点击量的重要组成部分，但不是一定要描述出的，而商品名称是必须要描述出的。

这些组合无论如何变化，商品名称这一项是其中的一个重要的组成部分。在搜索时首先会使用到的就是商品名称关键字，在这个的基础上再增加其他的关键字，可以使商品在搜索时得到更多的入选机会。至于选择什么来组合，要靠分析市场、商品竞争激烈程度和目标消费群体的搜索习惯来最终确定，以找到最合适的组合方式。

在对商品的命名上，可以参考如下几种组合方式。

- 商品名称＋（品牌、类目属性、型号）
- 商品名称＋（折扣、特性、形容词）
- 商品名称＋（地域特点、性别、品牌）
- 商品名称＋（店铺名称、品牌、型号、赠品）

- 商品名称+（品牌、型号、折扣、特性、形容词）
- 商品名称+（店铺名称、地域特点、形容词、类目）
- 商品名称+（品牌、折扣、特性、形容词、数量）
- 商品名称+（信用级别、好评率、店铺名称、折扣、特性、形容词）

其中商品名称是中心，必须保留，其次在商品名称后可以考虑加上宝贝品牌名称，建立自己的品牌形象。而且，如果你代理的是知名品牌，还会为你带来更多搜索流量。

尽可能地在商品名称中添加能表现商品特性的内容，如“新款上市”“商品质地”“商品风格”等信息。让买家能第一时间了解商品基本情况。

而对于一些商品，还应尽可能在名称中表现出个性、时尚、潮流等特性；季节性或者时间性强的商品，也可以在商品名称中展现出来。

在购物网站中可能有很多商家都销售同类商品，那么为商品赋予一个独特的名称，不但能在同类商品中彰显出来，而且可以避免买家通过商品名称与同类商品价格对比。

买家视角——有些标题让人看上去太累

如果30个字的标题一点儿不分割，会使整个标题看上去很乱，如“2016新款全场包邮羊绒毛呢加厚修身包臀裙子女短款秋冬必备爆款”，这么多字没有一个标点符号，完全不分割，虽然有利于增加被搜索到的概率，但是会让买家看得很辛苦，甚至厌烦，所以，少量而必要的断句是应该的。

7.1.5 教你给自己的商品定价

商品的价格也是影响买家购买的重要因素之一，网店商品的竞争力是很大的，往往一件商品有很多卖家在销售，如果商品的其他方面相同，那么价格低的卖家，就更容易把商品卖出去。这里不建议绝对低价，价格太低，反而会让买家产生怀疑。针对商品定价，提供以下几条建议。

- 多对比同类商品不同卖家的价格，定价不宜比平均定价太高或太低，从中找到最佳切入点。
- 运费与定价合理调和，在商品销售总价不变的情况下，巧妙把握买家心理，降低商品价格、提高运费；或者降低运费、提高商品价格。
- 对于一些采用计量单位的商品，可以采用较小的单位来计量，如茶叶商品的价格为200元1千克，那么可以改为10元50克。
- 掌握买家的价格心理，如定价200元与198元，只相差2元，但从买家心理而言，198元属于“100多”，就更容易让买家购买。

卖家经验——别被同款和相似功能忽悠了

很多淘宝新卖家由于各种原因，选择了网络分销别人家的宝贝，做好宝贝上传和推广，其他诸如发货售后等都不用自己去管理。

实际上，如果直接使用分销宝贝的主图，有可能为他人做嫁衣。

买家视角——通过同款和相似功能找宝贝

买家艾米想买一件雪纺衬衣，通过搜索关键词进入搜索结果页面，发现下图所示的白色款这件衣服符合自己的预期。但是，似乎价格有点儿贵，作为一个大学生，想买一件同款价格又稍微低一点儿的，因此她将鼠标移动到该宝贝上，选择了单击“找同款”功能。

● 艾米通过“同款”功能，找到一个看上去一模一样的宝贝，而且价格还便宜三分之一。接着她又通过“相似”功能继续查找，最终确定单击“25.90”这件宝贝看看，如下图所示。

● 因为分销宝贝都使用的是代理商的图片，而有可能这家代理商有上百个和你一样的分销商，那么你花时间花精力甚至花钱做的推广，就有可能做了别人的嫁衣，流量被其他和你一样的分销商分走了，得不偿失。

● 做自己的主图，把代理商提供的主图撤换掉，从详情页中重新找素材来做，这样淘宝的“同款”和“相似”功能就不能通过识别机制查找到和你一样的分销商，也就节省了自己的推广流量。

7.2 轻松完成店铺铺货工作

准备好商品发布前期工作后，就可以开始发布宝贝。

7.2.1 通过卖家后台发布宝贝

对于店铺宝贝数量不多，10个款以下的卖家来说，可以直接在淘宝卖家中心里进行宝贝发布管理操作，下面介绍具体操作方法。

步骤01 进入淘宝“卖家中心”后台，单击“宝贝管理”下的“发布宝贝”命令，如下图所示。

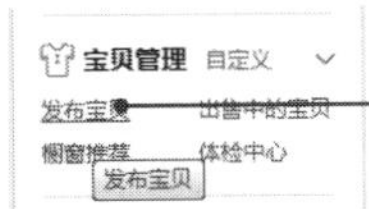

步骤02 选择宝贝大类目，再选择小类目，然后单击“我已阅读以下规则，现在发布宝贝”按钮，如下图所示。

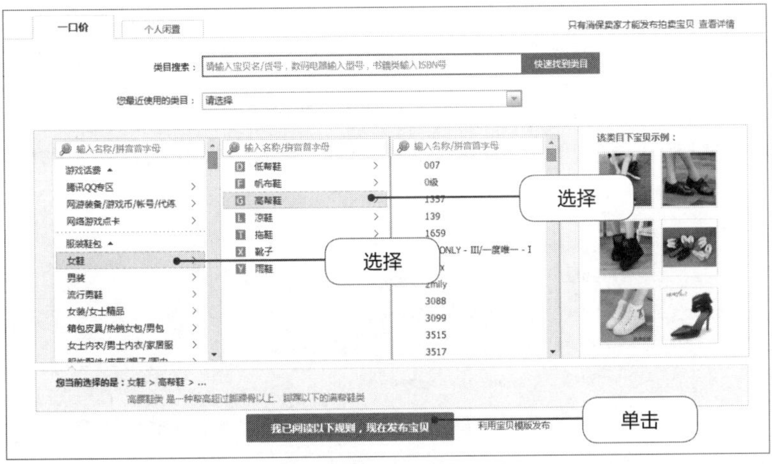

步骤03 填写宝贝基本信息，设置宝贝为全新宝贝［如果发布闲置宝贝则信息直接显示在淘宝二手频道（咸鱼）里面］，输入宝贝标题及宝贝卖点，如下图所示。

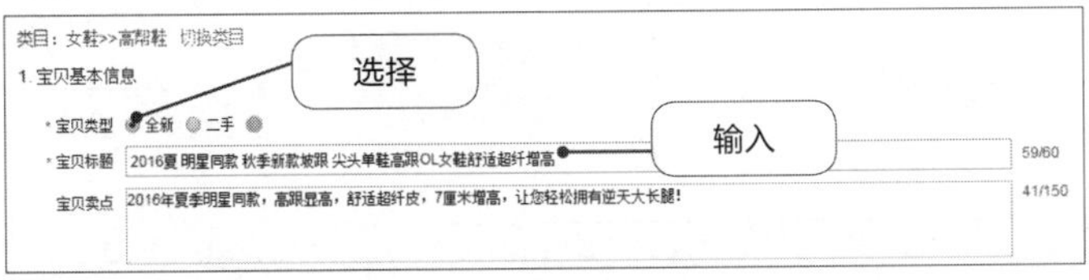

卖家经验——标题和卖点很重要

宝贝标题关键词将影响到宝贝在被搜索时的排名，影响店铺访客流量，因此在有限的30个汉字里，有效实用的安排好标题将对店铺销量起到非常大的作用。宝贝卖点不能超过150个汉字，可以介绍宝贝特色，主要用来介绍商品特点，吸引消费者购买，但副标题的内容不会在手机端展示。

步骤04 填写宝贝属性，其中带*号为必选项，其他选项尽可能填写，因为属性会影响到宝贝的搜索权重，越详细的宝贝属性越容易被搜索到，建议如实完整地填写。

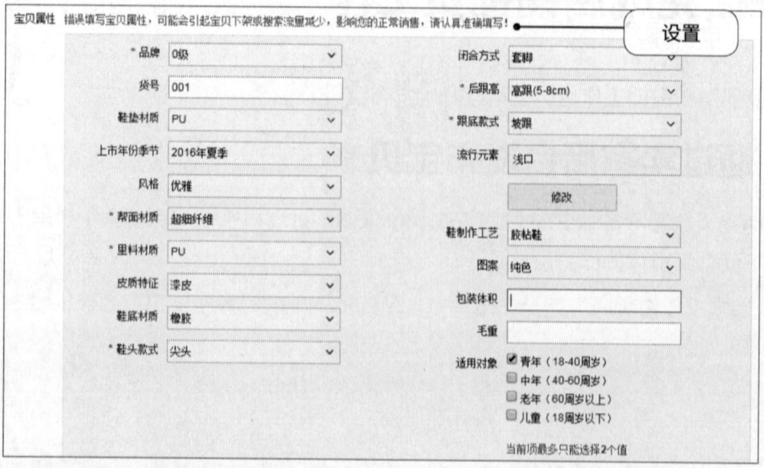

开店必知——信息不准会扣分处罚

注意宝贝属性一定不能随意填，淘宝有一套监控系统，发现随意填属性，会被扣分处罚。

步骤05 可以自由选择是否设置“商品资质”，建议有条件的卖家选择并上传对应资料；上传之前准备宝贝主图，注意手机端宝贝图片可以直接选择“复制电脑端宝贝图片”，这样能节省时间，如下图所示。

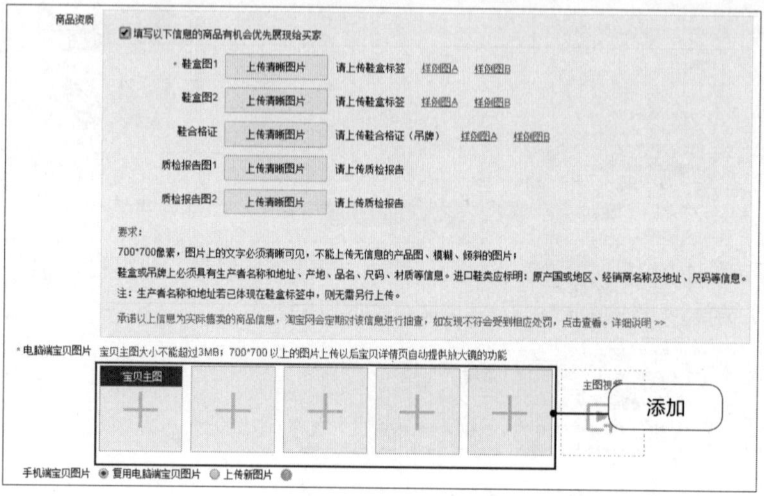

开店必知——主图上传相关说明

宝贝主图大于700px×700px，显示效果会更好。可以在这里拖曳主图图片缩略图改变它们的显示顺序。对于手机端而言，主图可以与电脑端一样，手机浏览时它会自动进行缩放，而不影响显示效果。

步骤 06 接下来设置宝贝规格，不同类目的选项是不一样的，如这里选择女鞋类目，就需要分别设置女鞋的颜色和尺码，如下图所示。

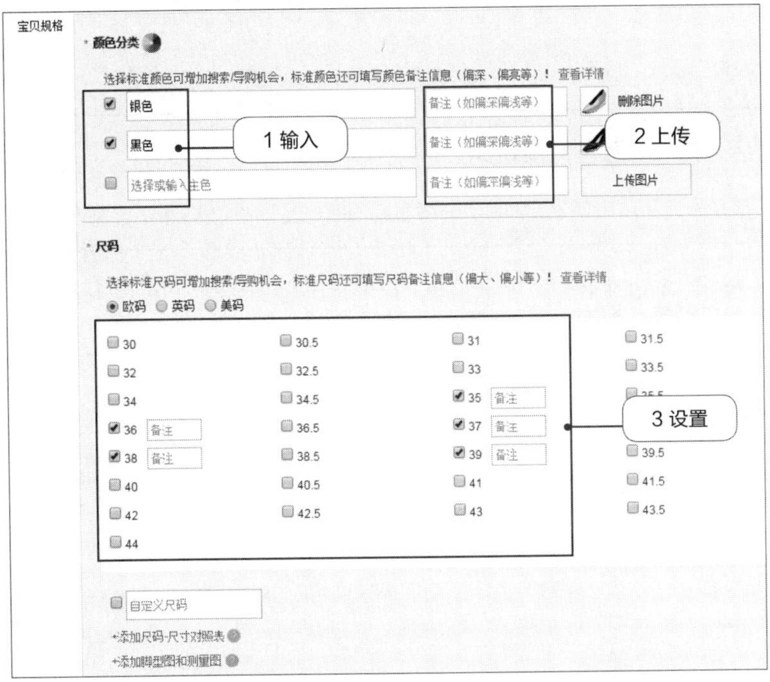

步骤 07 设置宝贝销售规格，设置颜色、尺码的价格和数量等信息，如下图所示。

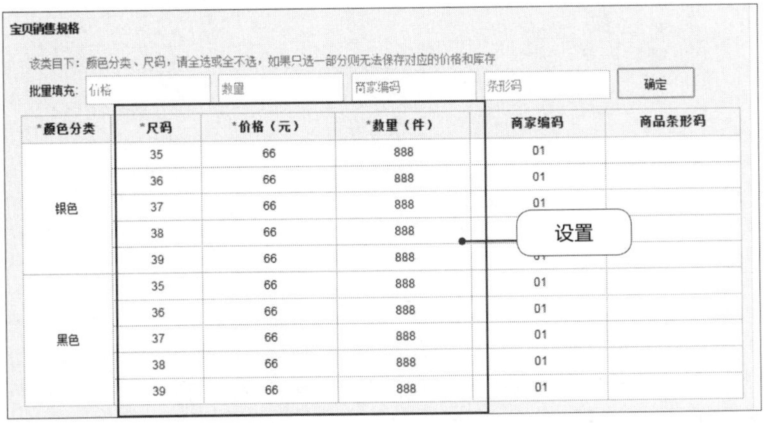

*颜色分类	*尺码	*价格（元）	*数量（件）	商家编码	商品条形码
银色	35	66	888	01	
	36	66	888	01	
	37	66	888	01	
	38	66	888		
	39	66	888		
黑色	35	66	888	01	
	36	66	888	01	
	37	66	888	01	
	38	66	888	01	
	39	66	888	01	

步骤 08 设置一口价及库存，设置了上面的销售规格后不用再次设置，采购地选择设置、预售设置（默认为非预售）也就是现货销售，如下图所示。

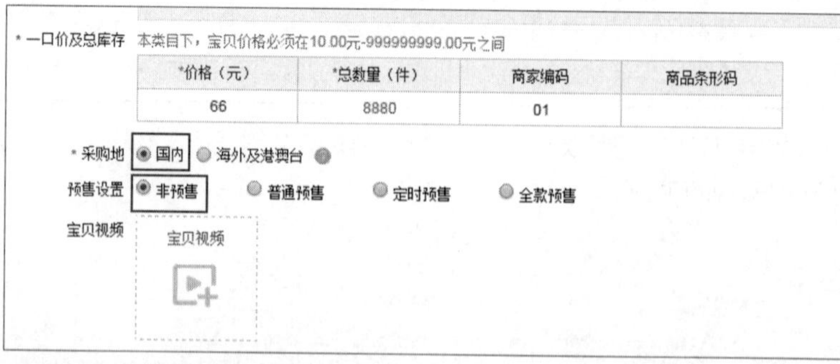

开店必知——预售产品说明

预售一般用于大品牌做活动，或者部分需要订购的产品销售，如蛋糕、定制西服等。

步骤 09 添加宝贝详情页，通常详情页都通过专业软件，如Photoshop等进行排版设计，然后保存为图片，这里只需单击▣按钮进行添加即可，如下图所示。

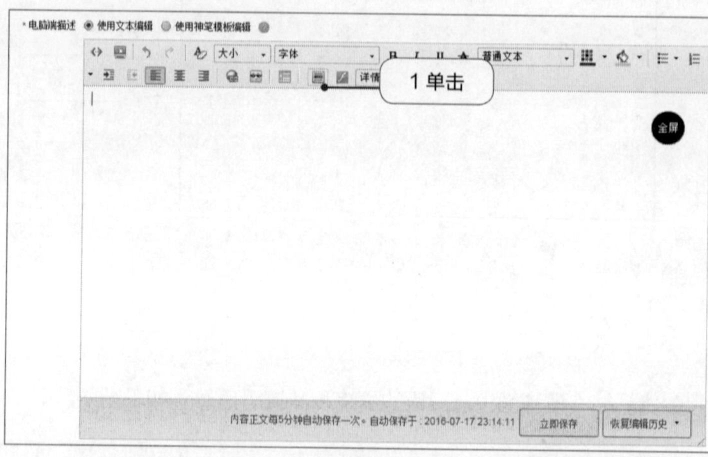

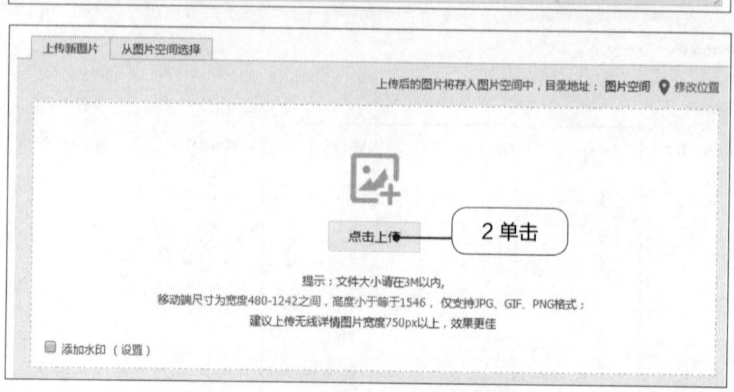

步骤 10 弹出“打开”对话框，选择做好的宝贝详情页图片，单击“打开”按钮，在图片空间执行导入操作，如下图所示。

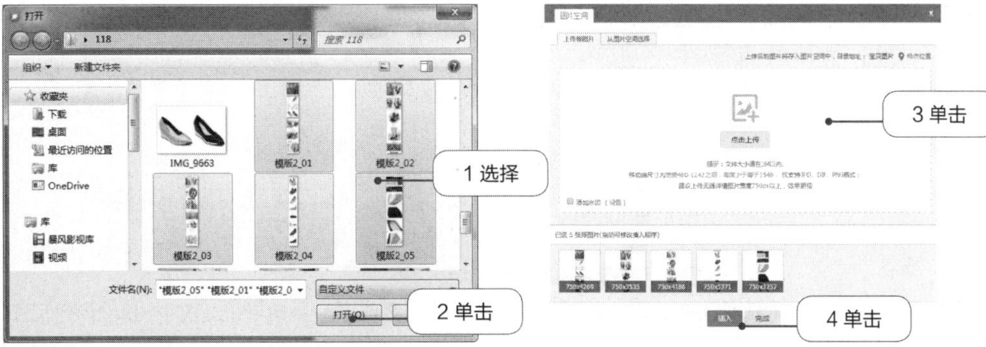

步骤 11 然后查看导入成功后的页面效果，如下图所示。如果没有单独进行详情页设计，也可以直接选择文本编辑，输入文字和插入实拍图片作为详情页；或者选择“使用神笔模板编辑”来打造模板型的宝贝详情页。

卖家经验——不能说的秘密

在文本框中编辑详情页适合没有美术基础的卖家，只需输入文字，然后插入拍摄的图片进行上传即可。不推荐使用“淘宝神笔”，因为它虽然有很多默认模板，但是在线的编辑过程还不如使用Photoshop等工具来得快，不然大卖家也不用一个个高薪聘请美工设计师了。

步骤 12 设置手机端的宝贝详情页，有多种制作方法，其中一种是直接在下方进行文本编辑，可以分别添加“音频”“摘要”“图片”“文字”，如下图所示。

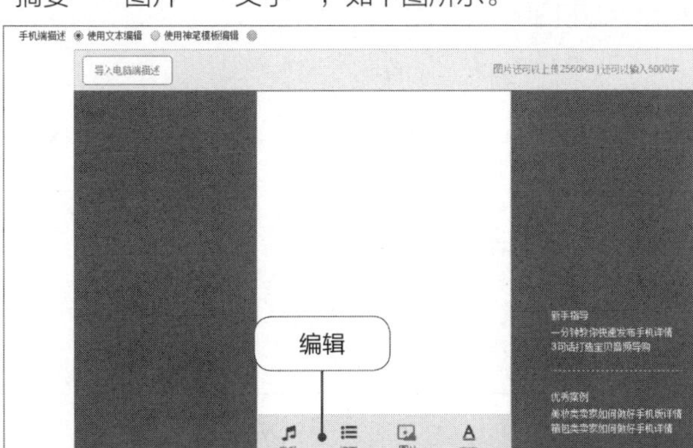

步骤13 如果已经精心制作电脑宝贝详情页的卖家，可以使用更简单的方式，就是单击“导入电脑端描述”按钮，再单击“确认生成”按钮，如下图所示。

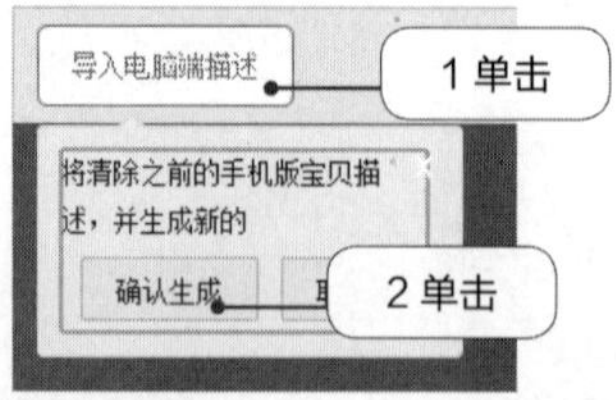

步骤14 接下来系统会自动压缩电脑端详情页图片的尺寸，变成适合手机端的尺寸大小，节约制作时间和成本，如下图所示。

开店必知——过大的图片不能使用自动生成功能

注意的是，自动生成功能适用于详情页不是很多的情况，否则生成后是无法发布的。淘宝要求：手机端宝贝描述中每张图片的宽要在480px到1242px之间，最大高度为1546px，并且总的图片大小不能超过2560KB。

步骤15 也可以选择在线的神笔模板进行编辑，完成后设置当前宝贝在店铺中的分类，如这款高帮鞋，选择“高帮鞋”类目，如下图所示。

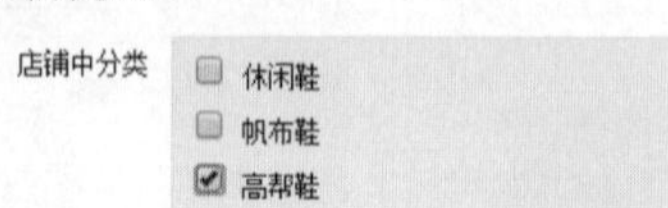

开店必知——合理的店铺分类设置

店铺分类与淘宝分类不同，卖家可以在卖家中心的“店铺管理-宝贝分类管理”中进行设置，此功能适合店铺宝贝比较多，需要进行分类整理的卖家。

步骤 16 接着设置物流模式，根据当地物流价格新建运费模板，如下图所示。

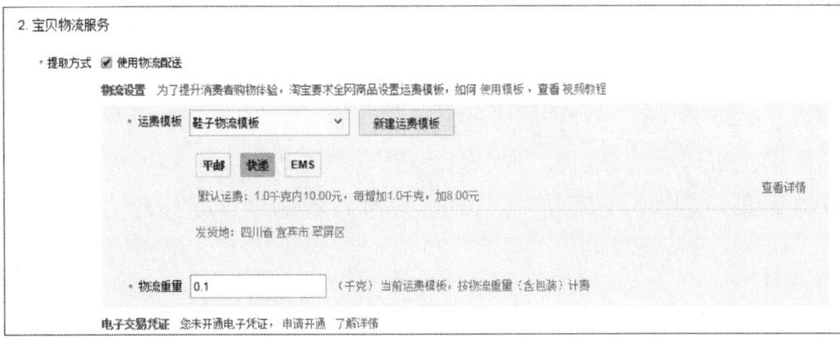

步骤 17 然后设置宝贝售后信息，建议宝贝质量比较好，或者是代理品牌有保障的卖家，可以选择后面两项，以增加自己的信誉，如下图所示。

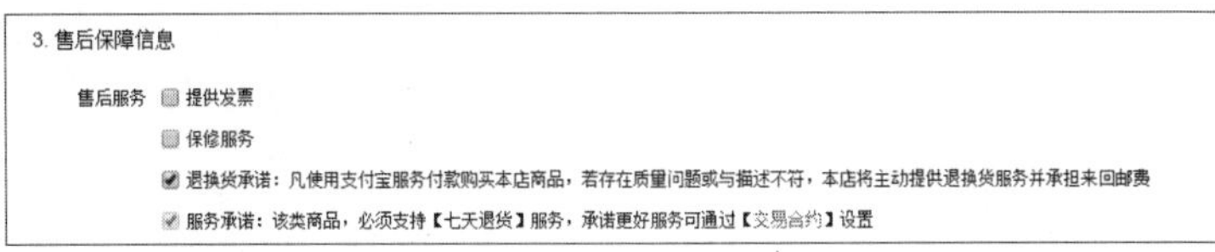

步骤 18 最后设置宝贝其他信息，确认无误，单击下方的“发布”按钮。

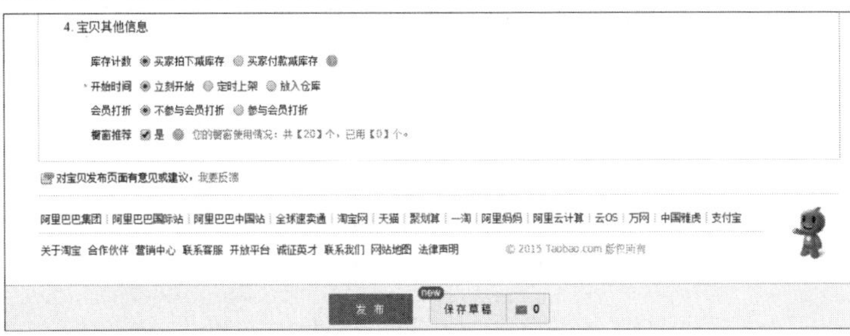

7.2.2 在线修改出售中的宝贝

已经上传的宝贝，有时会有一些标题修改、详情修改，这些操作都可以在编辑页面执行。在卖家中心，单击“宝贝管理”下的“出售中的宝贝”按钮，如下图所示。

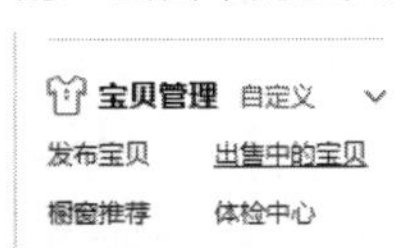

选择要修改的宝贝，在此可以执行以下各项命令。

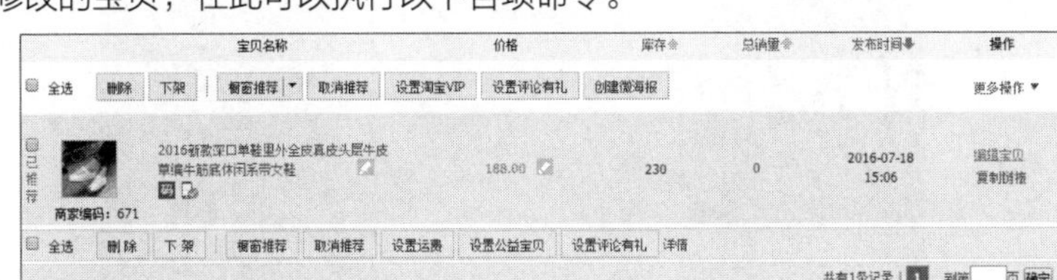

- **删除：**直接删除该宝贝。
- **下架：**将该宝贝下架，下架后的宝贝将移动到“仓库中的宝贝”里面。
- **橱窗推荐：**将宝贝推荐到橱窗。

- **取消推荐**：取消宝贝的橱窗推荐。
- **设置淘宝VIP**：设置所选宝贝是否根据买家淘宝VIP等级给予相应优惠。
- **设置评论有礼**：设置后的宝贝被购买后，只要买家评价就有相应好礼赠送。
- **创建微海报**：选择当前宝贝并创建微海报。
- **设置公益宝贝**：宝贝卖出后，部分收入将支持公益活动。

打开宝贝编辑页面，在此可以对当前宝贝进行各项参数修改，如下图所示。

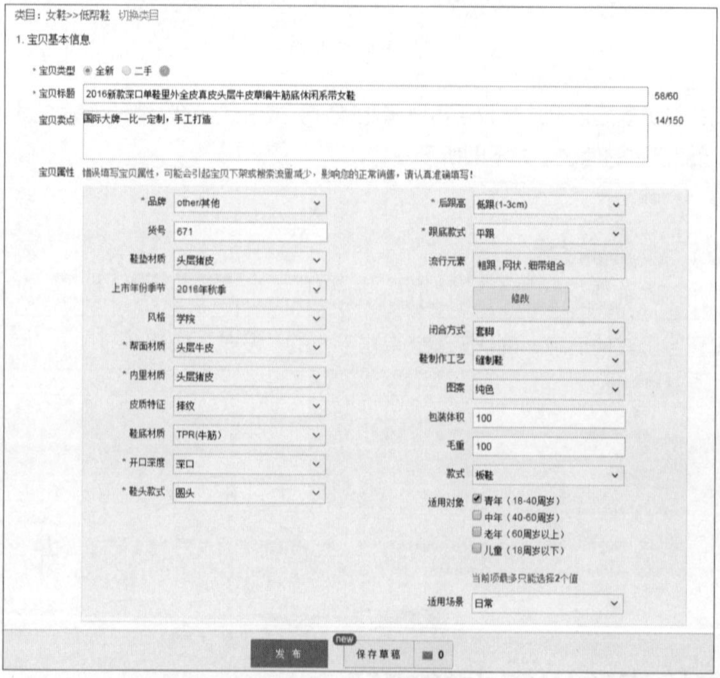

卖家经验——免费使用神笔打造手机端详情页

淘宝神笔是淘宝推出的一款在线详情页编辑工具，提供了众多的详情页模板，卖家可以直接在上面进行编辑，电脑端和手机端操作方法一样，因此以手机端的操作来进行介绍。

1.在手机端描述中勾选“使用神笔模板编辑”，然后单击下方的“立即编辑”按钮，如下图所示。

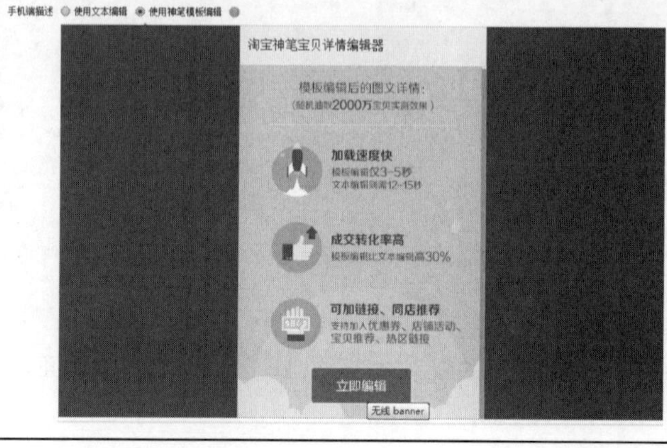

卖家经验——免费使用神笔打造手机端详情页（续）

2.进入淘宝神笔详情编辑器，有付费和免费两种模板，这里选择一个比较符合当前店铺主题的详情页模板，单击图片打开，如下图所示。

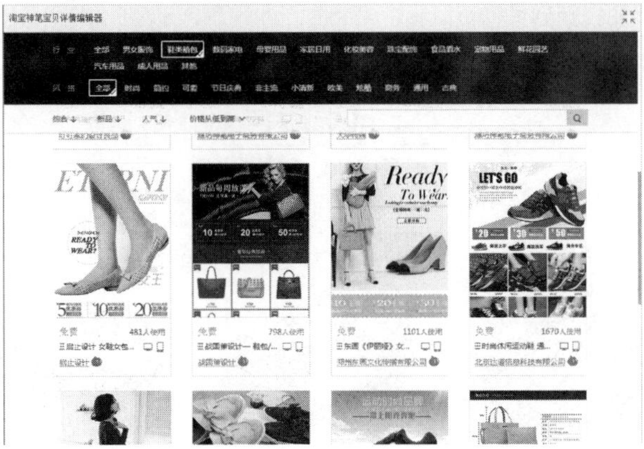

3.打开模板介绍，选择符合的模板单击“立即使用”按钮，如下图所示。如果不满意，可以返回上一步重新选择模板。

4.打开淘宝神笔宝贝编辑器，在此可以根据当前模板样式进行编辑，如更换文字，图片为自己店铺的宝贝文字、图片，然后保留默认的排版样式即可，如下图所示。

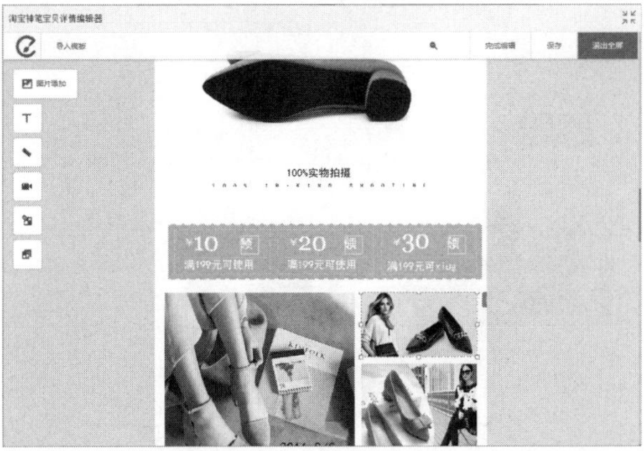

卖家经验——免费使用神笔打造手机端详情页（续）

图片添加：单击可添加电脑里的图片到详情页。

文字添加：添加新的文字编辑框到详情页，可进行自定义输入。

添加视频：可添加视频到详情页。

鼠标单击要替换的图片，单击按钮，选择电脑中的宝贝图片进行替换，如下图所示。

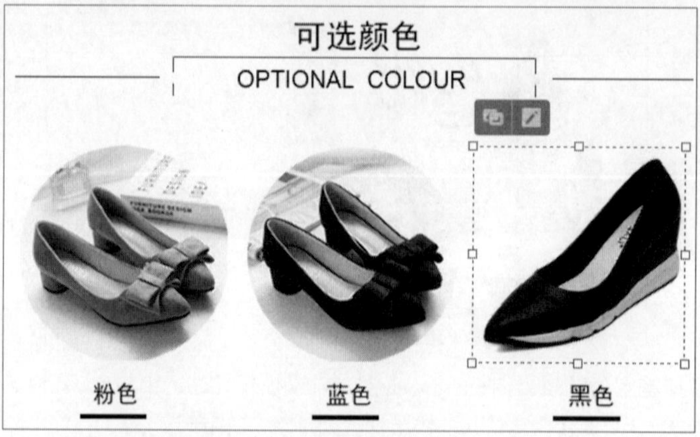

选择中间多余的图片，单击按钮进行删除，如下图所示。

卖家经验——免费使用神笔打造手机端详情页（续）

将文字改为宝贝的颜色，如下图所示。

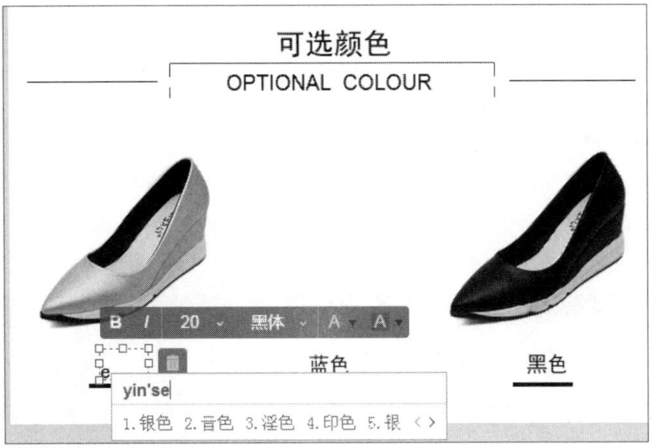

删除多余内容，然后进行板式微调，查看更改后的效果，如下图所示。

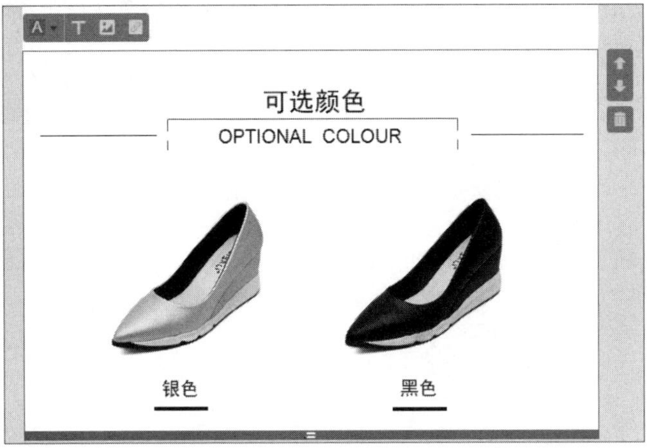

用同样方法制作宝贝详情页，完成编辑后单击保存，再单击完成编辑即可，如下图所示。

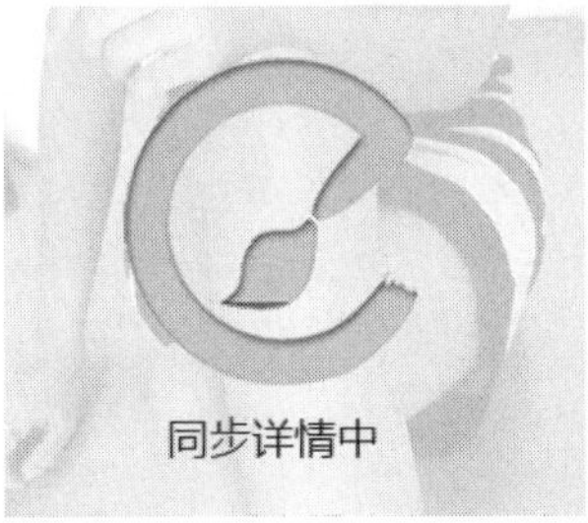

淘宝神笔适合没有设计经验的卖家使用，在线编辑效率太低，如果宝贝过多，那么会做很久。所以，若懂基本的排版或者有专业美工坐镇，建议直接在Photoshop里制作电脑端和手机端的详情页，效果更为统一，效率也更高。

7.3 利用工具批量发布宝贝

在线发布商品到网店，可能会因为网络原因导致之前编辑的信息丢失；而淘宝助理软件可离线完成商品信息的编辑和保存，再批量发送到个人网店中，十分方便。

7.3.1 认识淘宝助理

随着店铺开张时间的延长，需要发布的商品也越来越多，这时登录到店铺中逐个发布商品会很麻烦，并且商品多了之后，需要对商品进行管理。淘宝网提供了淘宝助理工具，用户可以在淘宝网（http://zhuli.taobao.com）下载，如下图所示。

卖家可以使用该工具对商品进行各种管理，宝贝发布、编辑、发货、上传商品图片等均可用淘宝助理批量操作，推荐淘宝卖家使用此工具来上传和管理宝贝。

开店必知——本地图片自动上传

最新版的淘宝助理支持本地图片上传宝贝时，自动将本地图片上传图片空间，节省更多的时间。

目前最新版“淘宝助理6”，它分为“我的助理”“宝贝管理”“交易管理”“图片管理”“应用中心”5个板块，不同板块功能不一样，其中主要用到就是“宝贝管理”板块界面，这里可以进行宝贝的上传、下载、修改等操作。

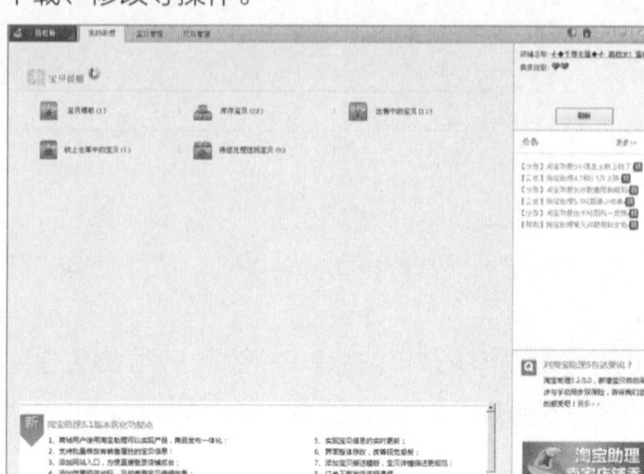

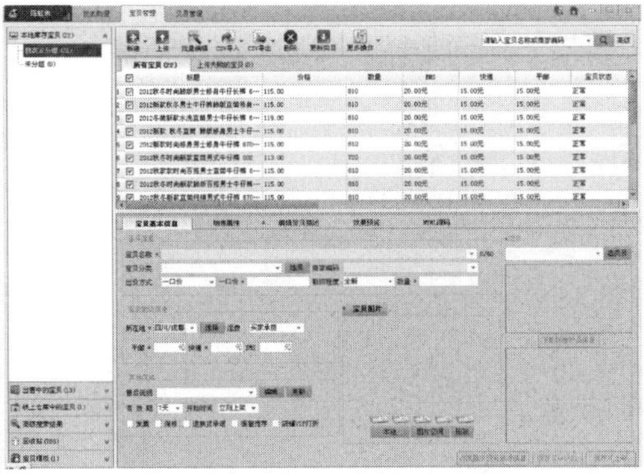

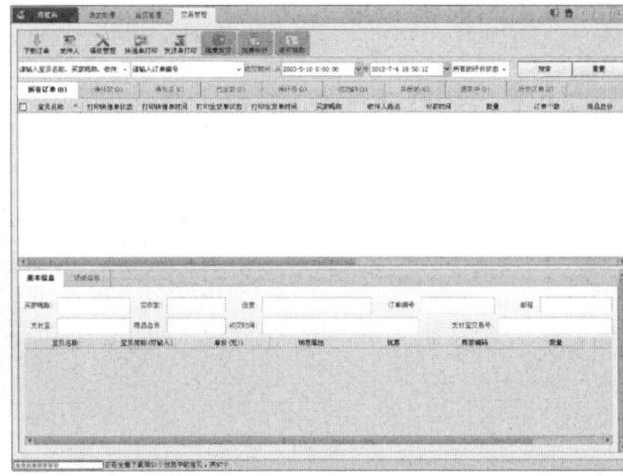

7.3.2 创建并上传宝贝

步骤 01 打开淘宝助理，单击切换到“宝贝管理”工作区，再单击“创建宝贝”按钮，如下图所示。

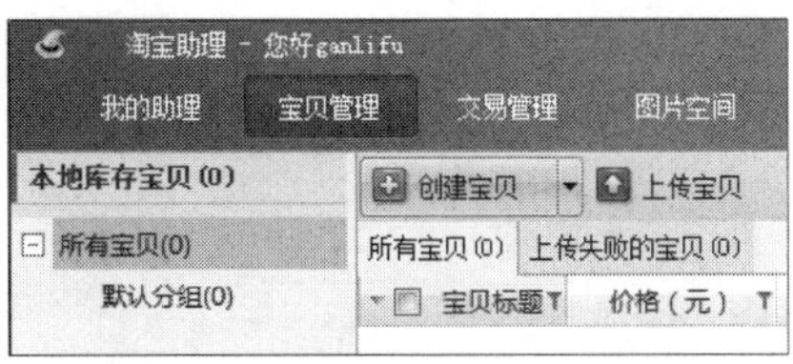

步骤 02 弹出编辑属性框，在右侧类目中单击按钮；选择当前出售宝贝的销售类型，如下图所示。

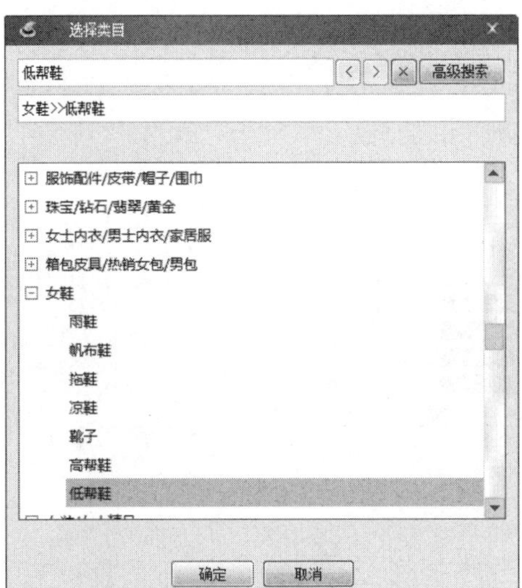

步骤 03 在下方设置宝贝的关键属性和非关键属性，如下图所示。

步骤04 在编辑属性框左侧，依次设置常规信息、价格信息、时效信息、物流信息，在第一张图片右侧单击“从本地选择”按钮，如下图所示。

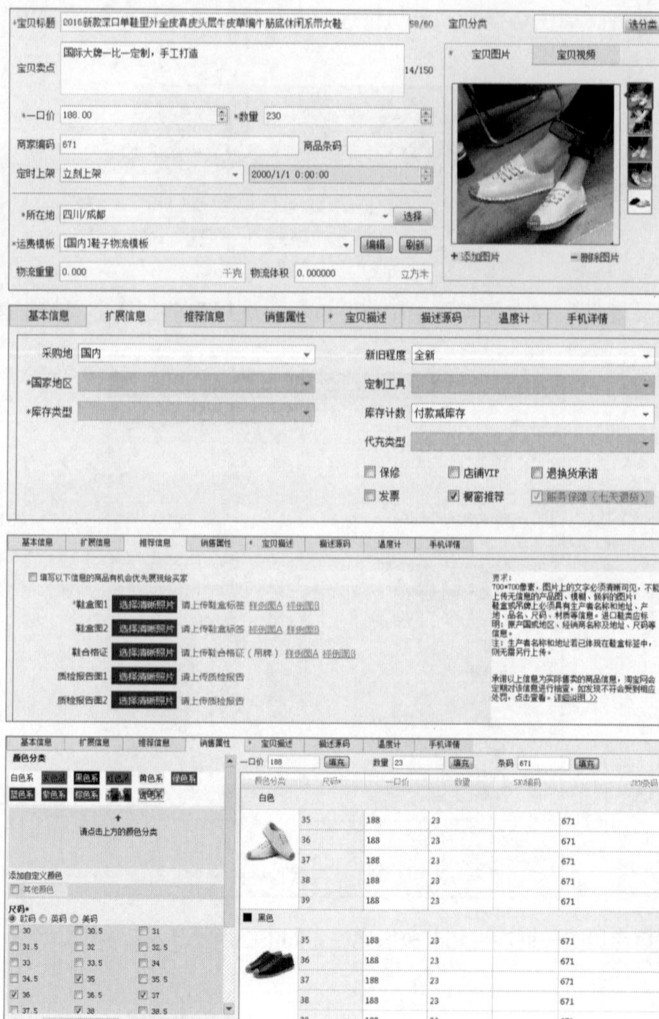

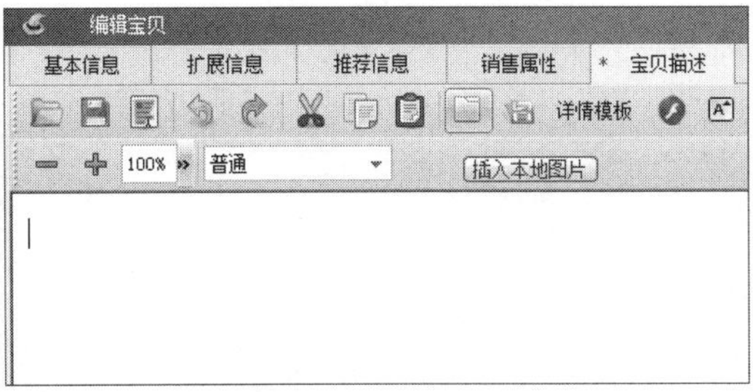

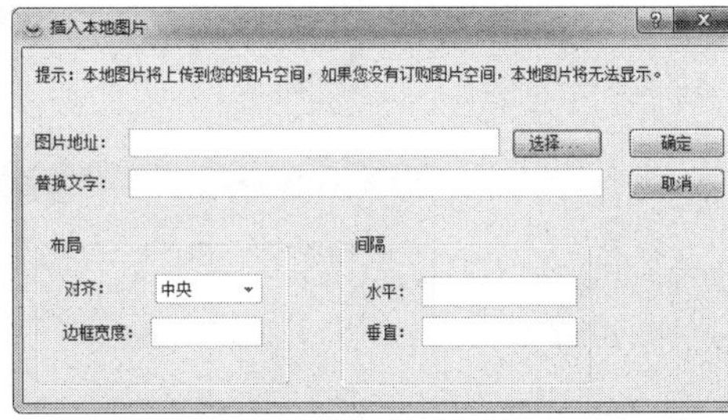

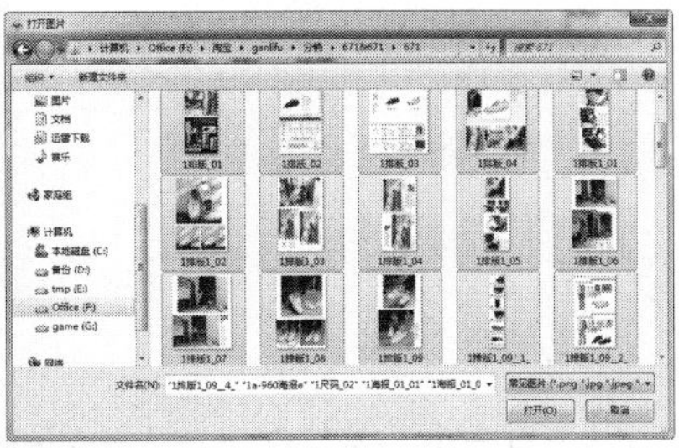

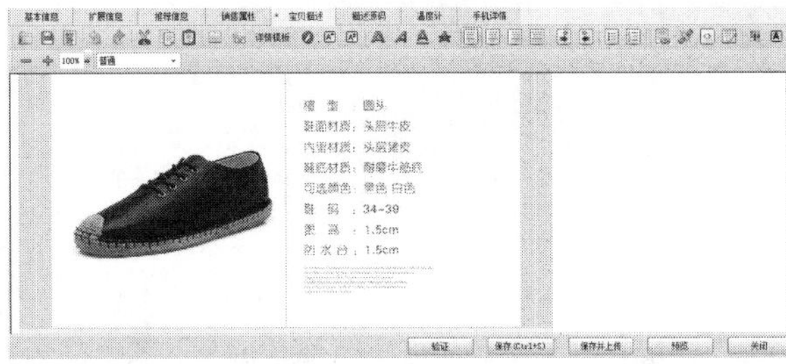

步骤 05 单击切换到“手机详情”，插入电脑端图片，单击“一键适配”按钮，如下图所示。

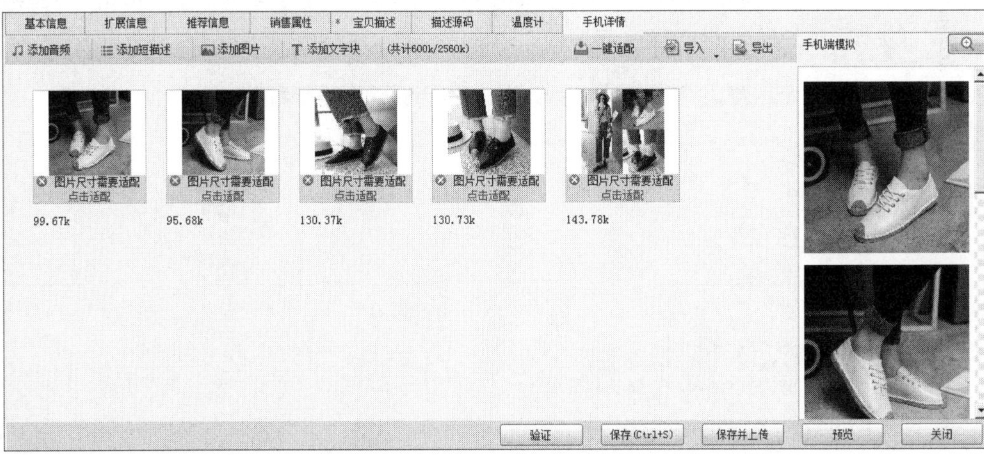

步骤 06 也可以上传图片后单击单个图片进行适配，需要注意单个图片超过790px×1696px后无法进行适配，如下图所示。

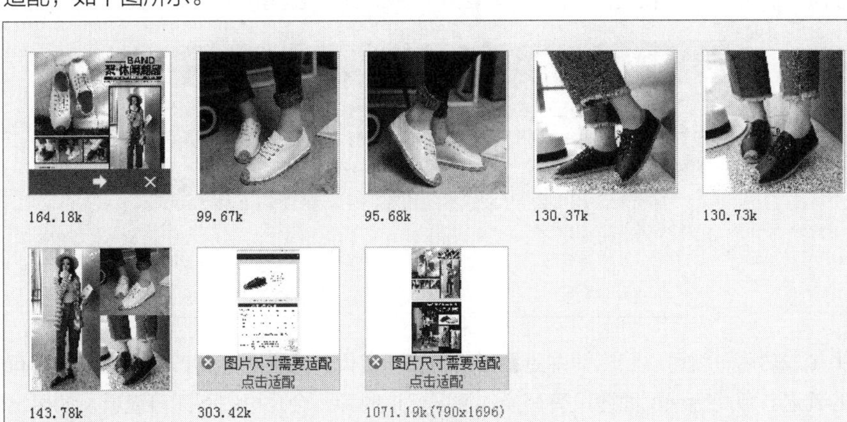

步骤07 单击上图的“保存并上传”按钮，在“上传宝贝”对话框中，设置图片保存的分类，然后单击“上传”按钮，如下图所示。

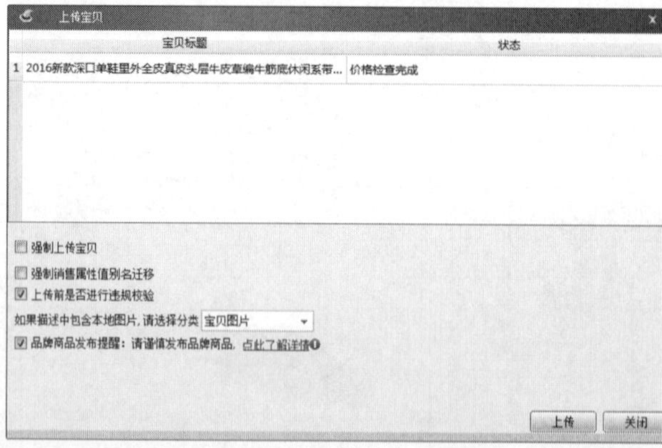

提示 在图片空间中对新建宝贝图片进行分类，如7月宝贝、8月宝贝，然后在进行上传的时候，将图片分类到对应的目录里，方便查找。信息输入无误，即会提示上传完成，单击“关闭”按钮即可，如下图所示。

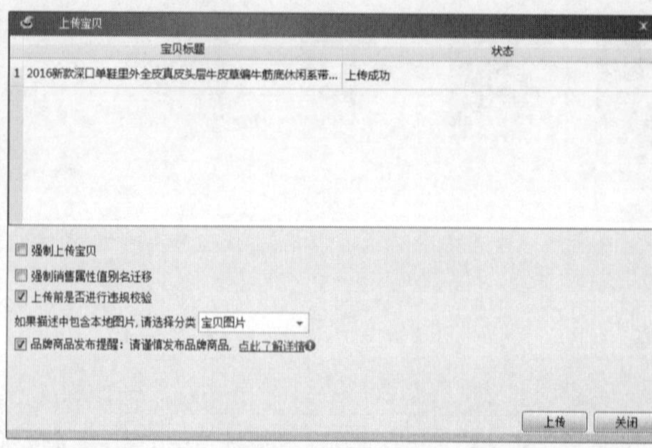

步骤08 新发布的宝贝，将自动从“本地库存宝贝”移动到“出售中的宝贝”中，如下图所示。

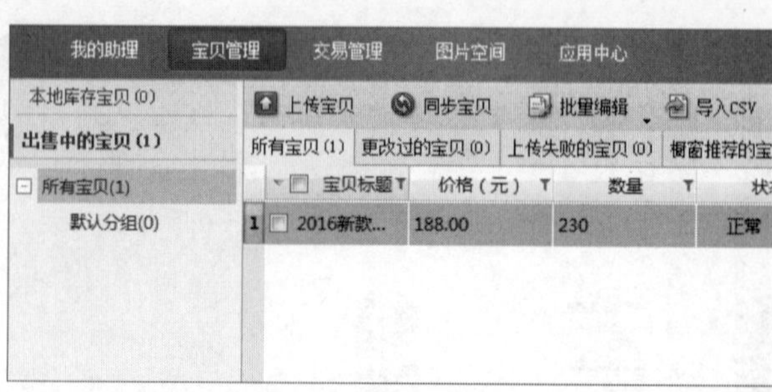

提示 上传成功后，就可以到店铺中查看当前新发布宝贝，淘宝对新发布宝贝有时候会有数分钟的延迟。可能出现页面还没有替换的情况，这时等一会儿再刷新即可查看。如果出现本地宝贝和出售中的宝贝数据有误，可以单击“同步宝贝”按钮进行线上线下同步。

7.3.3 导入商品数据包上传宝贝

以上介绍的方法，适合拿货、拍照、作图的卖家，而部分选择分销的卖家则可以使用导入数据包的方法来上传宝贝，更加方便。

步骤 01 首先找代理商要CSV数据包。

步骤 02 打开淘宝助理。

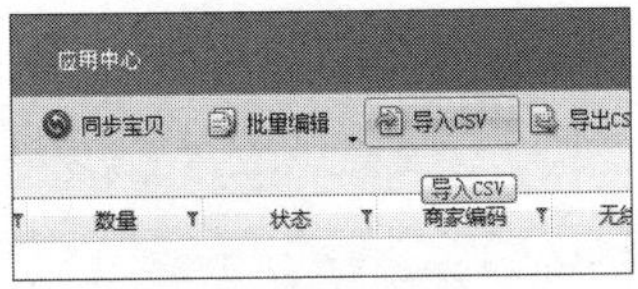

步骤 03 在打开的对话框里，选择下载代理商提供的数据包，然后单击“打开”按钮，如下图所示。

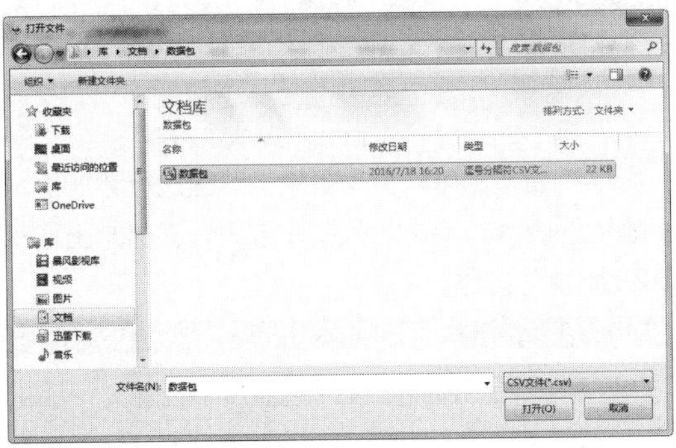

步骤 04 接着，提示导入宝贝成功，如下图所示。

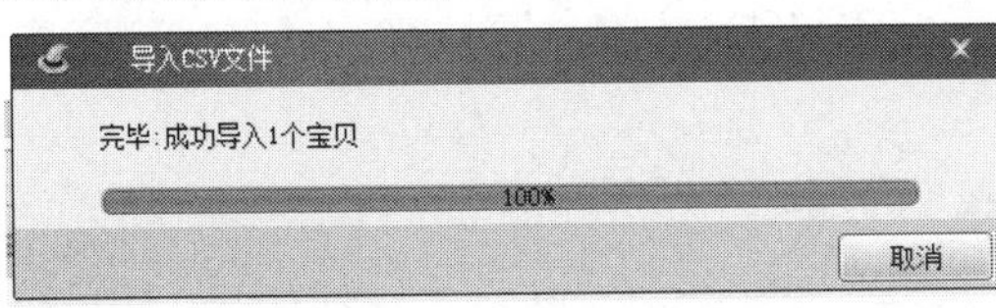

步骤 05 导入成功后，修改标题、重新添加主图，其他属性可以保持不变，设置完成后单击“保存并上传”，如下图所示。

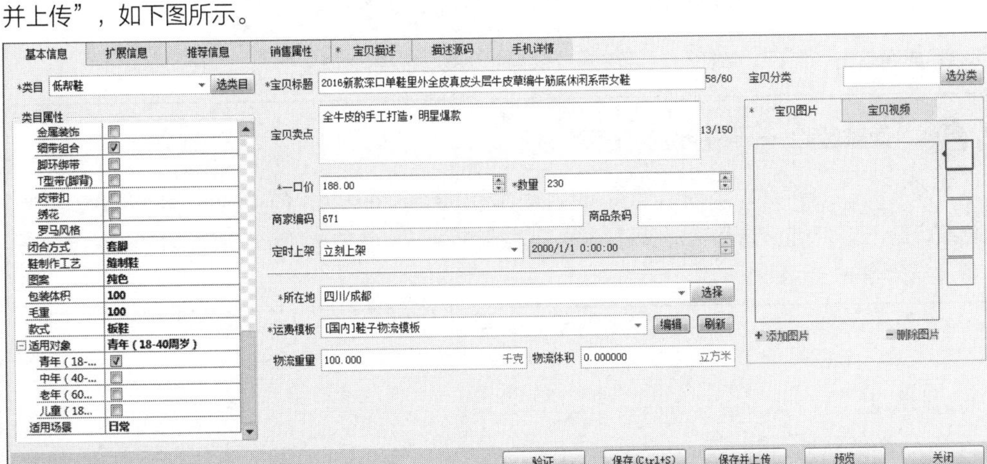

提示 修改标题是很有必要的，这样能区别代理商的商品，避免搜索结果出现同样商品。修改主图也是相同的道理。

7.3.4 批量编辑店铺中的宝贝

店铺中的宝贝过多（有些商家上百款宝贝），那么通过在线编辑的方式来修改宝贝，无疑是一件庞大的工程。而通过淘宝助理，进行批量编辑，就能改善这一状况。

批量编辑的内容很多，打开淘宝助理，勾选需要进行统一编辑的宝贝，单击“批量编辑”按钮，会出现所有能够执行“批量编辑”命令选项，这里统一为所选择的宝贝增加名称，就选择“宝贝名称”选项，如下图所示。

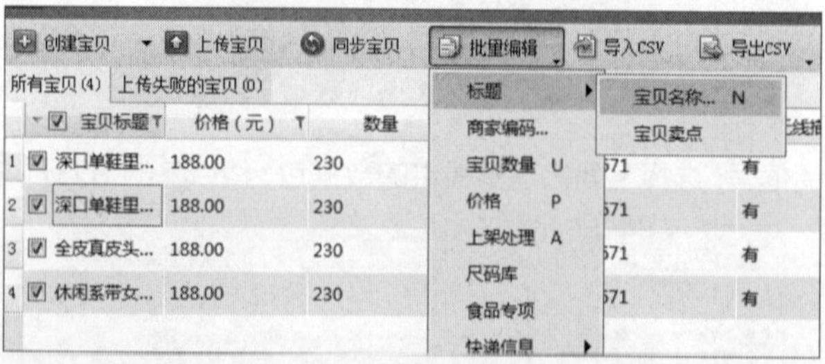

统一修改相关内容，可以新增，也可以查找替换，这里进行添加。勾选“增加”右侧的“前缀”复选框，然后输入要添加的内容，单击“预览”按钮，右上方出现新增后的效果，如下图所示，全部宝贝都新增了“2016秋”字样。

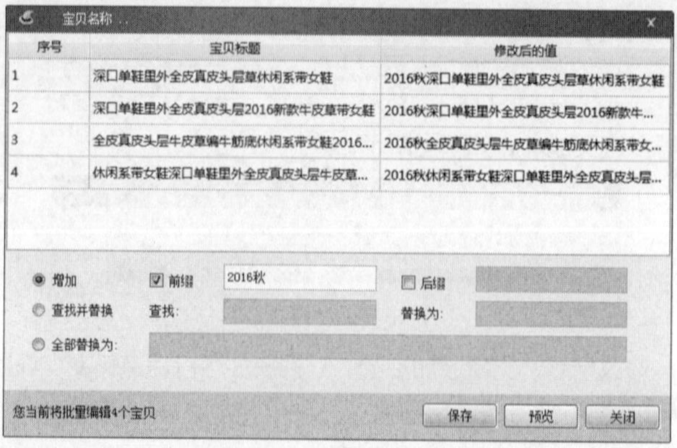

完成后单击“保存”按钮，然后单击“保存并上传”按钮进行上传。

卖家经验——不能说的秘密

修改都要执行“保存并上传”命令，否则改动是不会出现在店铺里的。不过这里并不建议经常修改标题，当一个宝贝流量稳定以后，再次修改标题并上传，淘宝将视为新宝贝，重新计算宝贝权重，会影响当前宝贝的排名。

第 8 章

营销推广——做好这一切，让店铺流量多起来

店铺开张后，不能只等待顾客主动上门，淘宝网中的数百万卖家，其中很多卖家都经营着同种类的商品。为了让店铺的“宝贝”排名更高，让更多人知晓并光顾，需要利用各种途径对店铺和宝贝进行宣传与推广。

8.1 淘宝营销推广必备常识

一家淘宝店，卖家要做好营销推广，在本章，将侧重介绍淘宝经营策略和一些相关的经营工具，营销的技巧。

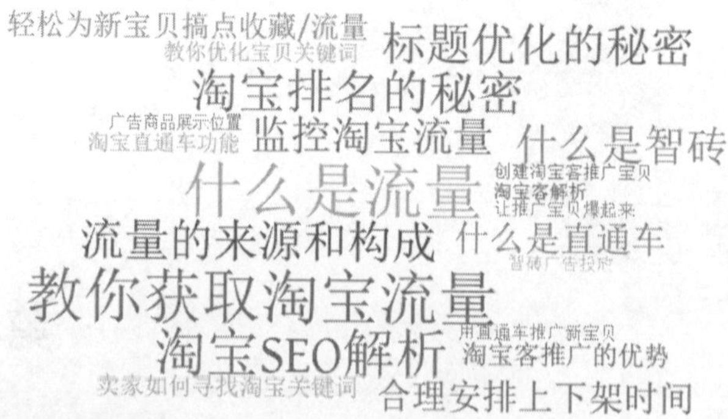

8.1.1 什么是流量

每天访问宝贝和店铺的顾客数量，在淘宝里俗称为流量。

流量又分为两种，一种叫（UV），是访客数量，代表全店各页面的访问人数；另一种叫（PV），也叫浏览量，是访客浏览过页面的数量。如1个访问顾客，可以同时访问店铺多个页面如果他浏览5个页面，就产生5个浏览量，如下图所示。

卖家经验——不能说的秘密

UV是真实的数据，代表了每日真正到访的人数。而PV的数据多，则证明你的店铺具有吸引力，能够让客户访问多个页面。

流量是淘宝开店的基石，访客数量多，才有机会促进对方购买，才有机会成交订单。如果没有访客，那么店铺的商品再好，页面装饰得再好看，没有人看见也是枉然。

8.1.2 流量的来源和构成

各大市场、专业类目，获得流量的方法有很多，有付费的直通车推广工具，有SEO免费权重提高方法，在了解这些之前，先来了解一下浏览的来源和构成。

首先了解，作为买家，一般会通过哪些方法来查找和购买宝贝。下面几类是最为常见的。

买家视角——随便看看型

一类：小A是个白领，没事就爱上淘宝，每天都会抽时间打开淘宝网站，漫无目的地浏览，一般他会看看首页都推荐些什么，有兴趣的就直接点击进去查看。

淘宝首页作为流量入口，每天的流量是庞大的，因此上面也有很多广告图片，一般这里的广告位都是收费的，如钻石展位，适合大卖家推广。

买家视角——爱逛专业市场型

二类：小B是个爱美的女孩子，刚发了工资，想给自己换套衣服，但是却没有明显的意向，就决定上淘宝看看，她的习惯一般是直接进入对应的分类栏目随机挑选，因此直接打开淘宝女装频道市场选货，如下图所示。

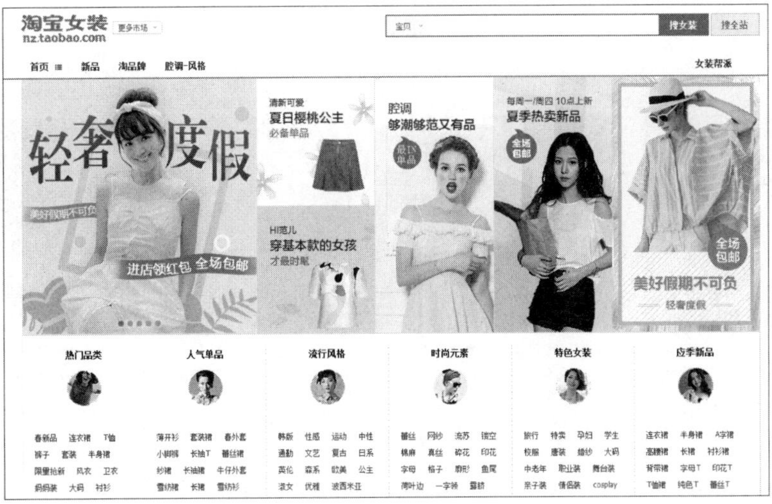

通过类目进来的流量，属于半精准流量，很多买家只是心血来潮随便逛逛，也有大部分人发现喜欢的宝贝会直接购买，不管属于那种情况，都应该用力抓住这些流量。

买家视角——捡漏型

小C喜欢特价商品，没事就爱看 “聚划算” “天天特价”频道，看看是否有适合的特价宝贝，前几天在天天特价10元包邮栏目买了一双拖鞋，被同学们夸了一大把。

特色市场一般都有固定的客户群体，部分市场人气高。最为知名的就是收费的“聚划算”和免费参加的“天天特价”。对于新卖家来说，通过“天天特价”这类官方活动吸引流量是比较重要的。

买家视角——急迫购买型

小D最近要和女朋友结婚了，婚礼上准备穿旗袍，但是跑了很多地方买不到，因此直接上淘宝搜索“旗袍”查找宝贝进行购买，如下图所示。

搜索流量是最精准的，这类客户有强烈的购买欲望，因此这类流量也是最被卖家所看好的。

买家视角——手机综合型

小E不常用电脑，因此上淘宝购物，都是直接在手机端打开手机淘宝或者天猫APP选择宝贝，经过多次购物发现，手机上购物很多时候比电脑端买还要便宜几块，如下图所示。

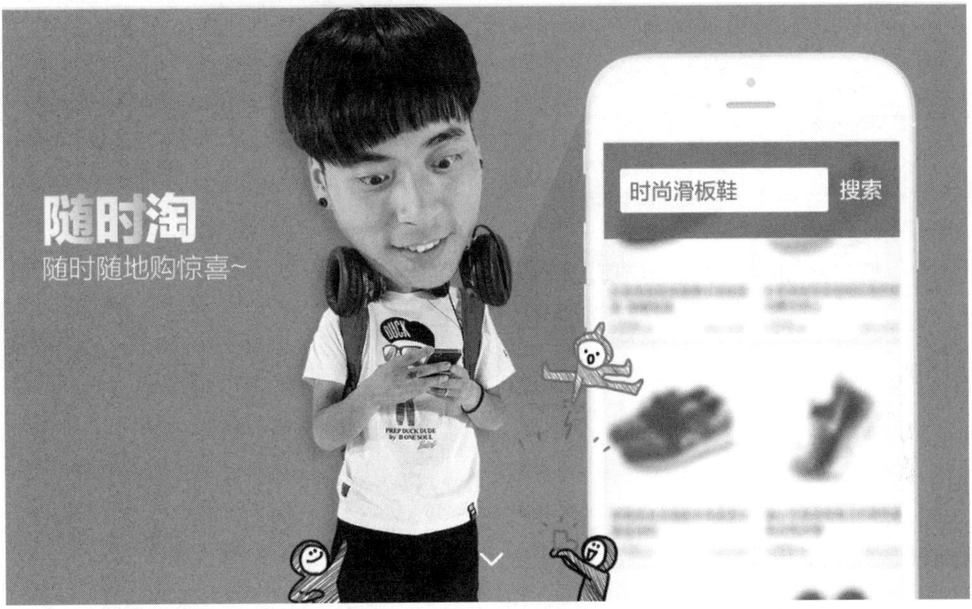

手机端流量现在已经占据了很大部分，甚至超过电脑端，当然这类客户也和上面介绍的几种一样，有随机浏览的，也有强烈购买欲望的买家。不管客户属于哪一类，都要重视手机端流量。

8.1.3 教你获取淘宝流量

不论是各大市场、专业类目，直接搜索的流量，都是淘宝的流量，淘宝流量庞大，但卖家数量也很庞大，做得好的卖家可以从淘宝流量中分一杯羹。

如搜索“2016年夏季T恤男”，一共会出现100页的宝贝。只有当你的宝贝展示在前3页的时候，才有可能获得较多的流量，而越往后，则流量越少。

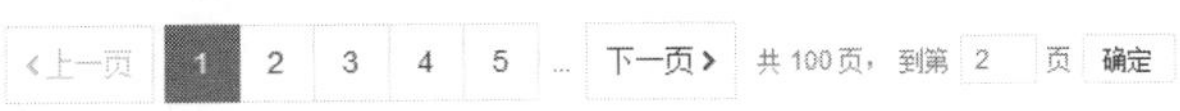

1. 获取更多展现机会

知道了哪里有流量，那么要做的就是去获取这些流量。作为新店，新发布的宝贝，想获得更多流量，就得让自己的宝贝排名靠前。

如何能让宝贝排名靠前，一般有两种，下面分别介绍，如下图所示。

第一种是直接花钱付费推广，如开通直通车、进行智钻推广，直接将自己的宝贝展示在首页或者搜索结果页前几名的位置，从而快速获得海量展现机会。

第二种就是通过SEO手段，来提高自己的宝贝排名，让自己的宝贝尽量展示在靠前位置，从而获得免费的淘宝展现机会。

淘宝有个不成文的规定，宝贝权重越高，宝贝的排名也就越高。

宝贝权重越高，就可能排名到第一页前列，而这些排名高的宝贝，就更有机会展现到客户的页面中（具体权重排名规则参考章节末的卖家经验——淘宝排名的秘密）。

开店必知——隐晦的宝贝加权

与京东等平台不同，淘宝没有完整公开过自己的搜索排名规则，而“权重”这个词也没有真正承认过。但是在很多地方，淘宝会隐晦地提示你它的存在，如下图所示。这个所谓优先展示，实际就是加部分权重，使提高排名的可能性增大。

2．获取更多点击概率

通过上一节，知道提高宝贝的展现，就有机会提高宝贝排名，就能获得更多的流量。

获得展现只是第一步，要获得流量，还需要买家点击你的宝贝，只有进店浏览宝贝，才算获取到流量，具体顺序可参考下图。

一般商品质量不是太差，均可在客户面前获得大量展现，自然会收获不少的点击率，也就获得了流量。

简单分析一下，作为买家，搜索宝贝后，一般会怎么选择搜索结果页中的宝贝。

买家视角——买家点击要素排序分析

小E是一个资深淘宝买家，她一般只买自己需要的东西，在找到符合需求的宝贝以后，她往往会优先看主图来评价宝贝“好坏”。其次，她会选择销量好的宝贝，她认为买的人多，说明这件宝贝受人认可，潜意识里也会觉得这款产品质量好。最后，在主图和销量都符合她的预期情况下，再比较价格，点击进入购买。如果你作为买家，下图中你选谁?

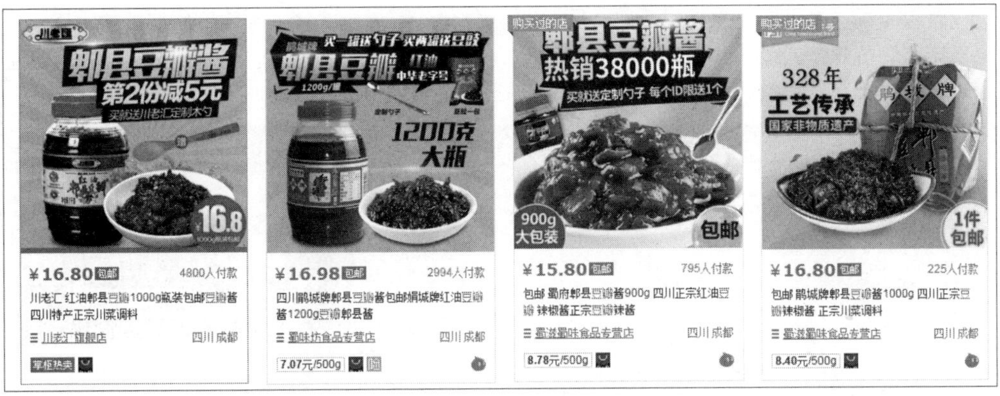

综合以上所述，再通过笔者在一次淘宝读者群体里的统计，基本上可以确定影响买家点击的要素有三：主图第一，销量第二，价格第三。

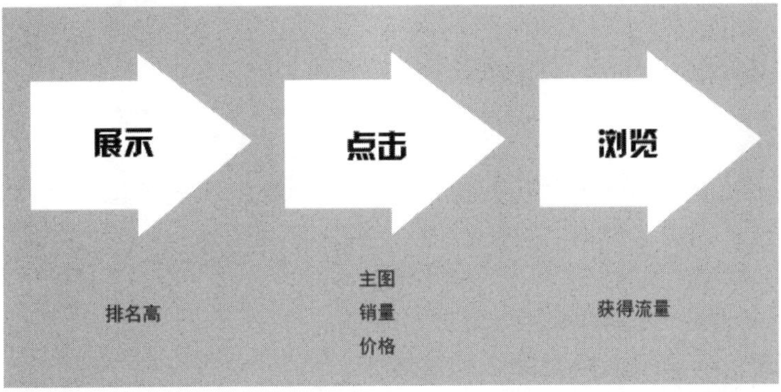

关于主图，请参考上一章节内容，通过第一视觉决定好恶是大多数人的购物习惯。

影响点击的另一个因素就是销量，因为很多买家都存在从众心理，认为都愿意购买的一款宝贝，就证明这款宝贝被认可，经过了市场的检验。好比大多数人都喜欢去人多的饭馆吃饭。

在做好主图优化的同时，要适当提高店铺销量，两者相辅相成才能获得更多点击流量。

在主图、销量都较好的情况下，设置一个合理的价格将很有助于流量提升。

开店必知——真正的性价比不是炒高价格

虽然绝大多数人不会将价格因素作为主要决定原因，但也希望能更便宜的买到商品。主图销量都有优势的情况下，价格更有优势不是更好吗？

8.1.4 必知！如何监控淘宝流量

生意参谋是阿里巴巴全新打造的阿里商家统一数据平台，面向阿里、淘宝、天猫商家提供一站式、个性化、可定制的商务决策体验。生意参谋集成了海量数据及店铺经营思路，不仅可以更好地为商家提供流量、商品、交易等店铺经营的数据披露、分析、解读、预测等功能，还能更好地指导商家的数据化运营！

作为淘宝卖家来说，无论是新品上架，SEO优化，直通车优化，都需要用到这个工具。可以直接在浏览器输入https://sycm.taobao.com打开登录，也可以在卖家中心的“营销中心-生意参谋”打开，如下图所示。

生意参谋有以下核心功能。

- **首页**：店铺核心关键数据一目了然。
- **实时直播**：可以查看当天店铺的所有流量来源、销售数据、访客数据等。
- **经营分析**：可以自定义时间查看店铺流量、商品交易、营销效果等店铺经营分析数据。
- **市场行情**：此为付费功能，可以提供全方位的行业相关数据分析，帮助大卖家更好地把握市场动态。
- **自助取数**：自助获取店铺经营数据，随时随地，想查就查。
- **专题工具**：包含一些实用数据小工具，如选词助手、商品温度计等，可以帮助卖家更好地掌控营销效果，部分工具需要付费使用。
- **数据学院**：这里有非常详细的生意参谋使用指南，卖家们都可以在这里找到答案。

开店必知——生意参谋的前世今生

早前淘宝的数据统计主要由免费的量子统计和付费的数据魔方负责，2015年为了有效整合数据，淘宝逐步关停了这两个平台，将所有数据全部转移到新的产品——全新的生意参谋身上。

1. 首页

在生意参谋首页中，包含了常见的淘宝卖家数据统计，下图所示为经营概况列表。

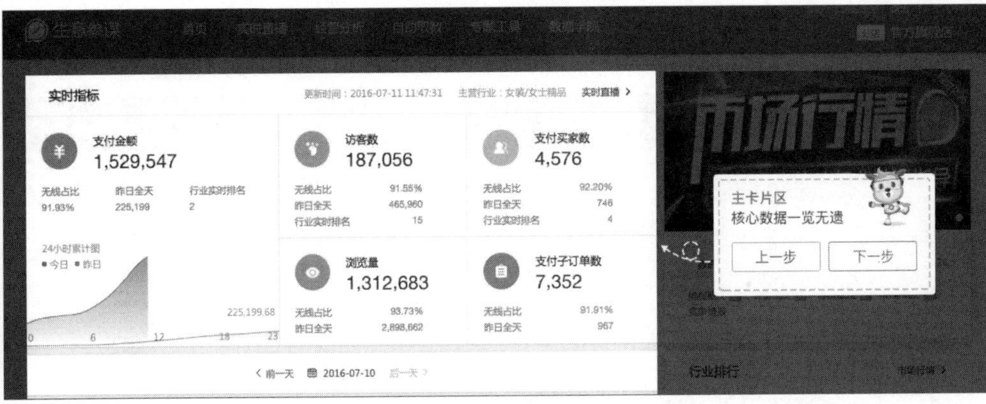

● **实时指标：**当前访客数、支付金额、支付买家数。

● **实时排行：**显示当前店中宝贝的访问排名，有助于针对性地进行推广。

● **行业排名：**在同行业中，自己店铺的总体排名（按交易排名）。

● **经营概况：**显示了店铺当天经营总体状况。包括支付金额、客单价、转化率等。

● **流量分析：**全面分析店铺当前流量来源构成，浏览量、停留时间、搜索关键词等。

● **商品分析：**对店铺中商品的销售数据进行分析。包括收藏和销量排行等。

● **交易分析：**对店铺下单、支付、售后的交易中商品进行全面分析报告。

● **市场行情：**显示7天内同行业相关店铺、商品的排行以及热搜关键词。

2. 实时直播

实时直播，比较实用的功能，能够第一时间了解当前访客数，访客来源，受欢迎宝贝的信息，依次介绍如下。

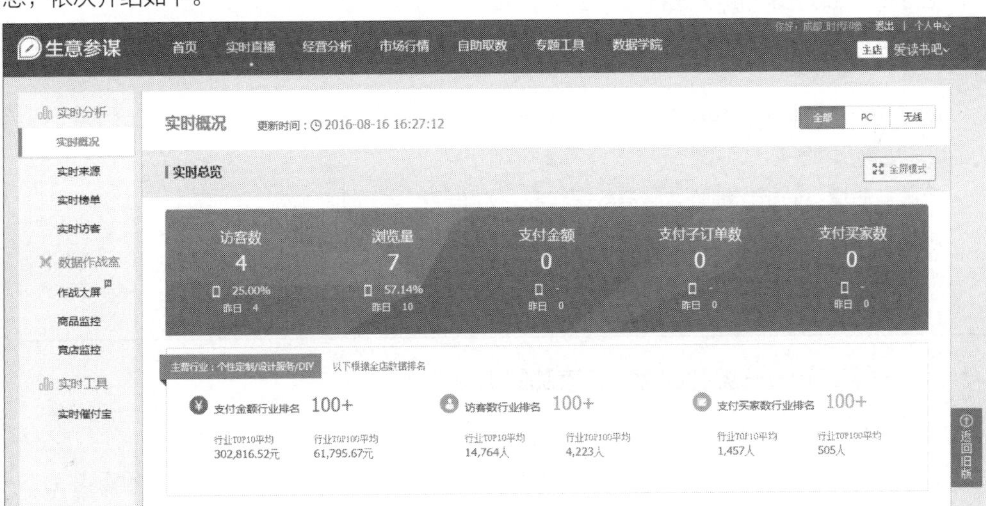

● **实时分析：**提供店铺实时数据分析，包含实时概况、实时来源、实时榜单、实时访客。

● **数据作战室：**针对付费卖家提供高端定制数据。

● **实时工具：**测试工具区，目前只提供了一个“实时催付宝”，可以让卖家直接对买家发出确认付款提示。

3. 经营分析

经营分析板块主要针对店铺本身进行分析统计，帮助诊断店铺症状，如下图所示。

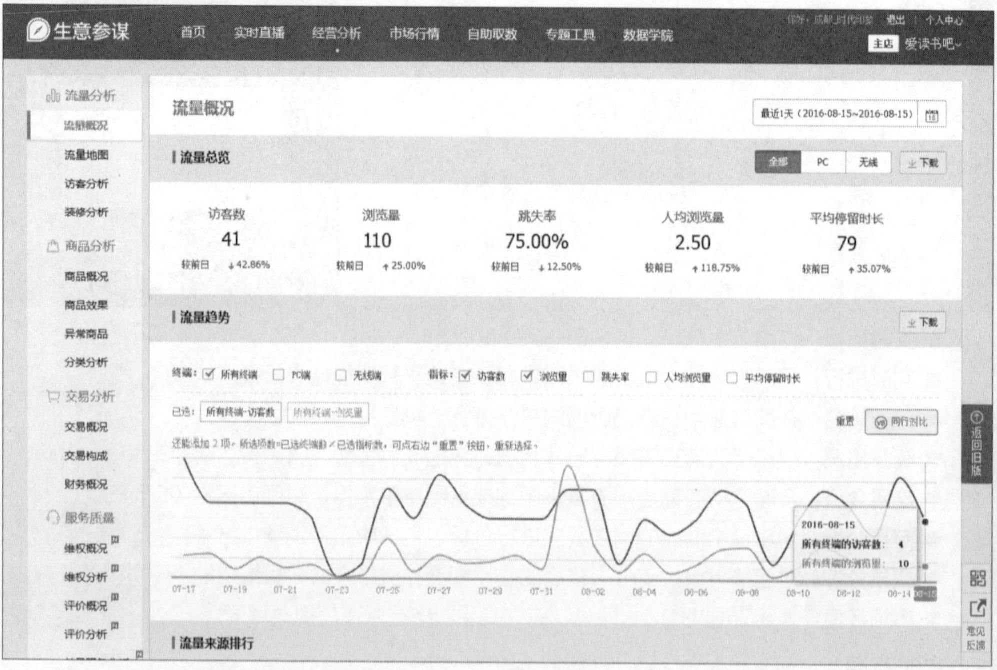

● **流量分析**：提供整店流量的相关数据分析（含装修效果），帮助卖家更好地了解流量来源，还能够对点击进来的访客进行综合分析，是进行各种推广活动的得力帮手。

● **商品分析**：对店铺商品进行综合分析，帮助卖家找到宝贝出售推广中的各种问题，提高转化率。

● **交易分析**：针对店铺所有交易数据提供详细分析报告，帮助卖家找到销售环节问题，提高售前售后服务。

● **服务质量**：分析店铺整体服务数据状况，如维权指数、评分概况。

● **物流分析**：提供物流发货情况数据分析报告。

● **营销推广**：营销推广包含营销工具，帮助卖家快速推广。

> **开店必知——臃肿的淘宝，凌乱的工具**
>
> 淘宝现在内容比较多，很多内容会重复出现在不同的产品中，如店铺营销中心、装修中心，这里的营销推广栏目下都有各类营销工具，新手容易分不清楚。建议用纸笔记下来，熟悉以后，选择擅长的操作即可。

4. 市场行情

市场行情（需付费）提供PC、无线、淘宝、天猫、全网等多维度的数据展现，让卖家可以针对同行进行更详细更全面的分析，做到知己知彼百战百胜，如下图所示。

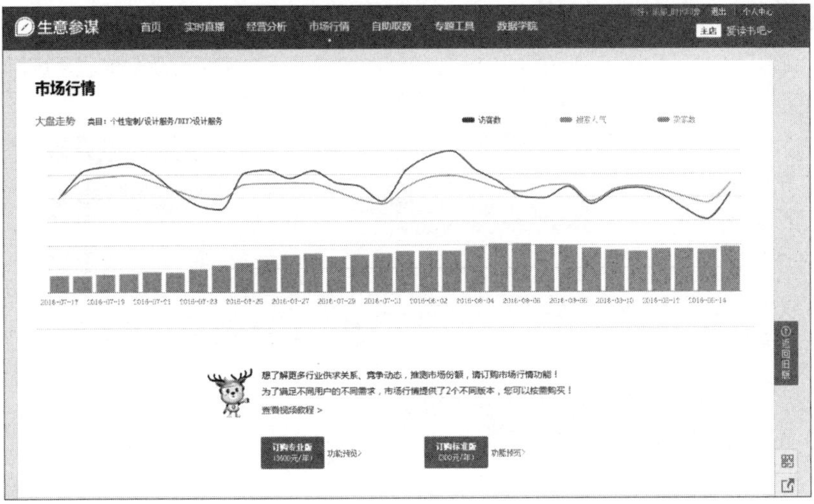

5. 自助取数

自助取数功能类似REP管理统计软件，自动生成相关报表供卖家或者店铺运营者查看，如下图所示。

6. 专题工具

专题工具，这些工具都比较实用，其中“选词助手”可以帮助你筛选关键词，“商品温度计”可以自动分析当前单品的优劣程度，大幅节省人力。如果店铺单品少，用前面所讲的工具去分析。

7. 数据学院

数据学院，包含了众多店铺数据的分析、统计的教学课程，卖家可以在这里系统学习相关教程，如下图所示。

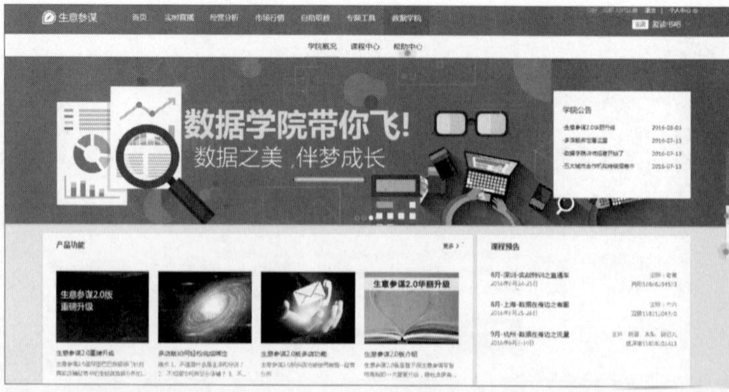

生意参谋标准版所有淘宝商家都可免费使用，部分高级功能则需要在服务市场单独订购。如单品分析，竞争情报等，如下图所示。

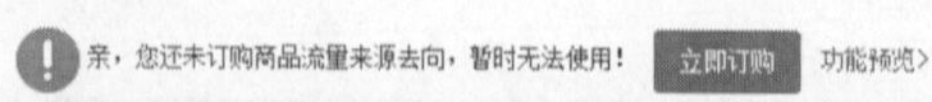

卖家经验——淘宝排名的秘密

宝贝的“权重”越高，排名就会越高。那么在淘宝中，哪些因素会影响“宝贝”的权重呢？有很多方面，也很复杂，或者说没有官方的统一答案。把淘宝大卖家公认的一些影响“权重”秘密分享给大家。

（1）完整的宝贝信息。

在发布宝贝时，要熟读淘宝规则，按照提示正确输入相关信息，保证标题无违规，商品描述正确，商品属性填写完整，商品标题和相关属性越匹配，就越有可能增加权重。

（2）宝贝下架时间。

现在的排名机制虽然没有以前重要，但是在综合排名系统中起着一定作用。离下架时间越短，排名越靠前，也是比较公平的一种因素，无论大小卖家下架时间都是一样的，只是发布时间段的不同。

（3）宝贝橱窗推荐。

例如，在一个大商场里会有很多家店，买家从过道里走过，通过卖家的橱窗能看到的产品，就是橱窗推荐的产品。店家会把最受欢迎的产品放在橱窗推荐的位置，这样能够吸引买家进店浏览及购买其他产品。淘宝店铺的橱窗推荐也是这个作用。当买家在淘宝首页搜索或者根据类目来选择时，橱窗推荐宝贝会优先展现出来。

（4）店铺消费者保障。

现在的默认排序，是否参加“消费者保障协议”对大部分类目，都很重要。如果没有参加“消费者保障协议”，这些商品会排在参加“消费者保障协议”商品的后面。淘宝搜索最直接的用户是消费者，为了保证消费者的利益，淘宝鼓励网店参加“消费者保障协议”。

卖家经验——淘宝排名的秘密（续）

（5）宝贝成交量。

成交量越大的宝贝排名越靠前，同等交易量的情况下，交易金额大的宝贝排名高于交易金额小的。

打开淘宝网，输入一个关键词，排在前面的大都是销量好的商品，偶尔会出现销量不太好的商品，但是从趋势上看，销量为主。这也就是现在很多店铺都有一款产品销量好的“爆款”，目的之一就是为了这个“排名”。

（6）宝贝点击率。

权重高，排名才高，排名高才有展现，只有展现高才会有点击，点击影响“权重”。淘宝中很多东西都是相辅相成的，权重影响到点击，但是反过来说，点击率也影响“权重”。越高的点击证明宝贝越受欢迎，淘宝也乐于为这些宝贝“加权”。

（7）宝贝转化率。

宝贝转化率将在下一章节中着重介绍，越高的转化率将会获得越高的“权重”。从搜索角度，转化率高的宝贝比点击率高的宝贝更受淘宝“器重”。这种高转化的宝贝才是买家真正喜欢，愿意购买回去的东西。

（8）浏览停留时间。

宝贝被浏览时间越长，证明越受欢迎，这类宝贝也有可能被加权。

（9） 好评和动态评分。

无论是短期还是长期经营，100%好评对任何一个卖家都是至关重要的，为了以后的经营，尽量做好自己的每单生意。

除了好评率高以外，动态评价对搜索排名的影响也很大，所以在关注好评的同时，要尽量获得更好的动态评分。

（10） 旺旺在线和相应时间。

淘宝越来越重视顾客的体验，旺旺经常不在线，买家到了你的店铺，却找不到客服询问，这样的流量就是浪费。还不如分给别的卖家，因此这样也会影响排名。

除了旺旺在线以外，对顾客的回应时间也会作为淘宝的相关数据采集参考，所以要做到快速回答买家问题。

（11） 店铺信誉等级。

现在店铺等级排名对店铺信誉影响没有以前大，因为这对新卖家不是很公平。新开店的淘宝卖家在开店初期能获得淘宝的扶持机会，所以在开店后应该加紧宝贝上架和店铺装修工作。

（12）店铺和宝贝收藏人气。

宝贝被收藏越多，证明喜欢的顾客越多，也说明该宝贝在未来可能会发生交易，淘宝排名为了更好地促成交易，就有可能潜在的为收藏多的宝贝加权。

（13）综合售后服务。

随着淘宝的搜索规则越来越完善，淘宝对售后服务好的店铺有相应的加成，而一些售后服务差，经常有退款、投诉纠纷的商家，则可能被降权，被搜索到的概率也会大大降低。

（14）淘宝的收费服务。

淘宝的收费服务有很多种，例如，旺铺、消费者保障协议、直通车、商城卖家。使用这些付费的服务或者工具也有可能影响宝贝的人气排名！

开店必知——开店过程中避免宝贝降权

淘宝对排名没有公开化，但对降权有一整套程序，稍有不慎就可能被降低权重，被降权的宝贝一般会排名靠后，甚至被默认隐藏，而搜索不到。影响宝贝降权的主要因素有：重复铺货；虚假交易；偷换宝贝；宝贝信息不一致；乱用关键词；错放类目和属性；发布广告商品；商品邮费、价格严重不符；标题、图片、描述等不一致。

8.2 提高淘宝排名，拉动宝贝销量

上面介绍了关于权重、排名的一些因素，接下来介绍一些提高权重，提升宝贝排名的方法。

8.2.1 淘宝SEO解析

淘宝网中有数量众多的商品，但每页搜索的结果都只能展示几十款商品，也只有当商品排名靠前时才容易被买家看到，获得比较大的曝光率，而通过淘宝SEO，科学地提高宝贝权重，可以大幅度提升宝贝排名，增加宝贝展现的机会。

SEO(Search Engine Optimization)，中文含义为搜索引擎优化,是互联网中较为流行的网络营销方式，主要目的是通过特定手段来增加网站的搜索排名，进而增加销售的机会。

而淘宝SEO优化，就是指通过各种手段（标题优化、类目优化、属性优化、上下架时间、活动优化等），对淘宝特定商品进行权重优化，提高宝贝权重，让这个被优化的宝贝排名靠前，更容易被买家搜索到，从而增加商品曝光率和点击率，如下图所示。

开店必知——淘宝SEO优化

现在很多所谓的高手、淘宝大导师，一提SEO，就生搬硬套说淘宝SEO就是关键词优化、标题优化，是不准确的，SEO不是特指某一样，而是多重手段结合产生的一种排名优化方案，其中标题优化是比较有效的一种方法。

8.2.2 如何优化宝贝关键词

上一节简单介绍了宝贝发布中，标题的取名方法，在本小节将介绍如何通过30字的标题组合优化，来达到提高宝贝排名的目的。

1. 标题优化的秘密

SEO的作用，就是提高产品的流量，而标题优化，实际上是没有增加权重的。但是它有可能间接提升宝贝的展现渠道。

标题优化的主要作用，是增加某个宝贝被搜索到的概率，增加更多的宝贝展示机会，如一个标题可能只有10个人搜索，优化好标题，可以被50个人搜索，这就是标题优化的作用。

买家视角——从买家角度看问题

在淘宝中，每个买家搜索商品时，所使用的关键词都不一样，如买家A和B都是女孩，都想找秋冬季节的“风衣”商品，其中买家A搜索“2016新款风衣”，买家B搜索“新款修身风衣”，那么得到的结果是完全不一样的。

由上可见，为商品选择关键词，影响到商品在淘宝中的展现机会，为了能够更好地让买家搜索到你的商品，你的关键字就必须在商品标题中体现出来。

如果标题优化成“2016新款修身风衣”，那么如上所述的买家A和B都有可能看见该商品，这就是标题优化的秘密。

卖家经验——一失足成千古恨

标题的优化很重要，稍有不慎，就前途尽毁，如两个关键词“清仓皮鞋”和“专柜皮鞋”，感觉差别不大。

实际上，两者的购买人群完全不一样，一个定位低端，一个定位高端，卖50的皮鞋，买专柜鞋的人会购买么？反之，想买低端鞋的，会关注你卖高端专柜皮鞋的吗？

2. 卖家如何确定淘宝关键词

作为合格的淘宝卖家，SEO是必须过关的内容，而要优化SEO，关键词是比较重要的内容。所以找到最合适的、利用率最高的关键词至关重要。一般而言，可以通过以下途径收集关键词。

（1）主搜索栏下拉列表（免费）。

在淘宝主页面的宝贝搜索栏中，输入“T恤”，在下拉框中可以找到其他相关联的很多的关键词。如“T恤 男 短袖，T恤 男 短袖 韩版，T恤 女，T恤 男”等，每个关键词的后面都标有搜索到的件数，这种搜索数量越多的关键词，就是最理想的优质热搜关键词，如下图所示。

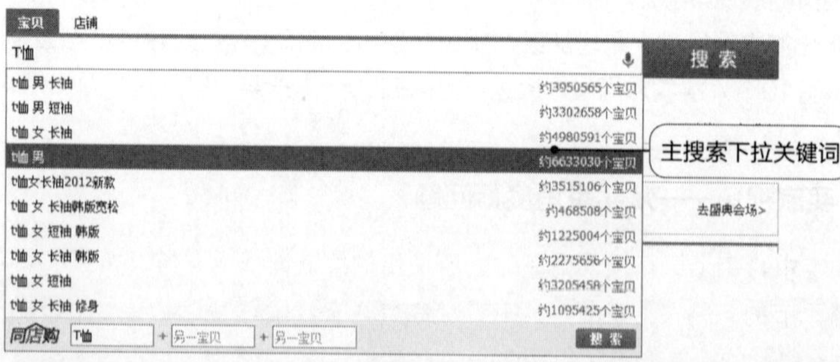

除此之外，在搜索框下方，也会显示一些比较热门的关键词，如下图所示。这里的关键词是系统推荐，主要由淘宝排行榜提供。

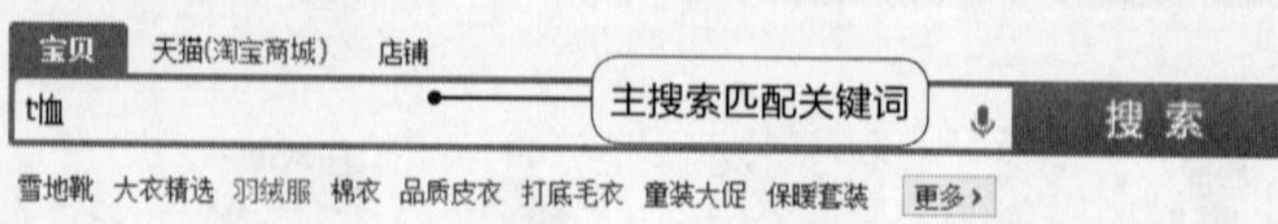

（2）淘宝类目属性词（免费）。

淘宝相关类目属性关键词，如品牌、领型、材质等属性词，是能够加权的关键词，如果这种关键词和宝贝相关联，就可以更好地帮助卖家获得类目点击流量。

一般在搜索结果页，宝贝发布页等地方都可以找到这些相关关键词，如下图所示。

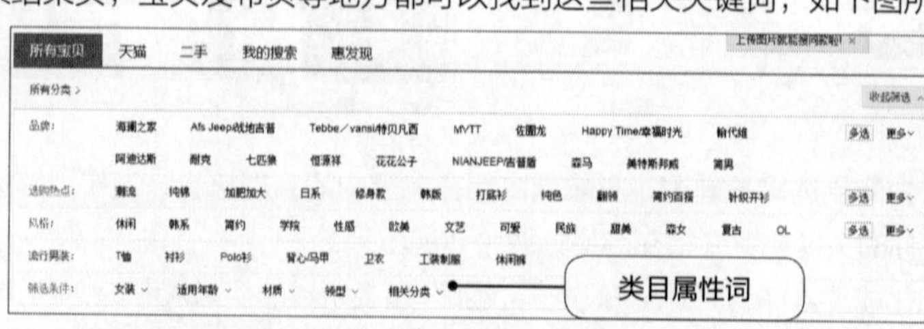

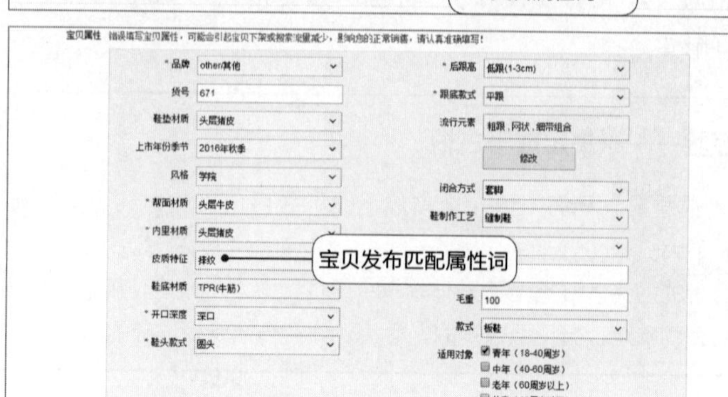

卖家经验——重要的类目关键词

属性词与宝贝紧密相连，搭配得好会有加权效果，反之则会降权、下架，甚至被扣分处罚。

（3）分类结果页自动推荐（免费）。

在打开的搜索结果页面中部位置，会显示淘宝推荐的相关关键词，这些也属于优质的关键词，如下图所示。

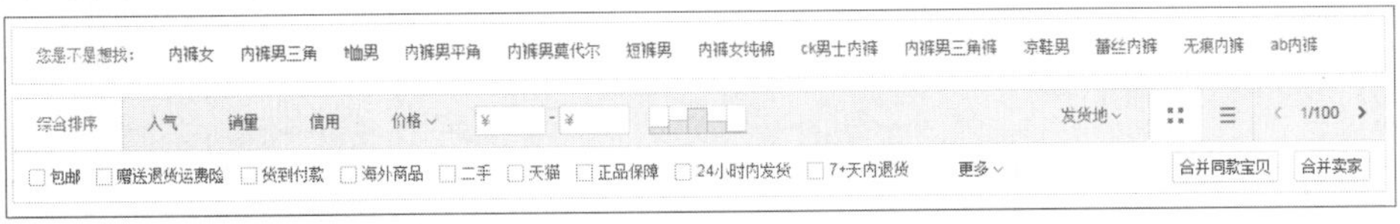

（4）淘宝排行榜（免费）。

淘宝排行（https://top.taobao.com），列举了时下流行的一些搜索关键词，如下图所示。

（5）阿里指数（加入收费）。

阿里指数是阿里巴巴出品基于大数据研究的社会化数据展示平台。基于阿里大数据，大多数人可以通过上面的数据分析来进行市场调研或者推广，淘宝卖家，则可以利用上面的热搜词来搭建关键词库，如下图所示。

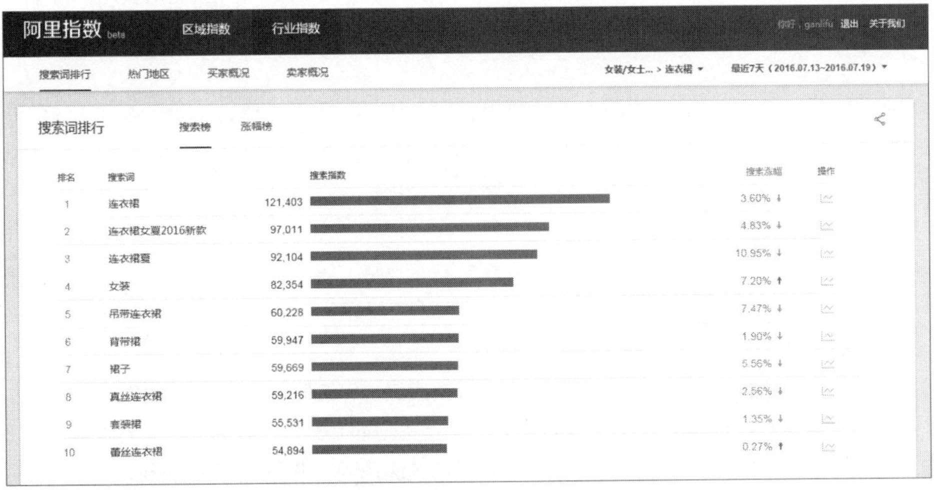

（6）直通车关键词查询（加入收费）。

要加入直通车，需要提交500元押金，加入以后就可以免费使用“流量解析”工具，对淘宝的关键词进行分析提取，如下图所示。还可以查询热门的关键词标题。

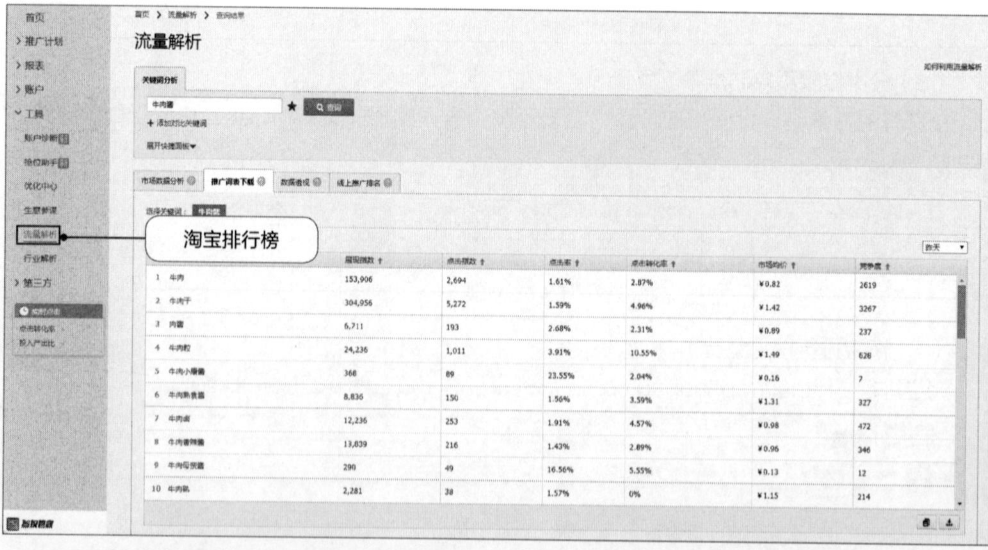

（7）生意参谋（部分内容免费）。

生意参谋是淘宝的一款免费数据统计工具，其“专题工具”下的“选词助手”是标题优化的利器，不但能帮助卖家获取关键词，还能够帮助卖家辨识关键词的优劣程度，如下图所示。

行业相关搜索词　日期　2016-07-19~2016-07-19　指标

搜索词	全网搜索热度	全网搜索热度变化	全网点击率	全网商品数	直通车平均点击单价	操作
t恤	70,501	↑0.12%	106.08%	32,528,125	0.67	☆收藏
韩版t恤	379	↑19.94%	295.51%	9,482,209	0.53	☆收藏
新款t恤	190	↑13.77%	505.26%	12,915,922	1.61	☆收藏
时尚t恤	135	↑10.66%	251.85%	3,634,239	0.31	☆收藏
外贸t恤	64	↑28.00%	570.31%	572,524	0	☆收藏

（8）其他。

淘宝服务市场，有很多第三方开发的关键词查找工具。这些服务大多是收费的。

购买本书提供一款逐鹿免费淘宝关键词工具，只需在本书配套光盘中找到免费安装包，即可快速上手使用。该工具提供多重找词方法，能够帮助快速找词、选词，如下图所示。

通过查找优质关键词，结合属性词，长尾关键词等进行优化组合，能够创造出专属于店铺的，个性的，能够吸引更多流量的标题。

3. 选择适合商品的好词

通过前面的找词方法，可以搜集并整理出一套词库。但是，并不是所有热门词都适合，特别是新手，店铺权重较低，很多热门词并不适用，因此选择适合的词汇至关重要。

如下几种词汇适合新手卖家。

- 搜索指数大（有人搜索就有流量）
- 宝贝数量少（竞争没那么高）
- 点击率高（流量比较精准）

找到符合以上3点的词，就可以作为核心关键词。

通过卖家中心进入“生意参谋”，单击最上方的“专题工具”，在左侧单击“选词助手”，如下图所示。

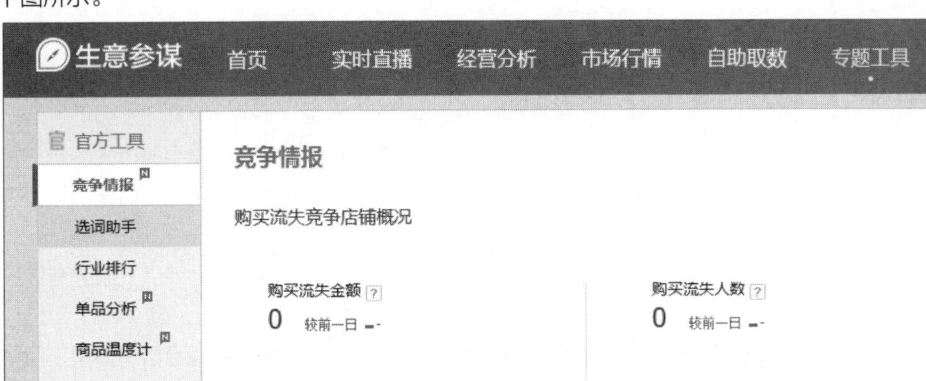

切换到“行业相关搜索词”，然后在这里输入想要的关键词，单击“查看”按钮，如下图所示。

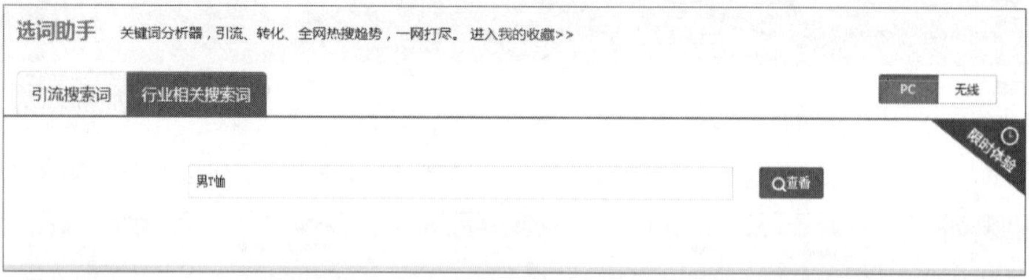

仔细观察第一页中的相关搜索词，以“潮男T恤”和“韩版T恤”为例来进行解析，如下图所示。

行业相关搜索词　日期　2016-07-19~2016-07-19　指标　下载

搜索词	全网搜索热度	全网搜索热度变化	全网点击率	全网商品数	直通车平均点击单价	操作
t恤	70,501	↑0.12%	106.08%	32,528,125	0.67	收藏
t恤男短袖	5,682	↑5.73%	91.53%	10,057,650	1.35	收藏
男t恤	3,908	↓2.40%	162.38%	12,491,378	1.01	收藏
潮男t恤	492	↑3.58%	216.87%	1,123,332	1.18	收藏
韩版t恤	379	↑19.94%	295.51%	9,482,209	0.53	收藏

< 1 2 … 5 下一页 > 共5页

- **潮男T恤**：全网搜索热度为492，点击率为216.87，商品数量为1123.332。
- **韩版T恤**：全网搜索热度为379，点击率为295.51，商品数量为9482.209。

综上所述，“潮男T恤”搜索的人数比“韩版T恤”高，证明有流量来源保证；而点击率稍微比“韩版T恤”弱，但是仔细观察商品数量，“韩版T恤”有9482.209，比“潮男T恤”1123.332多了好几倍。

同样两个词，选择商品少的、流量多的，点击率高的，综合来看肯定“潮男T恤”更有优势。

8.2.3 合理安排上下架时间

淘宝有个规则，默认状态下，商家所销售产品中，越接近下架的宝贝比平时优先展示。在这种条件下，无论你是新开店铺的掌柜，还是皇冠金冠的大卖家，都能够公平地让自己的宝贝下架之前尽可能多地展示给买家。

因此在淘宝开店，商品上架的时机选择非常需要技巧，并不是随便地把商品上架到商铺，而是应该掌握人们上网时段的“高峰期”，让商品在“上网高峰期”上架。

淘宝默认下架周期是7天，也就是当前上传的宝贝，在7天后的同一时间会自动下架，而在下架之前，这个宝贝会大幅度提高权重，拥有较好的显示位置。因此，让店铺中的宝贝在7天内均匀发布，那么在下周的7天内，基本上每天都会有下架商品，每天都有较好的免费流量。

开店必知——关于循环自动上架

淘宝下架宝贝时间到期后，会自动上架，无须手工操作上架，因此做好宝贝下架优化，后面可以循环使用这个技巧来获得更多流量。

淘宝网购物是有时间段的，不同的时间段有不同的网络流量。一般每日11:00-17:00，19:00-23:00这两个时间段是上网人流量最大的高峰期，具体流量高峰可以参考下图。

如10月1日，星期一，在当日15：00上架的宝贝，会在7天后的下周一，也就是10月8日15:00之前，拥有最高的排名，最多的展示。

在当天的几个高峰时间段，每个时间段安排几个宝贝上架，在第二天的每个高峰时间段同样安排几个宝贝上架，一直重复一周，保证每天高峰时间段都有宝贝上架。那么从下周一开始，每天都有几个高流量的宝贝引流。

开店必知——不同种类商品分开发布间隔

在同一时间上架的商品最好是不同种类的商品，这样商品有更多的机会展现在更多的买家眼前。这样做需要在上架前把宝贝做好分类。

如果当天全部发布T恤，明天全部发布连衣裙，后天全部发布牛仔裤。那么T恤在第一天有曝光，第二天，第三天没有发布T恤这类的宝贝，这个分类下的商品在这两天时间中就没有排名靠前的商品，买家就会捕捉不到，这就浪费了两天能够得到免费流量的机会。

把握“黄金时段”上架是被很多店主容易忽视的细节，从而会影响店铺流量，而用好这个技巧，却能为店铺带来更大的流量。

8.2.4 合理推荐商家的商品橱窗

在淘宝开店，可以上传任意数量的商品，几百个甚至上千个。但橱窗推荐位每个卖家都只有固定的数量，每一个被推荐上橱窗的宝贝排名将会提前，更多地展示在淘宝的搜索页。

所以卖家要达到搜索流量的最大化，要利用好每一个橱窗位，不要让橱窗位空出来浪费资源。要把这个最基本的橱窗资源利用好，然后再进行其他的付费推广方式。

哪些宝贝适合做橱窗推荐？笔者研究发现，新开的店铺两个同时要下架的商品，被推荐的商品明显展示在最前面，而没有被推荐的快下架商品，则排名落后很多，甚至不会被顾客发现，因此，尽可能地让橱窗推荐位去推荐你将要下架的宝贝，这样将能获得更多免费的流量。

进入淘宝卖家中心，单击“宝贝管理”下的“出售中的宝贝”按钮，如下图所示。

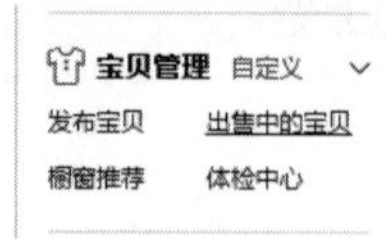

勾选要设置橱窗的宝贝，单击上方的“橱窗推荐”按钮，如下图所示。

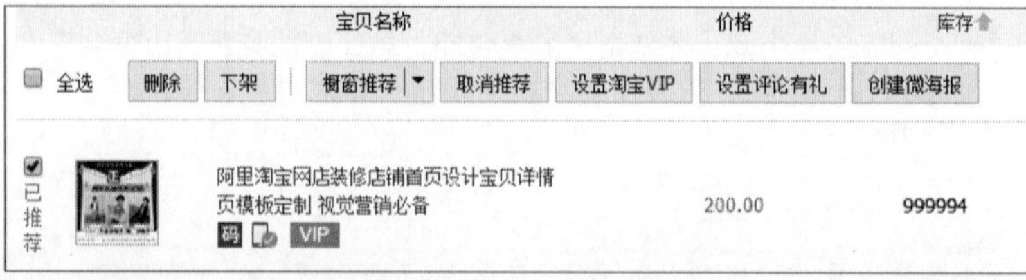

还可以直接打开淘宝助理，选择宝贝，单击“扩展信息”，再勾选“橱窗推荐”后发布上传即可，如下图所示。

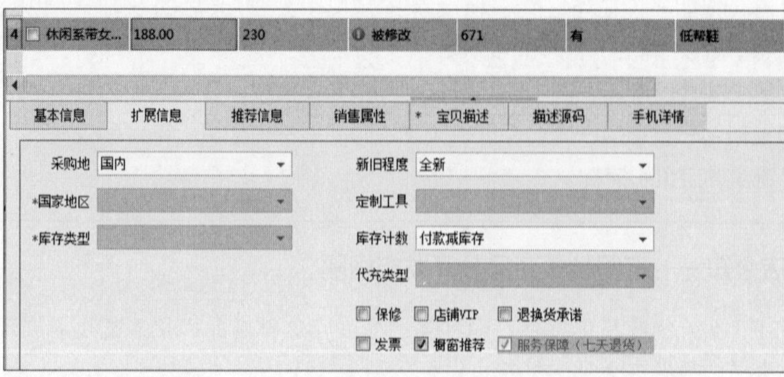

淘宝橱窗并不是无限制的，根据不同店铺等级，拥有不同的橱窗位个数，一般新店大概25个，具体规则如下图所示。

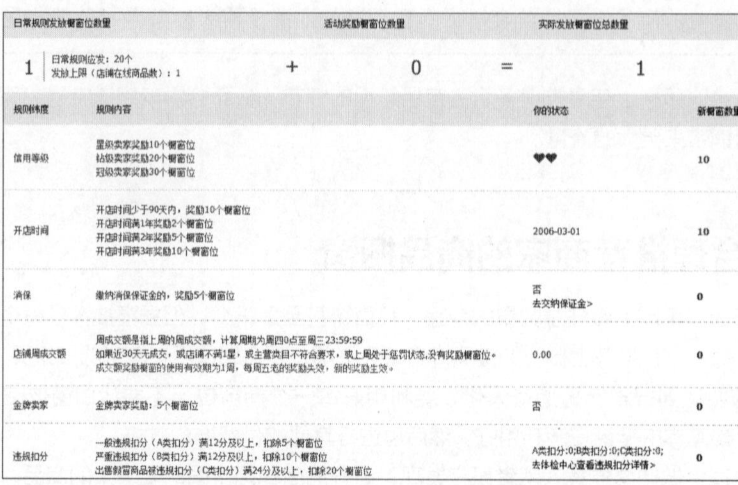

淘宝网店利用橱窗推荐具有很强的灵活性，可针对自己店铺的情况酌情使用，充分了解橱窗推荐的性能，做到活学活用，合理地利用橱窗推荐会给网店带来意想不到的收益。

卖家经验——轻松为新宝贝搞点收藏/流量

前面已经介绍了宝贝排名的秘密，其中的流量和收藏虽然目前对于宝贝权重的影响并没有以前那么高，但是聊胜于无。而且通过增加收藏，还能让买家感觉当前宝贝很受人欢迎，可以潜在增加宝贝的转化率（转化率介绍参考下一章节的内容）。

下图的这个宝贝是我们刚上传的宝贝，左下角显示收藏宝贝人数为1，为了让它看上去有更多人关注，因此有必要提高此商品收藏量，如下图所示。

如果你的朋友够多，可以直接发送宝贝让朋友收藏，也可以使用本书配套光盘中介绍的收藏工具来进行操作。具体操作步骤如下。

1. 打开软件后登录，单击“淘宝收藏”，然后再单击“发布收藏任务”，如下图所示。

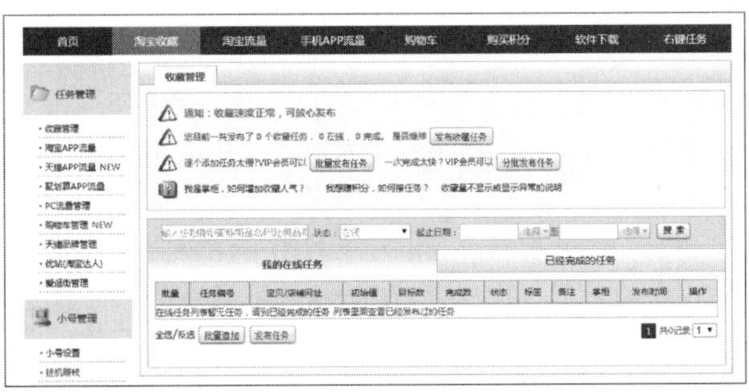

2. 输入要收藏的宝贝地址，软件会自动搜索对应的宝贝名称，填写计划收藏数量，然后单击“发布收藏任务”按钮，如下图所示。

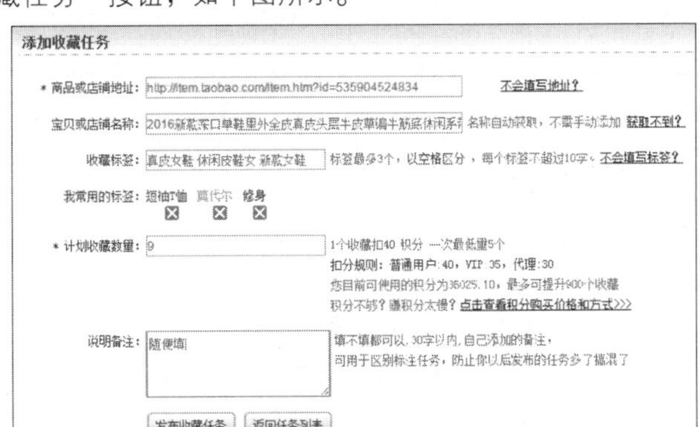

卖家经验——轻松为新宝贝搞点收藏/流量（续）

3. 接着，系统在后台自动完成收藏任务，如下图所示。

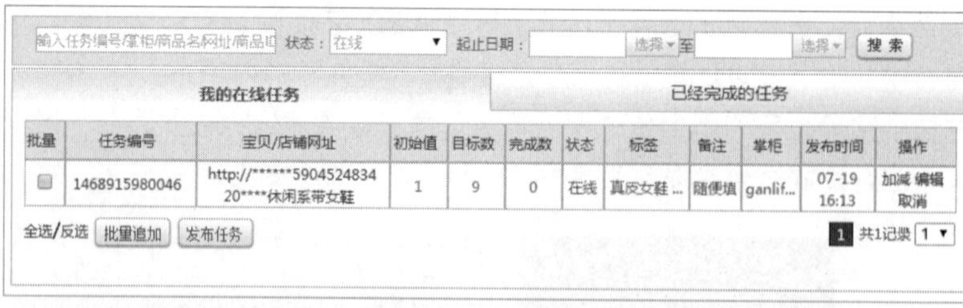

4. 打开宝贝，查看收藏效果，查看是否和计划的一样，如下图所示。

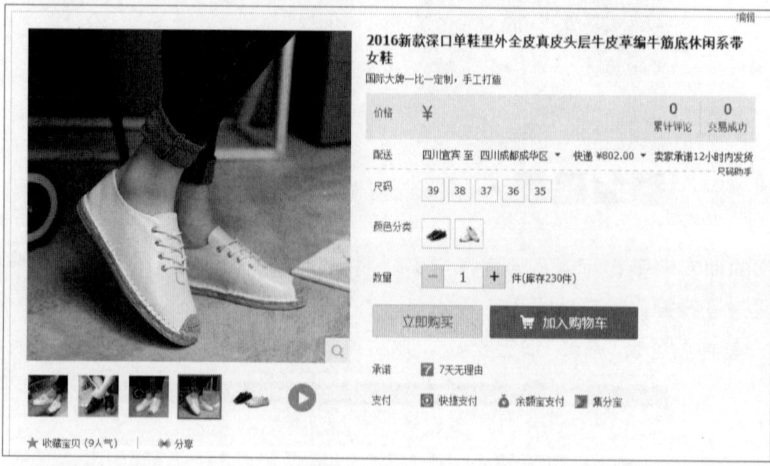

刷收藏好比刷流量，因为一个收藏就证明有一个访问，也就有一个流量，在刷收藏的同时，就把流量刷了。

刷收藏刷流量的作用，主要是让顾客感觉宝贝有人关注，过多的垃圾流量实际没有什么作用，有时候还会造成反作用，所以一般建议新宝贝随便刷点收藏就行，流量无须单独去操作。

除了收藏，还有其他一些可以帮助店铺营销,可以刷一刷。例如，淘宝手机端流量、天猫APP流量、聚划算APP流量、购物车管理、天猫关注任务、优站(淘宝达人)关注任务、爱逛街任务等，均可根据自身情况选择合适的来刷一下。

开店必知——收藏流量的潜在作用

淘宝是明令禁止刷单刷销量的，但是对于流量、收藏这些却没有硬性规定，适当刷一下，可以帮助新宝贝提高品牌认知度。

目前网上有E流量、流量精灵、流量宝等多款软件可以刷淘宝流量，但是功能单一，只能刷流量，其他的收藏、关注什么的就都没有办法了，这里提供一款针对淘宝卖家研发的工具，此工具功能众多，读者朋友可以在本书配套资源中获取使用。

8.3 付费推广神器淘宝直通车

淘宝直通车是淘宝目前付费推广手段中最知名的一种方式，也是最有效的。直通车竞价结果不仅可以在淘宝网以全新的图片+文字的形式显示展示，还可以展现到站外，如网易、搜狐等。

8.3.1 淘宝直通车解析

淘宝直通车是为淘宝卖家量身定制的推广工具（按访客点击收费），实现宝贝的精准推广。淘宝直通车具有广告位极佳、广告针对性强和按效果付费3大优势。这也是目前绝大部分的卖家都在使用的一个工具，直通车能够实实在在地带来流量和成交量，能立刻看到效果，任何店铺都可以使用它进行推广。

1. 什么是直通车

淘宝直通车是为淘宝卖家量身定做的推广工具，让淘宝卖家方便在淘宝站内和站外推广自己的宝贝。淘宝直通车根据宝贝设置的关键词来进行排名展示，然后按照点击扣费。

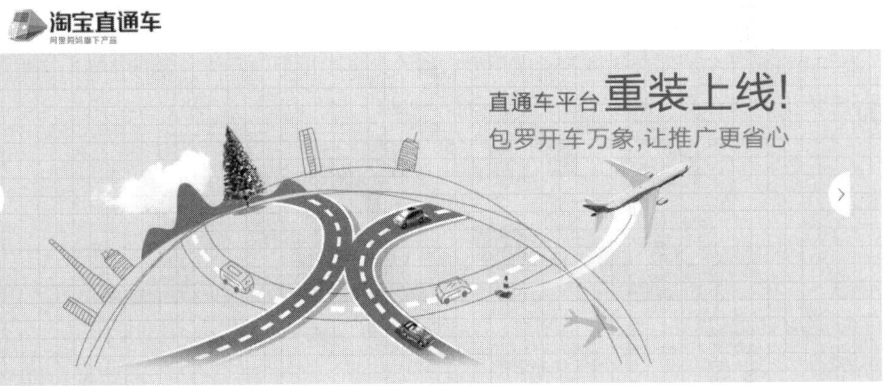

淘宝卖家的每件商品可以设置200个关键字，还可以针对每个竞价词自由定价，价格越高，排名也越高。

淘宝直通车推广原理是根据宝贝设置的关键词进行排名展示，按点击扣费，具体如下。

- 如果卖家想推广某一个宝贝，首先为该宝贝设置相应的宝贝标题（关键词）。
- 买家在淘宝网通过输入关键词搜索商品，或按照宝贝分类进行搜索时，就会展现你推广中的宝贝。
- 如果买家通过关键词或宝贝分类搜索，在直通车推广位点击你的宝贝，系统就会根据你设置的关键词或类目的出价来扣费的。

2. 淘宝直通车功能

淘宝直通车是淘宝最重要的，也是收费较高的一种推广工具，它具有如下图所示的功能，可以为淘宝卖家带来实质性的流量。

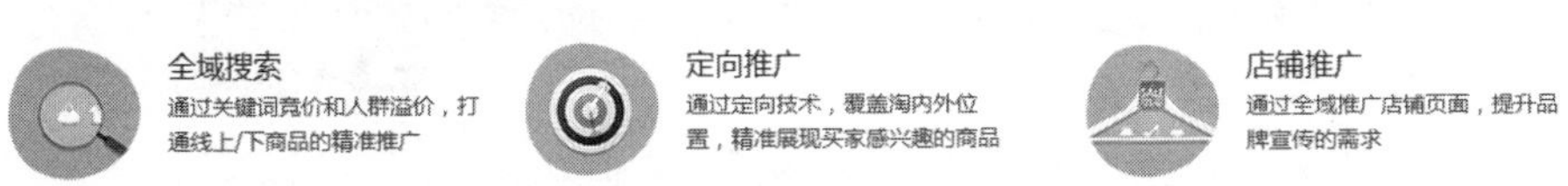

除了以上推广功能外，直通车还拥有如下优势。

● 被直通车推广的宝贝，提高了宝贝的曝光率，能带来更多的潜在客户。

● 只有想买这种宝贝的人才会看到直通车广告，带来的是有购买意向的点击，带来的是有购买意向的买家。

● 直通车能给整个店铺带来访客，虽然推广的是单个宝贝，但买家都会有进入店铺的习惯，一个点击带来的可能是几个成交，这种整体连锁反应，是直通车推广的优势，店铺的人气就逐渐提高。

● 加入直通车后，会有不定期的直通车用户专享的促销活动。

● 在展示位上免费展示，买家点击才付费，自由设置日消费限额、投放时间、投放地域，有效控制花销，合理掌控成本。强大的防恶意点击技术，系统24小时不间断运行，保证点击真实有效。

● 免费参加直通车培训，并且有优秀直通车小二指点优化方案，迅速掌握直通车推广技巧。

3. 广告商品展示位置

淘宝直通车是为淘宝卖家量身定做的推广工具。在淘宝网多处位置显示广告，流量巨大。直通车商品具体展示在哪些地方，也就是广告图片或者信息会在哪里被买家所看到。下面具体介绍宝贝的展现位置。

（1）掌柜热卖广告位。

当买家在淘宝中通过关键词搜索宝贝时，搜索结果中排名前几位，带有“掌柜热卖”标记的宝贝，就是直通车热卖广告位，如下图所示。

（2）搜索页右侧广告位。

当买家在通过搜索或者直接根据宝贝分类查看宝贝时，右侧所看到的宝贝就是直通车广告位。如下图所示，搜索页面右侧的就是直通车展示位。

（3）搜索页尾部广告位。

当买家在通过搜索或者直接根据宝贝分类查看宝贝时，不但在搜索结果页面的右侧有广告展示，在搜索结果页面的下端，也会相应地出现5个广告位。如下图所示，展示在搜索结果页面的下方。

（4）天猫广告位。

天猫直通车的展示位置在商城搜索结果页面的下方，这4个推广位置，显示为“掌柜热卖”，只要是商城客户，并且加入天猫直通车，就有可能在该位置展现。展现的规则与淘宝展现规则差不多，分别是综合排名的第一名到第四名，翻页继续展示以此类推，如下图所示。

（5）旺旺广告位。

淘宝买家登录阿里旺旺时，会自动弹出淘宝“每日焦点”页面，这里的“热卖”频道，大都是直通车广告位置，如下图所示。

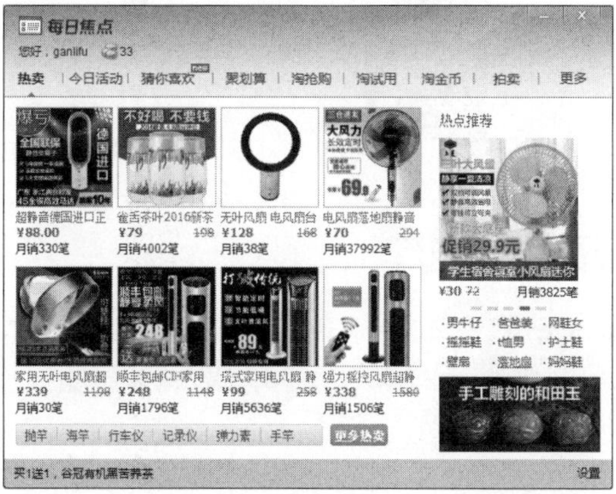

（6）站外广告位。

淘宝直通车站外投放，是淘宝站内推广资源的拓展和补充。为更好地满足客户需求，淘宝直通车联合其他优质网站，将潜在的访客流量引入到淘宝搜索页面和淘宝热卖页面，所有参与直通车外投的宝贝将有机会在这两个页面展现，下图所示为腾讯网首页中淘宝直通车广告位。

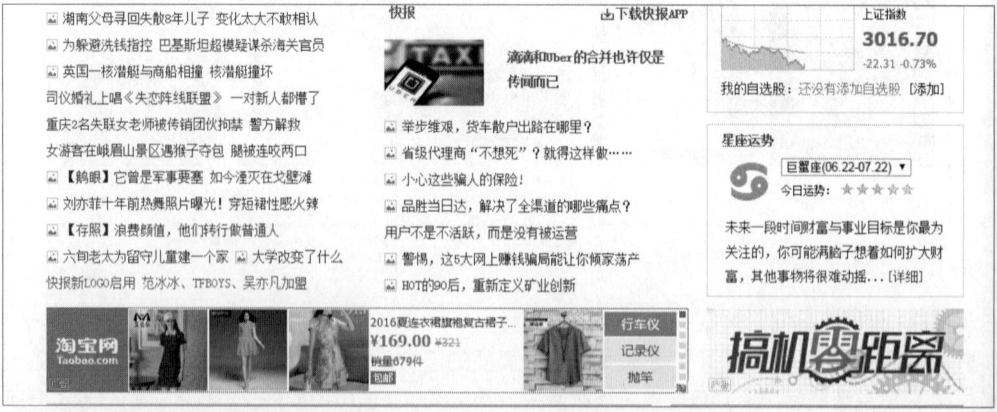

（7）手机端广告位。

手机端展位（无线端的直通车展位）和自然搜索结果混排在一起，其中带有“HOT”标识的即为无线直通车广告位，如下图所示。

8.3.2 直通车开通与推广

目前来说，除了常见SEO操作和刷单外，各大买家最常用的推广方式就是直通车推广。它精准、快捷，展现免费，点击才付费，已经成为淘宝网上成功卖家们的一门必修课。

卖家经验——做好准备再开通直通车

在做直通车这类付费推广前，确保有一定的成交量，好评率，同时优化主图、优化详情页。消除买家顾虑，引导买家下单。

1. 加入淘宝直通车

淘宝直通车的最大优势是让商品从庞大的商品平台数据中脱颖而出，带来更多的人气和流量。怎么加入直通车呢？具体操作步骤如下。

步骤01 登录卖家中心，单击“营销中心”下的“我要推广”，在打开的营销中心页面单击“淘宝直通车”图标，如下图所示。也可以直接打开http://zhitongche.taobao.com。

步骤02 进入淘宝直通车首页后，在页面右边可以看到“账户未激活，请立即充值500元以激活账户!”提示信息，单击“我要充值”按钮对账户进行充值，如下图所示。

开店必知——充值500元开通直通车

第一次开通淘宝直通车，必须预存充值数额大于等于500元，以后的推广费用将会从这500元里扣除。

充值成功后，直通车会通过消息中心、旺旺等提示你加入直通车7天培训课堂，也可以直接打开https://alimarket.taobao.com/markets/alimama/ztcnew学习直通车新手宝典。

2．用直通车推广新宝贝

直通车推广开通包含两类，一类是标注推广，一类是活动推广，活动推广是淘宝天猫做某些活动的时候放出针对直通车的付费广告位。因此，下面着重介绍标准推广方式。

实际应用过程中，可以根据不同的推广地域、推广人群设置不同的推广计划，这就是淘宝的多推广计划。

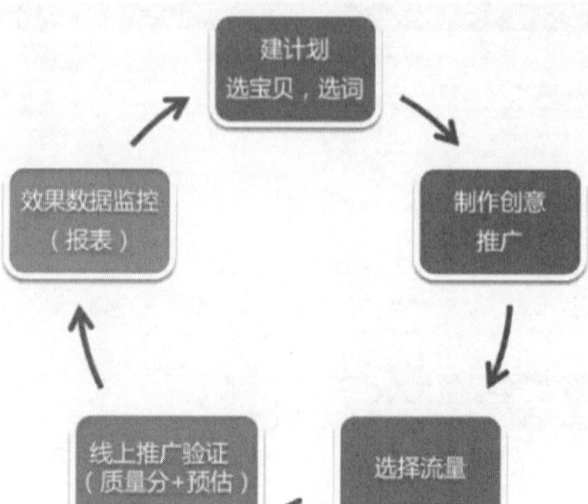

步骤 01 打开直通车首页，在右侧单击“推广宝贝”，如下图所示。

步骤 02 打开“新建宝贝推广”页面，直通车里所有的宝贝推广，都需要在计划里面实现，选择“新建一个推广计划”，也可以单击下方的“默认推广计划”，如下图所示。

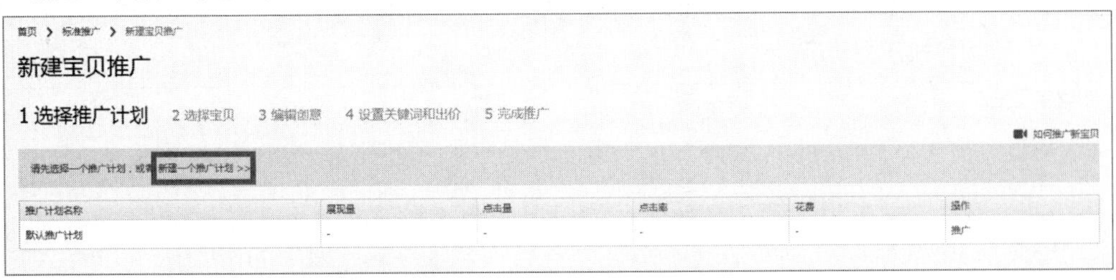

开店必知——新建计划更便于后期推广管理

一般选择新建计划来进行推广，可以更好地查看推广计划。如果店里宝贝少，也可以直接在这里单击“默认推广计划”进行下一步，或者直接在首页单击默认推广计划右侧的“编辑”，然后在里面进行新建宝贝推广。

步骤 03 选择“标准推广”，自定义进行相关的推广设置，单击“下一步”按钮。如果选择“快捷推广”，系统就会自动帮你选择店里的宝贝进行推广。（不建议选择）

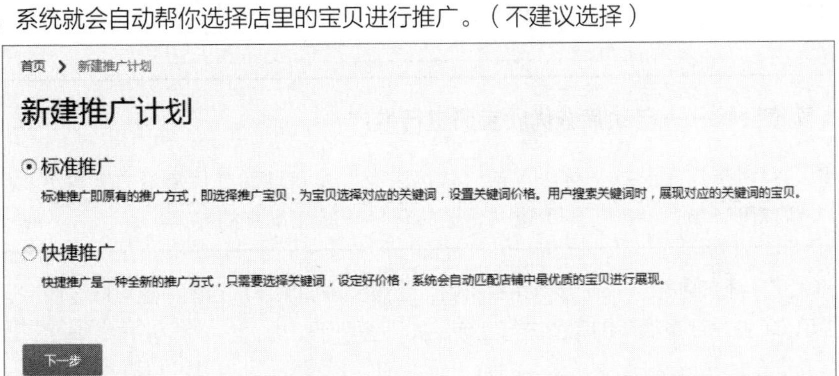

步骤04 输入推广计划名称，一共可以输入28个字符，然后单击“提交”按钮，如下图所示。

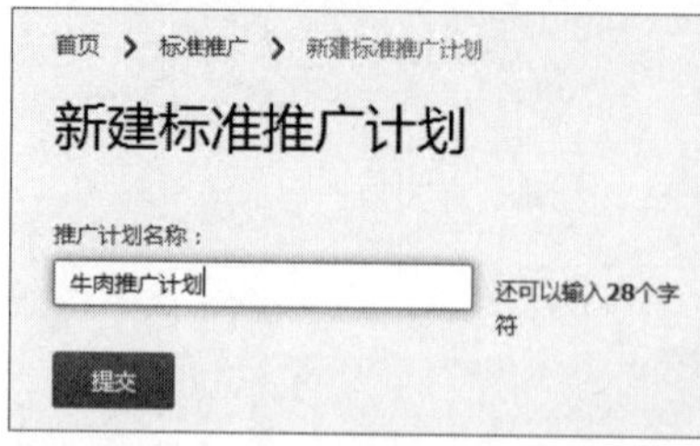

步骤05 接下来提示计划创建成功，单击 “3.在此计划下新增宝贝推广”开始进行宝贝推广，如下图所示。

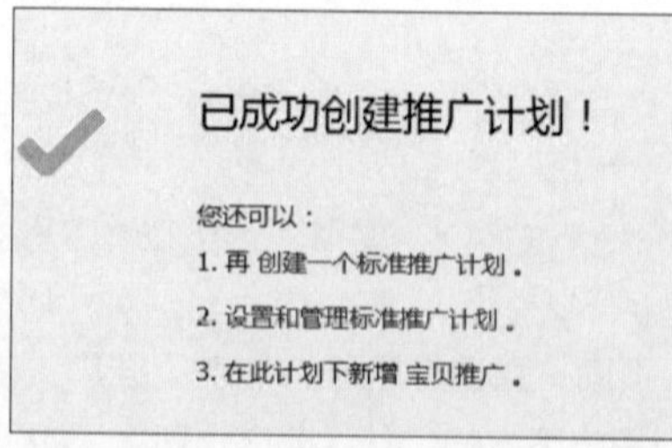

步骤06 进入“1 选择宝贝”，在这里可以自由选择自己店铺中要进行推广的宝贝，单击右侧的“推广”即可，如下图所示。

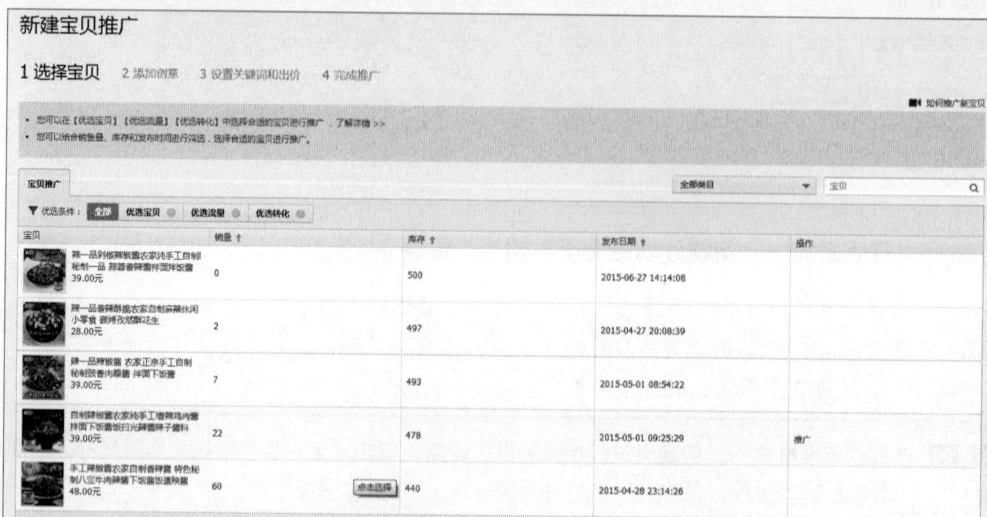

卖家经验——自动筛选优质宝贝进行推广

如果不知道推广哪一款，可以单击“优选宝贝”（自动选择优质潜力宝贝）、“优选流量”（帮你筛选流量高的宝贝）或“优选转化”（转化率高的宝贝）。

步骤07 进入“2 添加创意”，在选择完宝贝后，还需要添加创意广告图。这可以选择宝贝默认的主图，也可以单独设计直通车创意图进行上传，如下图所示。

● 可以到图片空间对宝贝主图进行优化，并从宝贝图片中任意选择一张作为创意图片，或者也可以本地上传要求尺寸图片作为创意推广图片。

● 建议图片里产品的面积占比至少为30%或以上，同时文字、水印的数量尽量减少，不建议有边框。这也是大多数各类目优秀主图的特征。

● 创意标题建议突出宝贝的属性、功效、品质、信誉、价格优势，同时也可以添加一些热门词。

步骤 08 输入标题，注意标题少于默认的宝贝标题，只有40个字符，也就是20个汉字，确认后单击“下一步”按钮，如上图所示。

卖家经验——这里的直通车标题越吸引眼球越好

这里的标题不是很重要，无须SEO优化，唯一目的就是醒目，记得一定是醒目，非常醒目！怎么吸引眼球就怎么取，而真正优化的关键词，还在后面部分。

步骤 09 进入“3 设置关键词和出价”，这里是淘宝直通车最为关键的一步，左侧为当前所选择的词，右侧为系统推荐的关键词库，如下图所示。

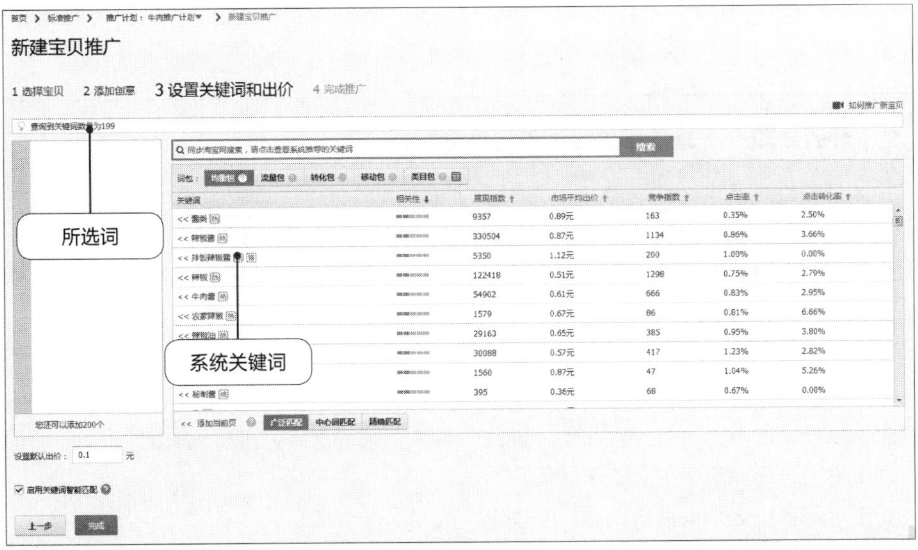

开店必知——直通车关键词“词包”

在搜索栏下，有一个“词包”命令栏，这里包含了常见的关键词，单击可以为卖家优选词汇，具体解释如下。

均衡包：提供与宝贝匹配且兼顾展现与转化潜力的关键词。

流量包：提供与宝贝匹配且有较高展现潜力的关键词。

转化包：提供与宝贝匹配且有较高转化潜力的关键词。

移动包：提供与宝贝匹配且能在移动端展现或有潜力展现的关键词。

类目包：您推广宝贝所属类目的热门词。

关键词库上部分的搜索栏，可以自由设置关键词，如在搜索栏输入“方便面”，单击“搜索”按钮，会自动出现相关的匹配关键词库，如下图所示。

选定词包和对应关键词后，就考虑选词，在这个过程中，关键词右侧的一些相关指标是进行选词过程中最重要的参考依据，如下图所示。

相关性 ↓	展现指数 ↑	市场平均出价 ↑	竞争指数 ↑	点击率 ↑	点击转化率 ↑
	9357	0.89元	163	0.35%	2.50%
	330504	0.87元	1134	0.86%	3.66%
	5350	1.12元	200	1.00%	0.00%
	122418	0.51元	1298	0.75%	2.79%
	54902	0.61元	666	0.83%	2.95%

开店必知——直通车关键词参考命令解析

在关键词右侧的各项指标是直通车选词的重要依据，一定要牢记它们的含义，具体解释如下。

相关性：关键词和当前宝贝相关联的程度，如宝贝是大米，关键词这里是西瓜，那么相关性就很差。

展现指数：当前词在淘宝上展现的次数，指数越高展现越多，同时说明竞争也多。

市场平均出价：这个词当前的平均出价。

竞争指数：这个词有多少人在做，做的人越多竞争就越高，出价也越高。

点击率：这个词带来的点击率高低。

点击转化率：这个词点击以后，有多少人购买的参考指标。

选词时要注意关键词旁边的相关图标，这是系统推荐的一些好词，可以做一定参考，如下图所示。

开店必知——直通车推荐关键词图标含义解析

在关键词旁的文字图标代表不同含义，具体解释如下。

优系统推荐的点击转化各方面都不错的词。

潜出价不高，但是有一定展现，且竞争较低的潜力词。

热词的效果比较好，竞争的人多，运用该词的出价也相对比较高。

扩搜索栏里的细化扩展词语，也就是搜索栏下拉列表里面的词。

想系统计算用户可能会用的词，没有太大的实际作用。

以上所述，仅供参考，有些潜力词实际价格比热词还高。

最后选择一下直通车关键词的匹配方式，如下图所示。

开店必知——直通车匹配方式解析

选择不同的匹配方式，推广的效果会完全不一样，接下来介绍具体的直通车匹配方式。

精确匹配，买家搜索词与所设关键词完全相同（或是同义词）时，推广宝贝才会展现。如搜索直通车关键词为“白色T恤”，那么买家搜索“白色T恤”时，这个宝贝才会展现。

中心词匹配，买家搜索词包含了所设关键词时，推广宝贝就会展现。如搜索直通车关键词为“白色T恤”，那么买家搜索“白色T恤”“韩版白色T恤”“白色T恤新款”时，这个宝贝就会展现。

广泛匹配，当买家搜索词包含了所设关键词或与其相关时，推广宝贝就会展现。如搜索直通车关键词为“白色T恤”，那么买家搜索“白色T恤”“白色韩版T恤”“新款T恤白色”时，这个宝贝就会展现。

几种方式各有千秋，精准匹配宝贝展现效果会少很多，但是流量精准；广泛匹配推广的展现机会大，相应的点击指数没有精准投放高；中心词匹配则比较适中。

选择基本的关键词进行“烧车”（直通车推广），通过上面的各种指标，精选匹配的关键词，单击<< 即可将其添加到左侧所选词中，如下图所示。

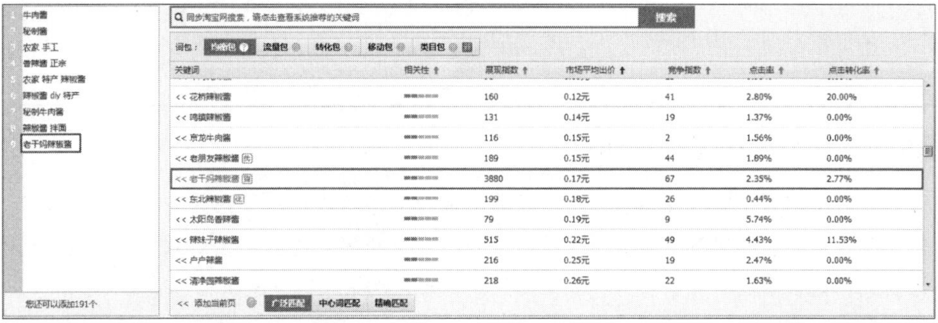

卖家经验——教你找到好词

什么是好词呢？尽量选择展现高一点的、出价低一点的、竞争低一点的，点击高一点、转化率高一点的词，能够同时满足这些条件的，就属于优质关键词。如上图所选的“老干妈辣椒酱”，展现比其他词高几倍，达到了3880，而市场平均出价才0.18元，而且竞争比较正常，点击率和转化却非常不错，这种词就可以作为我们的优选词，然后再合理地调高价格，就可以获得不错的竞价排名。

用同样的方法，选择一些展现高，价格低，竞争相对不大的词，其中可以多包含一些长尾关键词，最好把200个关键词选满，如下图所示。

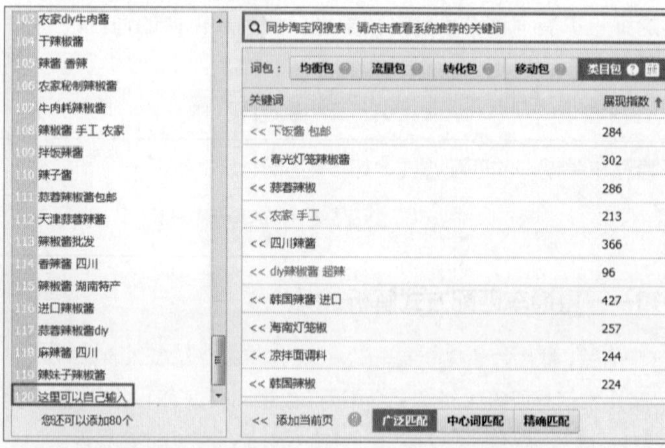

开店必知——关键词可以多选但别乱选

关键词可以多选，但是不能乱选，建议卖家尽量选择和推广宝贝匹配的词，如果随便选择相关性不高的词，当买家点击进入后发现不是标题所写的，便会离开，并且直通车会扣掉点击的费用。

设置默认出价，这里所选择的词平均出价都在0.15~0.25元，也就是1角5分到2角5分一个点击，那么这里就设置一个均价，出价为0.2元，单击“完成”按钮，如下图所示。

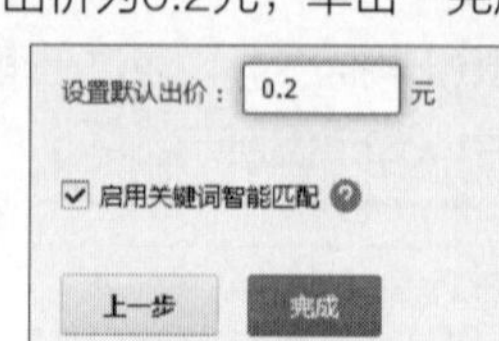

卖家经验——教你找到好词

出价，代表你为这些词设置的广告价格，如果高于平均出价，那么就有可能会获得较好的排名，展现也会越高，如果低于平均价格，那么排名可能就会相对靠后，同时价格不是固定的，直通车还有质量得分，如果得分高，那么购买关键词的价格也就越低。

最后会提示你宝贝已经完成推广，返回计划列表，如下图所示。可以对当前的推广宝贝进行“编辑”，也可以静待当前宝贝的推广效果验证，如果展现不好，就调整出价，转换率不好，就调整宝贝本身。

> **开店必知——直通车宝贝可以放在多个计划里**
>
> 直通车可以设置多个推广计划，而同一个宝贝可以放在不同计划里，因此同一个宝贝可以重复地使用更多的关键词。

8.3.3 让推广宝贝热卖起来

设置完推广宝贝后，接下来还需要一系列的操作稳定宝贝，达到最理想的推广效果。

1. 设置日限额

对淘宝新开店的卖家来说，推广资金都是有限的，因此合理设置每天推广的费用将非常重要。通过设置，让系统在当天达到推广限额时，自动停止推广，在第2天推广时间自动上线，节约资金。

步骤 01 查看当前推广中的计划列表，单击“设置日限额”按钮，如下图所示。

步骤02 单击“设置日限额”，然后输入具体的日限额额度，这里预设只推广一款宝贝，并且只推广某个时段，因此每日预算用30就够了。

步骤03 建议新手选择智能化均匀投放，然后单击“保存设置”按钮即可，如下图所示。

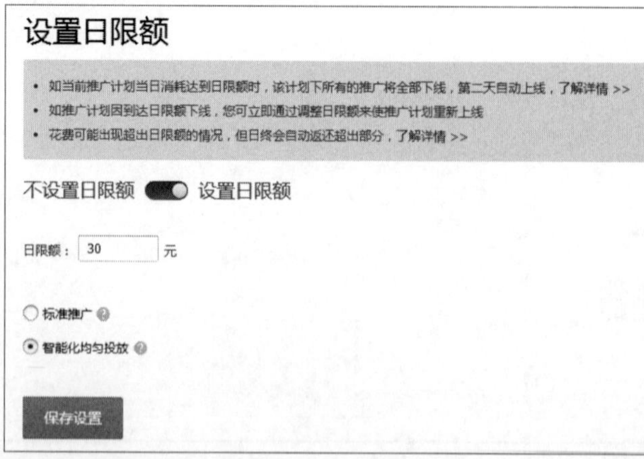

● **标准推广**：系统会根据您的投放设置正常展现您的推广，但您可能因过早到达日限额而提前下线。

● **智能化均匀投放**：根据流量变化及您的日限额，系统会在设置的投放时间内均匀展现您的推广，不会因为过早到达日限额而错过晚些时候的流量。

2. 设置推广平台

前面已经介绍过，淘宝与众多第三方知名网站合作，淘宝卖家在推广的时候，可以自由选择是否将宝贝展现到这些网站进行推广。

查看当前推广中的计划列表，单击“设置投放平台”按钮，单击按钮，可以自由开启要推广的平台，如下图所示。

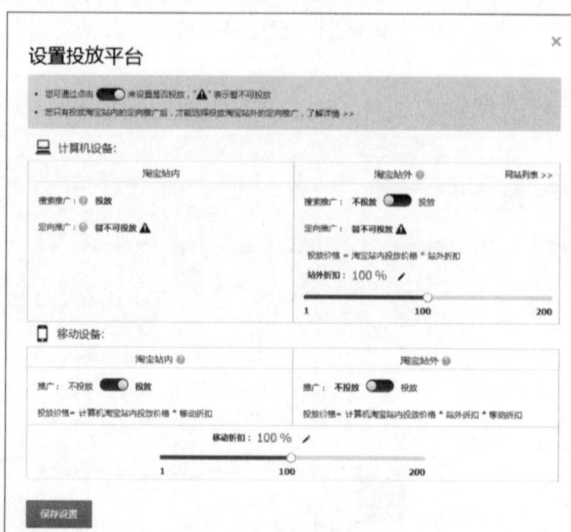

这里的计算机设备代表淘宝站内PC端，默认为“投放”状态，一般情况下，都需要开启“移动设备”，开启无线移动端直通车推广的投放。

开店必知——淘宝流量不容忽视

现在通过手机淘宝购物的买家越来越多，淘宝流量已经不可忽视，所以建议大家在做直通车时，同时选择推广到“移动设备”。

淘宝站外推广是在淘宝的联盟伙伴网站上进行广告投放，主要包含下图所示的网站。站外推广对小品牌来说没多大意义，特别是卖特色宝贝的，只有通过搜索进来的客户，才是想购买的客户。

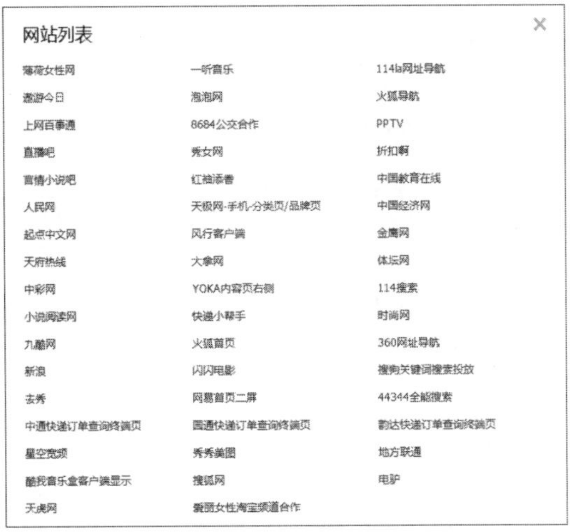

3. 设置合理的投放时间

前面章节已经分析过淘宝的重要流量来源的时间段，一般在推广的时候，选择这些时间段推广可以获得比较好的效果。

查看当前推广中的计划列表，单击“设置投放时间”按钮，打开“设置投放时间”页面，选择在哪些时段进行推广，就单击对应的竖条，如下图所示。

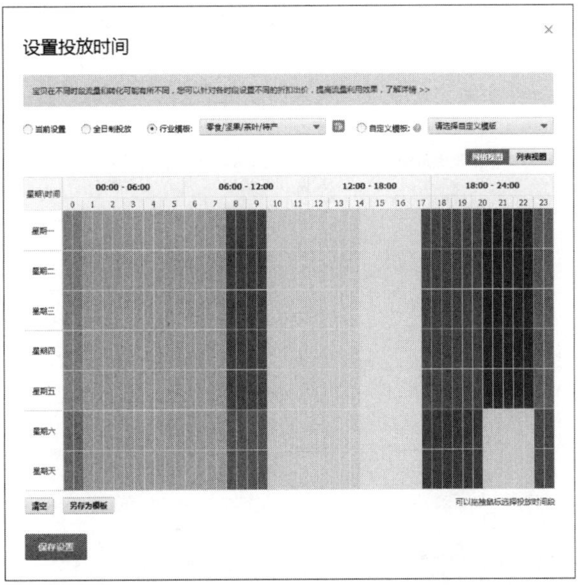

卖家经验——不同时间段选择不同出价比例

凌晨0点到8点的时候流量很小，这个阶段建议设置出价为正常的20%~30%，9点到12点可以设置为100%持平，而下午和晚上淘宝总体流量高，这个时候可以设置高一点出价比例。另外，节假日和周末的流量比平时也高，这个阶段可以综合提高出价比例。

出现设置界面，可以设置当前时间段所投放的出价比例，100%为正数，如出价1元，这里设置100%就是1元，14点到17点，设置为120%，代表在这个时段比当前出价高20%，为1.2元。设置完成后单击“确定”按钮即可。

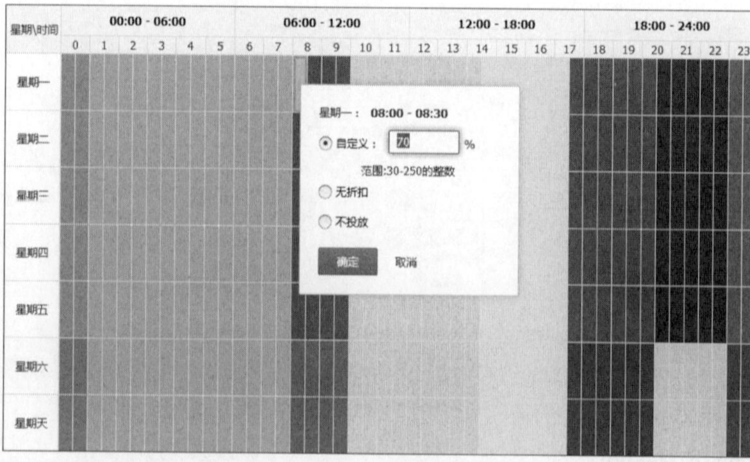

对一些不太会设置出价的卖家，淘宝还根据不同类目设置了对应的模板，只需勾选“行业模板”，然后选择对应的类目模板，再单击“保存设置”即可智能完成投放时间的设置。

4. 设置合理的投放区域

设置投放区域，如这里销售的是辣酱，但是这商品明显在内陆更受欢迎，而新疆宁夏那边不是很爱吃这款商品，销售预计不会太好，就可以取消这几个地方的投放，减少广告投入。

打开“设置投放地域”页面，取消不想要投放区域的勾选，单击“保存设置”按钮即可，如下图所示。

8.3.4 让宝贝快速登顶首页的秘密

淘宝花钱做推广，说难不难，说易不易，只要做好转化，舍得推广费用，上淘宝首页也不难。

步骤 01 进入我的推广计划列表，查看之前设置的“牛肉推广计划”，看看当前的“展现量”“点击量”“点击率”，展现9次，点击1个，效果实在是不好，如下图所示。

步骤 02 接下来具体优化实战，进入计划，单击推广宝贝右侧的“编辑”按钮，打开宝贝推广详细页面，如下图所示。

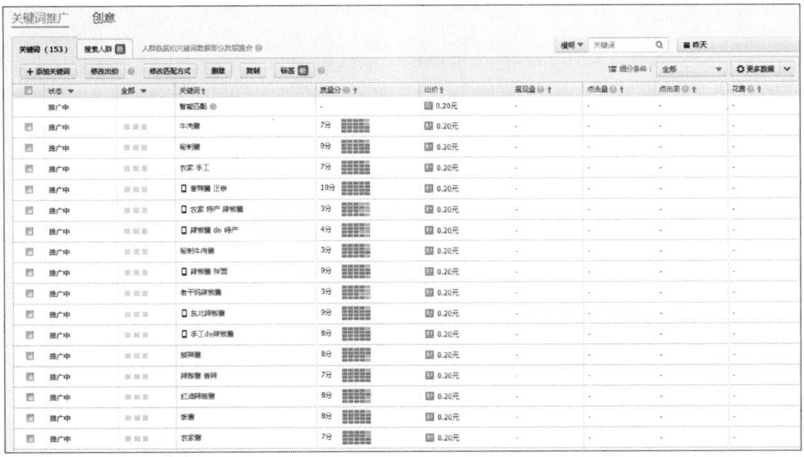

步骤 03 查看效果，发现之前设置的默认0.20元的出价，展现都不高，这说明出价太低，因此将适当提高出价，以求获得较好的排名。

步骤 04 这里选择“牛肉辣酱”，单击右侧价格处，弹出出价设置修改页面，这里参考市场平均出价进行新价格设置，也可以设置自定义价格，这里设置为0.50元，然后单击预测效果，如下图所示。

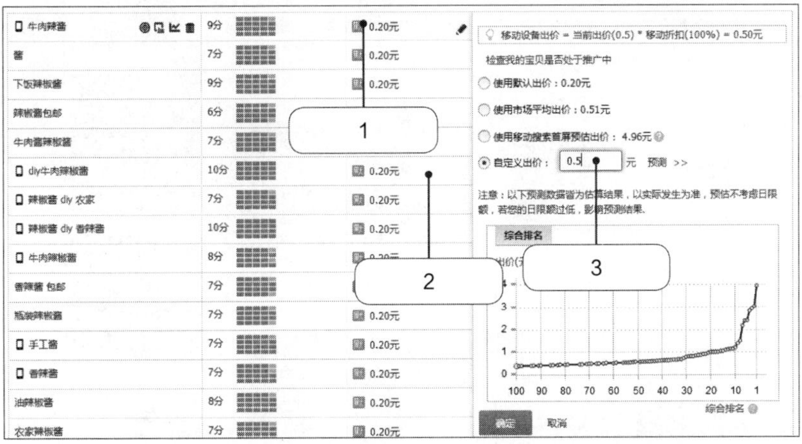

步骤 05 弹出排名预测页面，查看当前效果，发现出价1元时排名在第19名，如下图所示。

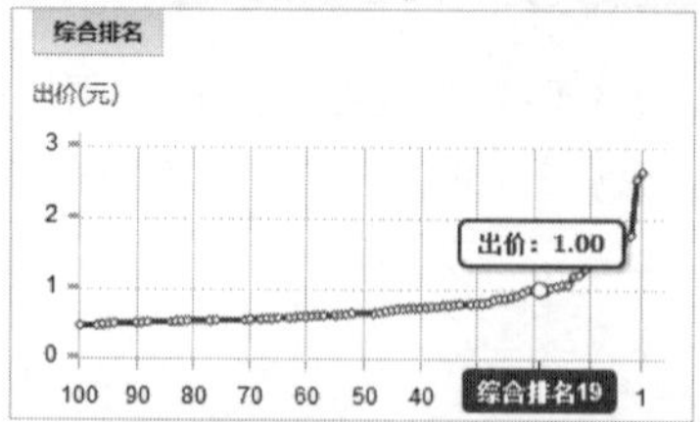

步骤 06 当前这个“牛肉辣酱”关键词质量分过低，想要排名高，付出的代价太高，得不偿失。重新选一个质量得分为10分的关键词“香辣酱 正宗”，然后通过预测，给出了合理的排名和价格，1.20排名在2~4名，如下图所示。

香辣酱 正宗	10分	1.20元	-
新鲜辣椒酱	10分	1.00元	-
特辣酱	10分	1.00元	-
辣酱 diy 手工	10分	1.00元	-
辣椒酱 diy 香辣酱	10分	1.00元	-
diy牛肉辣椒酱	10分	1.00元	-
东北辣椒酱	9分	0.20元	-
下饭辣椒酱	9分	0.20元	-
diy香辣酱	9分	0.20元	-
辣椒酱 拌面	9分	0.20元	-
手工辣酱	9分	0.20元	-
牛肉辣酱	9分	0.20元	-

开店必知——直通车质量分

直通车有质量分标准，得分越高，去竞价排名时所支出的费用越低，所以在推广主力关键词时，应该尽量选择质量分高的设置。

步骤 07 直通车排位变化很快，通过把“香辣酱 正宗”出价到1.20元，通过淘宝搜索该关键词进入，就可以发现这款宝贝准确无误地出现在搜索首页的第4名位置，如下图所示。

步骤08 用同样的方法，调整其他高质量分的关键词出价，稍等几分钟即可观察最新结果。

步骤09 直通车“牛肉推广计划”展现量从最开始的9提升到2000+，证明推广宝贝排名成功，但是点击却不够高，这个时候可以考虑优化主图。前面已经介绍了，影响点击的主要因素就是主图、价格及销量。因此，从这3方面去优化，就能够提升宝贝的综合推广成绩。

8.3.5 找到自己店铺中最值得推广的宝贝

对于新卖家来说，想尝试推广自己的宝贝和店铺，但是由于对淘宝的不熟悉，很多时候往往无功而返。其最大原因就是选错了推广的宝贝。那么，该如何选择店铺中最应该推广的宝贝呢？

首先在卖家中心后台打开生意参谋，在左侧功能列表单击“流量概况”，看看店铺当天的流量数据，流量概况如下图所示。

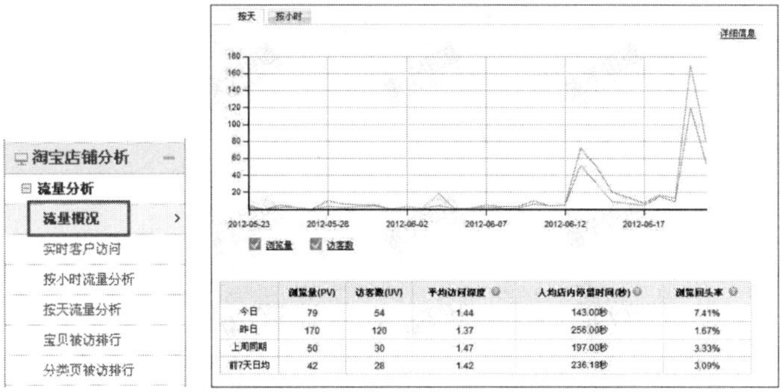

	浏览量(PV)	访客数(UV)	平均访问深度	人均店内停留时间(秒)	浏览回头率
今日	79	54	1.44	143.00秒	7.41%
昨日	170	120	1.37	256.00秒	1.67%
上周同期	50	30	1.47	197.00秒	3.33%
前7天日均	42	28	1.42	236.18秒	3.09%

卖家经验——不能说的秘密

有朋友可能会奇怪，为什么最近两天比往日流量高很多，平时基本都没有这么高的流量！其实很简单，看上图就能明白，流量都集中在这两天，原因就是这两天宝贝下架多。

除了“流量概况”，还有“实时客户”访问统计报表，这里显示了买家都从何而来，是观察数据最好的地方之一，如下图所示。

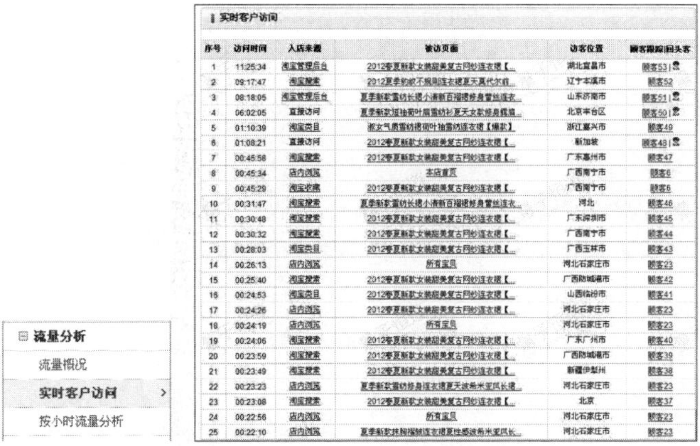

这里的流量主要集中在0点，因为下架的时间也差不多在0点。

通过上面的数据，得出结果是，淘宝自然流量，下架和推荐流量很重要，一定要用心做好，至少可以保证有稳固的流量来源。

了解了如何找到一些免费的流量以后，接下来该如何让店铺宝贝更好地销售。

可以看“宝贝被访排行”，查看哪些宝贝被访问的多，先看最近一周宝贝浏览排行。

这里是店铺宝贝被访问最多的几个款，证明这几个是被客户喜欢的，至少愿意点进来看一看，那么，这些是否就是最有潜力成为爆款的产品呢？

当然不是，访问是一回事，但是吸引又是另一回事，除了被访问排行，还应该着重另一个数据，那就是“平均访问时间”，继续看下图。

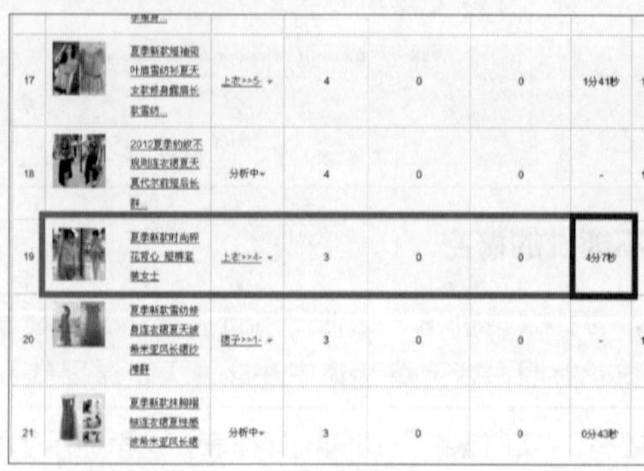

排名第19的宝贝，虽然访问只有3个人，但是访问时间却有4分07秒！遇上这种情况，就着重优化一下，做好SEO，也可以考虑推广。（有钱就烧车吧，尽力展现）

卖家经验——不能说的秘密

为什么排行低的潜力更好呢，因为宝贝被访问排行，能说明的是某个宝贝被发现，然后买家点击进来的次数，虽然能证明宝贝有让买家点击进来的能力，但是，我们看前面很多访问时间是0的，证明进来后买家发现这个宝贝是个错误，或者宝贝本身没有做好转化优化，所以没有兴趣，直接就离开了，那么可以对这宝贝进行优化。

而这个排名19的，访问量少但是停留时间却最多，证明这个宝贝现在已经优化得比较好，很吸引客户，至于为什么访问少，这和SEO各方面推广是相关的。现在要做的是，如何让这个能够最吸引客户的宝贝尽力展现，让更多人访问。

最后透露一点，这个宝贝为什么停留时间长，但是却没人下单，为什么？因为没有一个人购买，所以除了流量引入，一定的好评也是很重要的。

8.4 淘宝客推广

淘宝客推广已经成为直通车、钻石展位、品牌广告之后，淘宝掌柜的又一营销利器。与其他广告形式相比，淘宝客推广具有很高的投入产出比，不成交不付费，真正实现了少花钱，多办事。

8.4.1 淘宝客解析

随着淘宝占据了国内大部分在线购物的市场，带动了一大批淘宝客，这些人通过推广商品，获得佣金，不少淘宝客已经月入过万。任何网民都可以帮助淘宝掌柜销售商品，从中赚取佣金。在未来一两年内，网上的“营销大军”预计将超过百万，淘宝客将一跃成为最大的网络职业人群，同时也推动了淘宝店铺的发展。

1. 淘宝客是个“啥”

淘宝客——简称“淘客”，是指通过互联网帮助淘宝卖家推广商品，并按照成交效果获得佣金的人或者集体（可以是个人、网站、团体、公司）。在淘宝客中，有淘宝联盟、卖家、淘客以及买家4个角色，他们每个都是不可缺失的一环，如下图所示。

● **卖家：**佣金支出者，他们提供自己需要推广的商品到淘宝联盟，并设置每卖出一个产品愿意支付多少佣金。

● **淘客：**佣金赚取者，他们在淘宝联盟中找到卖家发布的产品，并且推广出去，当有买家通过自己的推广链接成交后，那么就能够赚到卖家提供的佣金（其中一部分需要作为淘宝联盟的服务费）。

● **买家：**透过淘宝客购买到放心实用的好商品。

● **淘宝联盟：**阿里旗下的淘宝联盟是负责淘宝客管理，帮助卖家推广产品；帮助淘客赚取利润，每笔推广的交易抽取1%~50%不等的服务费用。

● 淘宝客推广是专为淘宝卖家提供淘宝网以外的流量和人力，帮助推广商品，成交后卖家才支付佣金报酬，是卖家推广的新模式，成交才需支付佣金！淘宝卖家，轻松几步，就可以把需要推广的商品发布到淘宝客平台上，让淘宝客来推广。

对于卖家来说，淘宝客推广就像聘请了一些不需要底薪的业务员，业务员越多，店铺就越有可能开拓更大的市场。

2. 淘宝客推广的优势

淘宝客先推广，后付费的模式是淘宝客最大的优势，对于淘宝卖家来说，找到一个优秀的淘宝客将为其带来可观的流量。

- **最小成本**：展示、点击、推广全都免费，只在成交后支付佣金，并能随时调整佣金比例，灵活控制支出成本。
- 省时，只需要把佣金比例调整好，等着淘客来推广。
- 拥有互联网上更多流量、更多人群帮助推广销售。
- 推广精准到店铺和商品，直击用户需求。
- 推广内容和推广途径完全自定义，灵活多样。

3. 如何设置淘宝客佣金

一般而言，相同品类的宝贝，佣金越高的越受淘宝客的推崇，因此，高佣金是吸引众多淘宝客的重要手段。

但是，大家在具体设置淘宝客佣金时，也不要一味地追求高佣金而忽视了本身的售价。

例如，一件毛利率在20%的宝贝，定价100元，那么销售一笔的毛利润就是20元，如果支付给淘宝客定价的18%，再加上其他推广和店铺管理费用，基本上就不赚钱甚至亏钱。

因此，新卖家应该在商品单价和佣金之间寻找到好的平衡点，合理设置佣金比例，在你能承受的范围内给予淘宝客更多的佣金，只有这样才能激发淘宝客们为你推销商品的热情。下图所示为设置合理的佣金比例，参与推广的淘宝客大增。

这里介绍一下关于佣金的几个概念。

- **佣金比率**：是指淘宝卖家愿意为推广商品而付出的商品单价的百分比。
- **个性化佣金比率**：淘宝卖家加入淘客推广后，可以在自己的店铺中最多挑选20件商品作为推广展示商品，并按照各自的情况设定不同的佣金比率，这些商品的佣金比率称为个性化佣金比率。
- **店铺佣金比率**：淘宝卖家加入淘客推广后，除了设定个性化佣金比率外，还需要为店铺中其他商品需要另外设定一个统一的佣金比率，用来支付由推广展示商品带到店铺其他商品成交的佣金。

● **佣金**：指的是该商品的单价×佣金比率；是淘宝卖家愿意为推广商品而付出的推广费（尚未扣除阿里妈妈服务费）。当淘客推广的交易真正通过支付宝成交后，除去阿里妈妈服务费，就是淘客的收入。

提示 Tips 买家通过支付宝交易并确认收货时，系统会自动将应付的佣金从卖家收入中扣除并在次日记入淘客的预期收入账户。每个月的15号都会做上一个整月的月结，月结后，正式转入淘客的收入账户。

8.4.2 打造淘宝客喜欢的宝贝

什么样的商品才是淘宝客喜欢推广的商品呢？怎么才能让自己推广的宝贝吸引更多的淘宝客来推广呢？

1. 选择最好的宝贝做淘客

不要推广那些滞销的产品，如果推广的产品一点销量都没有，即使设置再高的佣金也很难让人有兴趣推广。热销的宝贝自然比无人问津的宝贝更容易卖出，推广那些热销品不但可以吸引更多的淘宝客推广你的店铺，还有更重要的一点是可以积累销量。

质量好又热卖的商品，有利于招到淘宝客，也有利于培养忠实的淘宝客。有不少淘宝客把商品推荐给身边的亲朋好友，如果产品质量过硬，可增强他们推广的信心。如下图所示的这件宝贝，月推广量达到7413，支出佣金达到了20438.5元。

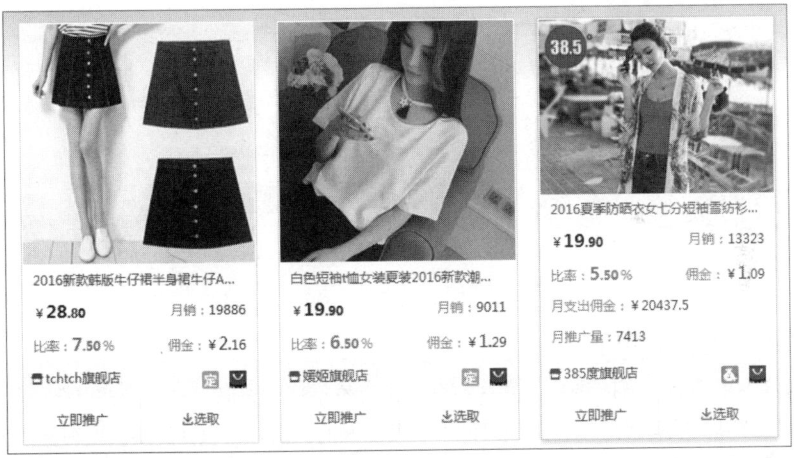

在商品的销售中，集中力量重点打造几款高人气的主推宝贝，俗称“爆款”，利用其高人气的特性，带动店内其他商品的销售，即单品制胜。同理，在淘宝客中也存在同样的现象，通过几款拥有大量淘宝客关注的主推商品，同样可以带动店内其他商品推广量的上升。

2. 商品图片要美观

在提交推广商品到“阿里妈妈时”，注意提交的图片要美观清晰，简洁和有吸引力，商品名称描述不重复。淘客推广，大多数选择图片推广，如果图片模糊不清楚，推广的效果肯定差，而且对于网站质量要求高的站长，不美观的商品图片，会打破其站点的美观。下图所示的商品图片美观，没有牛皮癣。

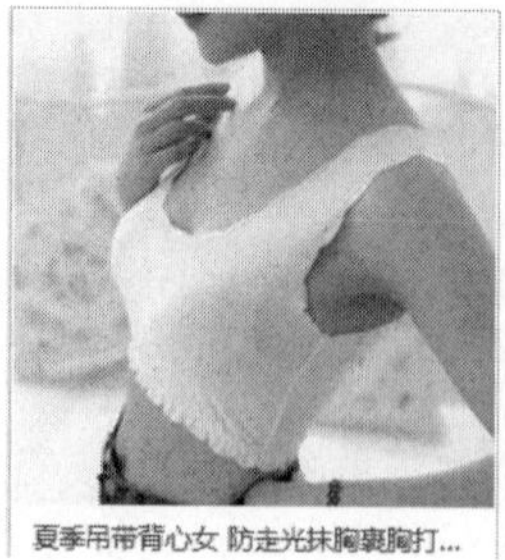

3. 单价较低的商品

对于选择淘客推广的商品，要做好薄利多销的准备。众所周知，顾客买东西，肯定要货比三家，价比三家。在选择主推宝贝的时候，应当选择一些单价适当较低的商品，同时低价位的商品也有的具有较高的利润率，可以为佣金比例的设定留有更大的灵活性。宝贝价格最好设置在大众能普遍接受的范围内，这样可以获得更多的关注度，下图所示为单价不到20元的连衣裙。

4. 具有很好的销量和评价

淘宝客作为推广者，同时也会作为消费者，当选择推广商品时，往往也会站在买家的角度去审视，如果所选商品具有良好的历史成交记录以及正面的评价，可以让淘宝客更有推广信心。

如上图的这件宝贝，价低不代表品质低，继续看这件衣服的评价，一个差评都没有，最多的也是说尺码不符，这一般不会影响宝贝销售。像这种价格低、评价好的宝贝，淘宝客都是抢着推的，如下图所示。

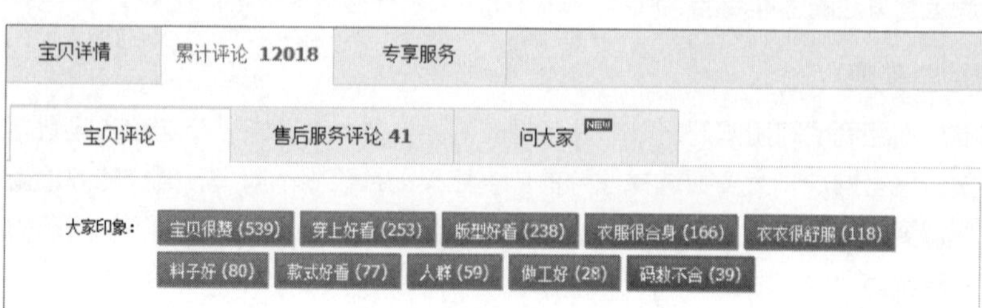

5. 佣金比例有竞争力

淘宝客更看重高佣金，相同的推广成本，佣金越高，收益越好，因此淘宝客在挑选商品时往往会较多关注佣金比例，因此建议主推商品应当在低价的同时还要保持较高的佣金比例。

较高的佣金比例，对淘宝客来说是很有吸引力的。所以在能承受范围内，要让利给淘宝客，才能发动淘宝客无限的推广潜力。当然佣金比例并不是越高越好，而是适当的根据不同的推广阶段，不同的竞争情况，随时调整佣金策略。下图所示是淘宝客在后台选择佣金比例高的宝贝进行推广（高达50%的佣金让人心动）。

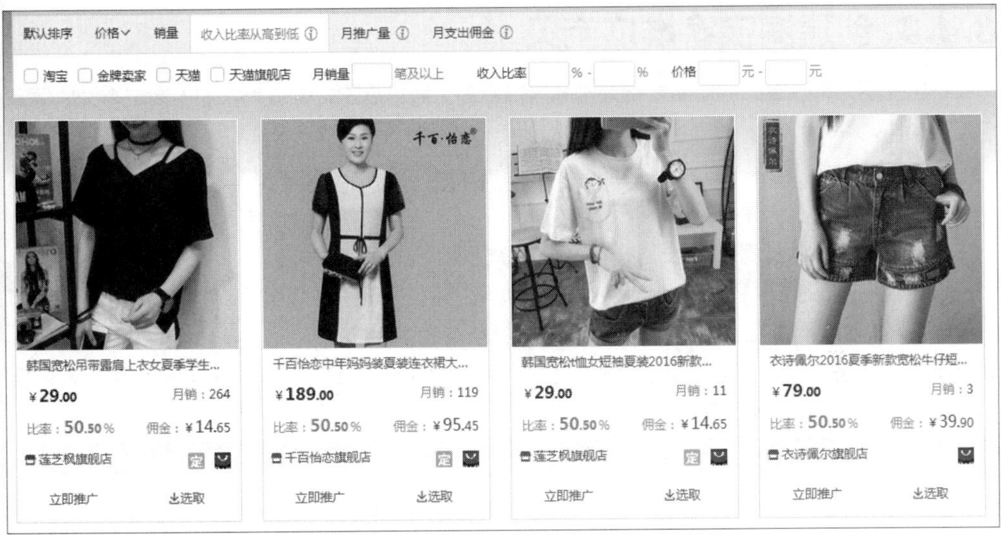

如一款新上架的商品正处于推广期，同时作为吸引淘宝客的主推商品，在定制佣金比例时，需要考虑最大限度地让利给淘宝客，以获得更多的推广，此时应适当调高佣金回报淘宝客；而处于成熟期的商品，可适当调低佣金比例，以保证足够的利润。如上图所示高达50%的佣金比例，再加上宝贝本身转化良好，那么就会引来众多的淘宝客主动进行推广。

提示 Tips 在制定佣金比例的时候，也需要参考同类商品的竞争情况，处于进攻阶段时，可根据竞争对手佣金比例进行适当上调，而处于防御阶段时，需要实时关注对手的佣金变化，采用跟随策略。

6. 经常更新主推商品

对于一些季节性很强的商品，淘宝客主推商品的更新速度要跟得上店铺更新的速度，才能更加吸引新淘客和留住老淘客。

在一定的时间段内，可根据淘宝客成交的记录来对一些推广比较好的宝贝进行佣金调整，如提高佣金，更能促进宝贝的推广；对于一些很久都无人推广的宝贝，则可以删除，另推其他商品。经常更新或根据效果来调整商品的设置，是提高销量的保证。

7. 宣传淘宝客推广服务

使用淘宝客推广的卖家很多，产品如何在众多的推广宝贝中脱颖而出是非常重要的。虽然设置好推广的那几个产品可以撒手不管，多多少少会带来一些成交量，但是想要有更好的效果，需要更多的宣传。

8. 额外奖励刺激

推广做得好的淘宝客，可以给他们制定一些额外的激励机制，通常，额外的奖励有以下几种方式。

- 奖金，除了淘宝佣金外，另有奖金，奖金一般与淘客的业绩挂钩。如累计推广多少件宝贝得多少奖金。
- 送现金，如推广就送现金。
- 送礼物，如推广就送大礼。

8.4.3 创建淘宝客推广宝贝

新店开业，可以考虑利用淘宝客来带动店铺销量。淘宝规定，淘宝卖家加入淘宝客推广要满足以下条件。

- 淘宝店铺等级在一心以上或参加消费者保障计划。
- 卖家的店铺状态是正常的。
- 卖家的店铺内，商品状态正常，并且结束时间比当前系统时间晚。

如果不满足以上条件是无法参加淘宝客推广的。淘宝客推广是免费的，卖家支付的只是推广佣金。

接下来讲解使用淘宝客推广的方法，具体操作步骤如下。

步骤 01 登录卖家中心，单击“营销中心”栏中的“我要推广”链接，进入我要推广页面，单击“淘宝客推广”图标，如下图所示。

步骤 02 打开淘宝联盟页面，单击“推广管理” “计划管理”下的“CPS计划管理”链接，在右侧默认有“通用计划”和“如意投计划”，如下图所示。

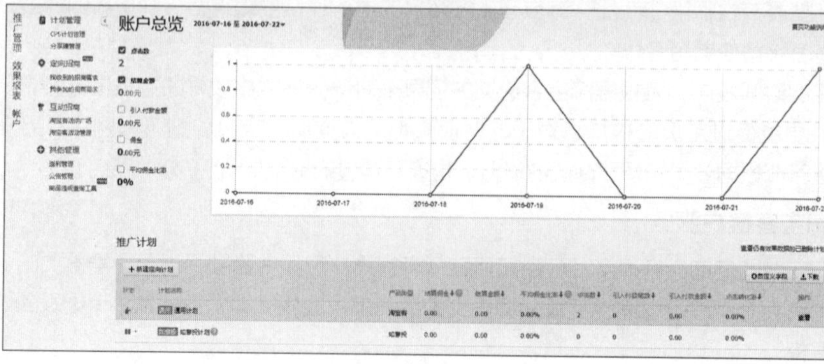

● **通用计划**：通用计划为默认计划，所有淘宝客都能参加并推广。佣金比例从1.5%到50%，佣金修改之后需要等待几个小时才能生效，此计划无须申请，适合新手阶段卖家使用。

● **如意投计划**：新卖家需要单击▮▮按钮激活如意投，如意投是为淘宝卖家量身定制，帮助卖家快速提升流量，按成交付费的精准推广营销服务。更简单地说，如意投由系统通过大数据分析设置，卖家只需动手指加入并设置佣金比例即可，操作较为便捷。

● **定向计划**：定向推广计划可以让卖家限定那些淘宝客可以推广店铺的宝贝，人为设置推广条件，佣金在1.5%~70%，并且可以设置淘宝客招募描述信息等，适合大卖家招募优质淘宝客时使用。

步骤 03 建议新卖家直接在“通用计划”设置推广宝贝，毕竟是新店，淘宝客少，不像大卖家需要设置淘宝客门槛。这里直接单击“通用计划”或者右侧的“查看”文字链接，进入佣金管理页面，如下图所示。

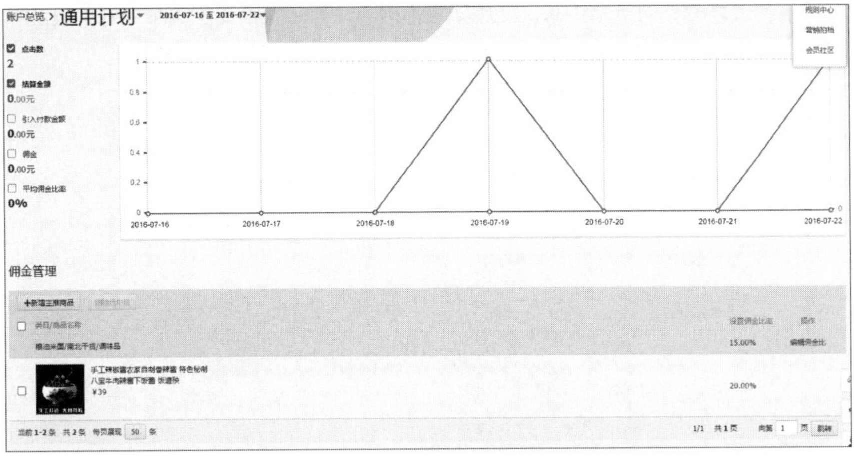

步骤 04 单击“新增主推商品”按钮，打开推广商品操作窗口，在左侧显示当前所有能够推广的宝贝，单击可添加到右侧“已选中宝贝”，如下图所示。

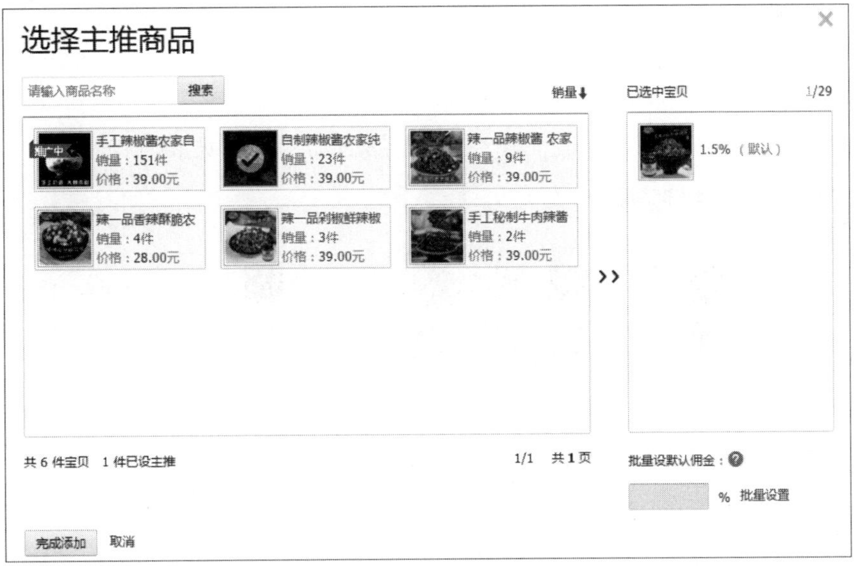

步骤 05 单击已选中宝贝右侧的1.5%,弹出修改设置框，输入预设的佣金比例，如下图所示。这里建议在利润可掌控的情况下，尽量设置高佣金，这样更能吸引淘宝客。

步骤 06 设置成功，单击“完成添加”按钮，返回佣金管理，此时显示当前宝贝距离生效还有多长时间，单击“编辑佣金比”可以再次设置佣金比率，单击“删除”可删除当前推荐的宝贝。

步骤 07 除了通用计划外，对于新手来说使用如意投进行淘客招揽推广也是个很好的方法，返回计划列表，单击▮▮按钮激活如意投，在弹出页面里单击“确定”按钮，如下图所示。

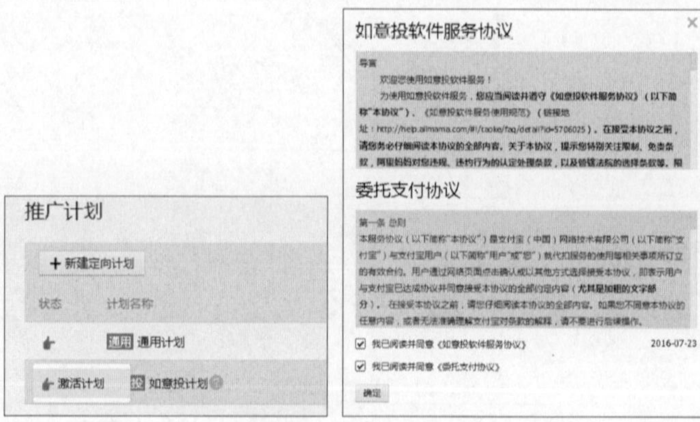

步骤 08 设置如意通类目佣金比例，单击“激活并添加主推商品”按钮，如下图所示。

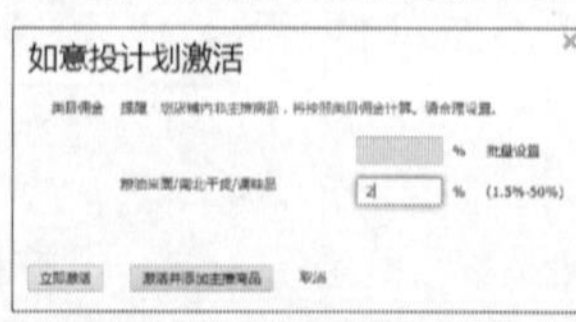

步骤 09 选择主推商品并设置宝贝佣金比例，单击“完成添加”按钮，如下图所示。

提示 如意投的推广宝贝可以和通用计划里的推广宝贝重复。两者不相冲突，建议新手两个计划都开通。

步骤 10 添加新推广宝贝成功，观察可发现，如意投管理界面，相比通用计划，还多了很多指标参数，通过这些参数可以帮助更好地对宝贝进行相应的设置，以达到设想中的推广效果，如下图所示。

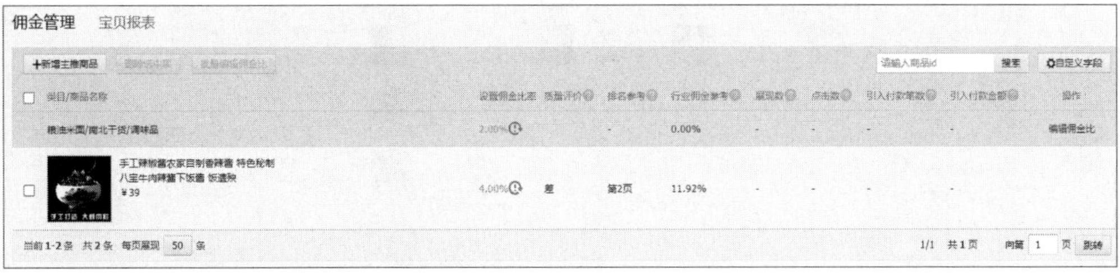

8.4.4 找到淘宝客进行宝贝推广

上一章节介绍如何创建要进行淘宝客推广的宝贝，创建完毕后，以往只能等待淘宝客上门来推广这些宝贝。而现在，可以主动报名淘宝客活动，获得更多流量。

步骤 01 在推广管理中单击“互动招商”下面的“淘宝客活动广场”，这里有各类淘宝客创建的招商活动，可以在右侧查看具体的活动详情，找到符合的类目，单击“立即报名”即可，如下图所示。

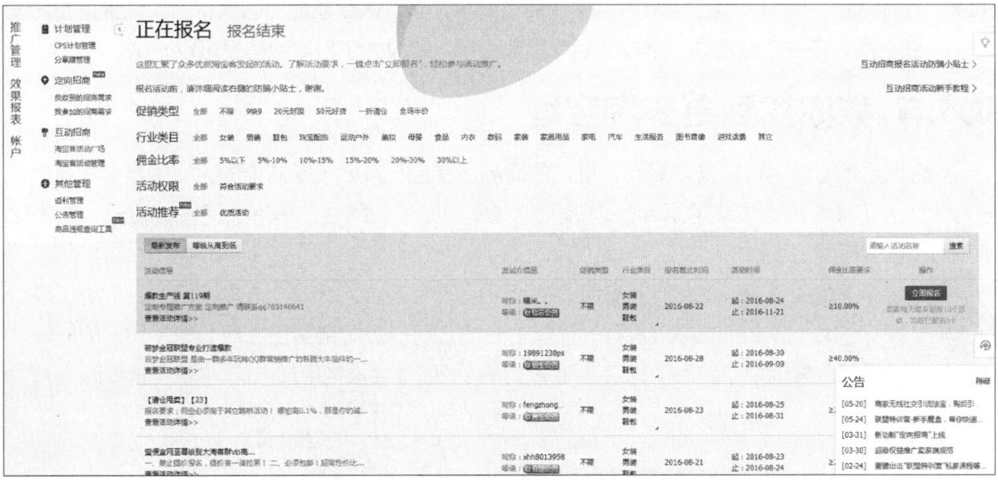

步骤 02 弹出温馨提示，单击“知道了”按钮，如下图所示。

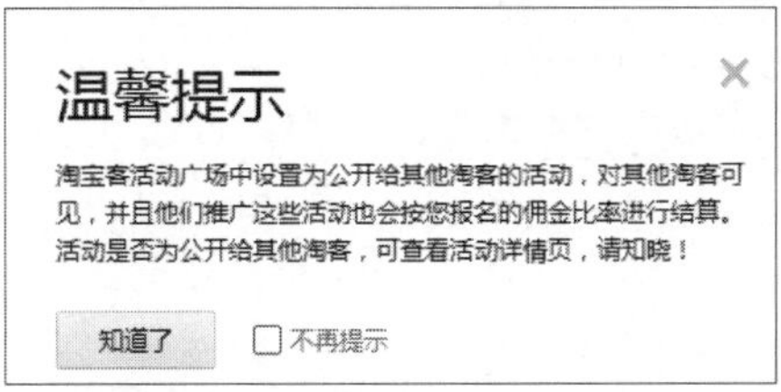

步骤 03 左侧选择店里要推广的宝贝，右侧显示已选中宝贝，单击“下一步”按钮，如下图所示。

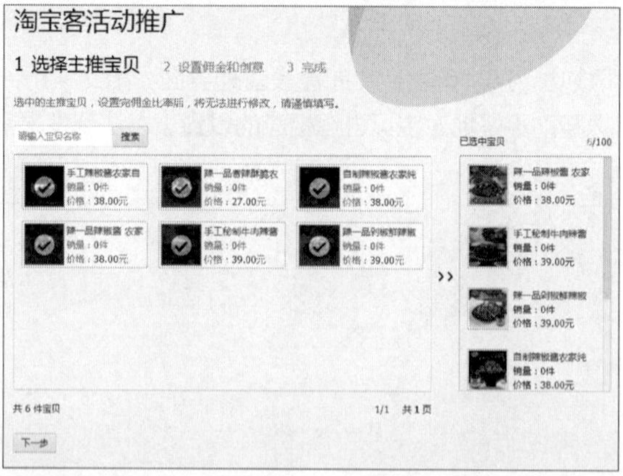

步骤 04 为推广宝贝设置佣金，然后单击“完成”按钮即可，如下图所示。

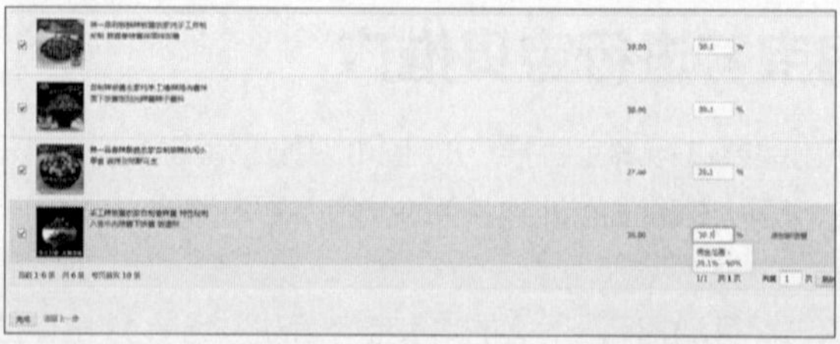

提示 这里全是淘客自发的活动，所以对宝贝要求审核没有官方活动那么高，一般满足佣金要求都能通过。不过需要注意查看这里的佣金要求，看看是否超过你的预算，如果宝贝利润没那么高，还去申请活动，那成交后就是在亏本。如果为了亏本冲销量可以一试。

8.4.5 教你找到更多淘宝客

淘宝客是帮助淘宝卖家推广商品，推广的商品成交后，获得一定佣金的人。淘宝客按属性可分为两类：个人（博客主、论坛会员、聊天工具使用者）；网站（博客、门户、资讯、购物比价、购物搜索等网站）。

因此对于淘宝卖家来说，如何有效地找到淘宝客非常重要。针对个人淘宝客，我们可以通过QQ群搜索来查找一些专业的淘宝客群，一般这些地方有很多淘宝客在活动，但是加入的时候注意技巧，如果你入群就说你是为了找淘客而来，那么一般都会被拒绝加入的，如下图所示。

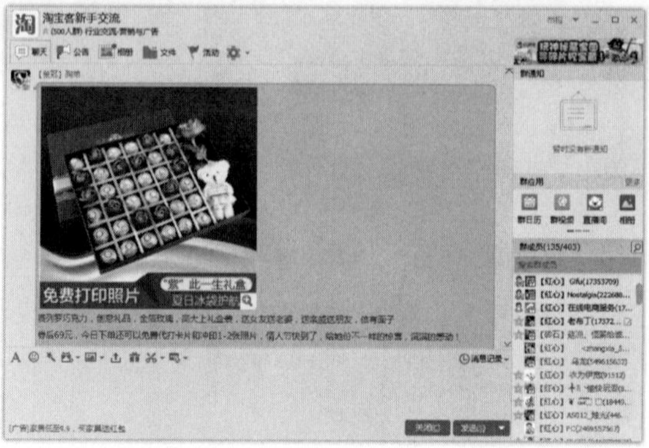

如果抽大部分精力去寻找淘宝客，对于个人开店的卖家来说是件麻烦的事情，并且不同淘宝客，所主推的类目和产品也不一样。针对新手卖家来说，要找一些专业的淘宝客网站站长则更麻烦。

网站类淘客是生活中比较隐形的大淘客，他们遍布在生活的每一个角落，这类淘客普遍以做站群和各类促销、特价、分享站为主。需要注意的是，一般这类专业淘宝客都会对卖家和宝贝进行筛选，如果全新的宝贝，基本不会帮你推广，他们一般选择有销量，评价好，能保证转化率高的宝贝，所以在寻找专业淘宝客时，一定要着重注意商品的本身素质。

下图所示为专注淘宝特卖推广的网站“淘宝特价”，作为淘宝卖家，可以将加入淘宝客进行推广的商品提交到该网站，当达到网站要求（转化率高）并通过网站后台审核后，就有可以直接通过该淘宝客平台进行免费展示的机会。

提示 Tips 购买本书并加入淘宝客的读者，可以通过专用通道免费提交自己的店铺到“淘特价”（http://www.mrtjw.com）上进行展示，帮助卖家朋友更好地获得流量。

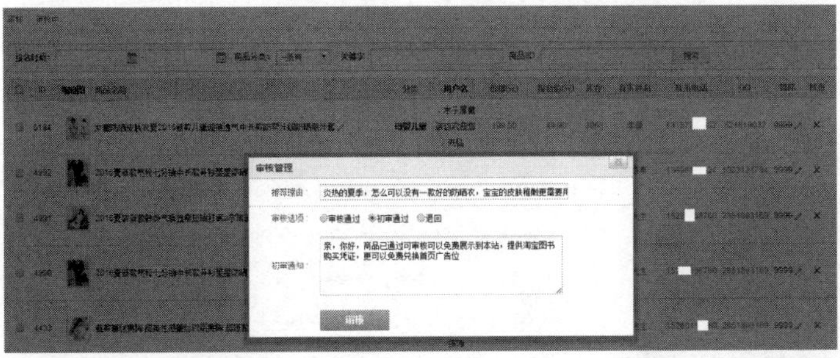

除此之外，还可以通过在淘宝联盟社区利用守株待兔的方法来被动寻找淘宝客。

在社区活动常见的方式有以下几种。

- 直接发布招募贴，这是最常见的形式，直接向淘宝客发布招募公告。一份完整的招募贴包括店铺介绍、佣金介绍、特别说明及联系方式等。
- 参与社区活动，官方或社区版主会不定期地组织一些社区活动，如征文、访谈等活动。
- 利用签名档，将签名档设置为店铺招募的宣传语，引导至自己的招募贴，并且积极参与社区中的讨论，热心回答会员的问题，在互动的同时也起到了宣传的作用。

● 主动出击，在社区中有许多乐于分享的淘宝客，这些人往往具有丰富的推广经验和资源，多关注一些经验分享贴的淘宝客，通过回复站内信息取得联系。

提示 Tips 在站长之家、A5、落伍者、嗨推等专业淘客网站或者版块中，也活跃了相当大一部分各类型淘客，可以经常在这些地方活跃，联系他们帮店铺推广宝贝。

8.5 玩转更多淘宝推广

淘宝网中有数十亿商品，但每页搜索的结果都只能展示几十个商品，只有当商品排名靠前时才容易被买家看到，获得比较大的曝光率，而通过淘宝SEO，科学地提高宝贝权重，可以大幅度提升宝贝排名，增加宝贝展现机会。

8.5.1 智钻（原钻石展位）

淘宝智钻，也就是以前的钻石展位，简称钻展。它是淘宝卖家获取流量最快的方式之一，适合已经有推广经验的成熟卖家，以最适合的噱头推广最合适的产品。钻展为卖家提供了最大弹性的效果提升空间。促销活动、推广入口、推广产品等都是影响效果的因素。如果搭配合理，将会产生连锁爆炸式的效果。

1. 什么是智钻

“智钻”是淘宝力推的一种图片类广告竞价平台，专门为淘宝卖家提供最优质的展示位置，通过竞价排序，按照展现计费。性价比高，适用于店铺、品牌及爆款的推广。

2016年新的“智钻”与以往不同，除了展示付费，还提供了类似直通车的点击付费服务。不同卖家可以选择适合自己的推广方式。同时，新的“智钻”还提供了更多的广告展示位置，包含淘宝网、天猫、新浪微博、网易、优酷土豆等几十家淘内淘外优质媒体的大流量优质展位。

“智钻”在站内的广告位置往往是淘宝首页最醒目的地方，因此可以为店铺带来充裕流量，同时增加买家对店铺的好感，增强买家黏度。下图所示淘宝首页一屏的广告就是“智钻”。

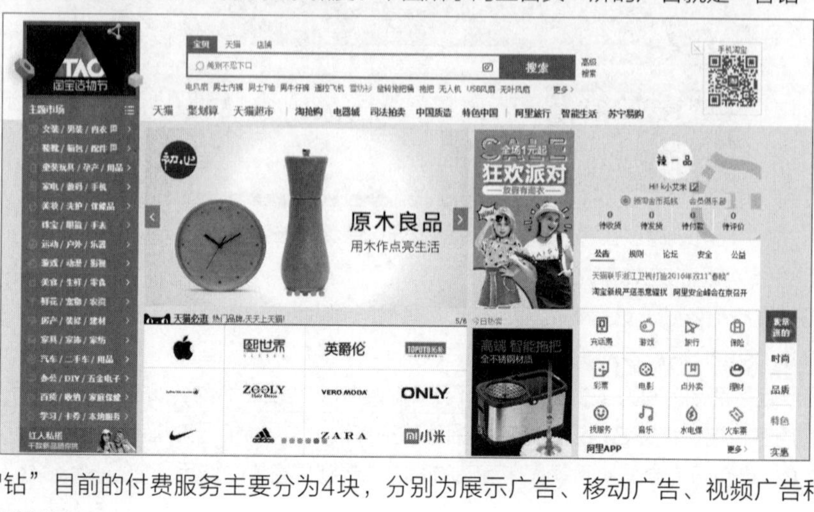

“智钻”目前的付费服务主要分为4块，分别为展示广告、移动广告、视频广告和明星店铺，如下图所示。

● **展示广告：**智钻展示网络推广是以图片展示为基础，精准定向为核心，面向全网精准流量实时竞价的展示推广平台。智钻展示网络推广支持按展示付费（cpm）和按点击付费（cpc），为客户提供精准定向、创意策略、效果监测、数据分析、诊断优化等一站式全网推广投放解决方案，帮助客户实现更高效、更精准的全网数字营销。

● **移动广告：**移动广告是通过移动设备（手机、平板电脑等）访问APP或网页时显示的广告，形式包括图片、文字链、音频等。移动广告突破了电视、报纸等传统广告的覆盖范围，在受众人数上有了很大超越；并且移动广告可以根据用户的属性和访问环境，将广告直接推送至用户的手机上，传播更加精准。

● **视频广告：**产品介绍是智钻为获取高端流量打造的品牌宣传类商业产品。广告主可以通过视频广告，在视频播放开始或结束时展现品牌宣传类视频。具有曝光环境一流，广告展现力一流等优势。配合智钻提供的视频主题定向，能够获取到更精准的视频流量。

● **明星店铺：**明星店铺是智钻的增值营销服务，按千次展现计费，仅向部分智钻用户开放。开通明星店铺服务之后，您可以对推广信息设置关键词和出价， 当有用户在淘宝网宝贝搜索框中输入特定关键词时，您的推广信息将有机会在搜索结果页最上方的位置获得展现，进行品牌曝光的同时赢得转化！

2. 进行智钻广告投放

以前的“钻石展位”要求很高，对宝贝销量，店铺等级等都有限制，一直是大卖家的专利。现在的准入要求则降低了，只要符合类目要求，不管新店老店，有资金支持的卖家，即可开通。

提示 Tips **智钻的推广费用起步是比较高的，每日投放预算最少300元，最高可达1000万。所以没有资金支撑是比较难获得好的效果。**

（1）明确推广目的。

目前智钻的广告投放，主要有两个用途，一是引进流量，二是品牌广告的宣传。利用好智钻的视觉冲击因素，对于品牌的知名度拓展是很重要的。

引进流量常见的就是促销广告，如下图所示。这个智钻的广告重点在于商品价格。这种素材的好处在于低价折扣的冲击可以大大地提高点击率。不足之处在于，假如这张素材的点击率为百分之一，那么对于剩下百分之九十九的展示，是完全的浪费，因为从素材来说，没有表现出任何店铺以及品牌的宣传。

另外一部分智钻广告如下图所示，主要是进行产品和品牌的形象展示，是比较成功的例子，从展示位置看，周围缺少明显能够抢眼的广告素材。广告词主要展示出商品价格，但同时也显示出了商品的品牌和店铺名称。

在点击成本上，根据经验，有可能第一张素材的点击率会更高，这就意味着更低的流量获取价格，但是，在广告效应上，前者是无法跟后者相提并论的。

在制作素材投放之前，商家应对自己的推广目的做详细的分析，先搞清楚自己要的是什么。有需求，才能有明确的计划。很多人以为智钻的作用只是引流，这样一来，直接就会陷入点击均价，不断的丢失广告展示效应，然后陷入不敢投放的局面。

对于自有品牌商、渠道商、知名品牌商，以及高品牌壁垒型、季节产品、非季节产品，都应该有不同的投放策略。所以对不同的店铺和产品本身，商家应该搞清楚自己的目的，然后指定智钻广告的投放策略。

（2）利用智钻打造爆款。

这种引流方式一般是对一款最热销的单品做长期的流量轰炸，素材一般情况下不会轻易变化，即使主色调有变化，其广告核心也不会变化。这种广告素材主要考虑一般流量引入的精确性，所以在人群定位和店铺定位上应该是足够精准的。其选择的位置为首页流量较大的广告位，也可以分析是为了保证足够大的流量基数，来实现精准引流的目的。

通过良好的策划运营能力，以一款爆款产品，带动整个店铺的销售。这种对爆款的打造和流量深入运作的方法，是可以借鉴的。

单击广告进入宝贝页面，在左侧“宝贝排行榜”中，这款做智钻推广的宝贝销售量远远超过其他产品，如下图所示。

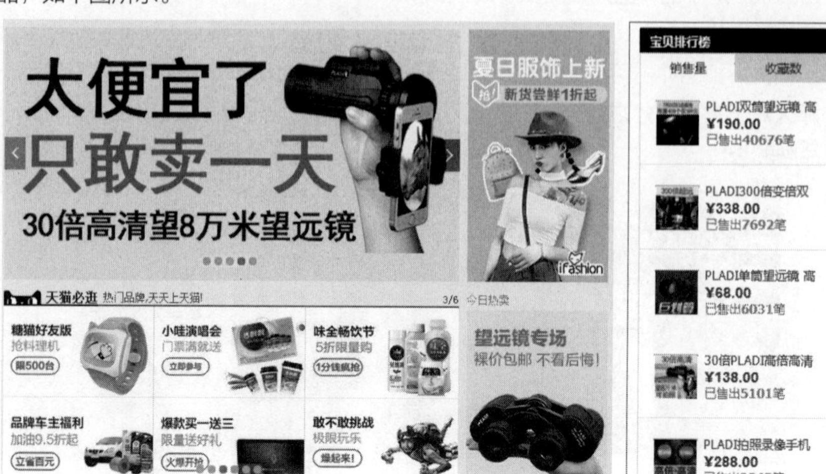

（3）利用智钻进行活动引流。

智钻素材的引流一般是分季节性的，以节日为促销折扣主题，整个店铺策划层层相扣的活动，同时利用焦点、大量引流，这种引流方法的特性是，预算庞大，占据位置多，持续时间短，属于一种爆发性质的促销。

活动引流有以下几个特点。

- 素材一定要做得吸引眼球，各类网络热词，各类夸张表情，造成强烈的视觉冲击。
- 折扣一定要低，虽然其实不低，但哪怕只有一款产品4折，而且限量10件，也一定要说成是全场4折起。
- 活动策划要环环相扣，让进店的顾客总能找到他想要的。
- 庞大的预算，这点不是一般商家可以承受的。

总的来说，这类智钻的投放在短时间内引入巨大流量，带来巨大的销售额，实现当期盈利。但需要通过精密的策划来实现整店促销行为，如首页的各种活动介绍、详情页的相关推荐等，这样才能最大限度地保证店铺活动的成功。

如下图所示，淘宝首页智钻广告和进入活动店铺后，在店铺首页的各种活动宣传，这样环环相扣的紧密活动策划，可以最大限度实现销量暴增。

（4）打造品牌广告。

所谓品牌，就是长期坚持一种特定的个性。这类智钻广告的持续投放，需要通篇的策划和良好的品牌形象定位，通过智钻这种广告形式投放，虽然前期成本较高，但从长远来看，意义是不可衡量的。下图所示为奥克斯品牌广告。

3. 剖析影响智钻广告效果因素

智钻受到了很多卖家的青睐，很多卖家就靠着智钻流量节节攀升。决定智钻效果好坏的因素有广告图片、广告文案、目标人群、投放时段等。

（1）广告图片。

广告图片常常被大家所忽略，但是却很重要，拥有一个适合自己的、凸显主题的广告图片就会给店铺带来无限的收益。

大多数人没有意识到广告图片的重要性，都觉得可以做，虽然做出来不是很好看，能用就行，节省了开支，但是却大大制约了收入。如果广告图片可以展现店铺所要表达的东西，那带来的收益会远远超过上千元，甚至上万元，几十万元，如下图所示。

（2）广告文案。

图片的文字内容和卖点，毕竟你的最终目的并不是仅仅要求买家欣赏图片，而是要别人点击图片进店购买商品。图片广告上的广告文字内容和图片一样也能决定广告的效果。同样的图片，上面的文案不同，广告所带来的效果也不同。

广告文案不能太乱，只要包含主题、价格、产品就足够了，还可以加上一个点击按钮，或者加上一个时间能给客户造成紧迫感，来提高点击率。切记画面一定不要乱，站在客户的角度想，要让客户一眼就能看明白。下图所示的案例，图片很精美，但是真正吸引人忍不住去点击的还是它的广告文案“70寸超大屏幕”。

（3）目标人群。

对于店铺的产品，要去了解其对应的目标人群。然后去选择自己所面向的人群来投放。可以有效地提高广告所带进来的流量转化率。

按照地域投放，地域是很容易选择的，因为电商主要面对的群体以网络使用群体为主，所以直接选择网络比较发达以及消费水平相对较高的地域来投放。

（4）投放时段。

最后就是投放时段的选择，要选择转化率高和流量高峰时段来投放，让广告产生最大的效果。

建议从两个方面来选取投放时段。

买家的作息时间：一般在上午10~12点，下午15~17点，晚上19~22点是买家购物的高峰，选择这些时间段投放最好。

客服的作息时间：确保在广告投放时段内有客服在线，这样客户的购买率会上升，客户体验也会提高。

提示 Tips **在进行各类推广过程前后，可以利用生意参谋中的各项功能来帮助进行推广效果分析，如“经营分析”中的“访客分析”版块，可以帮助了解周期内店铺和产品一般都是哪些地域的人在浏览，一般在什么时间段访问，擅长运用这些信息，可以更好地帮助进行推广投放。**

8.5.2 大卖家专供“聚划算”

除了各种付费及免费工具外，作为淘宝卖家，还应该善加利用各类淘宝活动来增加自己的店铺的曝光率。

淘宝“聚划算”是阿里巴巴集团旗下的团购网站（https://ju.taobao.com），也是目前中国较大的团购网站，上面包含了淘宝海量的丰富团购资源。

可以说，淘宝“直通车”是淘宝卖家较为主流的推广工具，而“聚划算”是淘宝较好的活动中心，基本上淘宝卖家都以上“聚划算”为荣，当然，费用极高。

“聚划算”主要包含商品团、品牌团、聚名品、聚新品、竞拍团几个推广类型，其功能介绍如下图所示。

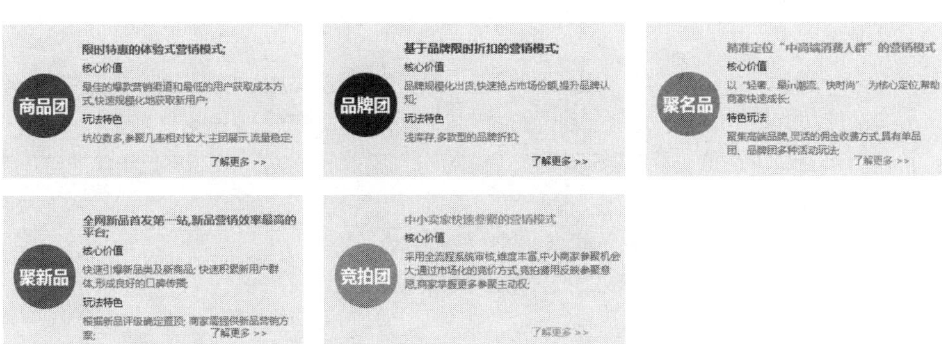

“聚划算”由原来的淘宝团购转化而来，经过多年发展，已经成为国内较大的商品类团购网站，拥有独立的淘宝二级域名，是淘宝除直通车外又一个赚钱工具。当然，“聚划算”的作用也是很大的，可以给参展卖家带来庞大的流量及展示。

卖家经验——不能说的秘密

简单了解下“聚划算”就够了，这是给大卖家玩的，一些热门类目宝贝，随便上一次活动都是小十几二十万的，对小卖家负担比较大。

8.5.3 小卖家福音“天天特价”

相比“聚划算”，淘宝“天天特价”是一款以扶持中小卖家为宗旨的官方活动平台，其招商对象为淘宝网集市店铺（天猫店不可入驻）。

“天天特价”频道（http://tejia.taobao.com）目前有类目活动、10元包邮、主题活动3大块招商，其中类目活动、10元包邮为日常招商，主题活动为不定期开设的特色性活动，规则会区别于常规活动。

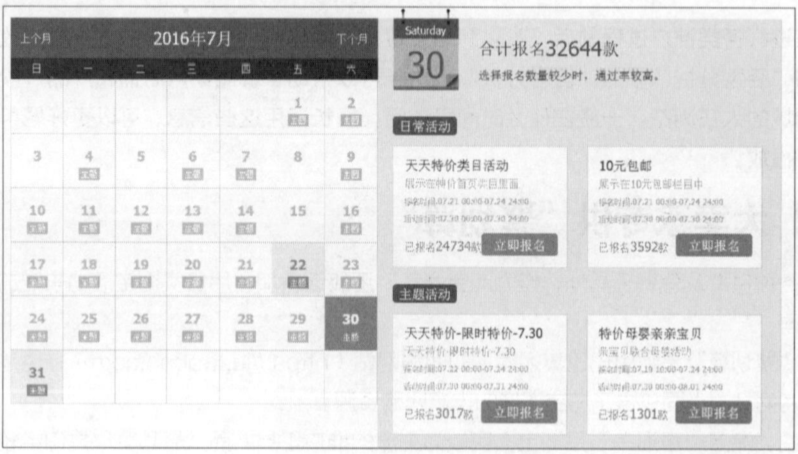

如上图所示，淘宝天天特价活动报名时间不是固定的，要报名的卖家需要时刻关注天天特价最近报名时间，并做好相应的准备工作以备活动审核。

活动要求

- 店铺信用等级：3心及以上
- 开店时间 ≥ 90天
- 已加入淘宝网消费者保障服务且消保保证金余额≥1000元，需加入“7天无理由退换货”服务。
- 实物宝贝交易≥90%，虚拟类目（如生活服务、教育、房产、卡券类等）除外。
- 近半年店铺非虚拟交易的DSR评分3项指标分别不得低于4.7（开店不足半年的自开店之日起算）
- 因严重违规（B类）被处罚的卖家，禁止参加活动
- 因出售假冒商品（C类）被处罚的卖家，禁止参加活动

商品要求

- 商品库存：库存≥50件，不限制上限（提示：10元包邮活动库存要求保持不变，50件≤10元包邮）
- 最近30天交易成功的订单数量≥10件
- 活动价格低于最近30天最低拍下价格，商品不得有区间价格多个sku（淘宝指宝贝的销售

属性集合，供买家在下单时点选如颜色等）时必须是同一价格）

● 必须全国包邮（港澳台除外）

● 活动结束后的30天内，不得以低于天天特价活动价报名其他活动或在店铺里促销。若有违反，将按照《天天特价卖家管理细则》进行相应处罚。

> **卖家经验——不能说的秘密**
>
> 天天特价在PC端和手机无线端都拥有不俗的流量，关键这是一个全免费活动。建议满足条件的卖家都可以尝试申请，一旦通过审核，将给店铺带来不俗的流量。

8.5.4 “淘金币”淘出海量流量

“淘金币”是淘宝网的一种积分营销工具，持有淘金币的淘宝用户能够在淘宝网淘金币频道内，在开设相关服务的卖家店铺中使用该币，能抵扣相关活动商品，如下图所示。

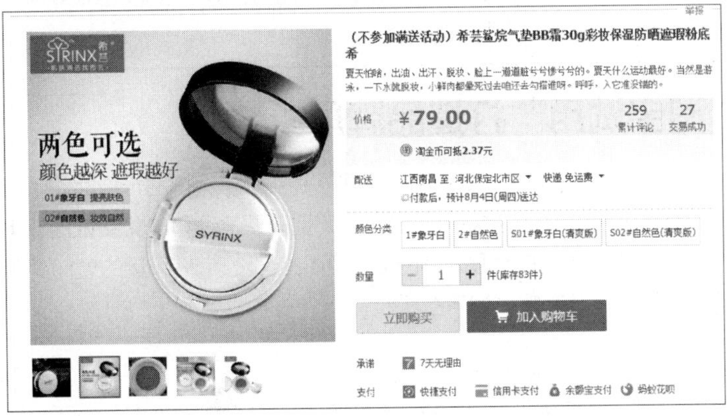

“淘金币”是一款与“天天特价”比肩的一款官方免费活动中心，作为淘宝卖家，可以通过“淘金币”的分发来获取大量的种子用户，赢取收益，其功能优势如下图所示。

淘金币的应用场景很多，其官方网站（https://taojinbi.taobao.com）中的主要活动类型包括“品牌汇”和“主题购”，如下图所示。

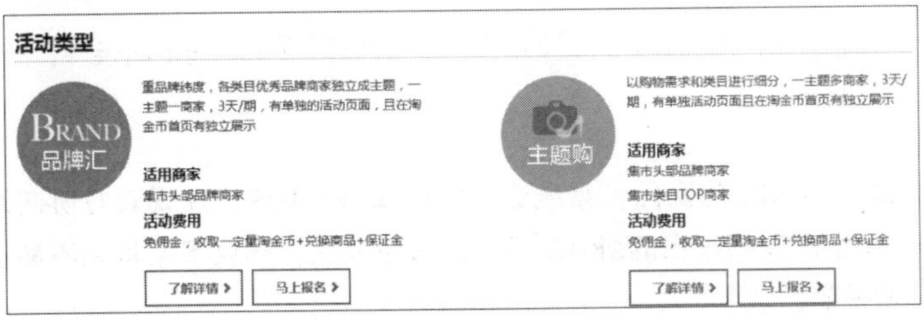

此外，除了以上两种官方不同的活动类型，还提供了很多小工具，帮助卖家更好地获得买家的认可，如下图所示。

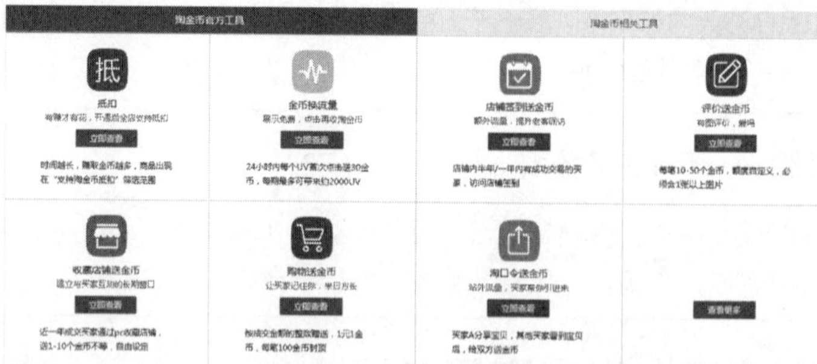

卖家经验——不能说的秘密

淘金币基本没有条件限制，适合刚开店的新手使用。建议卖家在做好宝贝上传以及店铺优化后，就可以设置淘金币来进行营销。

8.5.5 “淘宝试用”打造品牌形象

“淘宝试用”是淘宝网推出的一款利用“免费”噱头吸引客户的一种活动手段。卖家可以在官网（https://try.taobao.com）上报名并提交免费产品，买家通过“免费试用”免费领取相关宝贝，试用后给出极其真实和全面的优质试用报告，可以给卖家带来大量的意向买家进店以及宝贝收藏，提高店铺品牌推广以及影响力如下图所示。

店铺要求如下。

- **集市店铺：** 一钻以上 / 店铺评分 4.6分 以上 / 加入消保
- **商城店铺：** 店铺综合评分 4.6 分以上

商品要求如下。

- 试用品必须为原厂出产的合格且在保质期内的产品
- 试用品总价值（报名价 * 数量）需不低于 1500 元，价格不得虚高
- 试用品免费发送给消费者，消费者产出试用报告，商品无须返还卖家
- 大家电入驻菜鸟仓库、天猫物流宝及天猫国际的商品会采用名单发放的形式，不会生成订单，请商家按试用后台名单发货
- 报名参加试用活动的商品，在无线端系统会自动设置收藏店铺申请条件，商家无须设置；PC 端系统不做申请条件设置

提示 Tips 如报名包含多个sku的商品，系统会随机选择sku下单，建议双方协商发货，如果协商不了，商家需按照报名的sku发货。为避免损失，建议下架其余不期望参加活动的sku，谨慎报名。

卖家经验——不能说的秘密

注意加入“淘宝试用”虽然是免费的，但是必须提供满1500元的商品，也就是拿1500元做了推广，至于值不值，出于品牌考虑还是值得的。

8.5.6 “引流宝”引进大流量

“引流宝”是官方推出的一款推荐站内引流利器，通过创建“引流宝”活动，就有机会被推荐到主搜（今日发现）、微海报、行业频道等多处地方进行展示，从而获得海量流量。

卖家可以在“卖家中心”下的“营销中心-店铺营销中心”中找到“引流宝”工具（也可以在“装修后台-营销”中找到该工具），如下图所示。

引流宝具有如下优势。

- 抢占“主搜”千万流量，并计入“主搜”销量。
- 站外引流搜索“额外加权”。
- 活动创建一键同步“微海报”。

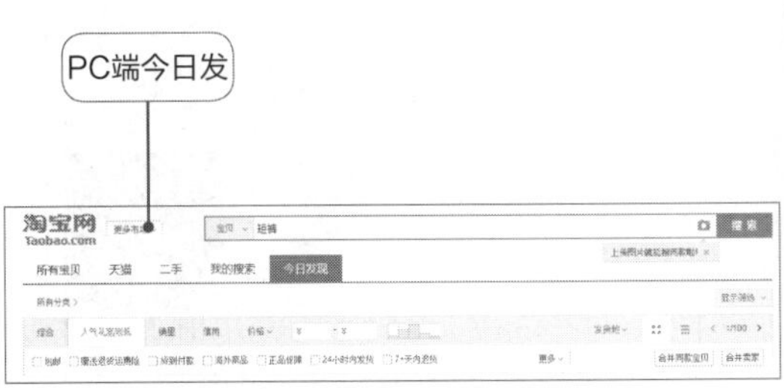

8.5.7 “店铺联盟”引进同行流量

“店铺联盟”是淘宝官方为卖家提供的末端流量互换、提升流量效率的引流工具。开通“店铺联盟”的卖家，可以获得同等级别其他卖家店铺里的精准推广机会，使店铺获得更多的精准流量。

当然，开通店铺联盟的卖家在店铺的相同位置也要为其他卖家提供同样的推广机会，这样大家的末端流量都能更好地利用起来，如下图所示。

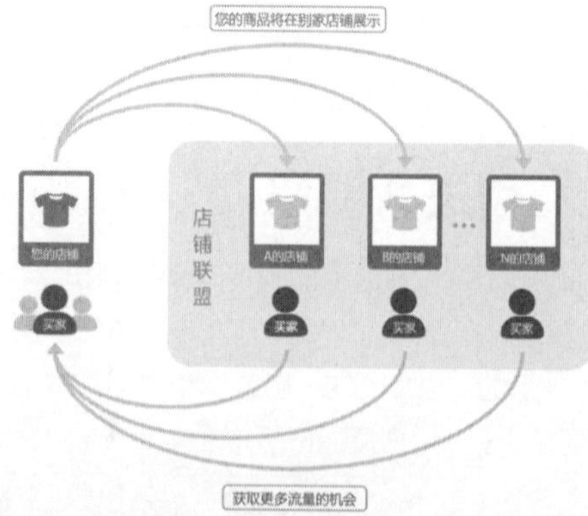

卖家可以在“卖家中心”下的“营销中心-官方营销工具”中找到“店铺联盟”功能板块，在联盟首页单击“进入管理后台”后开通此功能，如下图所示。

店铺联盟具有如下优势。

- **强强联合**：海量的淘宝优质卖家强强联合，海量的天猫优质店铺结为联盟，交换店铺中的低效流量，增加彼此店铺的访问客户数！
- **超便捷**：一键开通服务，全程平台托管。
- **精准投放**：在天猫和淘宝大数据算法支撑下，挖掘消费者购物链路中对关联商品的多重性购物需求，实现自动选品精准投放。

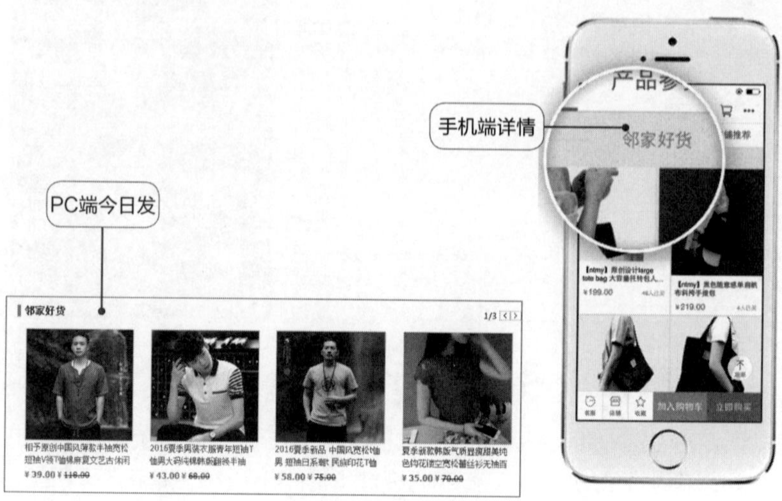

8.5.8 更多淘宝活动等你发现

众多新手卖家，对于淘宝官方活动可能有一些“畏惧”，担心店铺及宝贝可能没办法通过，也就不去尝试。这是非常不负责任的做法，既然开店了，那就要寻求突破，找到任何可以使用的方式去吸引流量。

这里建议卖家没事可以浏览淘宝官方营销中心（https://yingxiao.taobao.com），随时关注这里的官方活动信息，寻找能够申请的活动进行报名，如下图所示。

选择活动并单击，可以进入更详细的活动介绍，如下图所示。平时多申请一些“淘宝活动”，不要怕通过不了。

> **卖家经验——不能说的秘密**
>
> 通过店铺卖家中心“营销中心”—“活动报名”可以快捷地选择适合当前店铺的报名活动。

8.5.9 站外推广发现更多推广渠道

随着网购成为越来越多人的购物方式，所产生的影响使越来越多的人在淘宝开店，随着竞争越来越激烈，有些商品类目商品数量都在几十万甚至上百万，像以前那样开网店等买家主动购买已经很难运行了，因此大家要善于学习和擅用各类推广方法。除了以上介绍的技巧外，还可以考虑利用当下比较流行的微博、QQ、微信等方式进行宝贝推广，扩大店铺的影响力，如下图所示。

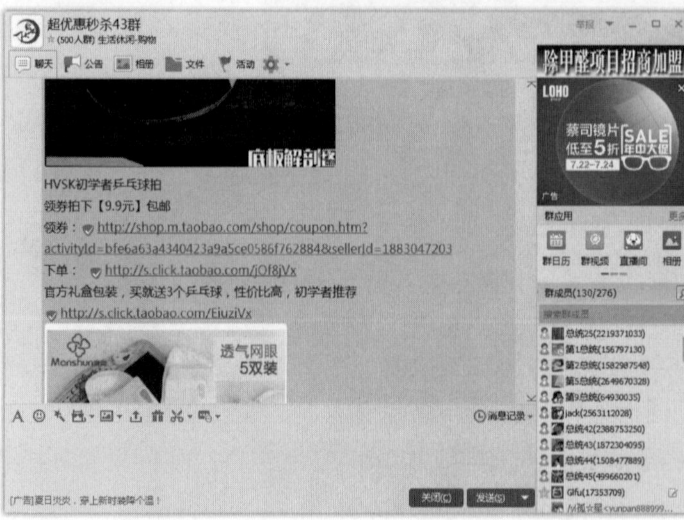

> **卖家经验——找到适合自己的推广方法**
>
> 搜索推广、博文病毒营销、传统传单派发等手段，都可以帮助店铺及产品扩大渠道，不能拘泥于任何形式的推广方式，而应该利用自己、周边朋友、环境来分析判断，寻找到适合自己的推广道路。
>
> 笔者有个朋友A，做高端服装定制，开始局限于淘宝推广，但是经营过程中发现淘宝的推广都浪费了，基本上成交的都是本地客户。因此，她决定改变方向，从网上推广变为传统的传单派发来进行淘店宣传，通过前期的客户积累，慢慢地，店铺成交、口碑都产生了质的变化，在本地已经有不小的影响力。
>
> 现在她每月不用做任何推广，老客户和其带来的流量都已经让她忙不过来。这就是属于她自己的推广方法。

开店必知——所有淘宝活动报名渠道放送

我是卖家 > 营销中心 > 活动报名
手机淘宝 > 我的淘宝> 我是商家
千牛软件活动报名入口
店铺装修 > 营销
我是卖家 > 营销中心 > 店铺营销中心
我是卖家 > 营销中心 > 我要推广
我是卖家 > 营销中心 > 官方营销工具

8.5.10 查询自己宝贝的排名

本章所做的任何工作，都是为让宝贝获得更高的排名，而传统的数据观察方法，只能通过点击和具体流量来恒定。

接下来介绍的几种方法，可以轻松知道店铺中的某款宝贝在淘宝中的搜索排名。

步骤 01 首先选定一款想要查询排名的宝贝，如下图这款宝贝，然后复制某个关键词，这里选择“八宝牛肉酱”。

步骤 02 打开本书附送的排名工具，可以选择查看电脑端或者手机端的排名，接着输入要查询的关键词，旺旺ID，设置查询页数，单击“开始查询”按钮，如下图所示，会出现对应的结果。

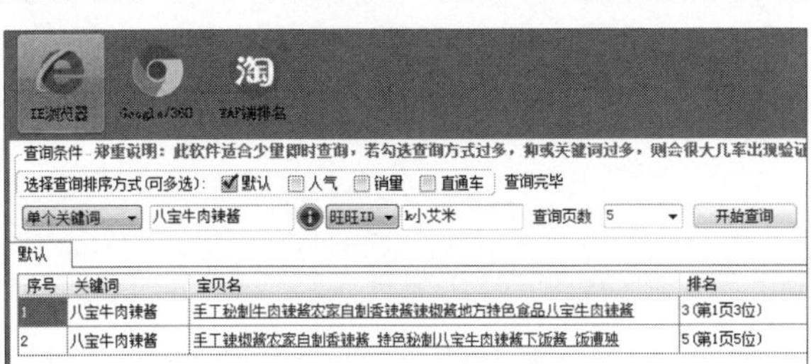

步骤03 根据提示，去淘宝网进行验证，直接输入关键词进行搜索，发现这个宝贝赫然在列。

同理，可以查询其他关键词的排名，如果认为当前宝贝排名还不够高，可以进行对应的推广操作，进一步提升宝贝排名。

第9章

流量转化——提高成交才是店铺目的

在淘宝开店过程中，所有的淘宝卖家都希望获得更多的成交，赚取更多的利润。在上一章节中，介绍了如何推广获得更多流量。而本章，将介绍如何合理有效地转化流量，获得成交。

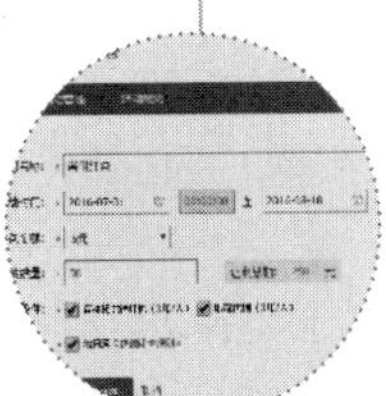

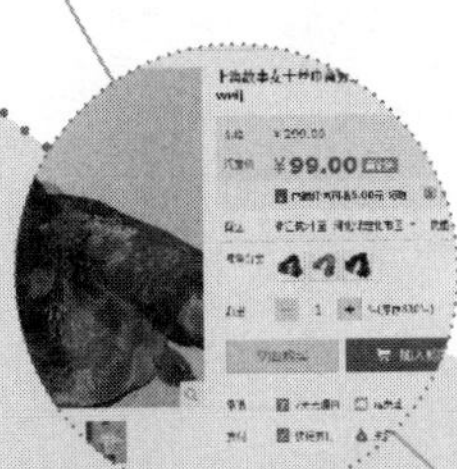

9.1 没有转化的流量就是在浪费精力

获取流量的过程很辛苦，获得流量以后，转化更为重要。如1000个访问流量，却只有2个人购买，那么推广费用都赚不回来。

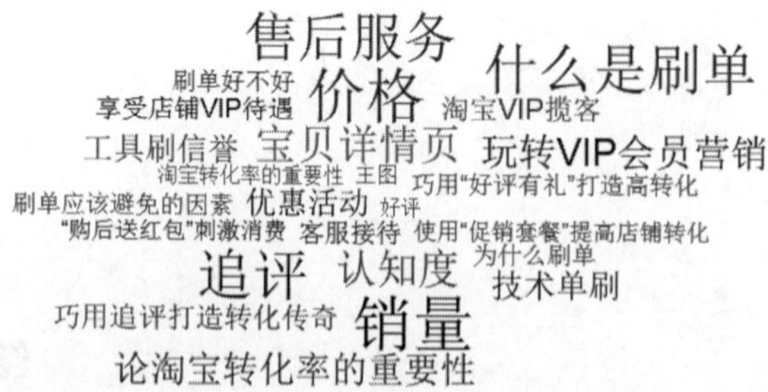

流量是基石，转化才为主导，没有转化的流量，都是浪费精力。

9.1.1 论淘宝转化率的重要性

上一章节中，介绍了流量的基本知识，与之相辅相成的另一个术语，就是“转化率”，也叫作成交率，是交易用户数占总的访客数的百分比。计算方法为：转化率=（购买人数/到访人数）× 100%。

如通过推广获得100个到访客户（UV），其中有10个访客通过浏览确认下单，那么转化率就是10%。

怎么做才能提高转化率？最为简单的理解是，通过各种方法提高买家对当前宝贝的认可度！

要求从买家角度出发，客户会买什么，同样的宝贝客户会选择谁，客户一般买多少价格的宝贝，都是作为淘宝卖家需要考虑的。

这其中视觉营销占据很大的作用，无论是主图还是详情页，都能够增加买家对宝贝的认知，加上店铺的各类优惠活动、宝贝的销量、口碑、售后服务、客服水平等因素，会大大提高买家对宝贝的认可，帮助他们下单，如下图所示。

只有转化率越来越高，推广才会没有白费，也证明店铺和商品越有吸引力。

同时，转化率也影响宝贝权重，一般转化率较高的宝贝，淘宝搜索系统会认为该宝贝受众多买家欢迎，从而有助于提高该宝贝的权重。

9.1.2 视觉营销对转化率的影响

视觉营销是网络营销中吸引客户，实现成交销售的一种市场手段，最早出现在一些线下终端卖场，通过展厅陈列、商品画报展示，对光顾的买家客户进行视觉攻势，传达商品信息和品牌文化。

淘宝天猫类电商的崛起，视觉营销也改变了原来的一些“成分”，而更加精细化。个人理解，就是淘宝卖家利用文字、宝贝、色彩等组合成图像，展示在淘宝首页、分类页、直通车广告上，而浏览的买家会受到这个图像带来的极富吸引力的视觉冲击，从而进行关注，点击该图片进入卖家淘宝店铺浏览，最终实现下单、成交；完成引流和转化。

视觉营销除了提高点击率，对转化率的影响也很大，可以提高店铺整体转化率的50%，作用不可低估。因为与线下实体交易不同，买家是通过眼睛来观察当前宝贝的优劣，所以前期所做的各类工作，包含主图、包含详情页图片、包含店铺装修，都是为了满足客户挑剔的“眼睛”，达到客户满意的视觉效果，以赢得客户的共鸣，提高客户对当前宝贝的认可！

视觉营销是在淘宝开店之初就需要注重的，从最初的拍摄到后期的装修，从主图到详情页，都要经过细心的优化，所以一个好店需要一个好的设计师坐镇，没有这方面资源的卖家，需要更加用心地学习这方面的内容，让视觉直通客户“心灵”。

关于视觉影响，在本书上货、装修板块已经介绍了，可以通过对主图、详情页的深入理解来打造店铺的视觉营销效果。

除了视觉因素外，价格、宝贝信息介绍等各方面也是造成买家下单购买的因素，作为淘宝卖家应该多方面促成转化率的提升，不能盲目打造单一的“效果”。

卖家经验——视觉营销对转化的影响

在淘宝中，无论是主图、详情页、首页装修，都是为了提高视觉营销效果。而视觉营销有助于提高点击率和转化率。其中主图主要作用是帮助推广来的访客查看点击，详情页和店铺装修的好坏，会直接影响到店铺销售转化。

9.1.3 其他对转化率有影响的因素

除了视觉营销，影响宝贝转化率的还有很多，如销量，能够让买家感觉此宝贝受欢迎，更易下单；如好评，能够让买家了解宝贝质量，影响买家参考；如客服接待，可以让买家有更好的用户体验，好的客服就像好的销售，能够留住买家；还有售后服务，可以让顾客购物时无后顾之忧；买家追评、各类吸引粉丝的小礼品、店铺营销活动等也会影响宝贝的真实转化率，接下来一个个地介绍（售前售中售后相关内容，将在后面章节讲述）。

9.2 巧用官方营销工具促进转化

在日常淘宝过程中，有很多商家不定时地进行各类促销活动，如低价打折、满就送、包邮等；而大多数买家都喜欢在商家做活动促销的时候购买宝贝。

9.2.1 巧用“心选”推荐爆款宝贝

淘宝“心选”是淘宝推出的一款“千人千面工具”，可以让买家快速找到与当前浏览宝贝相匹配或相关联的宝贝，让消费者更快下单并提高客单价，其展示位置为宝贝详情页的主图下侧，如下图所示。

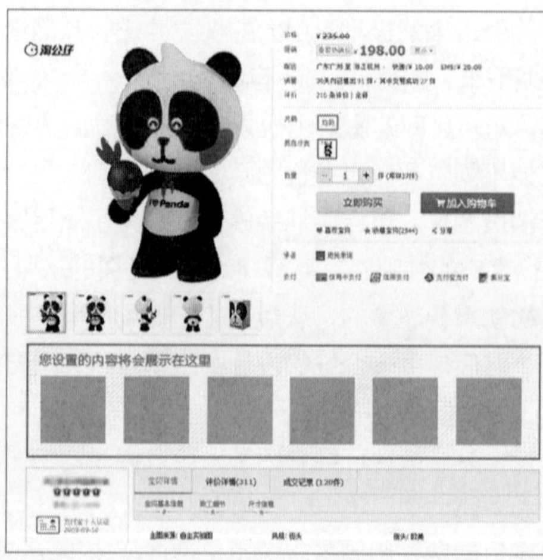

步骤 01 在卖家中心单击左侧“营销中心”下的“心选”链接（也可以在“卖家中心”→“营销中心”→“官方营销工具”中单击“心选”下的“立即设置”），如下图所示。

步骤 02 打开“心选”页面，在这里选择创建“电脑版”或者“手机版”心选计划，然后单击“创建计划”按钮，如下图所示。

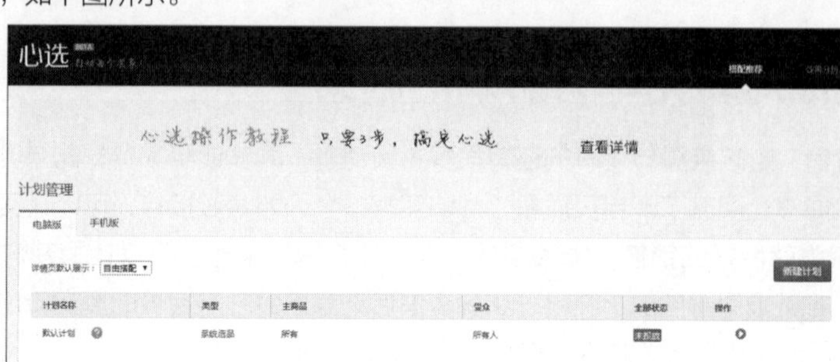

步骤 03 打开“新建电脑版计划”页面，输入计划名称，单击“展示渠道”下的“选择主商品”，选择要进行展示的宝贝后，单击“确定”按钮，如下图所示。

步骤 04 设置“推荐内容”，这里设置“相册”“精品”“热图”3种样式，如下图所示。

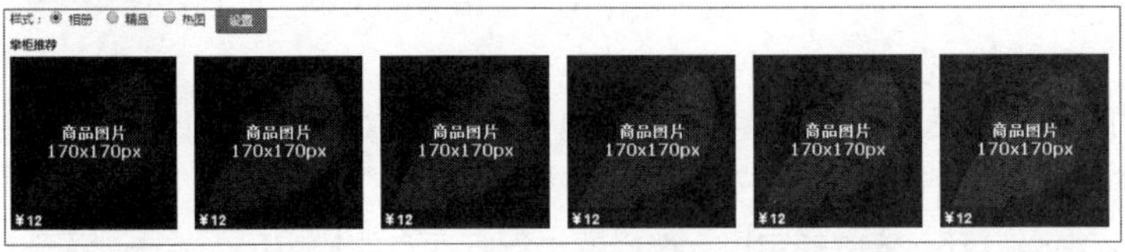

步骤 05 如果有专业美工，设置“精品”或者“热图”更具有吸引力，这里选择默认的“相册”，单击商品图标，即可弹出“编辑商品”对话框，输入要推荐的宝贝，单击“获取信息”（也可以自由添加其他主图），然后单击“确定”按钮，如下图所示。

步骤06 用同样的方法，添加6款推荐宝贝，完成后单击“发布” 按钮即可。设置好后宝贝详情页就会出现如下图所示的“宝贝推荐”，帮助买家查看更多推荐宝贝，提高店铺关联性。

9.2.2 巧用“好评有礼”打造高转化

买家在淘宝购物过程中，从卖家等级、好评率，逐渐向已购买用户的使用感受，也就是“评论内容”倾斜。根据淘宝最新调查显示，64.8%的买家认为支持评论有礼的宝贝会促进买家购买该宝贝。

绝大多数时候，文字更能直观、细致、感性地反映用户使用宝贝和体验卖家服务的感受。真实客观的文字内容，对后续消费者购买有促进作用。

宝贝拥有良好的售后好评，将对其后期转化产生很大的影响。如何让已购买宝贝的买家，心甘情愿地写下好评评价呢?

有品质的商品，优质的服务，让买家真实地感受到，这是一次好的购物体验。还可以做评论有礼来促进买家积极评价，让每一个买家成为口碑宣传员。

步骤01 在卖家中心打开出售中的宝贝，选择要进行好评有礼的宝贝，单击“设置评论有礼”按钮，如下图所示。

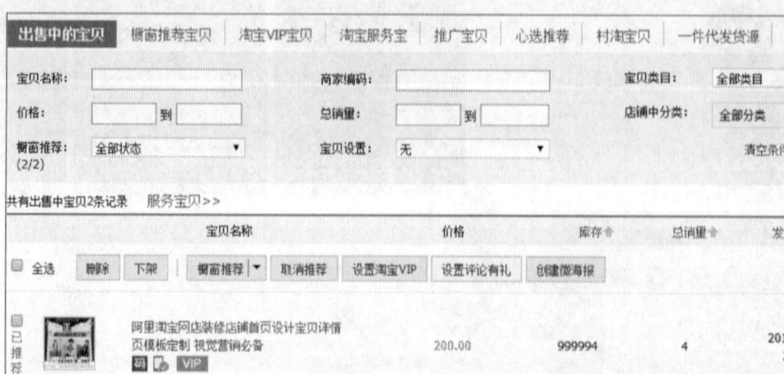

步骤02 如果还未开通“评论有礼”，此时会提示进行开通，单击“同意以下协议，免费开通”按钮，如下图所示。

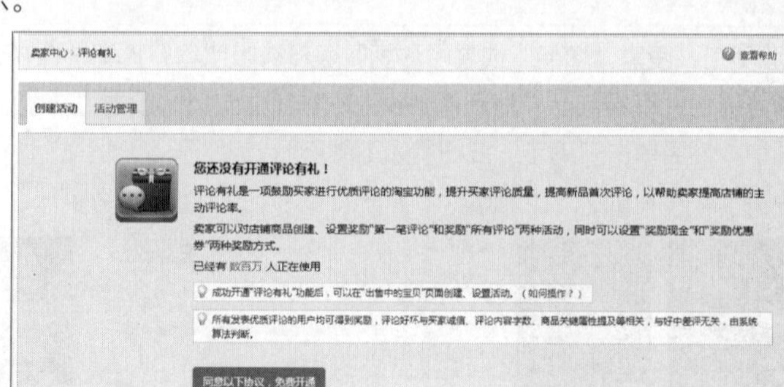

步骤 03 查看挑选要进行“好评有礼”设置的宝贝，单击“下一步，设置活动”按钮，如下图所示。

步骤 04 设置活动名称、活动类型以及活动时间，同时选择活动的激励方式，如“店铺优惠券”，单击“确认”按钮即可，如下图所示。

9.2.3 使用“促销套餐”提高店铺转化

卖家通过设置店铺营销活动，如限时促销、优惠券、包邮等可以提高买家的购买欲，提升宝贝的转化率，但是进行这些活动设置，需要一些付费工具。

淘宝相关的促销工具非常多，其中官方的“营销套餐”是最为普及的，它包含“满就送”“限时折扣”“搭配套餐”和“优惠券”4种工具，如下图所示。

1. 满就送（减）

这个工具可以让卖家自由设置当买家购买多少价格的商品以后，进行优惠赠送，如赠送礼品、赠送现金、免邮等，如下图所示。

2. 限时打折

限时打折可以在制定的时间段内，针对店铺的某个或者多个商品进行折扣促销，如5折，那么买家购买时就会看到原价5折的价格，同时可以以这个价格进行购买，如下图所示。

3. 搭配套餐

搭配套餐是指买家在购买时，可以看到卖家设置的搭配出售的商品，以便打包购买，如下图所示。

4. 店铺优惠券

店铺优惠券是一种虚拟的商券，可以发送给买家，也可以买家直接领取，当买家在购买商品的时候，可以进行相应的折扣，这种方式适合活动推广或者VIP老客户。

通过发放优惠券，能够让客户再次到店铺中购买，从而有效地将新客户转化成老客户，提高店铺的销量。

9.2.4 加入公益宝贝提高买家信任

在淘宝购物的时候，会发现一些宝贝详情下方会显示一些公益宝贝列表，这表示该宝贝已经加入淘宝公益计划。在两家拥有相同宝贝、相同价格和好评度的店里，如下图所示。

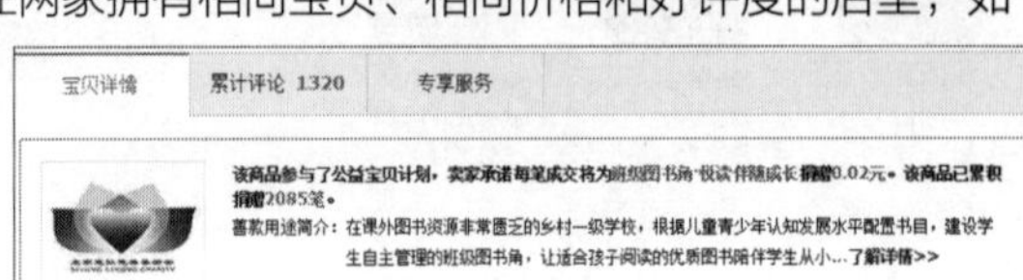

加入淘宝公益计划，拿出部分收益做慈善，有百利而无一害，不仅能增加权重，更会促进一些买家的同情心，增加一定的转化率。下面介绍具体的实施方法。

步骤 01 在卖家中心打开出售中的宝贝，选择要加入公益计划的宝贝，单击“设置公益宝贝”按钮，如下图所示。

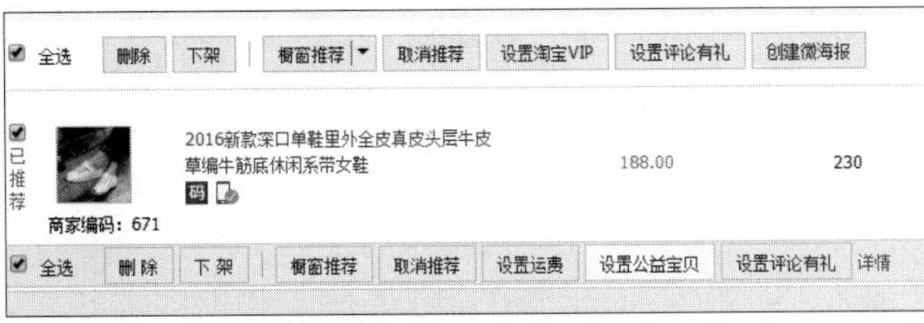

步骤 02 如果提示尚未加入，单击“点击这里”文字链接进行签约即可，如下图所示。

步骤 03 输入支付宝账户、密码、校验码，单击“同意协议并提交”按钮，如下图所示。

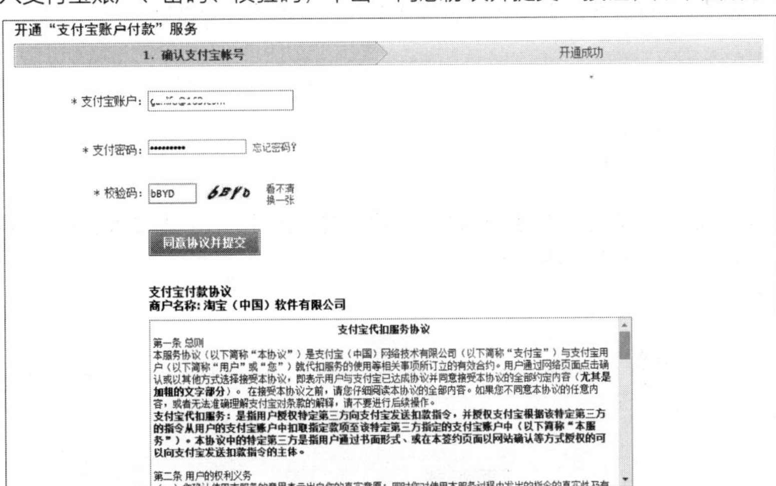

步骤 04 输入手机收到的校检码，单击“开通”按钮，如下图所示。

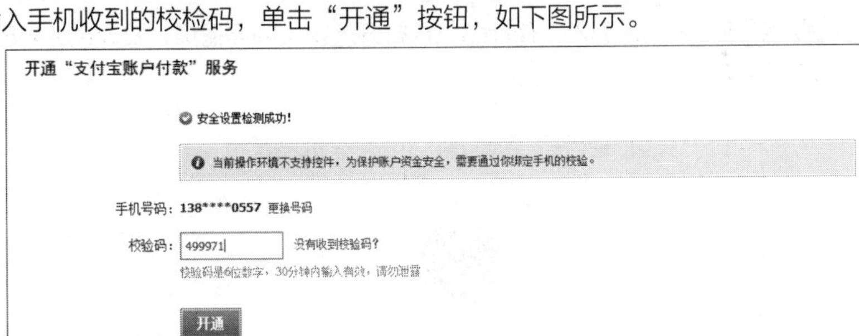

步骤05 接下来，提示淘宝公益签约成功，如下图所示。

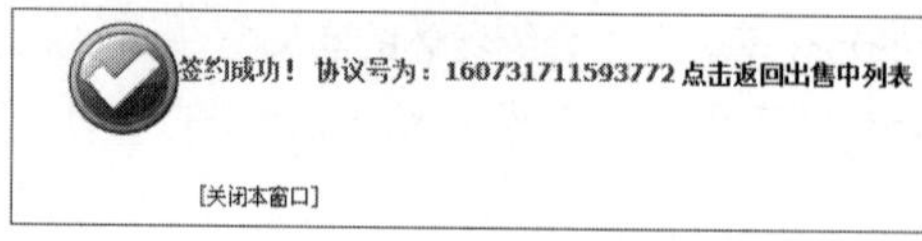

步骤06 勾选“同意参加”，选择公益项目，这里有4个大类，每个大类下包含具体的公益计划详情，单击可进行选择，如下图所示。

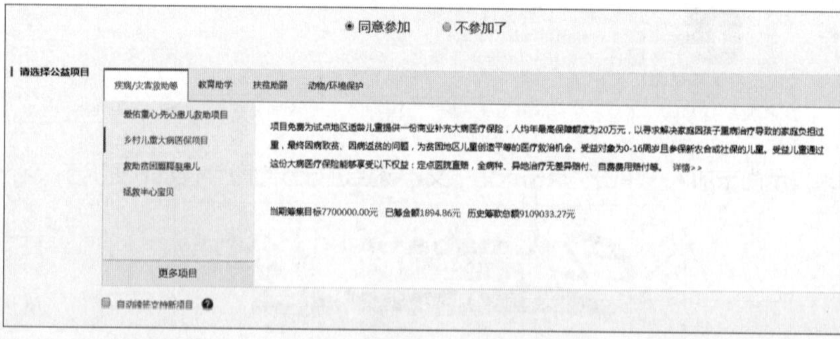

> **提示** 具体的公益计划是不同的，每期计划都有一定的筹集目标，当这个筹集目标完成后，会出现新的公益计划。

步骤07 设置捐款方式，选择“按成交百分比捐款”方式，输入捐赠百分比，如下图所示。那么，每当这个宝贝成交后，成交额的2%就会自动从支付宝扣款到对应慈善机构。

步骤08 选择是否在详情页显示公益宝贝信息，这里勾选“显示”，积极传播相关公益事业，也是一种公益，然后单击“确定”按钮，如下图所示。

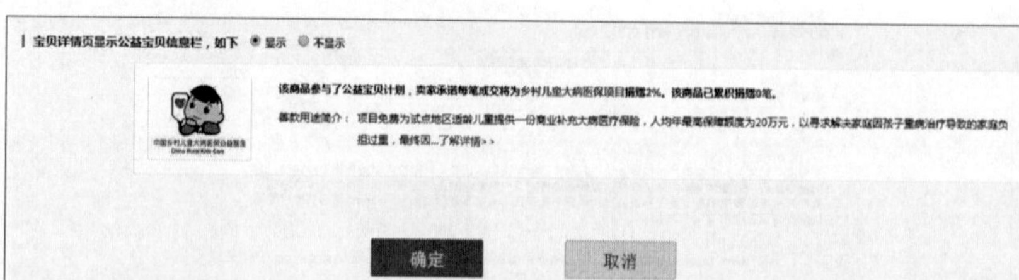

步骤09 然后，提示当前宝贝已经加入公益计划，再打开此宝贝的详情页，发现该计划已经显示在当前详情页，如下图所示。

步骤 10 最后返回店铺，找到设置公益活动的宝贝并打开浏览，发现详情页顶部已经出现计划说明，如下图所示。

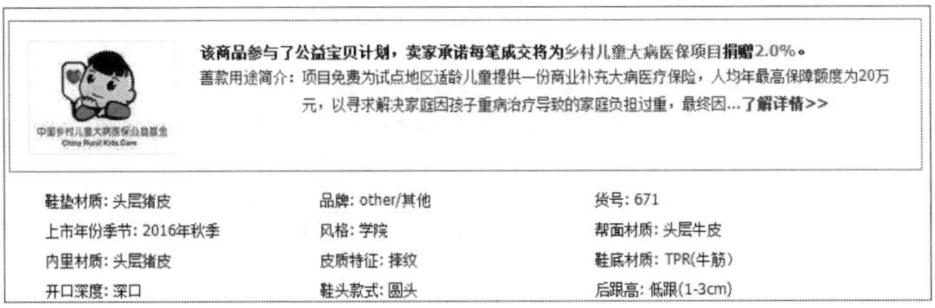

卖家经验——巧用追评打造转化传奇

现在的买家很挑剔，也很有经验，更相信自己的直觉和好评。

同一个宝贝，哪怕卖家描述得天花乱坠，客服说得多么动听，都不能够打动这些老练的买家，他们会通过具体的好评来抉择是否下单。

特别是追评，一般买家通过重度体验后所写的相关“体验报告”，特别能够引起他们的重视。因此，要做的就是找“好友”帮忙买下几笔，充实一下记录，然后认真地写下宝贝的好评，并且在时隔一段时间后，加上附图追评，这里一定要真实记录，如下图所示。

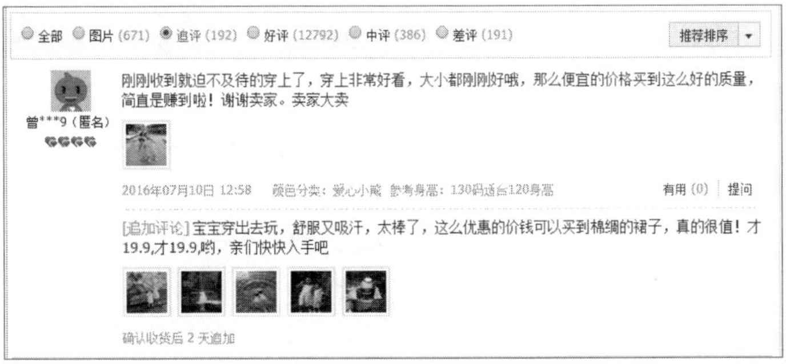

如下图所示，一般带宝宝的妈妈看见如此好的评价，都会心动，哪怕销量差一点、价格贵一点，都会毫不犹豫地下单购买。

一般这种近乎完美的好评追评大都是通过刷单的方式操作，只有这样卖家才能最大限度地掌控好评流程和质量。当然，也可以通过免费试用、低价促销等方式来引进第一批客户，以此吸引这些客户，再通过“评价有礼”的方式来保证让他们购买后填写好的追评。

在发给买家的宝贝里，还可以附加一张好评有礼的卡片，这样买家在收货的同时就能了解到这个活动，吸引他们在购物成功后主动进行好评，如下图所示。

无论通过什么方式获得好评，都必须保证宝贝的质量，只有宝贝本身质量够硬，才能经受得住顾客的考验，获得更多好评。

9.3 创建免费的店铺营销活动

在淘宝店铺装修频道，也有一些免费的营销工具，通过这些工具，可以创建一些免费的营销活动，来促进店铺转化率，如下图所示。

这里的活动包含“店铺活动”和“官方活动”，官方活动主要有“淘金币频道”“微海报”“天天特价官网”3类，其中“淘金币”和“天天特价”在上一章节已经介绍过，关于“微海报”可以参考玩转手机章节部分内容。

而店铺活动比较多，在默认首页会显示当前较热门的店铺活动，卖家可以通过单击左侧“店铺活动”下的“创建活动”来创建店铺活动，如下图所示。

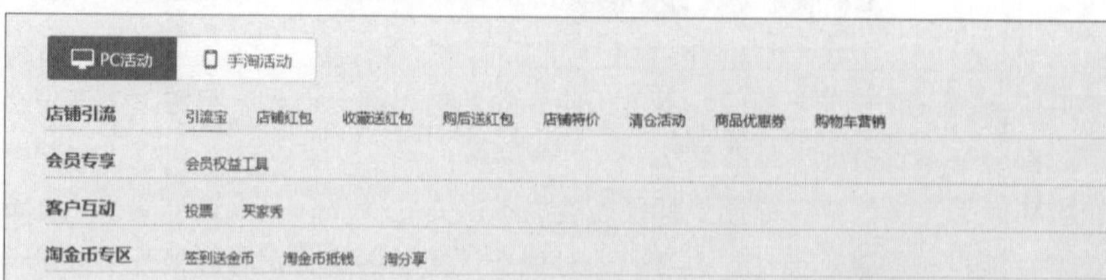

默认状态下，显示的“PC活动”类型，单击“手淘活动”还能够查看手淘能够创建的活动类型，如下图所示。

需要注意，这里的部分活动可以对接淘宝官方，起到推广引流作用。而大多数店铺活动则是让客户停留更久，促进他们的购买欲，达到提高转化的目的。而部分PC活动和手淘活动则是重叠的，可以互相设置。

9.3.1 “店铺红包”的设置

店铺红包和店铺代金券是由卖家设置。消费者在领取后可以在购物中进行抵扣（订单金额须高于红包面额0.01元），设置红包的店铺可以促进客户购买欲望，提高宝贝的转化率，具体优势如下图所示。

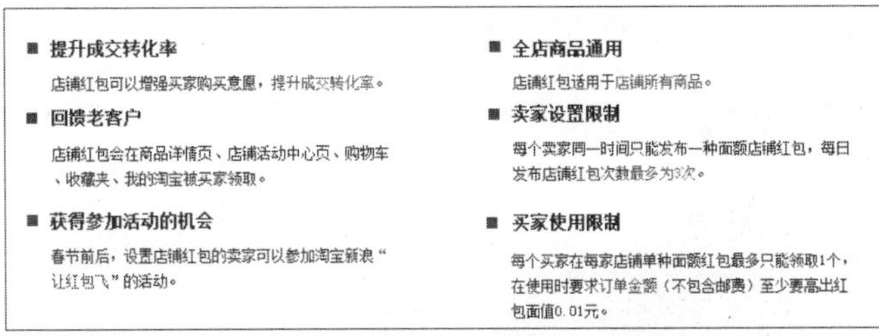

步骤 01 选择“PC活动”，在这里单击“店铺红包”或者“收藏送红包”，单击“创建活动”按钮，如下图所示。

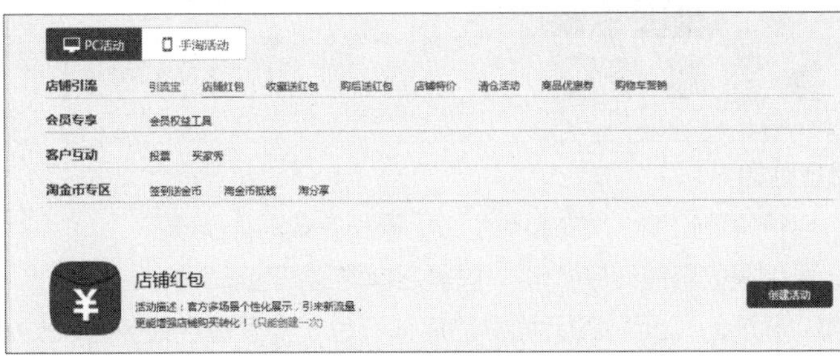

> **开店必知——一样的红包不一样的领取条件**
>
> 这里的“收藏送红包”和“店铺红包”功能一样，只需在“创建活动”时勾选领取条件即可。

步骤 02 设置活动名称、活动时间、红包金额、发放数量，同时设定好买家的领取条件，确认后勾选“我同意《店铺红包规则》”，单击“确定并保存”按钮，如下图所示。

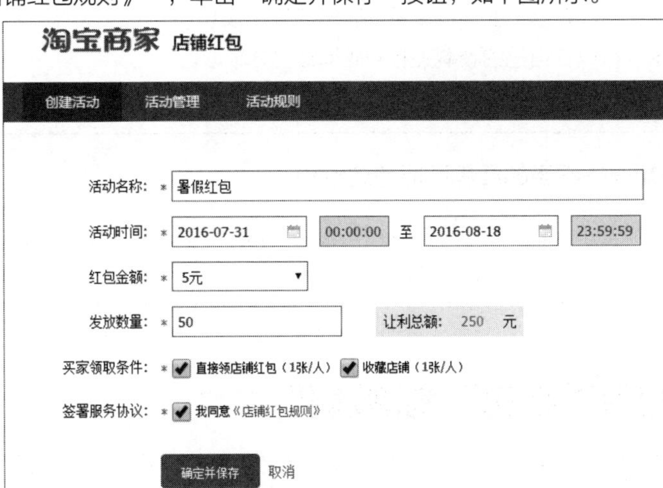

步骤03 单击“确定”按钮，确认发布当前红包，如下图所示。

步骤04 返回店铺，单击任意宝贝查看当前设置的店铺红包效果，如下图所示。

淘宝红包设置规则如下。

- **生效时间**：自行设置日期，发布即可生效，最长有效期为60天。
- **发放方式**：直接领取店铺红包(1张)，收藏店铺赠送红包（1张）。
- **面额及数量**：5元、10元、20元面额的店铺红包，卖家每次最多可以发行20000张；50元、100元、200元面额的店铺红包，每次设置最多可以发行1000张。
- **抵扣范围**：店铺红包只支持商品价格费用抵扣，运费、服务费等其他非商品价格费用不在红包抵扣范围内。

店铺红包展示位置。

- **店铺首页**：当买家浏览您店铺里的活动时，可以看到店铺红包并领取。
- **商品详情页**：当买家浏览您的商品详情页时，就会出现店铺红包“领取”的信息。
- **购物车**：买家可以在自己的购物车看到店铺红包并领取。
- **收藏夹**：买家可以在自己的收藏夹看到店铺红包并领取。
- **我的淘宝**：在“优惠卡券”模块，将集中展示买家领取的店铺红包。

> **开店必知——不当的红包可能造成亏损**
>
> 创建红包时需要注意，如果店铺中的宝贝单价过低（10元以下的宝贝），可能会造成亏损，所以在具体创建红包时，一定要计算好自己的利润。

9.3.2 “购后送红包”刺激消费

“购后送红包”是另一种红包工具，它与“店铺红包”不同的是，买家必须在购买后才能领取此红包，并且该红包在下次购买时才能使用。

步骤 01 选择“PC活动”，在这里单击“购后送红包”，单击“创建活动”按钮，如下图所示。

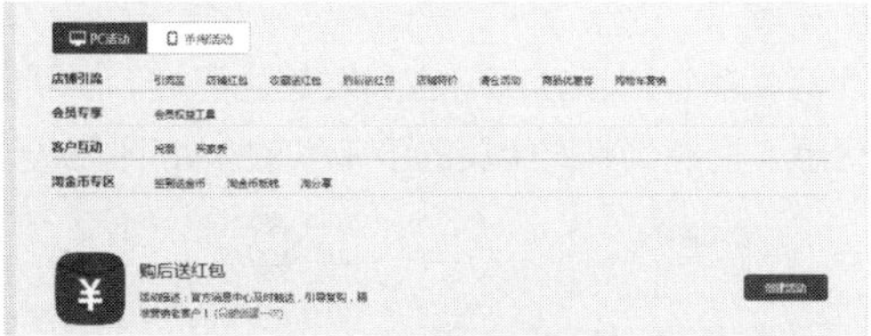

步骤 02 输入活动名称、发行条件、活动时间、代言商品地址、限定张数，然后单击“下一步”按钮，如下图所示。

步骤 03 选择投放的渠道，这里包含“我的消息”“物流详情页”，确认后单击“保存”按钮即可，如下图所示。

- **我的消息：** 买家购物后在“我的消息”里会弹出领取红包提示。
- **物流详情页：** 在宝贝发货的物流详情页会显示红包领取提示。

步骤 04 弹出发布提示，确认无误后单击“确定”按钮即可完成发布，如下图所示。

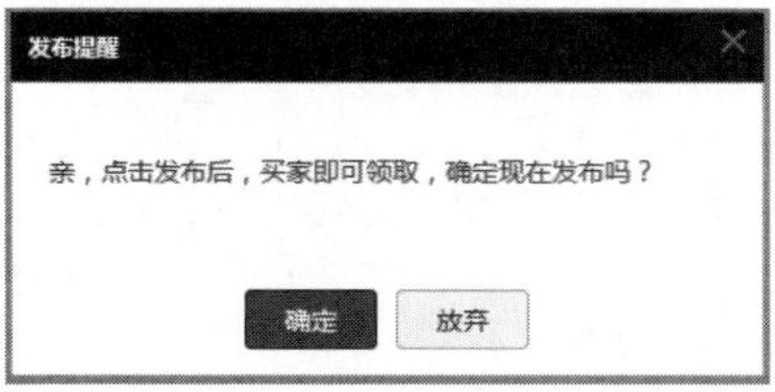

9.3.3 “店铺优惠券”让利客户

“商品优惠券”功能可让卖家针对自家部分宝贝发起优惠券，当买家领取后，可直接在下单时使用优惠券，从而获得优惠，提高买家对宝贝的下单欲望，如下图所示。

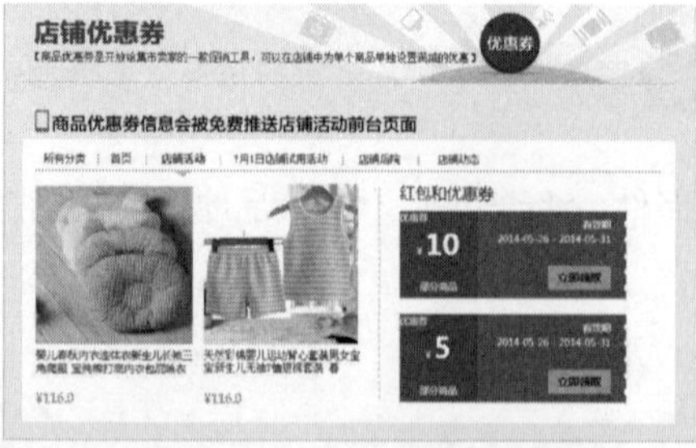

前面介绍的“促销套餐”优惠券是要付费使用的工具。而在“装修-营销”频道下，可以免费使用，接下来介绍具体操作方法。

步骤 01 单击“商品优惠券”右侧的“创建活动”按钮，如下图所示。

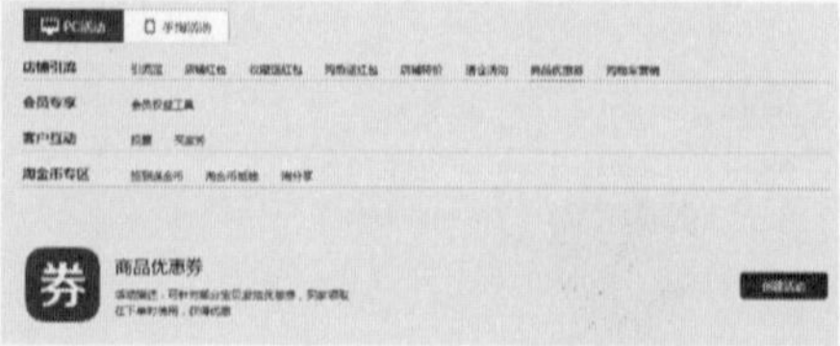

步骤 02 填写活动名称、面值、发行量，选择可使用优惠券的宝贝；设置活动时间和使用条件，单击“下一步”按钮，如下图所示。

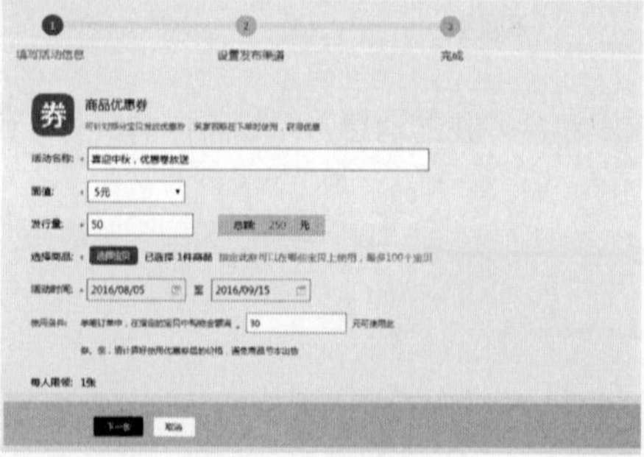

提示 优惠券和店铺红包设置方法差不多，两者区别也不大，红包可无条件使用，优惠券要设置限定商品和满足金额。

步骤 03 查看活动投放渠道，这里默认为“店铺活动页”和“微海报”，直接单击“保存”按钮即可，如下图所示。

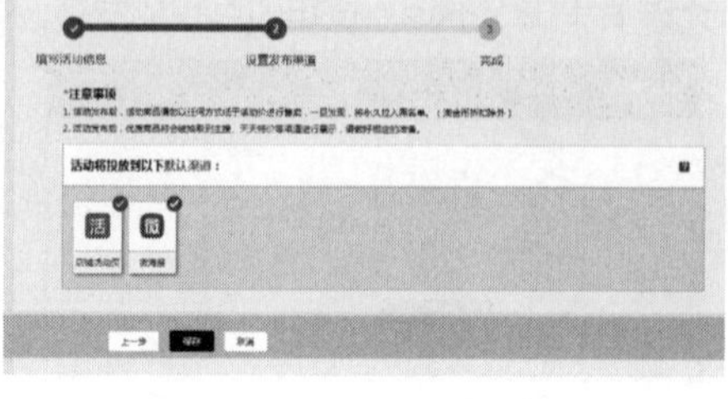

步骤04 单击“确定”按钮，这里要完成发布过程，必须使用微信扫码才行，如下图所示。

步骤05 微信扫码后，就完成优惠券创建。这里和店铺红包不一样，此活动只显示在卖家的店铺活动页，而不会显示在宝贝详情页面，如下图所示。

> **卖家经验——优惠券的更多妙用**
>
> 通过上图可以复制活动链接，作为卖家，还可以这样使用链接。
>
> 【增加购买转化率】：在店铺首页和宝贝详情页以banner的形式做店内宣传。
>
> 【促进犹豫用户下单】：旺旺上给未领取商品优惠券的买家送优惠券。
>
> 【外部引流与推广】：淘宝外部网站传播与推广。

步骤06 通过链接查看PC端领取效果，也可以打开微信查看领取效果，如下图所示。

9.3.4 更多店铺活动等待发现

除了以上介绍的“店铺营销活动”外，其他功能都在不同章节中介绍过，不同时期，淘宝会增加更多的营销功能。可以随时关注这里的相关内容。

对于店铺特价、投票、买家秀这3个可以促进强转化的功能，将放在后续手机淘宝章节进行介绍。

开店必知——部分营销功能重叠

这里的部分工具功能可能与“店铺营销中心”“客户关系管理-营销工具”中的功能重复，淘宝部门太多，有些部门常常会今天推出新功能，下个月就把此功能给撤销，甚至整个部门都取缔了。当淘宝店经营时间足够长，就会发现这些都是常有的事。

9.4 淘宝VIP客户营销

许多淘宝持卡会员已形成使用卡的习惯，在看中一件商品后，会搜索是否有支持VIP卡的同样商品。促销频道、周末疯狂购等活动只对设置VIP卡功能的商品开放。

9.4.1 利用淘宝VIP揽客

淘宝有一套VIP系统，根据淘宝买家购物金额，自动分为V1~V6这6个等级，不同等级拥有不同的特权，如下图所示。

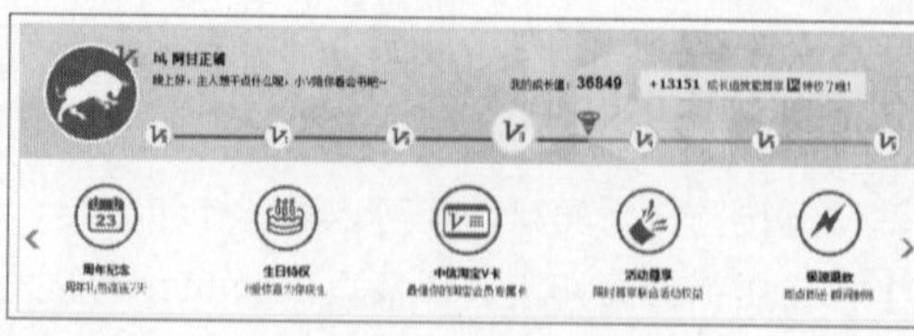

很多淘宝买家已经是高级会员了。如上图，此账号已经是一个V3会员，购买会员商品时，将有更大的价格优势。

买家通过淘宝会员频道（https://vip.taobao.com）或者购买宝贝详情页中显示V标记的宝贝时，就会享受到会员价格，如下图所示。

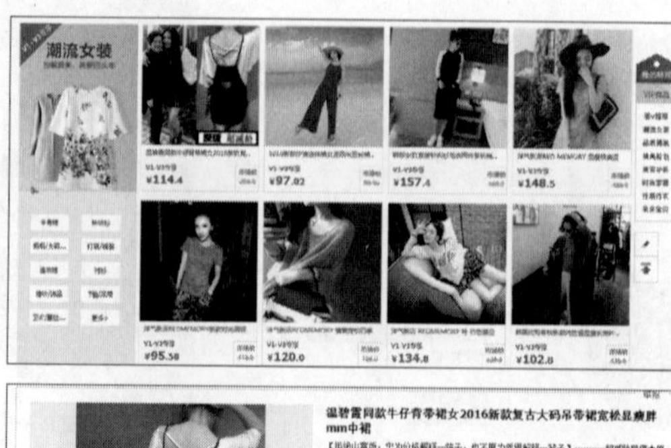

面对淘宝数百万的高级VIP会员，如果给予优惠的价格，更容易成交，也更易提高转化率。设置VIP的好处如下。

- 提高商品的曝光率。
- 吸引使用VIP卡购物的部分买家。
- 丰富店铺的宣传和营销手段。
- 让买家能够通过不同的途径看到且买到店铺的商品。淘宝首页有VIP卡搜索通道，为了让买家朋友们更好地找到店铺，买家搜索的时候可以勾选“VIP搜索”复选框。
- 增加客户体验。VIP买家购买店铺里的东西，如果商品设置了VIP，就会让买家有一个更好的用户体验，买家购物体验好了，下单就会更快。

如何为店铺的宝贝设置VIP会员专享？具体步骤如下。

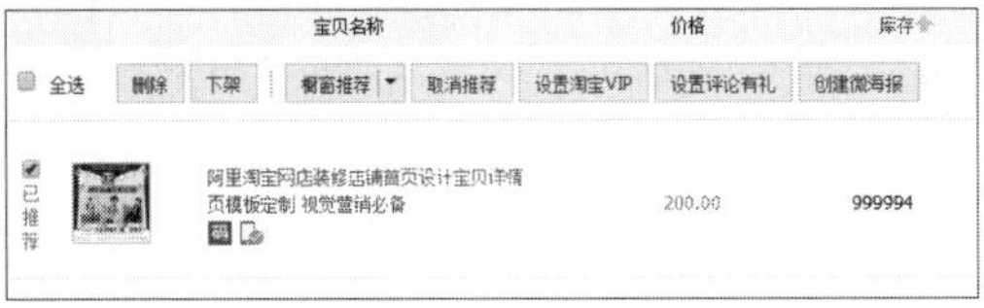

步骤01 在卖家中心打开出售中的宝贝，选择要加入VIP的宝贝，单击“设置淘宝VIP”按钮，如下图所示。

步骤02 进入设置促销页面，分别设置V1~V3/V4~V5/V6的对应折扣，单击“参加”按钮，如下图所示。

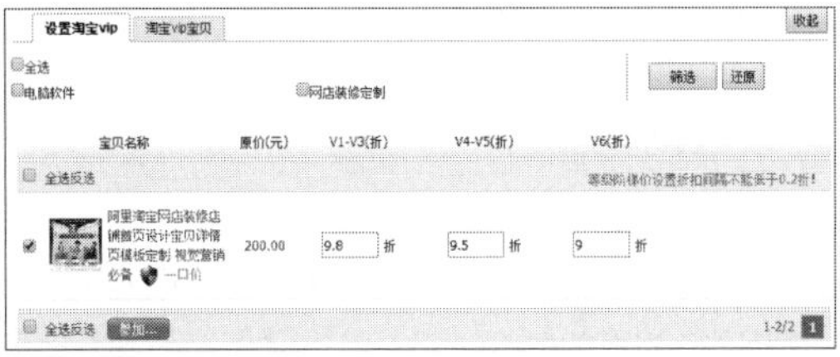

步骤03 设置完成后，在宝贝详情页的淘宝价后将显示VIP价格，买家购物时将针对其自身等级显示不同价格，促进下单购买，如下图所示。

9.4.2 让客户享受店铺VIP待遇

卖家还可以设置店铺VIP，通过不同消费等级来划分店铺会员，便于管理店铺的会员，建立属于店铺的会员体系。

> **提示 Tips** 淘宝VIP是淘宝平台推出的全体买家成长体系。店铺VIP是由淘宝卖家推出的店内买家成长体系。

步骤01 在卖家中心单击“营销中心”下的“客户关系管理”，打开“客户关系管理”管理页面。

步骤02 单击首页的“去设置会员”按钮，或者单击左侧“VIP设置”，如下图所示。

步骤 03 默认有4个会员等级，分别是普通会员（VIP1）、高级会员（VIP2）、VIP会员（VIP3）、至尊VIP会员（VIP4），单击下方的“启用该等级”即可启用对应会员体系，如下图所示。

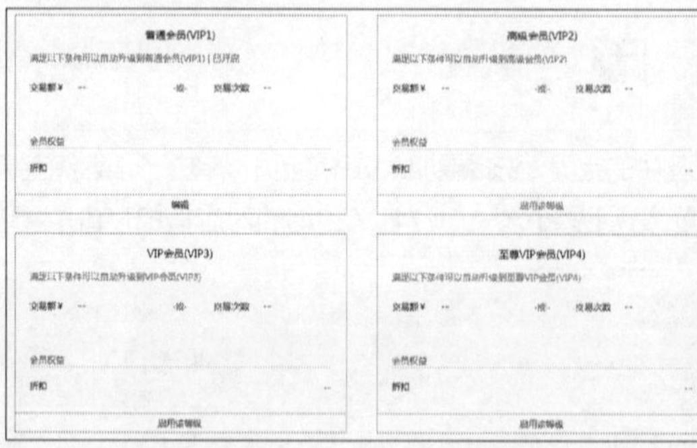

步骤 04 单击 按钮，设置会员升级方式，可选交易金额或者交易次数来作为升级条件，接着设置高级会员（VIP2）后所能享受的店铺折扣，单击“保存”按钮即可，如下图所示。

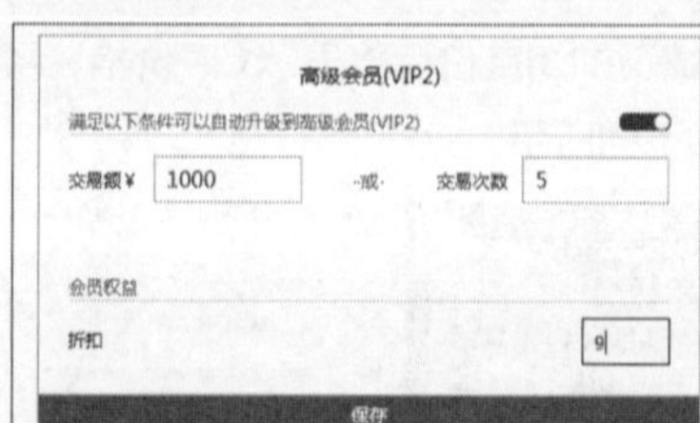

步骤 05 用同样方法，分别启用和设置店铺会员等级及对应福利，如下图所示。

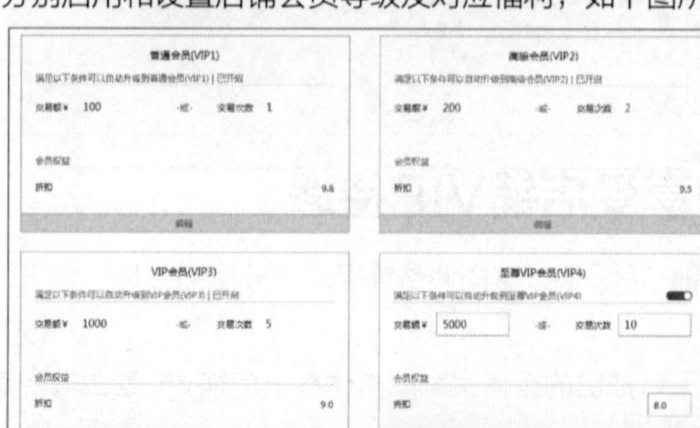

步骤 06 设置完成后，当顾客购买金额或者次数超过设置的条件时，就会自动成为店铺会员，享受对应的店铺VIP折扣。

9.4.3 玩转VIP会员营销

通过设置店铺VIP，使店铺会员划分为三六九等。可以针对不同等级的会员发起各项营销活动，使推广而来的流量发现店铺这些活动，吸引他们关注宝贝，促进下单，提升整店转化。

在客户关系管理界面中，拥有多项免费的营销工具，可以通过这些工具来实现以上功能，如下图所示。

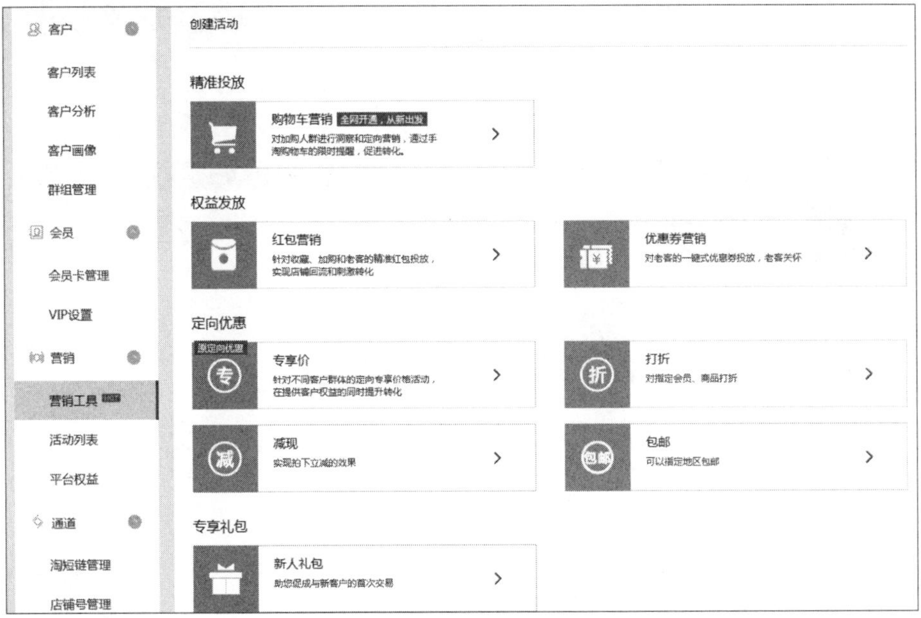

● **购物车营销：** 淘宝转化神器，当店铺内有买家将宝贝加入购物车，15天以内没有下单，可以通过发起“购物车营销”活动，吸引买家下单，提高转化。

● **红包营销：** 这是一种全新的营销方式，通过给消费者发支付宝红包（可以自由选择发放对象，如收藏客户、加购客户、流失客户），精准触达老客户和潜在客户，实现店铺回流和刺激转化。

● **优惠券营销：** 优惠券是淘宝一种常用的营销权益，如果针对精准人群（如高VIP等级客户、活跃客户、每月生日客户等）进行定向投放，再结合其他商家自有的沟通渠道进行传播，可以起到不错的转化营销效果。

● **专享价：** 针对不同的客户群体发起专享价格活动，在提高客户权益的同时提升店铺宝贝转化。

● **打折：** 可选定全网会员或者店铺VIP会员进行打折活动。

● **减现：** 对指定客户发起现金减免活动，提升转化。

● **包邮：** 对指定地区客户发起包邮活动。

● **新人礼包：** 淘宝4钻石以上卖家使用，可发起开通无线会员卡，吸引更多无线端买家。

提示 Tips

红包营销中发放的是支付宝红包，不限于本店铺使用，可以全网通用，所以选择对象一定要谨慎，以免造成浪费。

第 10 章

客服接待——店铺销售节节高

在成功利用推广获得流量和点击以后，就需要淘宝客服团队。一个成功的客服，可以利用文字最大化展现宝贝的光辉一面。同时，还可以利用专业知识，帮助引导买家购买到合适的商品，吸引买家下单。

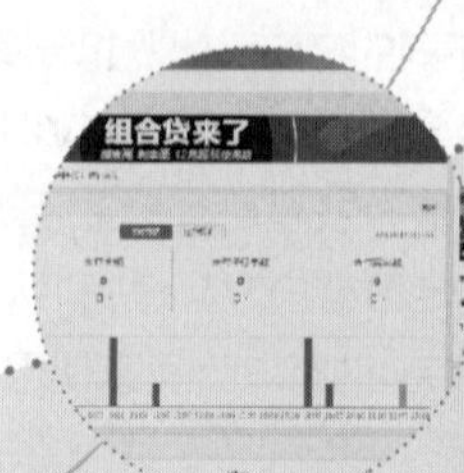

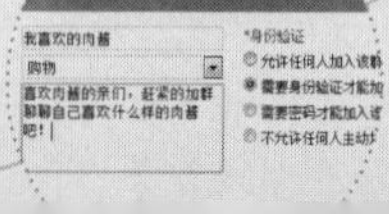

0.1 万金油——淘宝客服介绍

“客服”是淘宝店铺运营环节中很重要的一环，负责推广的流量、视觉营销和各类活动转化，优秀的客服会提高50%的整店转化率！

如今天成交了100笔交易，可能有10笔是直接下单购买，另外90笔都会或多或少地咨询客服，最终确认是否下单。而这过程中，客服的引导作用极其重要。

一般的淘宝小店，卖家通常充当多角色，客服一角涉及比较全面，也不会那么细分。但是从属性上来看，淘宝客服实际上分为两类，一类是“售前客服”、一类是“售后客服”，两者相辅相成，担当着店铺经营大任。

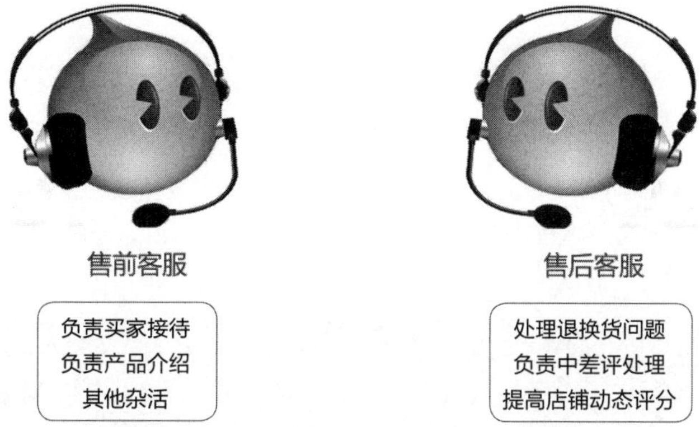

10.1.1 什么都做的售前客服

一般售前客服承担买家接待，重在产品介绍，回答买家问题。因此要求对产品很熟悉，对买家的疑问能够回答如流。一个优秀的客服，除了这种基本技能外，能够通过话术引导买家，大大促进店铺成交率。

如果顾客来购物，客服态度不好，或者回答水准太低，不够专业，都可能流失客户，而浪费前面所做的努力。

提示 Tips 售前客服在不同店铺中，所涉及的工作也不一样。在分工不明确的店铺中，售前客服一般还承担宝贝上传、宝贝价格修改等工作。另外，很多店铺的客服还承担了包装物流的角色，一般白天接单，晚上发货，这在淘宝中也是比较普遍的。所以，客服实际上就是淘宝万金油，什么活都做。

10.1.2 强大的售后客服

店铺运营过程中，除了负责客户接待工作，还有个更为重要的职责，那就是负责店铺的售后管理。当宝贝由于各种原因，被客户投诉，要求进行退货、换货、退款等售后要求时，需要准确无误地进行判断，同时根据实际情况进行应对，而一般处理这些工作的就是淘宝售后客服。

一般售后客服都是由优秀的售前客服挑选出来的。他们拥有高超的售前方法外，还拥有更多售后谈判技巧，主要处理一些产品售后问题，很多时候负责与一些比较刁钻的客户，为店铺赢取更多利益。

优秀的售后客服，除了在售后过程中提高店铺好评，赢取更多动态好评外，还能够和客户成为朋友，吸引这些客户二次下单，成为店铺的“老客户”。

也介于售后客服的特殊要求，很多店铺售后实际都是由店铺管理者在担当。因为这个角色需要熟悉店铺、产品以及各种淘宝规则，还要有良好的沟通技能，而拥有这些水准的客服都有担当一面的能力。

提示 Tips 只要售前售后客服共同努力，就可能打造好一家好口碑的店铺。

10.2 千牛——淘宝客服必备神器

淘宝购物，重在沟通。针对淘宝卖家，淘宝提供了“千牛”这款综合性的卖家管理工具，它不仅有即时和买家进行沟通的能力，还拥有诸多店铺管理插件，可以让淘宝卖家开店更有效率。在淘宝中，买家用“旺旺”，卖家用“千牛”已经成为共识，如下图所示。

10.2.1 千牛的前世今生

“千牛”前身为淘宝的“阿里旺旺”，是一款买家与卖家之间交流的工具，与平时使用的QQ等聊天工具类似。随着卖家开店成本的增加，需求应用更大，后来“阿里旺旺”逐步成为淘宝买家的专属聊天工具，而针对卖家，则重新开发了升级版的开店工具“千牛”，如下图所示。

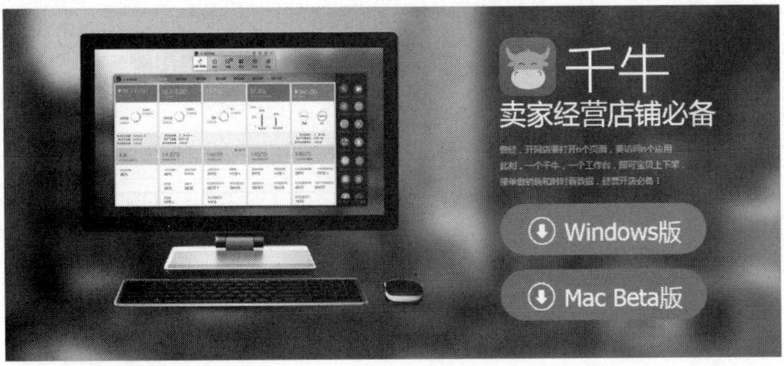

升级后的“千牛”，除了即时聊天功能，还拥有更多强大店铺管理功能，可以让卖家时刻监督店铺，提供订单跟踪、数据分析、聊天机器人、客服监管等功能。

卖家可以在千牛官网（https://qianniu.1688.com）下载“千牛”，使用这款工具相当于拥有了一个开店工作台，无须通过浏览器打开多个页面，轻松应对店铺宝贝上下架、接单等工作，还能查询实时数据、跟踪物流发货情况，是淘宝经营开店的好工具！

提示 Tips 前面已经介绍了售前与售后客服的不同。可以通过淘宝子账号功能为不同的客服开通不同的账号，然后让客服利用子账号来登录千牛进行买卖交流和宝贝管理。关于子账号的应用，将在本书最后一章的团队管理内容中进行详细介绍。

10.2.2 千牛工具条解析

首次登录“千牛”，会打开如下图所示的登录对话框，在这里会提示是否勾选“登录旺旺”，通常都通过此“旺旺”和买家进行沟通，因此这里默认勾选（不勾选则启动千牛后需要工具条手动启动旺旺聊天程序），如下图所示。

登录成功后，将默认启动小巧的千牛工具条。其最左侧是店铺头像，右侧分别是接待中心（旺旺聊天窗口）、消息中心、工作台和搜索，如下图所示。

提示 Tips 和QQ一样，工具条支持贴边隐藏，直接把工具条拖动到电脑旁边即可，移动到贴边位置后就会自动隐藏，重新移动鼠标到该位置又能自动弹出。

1. 头像

右键单击头像，可以执行多个命令。勾选“保持窗口最前”，可以让此工具条一直在桌面显示；勾选“贴边隐藏”，可以让工具移动到窗口四角时候自动隐藏；勾选“隐藏悬浮条”则取消此工具条显示，如下图所示。

2. 接待中心

单击“接待中心”可以进入“千牛”的聊天窗口，就是曾经的阿里旺旺，可以在这里接待客户，界面如下图所示。

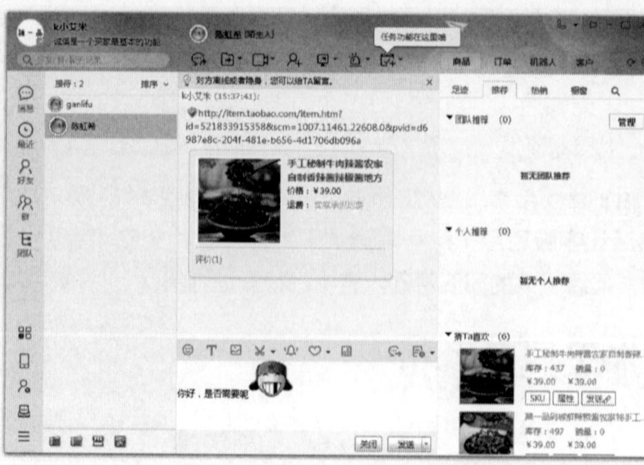

3. 消息中心

单击“消息中心”可进入店铺的消息中心，这里包含各类系统信息，包含旺旺系统信息、子账号信息、商品信息、退款信息、交易信息等，如下图所示。

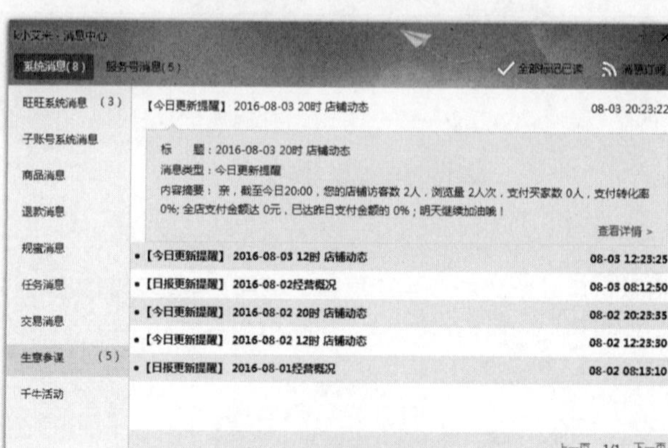

4. 工作台

单击“工作台”后会打开千牛店铺工作台，卖家可以执行各种店铺管理操作。首页左侧主要是生意参谋，显示当前店铺经营相关数据；右侧则是千牛头条和营销活动中心，重点显示头条新闻和最新活动报名信息，如下图所示。

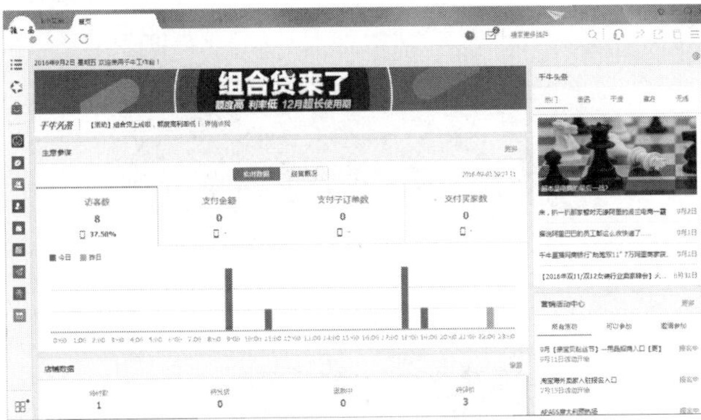

在最左侧导航工具栏，则是各类开店插件，帮助卖家管理店铺，将鼠标移动到这里，会展开具体名称，如右图所示。

常用网址：包含了淘宝开店中所需要用到的快捷在线地址，单击可直接打开对应页面，按功能主要可划分为宝贝管理、店铺管理、货源中心、其他、交易管理、物流管理和社区。

聚星台：单击可打开客户关系管理平台，帮助卖家进行客户关系维护。

服务：单击进入淘宝卖家服务市场，可直接选购需要的卖家服务。

生意参谋：淘宝官方数据统计工具，单击可查看更详细数据。

服务市场：打开服务市场，购买需要的服务。

发布商品：打开可以发布新商品，管理已发布的商品。

员工管理：打开淘宝“子账号”，可以便捷地进行团队管理，账号分配。

官方买家秀：单击可打开淘宝官方“买家秀”活动设置界面，方便卖家进行内容运营。

智选物流：单击打开物流查询界面，方便客服和买家沟通的同时查看订单状态。

我的应用：单击可查看千牛所有插件（包括付费和免费），卖家可以添加和删减左侧的导航插件。

提示 Tips：这里的插件有的是免费，有的是可以免费体验，更多的则需要付费购买。另外，这里的插件导航是动态的，不同的卖家可能打开后显示不完全一样，具体以实际为准。

5. 搜索

单击“放大镜”图标，可输入文字进行插件搜索，如下图所示。

提示 Tips：千牛最大的功能就是和客户进行交流沟通，是作为客服人员最为基本的工具。同时，也拥有诸多店铺管理功能，可以方便卖家在不登录网页的情况下对店铺进行快捷管理操作。

10.3 千牛的使用

打开千牛并登录，注意这里会提示是否勾选“登录旺旺”，一般都是通过此“旺旺”和买家进行沟通，因此这里勾选（如不勾选则启动千牛后不会默认启动阿里旺旺聊天程序），如下图所示。

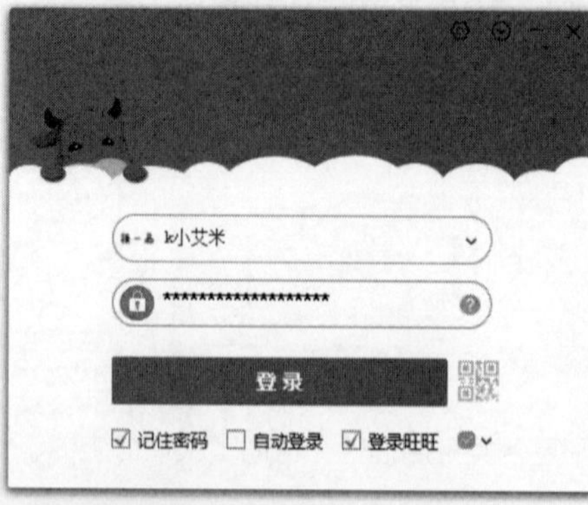

10.3.1 利用千牛接待客户

当有客户通过旺旺发起商品信息咨询时，千牛客户端会自动打开消息窗口。同时右下侧也会出现对应提示，如果有音响，还会响起“咚咚”的提示声音，如下图所示。

作为一个专业客服，要第一时间在下图所示的对话窗口输入文字进行回复，单击“发送” 按钮或者按键盘的回车键可以发送消息给客户。

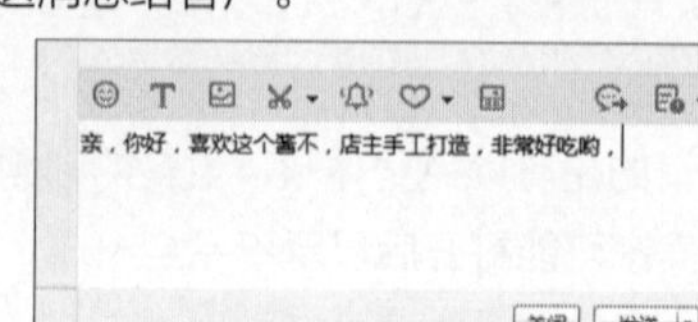

当然，为了拉近和买家的距离，一般在交流过程中，除了文字，我们还应尽量添加一些表情，让整个对话过程显得不那么严肃，如下图所示。

与买家进行沟通的过程可能会很长，作为客服，需要随时调整好状态，根据实际情况耐心回复买家的每一个问题，直到对方满意，完成交易为止。

10.3.2 利用掌柜个性签名打广告

千牛聊天工具还有一个用处，就是可以在与买家进行交流过程中，显示店铺广告。而方法就是直接在聊天窗口左上角单击鼠标，出现可输入框时输入对应活动签名内容即可，如下图所示。

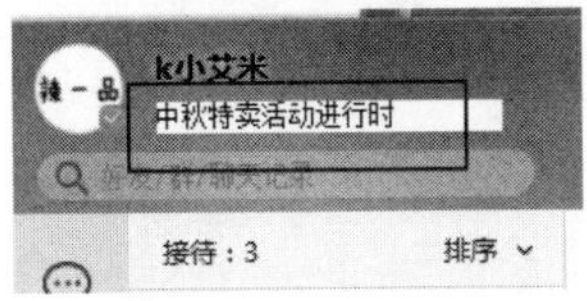

也可以在系统设置里进行多个签名设置，在聊天窗口左下角单击☰按钮，选择“系统设置”，如下图所示。

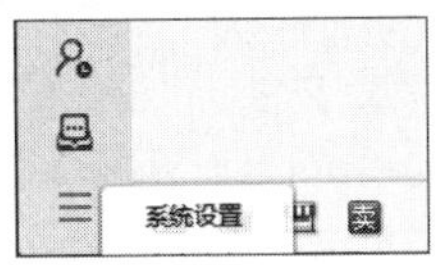

在打开窗口里，选择“个性设置”下的“个性签名”，然后在右侧新增签名内容即可，如下图所示。

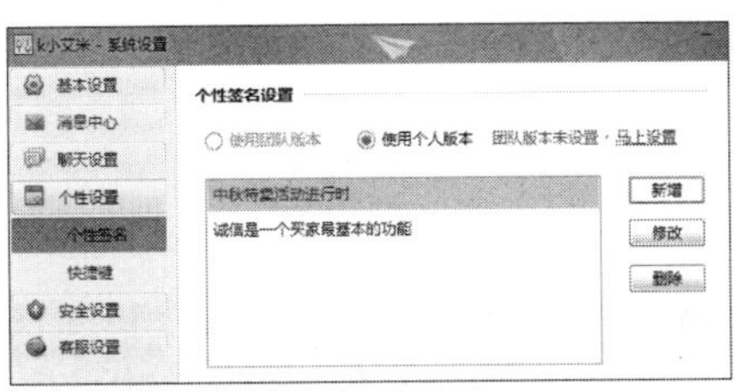

10.3.3 设置自动回复再忙也不怕

打开系统设置，单击“客服设置”下的“自动回复设置”，在右侧设置不同条件下，自动发送快捷回复信息，如下图所示。

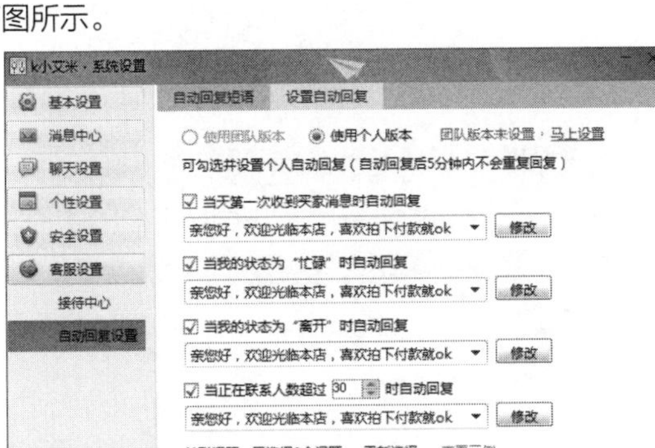

提示 tips 自动回复对于经常不在电脑旁的卖家来说非常有用。通常全部勾选，这样当买家在咨询时会自动回复相关内容，除了提醒卖家尽快返回电脑旁，还能够让买家认为回复及时，客服够活跃，提升对店铺的好感。

10.3.4 创建会员群拉近与买家的距离

旺旺群可以帮助一些爱好相同，或者有某些共同目的的朋友聚在一起交流。而通过这一功能，可以将自己的老顾客聚集起来，以便及时发布自己店铺的新进宝贝和打折信息等内容。

步骤 01 千牛聊天窗口中，单击“群”图标，双击“立即双击启用群”，如下图所示。

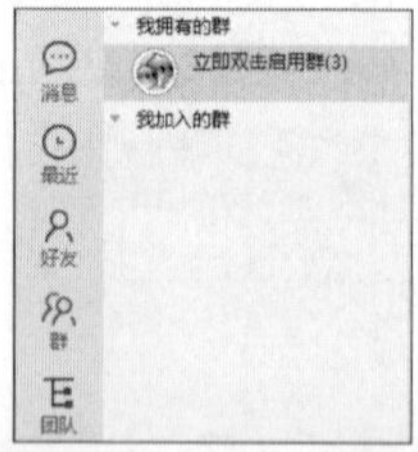

步骤 02 设置群名称、群分类、群介绍，选择身份验证方式，然后单击“提交”按钮，如下图所示。

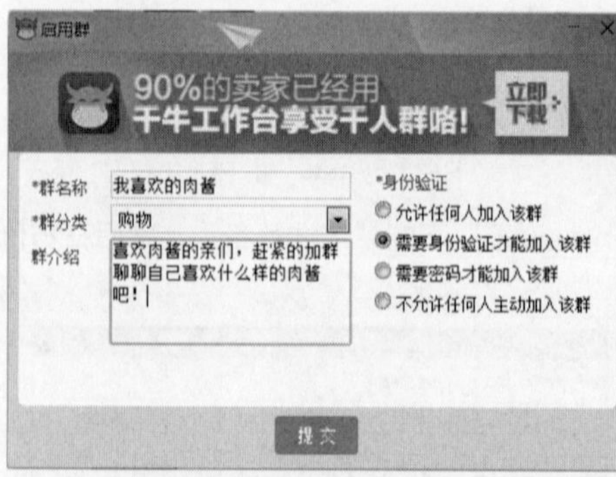

步骤 03 接着，创建会员群成功，单击“邀请成员加入”按钮，如下图所示。

步骤 04 打开群管理界面，单击“邀请成员”按钮，如下图所示。

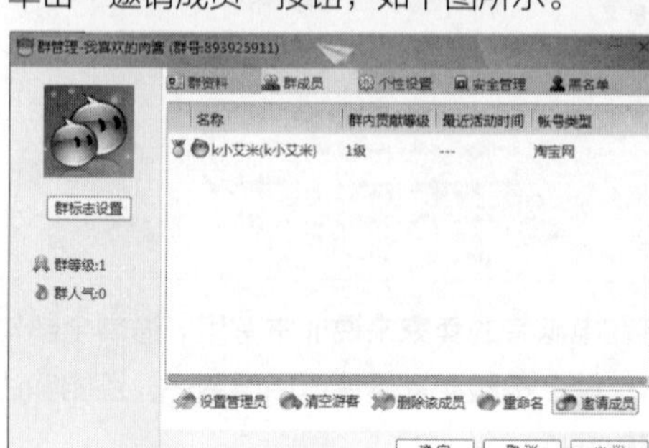

步骤 05 左侧选择要邀请入群的会员，单击“添加”按钮添加到右侧，然后单击“确定”按钮，如下图所示。

步骤 06 创建会员群成功，在聊天窗口“群”频道可以查看当前群并可以和会员一起畅聊，在右侧还可以进行公告编辑、创建看板等操作，如下图所示。

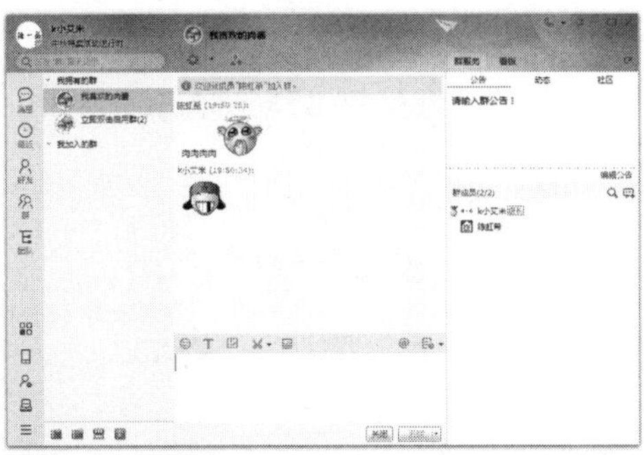

10.3.5 将临时客户按需分类

一旦进入店铺并且通过旺旺进行交流的买家，无论最终买或者不买，都属于潜在买家。因此对于这些买家信息，应该进行有效的分类，以便进行有效的管理。下面来看如何对旺旺进行分类。

步骤 01 聊天窗口左侧单击“好友”，鼠标右键单击“未分组好友”，选择“添加组”命令，如下图所示。

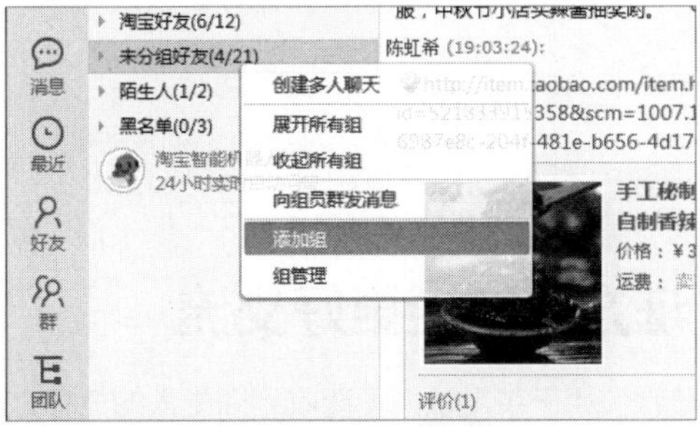

步骤 02 输入新组名称，按回车键完成新组创建，如下图所示。

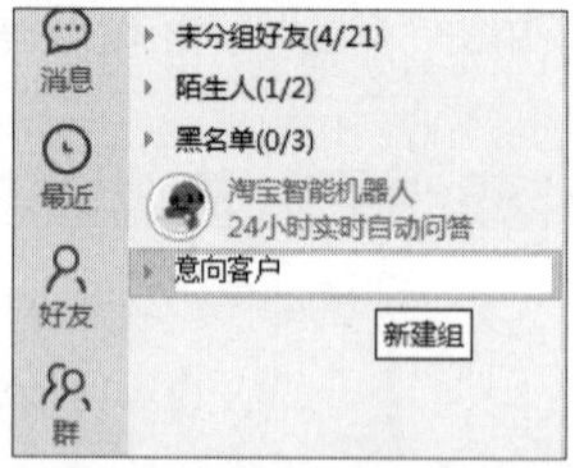

步骤 03 选择向发起客服咨询的临时客户，单击鼠标右键，选择“加为好友”，如下图所示。

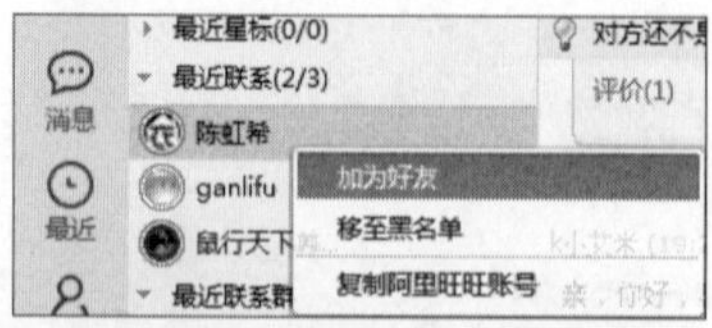

步骤 04 设置显示名，然后将客户添加到刚创建的组，单击“完成”按钮，如下图所示。

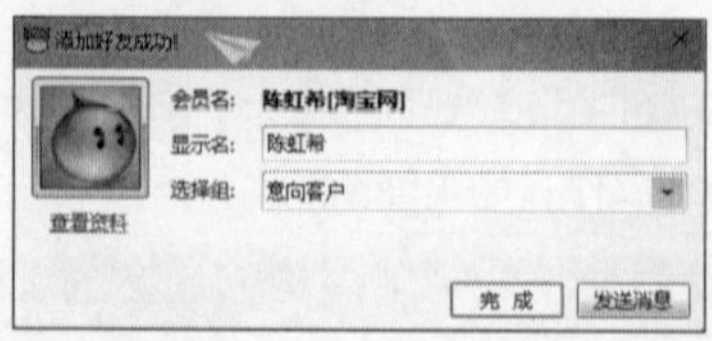

步骤 05 除了新客户，也可以选择未分组好友中的好友，单击鼠标右键，选择“移动好友”，如下图所示。

步骤 06 选择将该客户移动到新组“意向客户”，单击“确定”按钮，如下图所示。

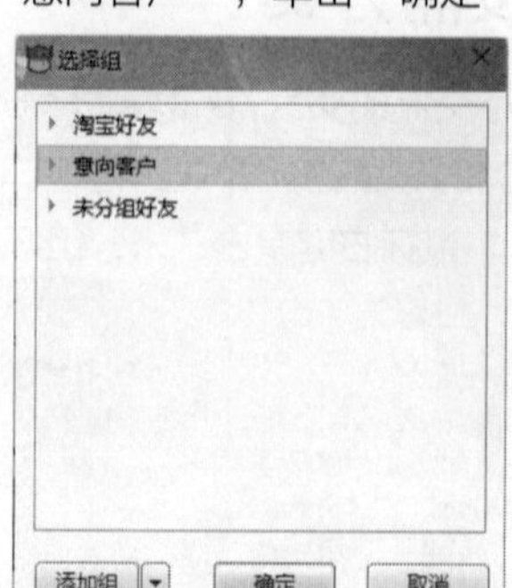

10.3.6 设置验证方式以便更好交流

对于新卖家而言，第一次使用千牛默认为不能收到陌生人的信息，这样的结果就会导致陌生人买家无法联系到店铺，也就错失了生意。因此应该第一时间修改设置。

步骤 01 第一次登录千牛，会弹出“消息提示”，在这里单击“系统设置”按钮，如下图所示。

步骤 02 打开系统设置面板，在“验证设置”右侧，勾选“不用验证就能加我为好友”选项，此后买家可以直接通过单击店铺的旺旺与客服即时沟通，如下图所示。

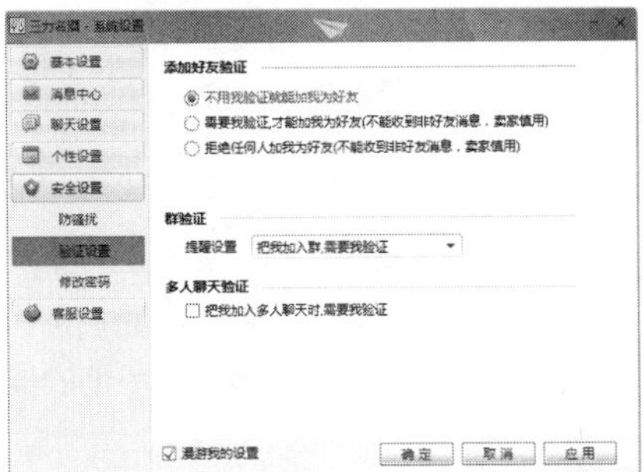

步骤 03 当然，这样的后果可能会有一些骚扰信息，此时还可以进行一些防骚扰设置。方法就是单击左侧的“防骚扰”，如下图所示方式进行设置。

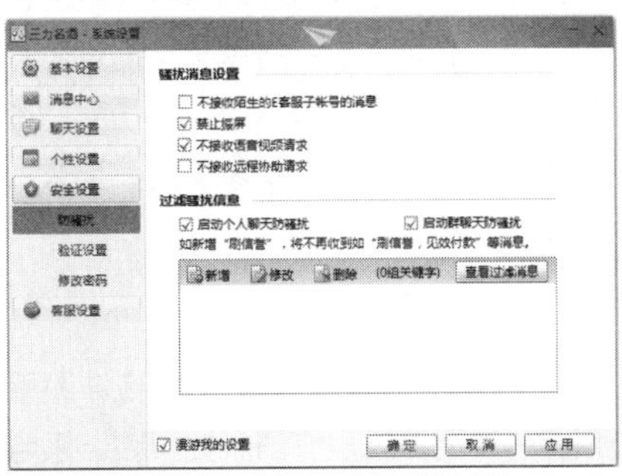

步骤 04 继续单击上图的“新增”图标，在打开对话框中输入一些常见的骗子、广告关键词，然后单击“确定”按钮即可，如下图所示。

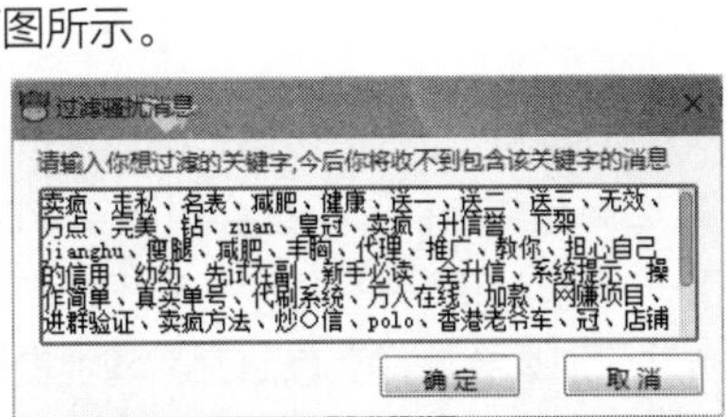

提示 Tips 卖疯、走私、名表、减肥、健康、送一、送二、送三、无效、万点、完美、钻、zuan、皇冠、升信誉、下架、jianghu、瘦腿、丰胸、代理、推广、教你、担心自己的信用、幼幼、先试在付、新手必读、全升信、系统提示、操作简单、真实单号、代刷系统、万人在线、加款、网赚项目、进群验证、卖疯方法、炒○信、polo、香港老爷车、冠、店铺浏览量、不作回复、如有打扰、敬请见谅！、你的旺旺号、您已被选中、登录、查收、刷信、获奖、幸运、用户、代理、推广等关键词可以屏蔽掉大多数骚扰信息。

10.3.7 交流中“说不得”的话

与买家交流内容，对于商品是否能够卖出有着至关重要的影响，有时只要一句话说错了，就可能流失买家。因此广大卖家在与买家交流时，一定要注意自己的言语，掌握好发言内容的分寸。下面列出一些与买家交流时的禁忌事项，卖家在交流时可以作为参考。

1. 非主动式交流

在与买家交流过程中，只要针对性地回答买家所提出的各种问题即可，让买家占有主动发问权，而不宜太多主动，尤其对于新手卖家来说，往往在买家发问后，表现出太多主动的倾向，对于买家的问题回答很多内容，这会让买家觉得卖家太过迫切，有时候就会吓走买家。

2. 注意沟通与争辩的区别

与买家交流的目的，是为了让买家购买商品，相互交流是一个针对商品进行沟通的过程。不同买家对商品有不同的认识和见解，这些见解有些是针对商品，有些是针对服务，卖家应以诚恳的态度解释与沟通，而不应该就某些问题刻意与买家争论。争论的结果往往是卖家赢得了上风，但失去了买家。

3. 不宜质问买家

买家与卖家交流的原因，就是针对商品或其他方面存在质疑问题，因此交流时会不断询问卖家。卖家在进行回答时，不是特别情况，则一般不应就某些问题质问买家。要知道购买商品完全取决于买家的意愿。买家购买商品，说明该商品被认可；不购买，说明有其他原因。另外交流是为了得到买家进一步的认可，如果以质问的语气与买家交流，那么表露出来的就是对买家的不尊重，引起买家反感，进而流失顾客。

4. 不宜用命令的语气交流

网上交易过程中，卖家是扮演售货员的角色，这时候就应该秉着以顾客为中心的原则，在交流过程中，尽量微笑，态度要和蔼，说话要轻声，语气要柔和，采用协商或者请教的语气与买家交流，切忌采用命令或批示的口吻与人交谈。

5. 不宜炫耀

与买家交流过程中，无论是介绍商品还是介绍店铺，都应该以实事求是的态度来介绍，可以适当夸张或修饰，但不宜大势吹捧商品或店铺，这样会引起买家的质疑。很多买家在选择商品时，已经对商品各方面都具备了一定的认知，并且每个人对不同商品的认知与见解不同，如果卖家太过炫耀让买家觉得缺乏真实性，那么会使得买家离开。网上交易中，买家会选择更加踏实诚恳的卖家。

6. 不宜太过直白

网上交流其实和现实中交谈是一样的，针对不同的买家，应当掌握交流的技巧与艺术，一些针对性强的问题，可以婉转地回答。网上购物什么人都有，买家对不同商品的认知与见解程度也不同，如果买家在交流中提出较肤浅的问题，或者看似比较笨拙的问题，那么作为卖家，我们更应该巧妙地对这些问题进行回答，而不应该直接指出卖家问题的肤浅性与错误性。

10.4 轻松完成第一笔生意

当和买家沟通达到一致后，即可让买家拍下此商品并等待对方完成付款操作。这个过程中，卖家的工作主要是根据之前交流约定修改交易价格、安排发货等相关事宜。

10.4.1 按约定修改价格

淘宝网大部分买家都喜欢议价，这就需要卖家修改交易价格，买家才会付款。要修改原来商品的标价，可按如下步骤进行。

通过千牛和买家确认宝贝的打折价格，买家满意就去后台拍下宝贝，如下图所示。

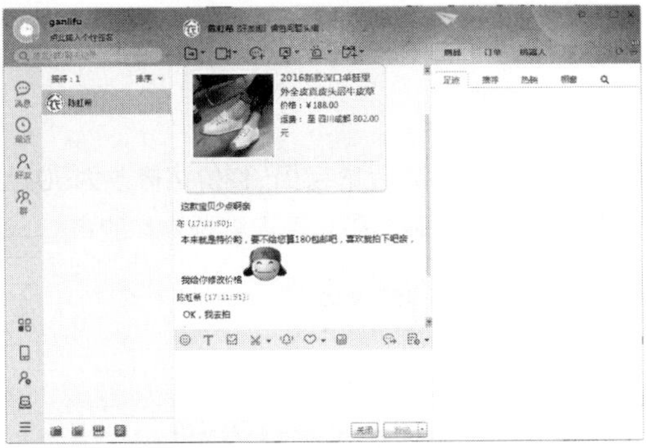

当买家拍下宝贝后，可以在千牛右侧的“订单”窗口下看见订单信息，单击“改价”按钮，如下图所示。

设置具体的折扣，这里必须和之前和买家沟通的价格一致，否则买家会愤而撤销订单的，单击“保存”按钮即可完成价格修改，如下图所示。

当然，可以通过淘宝网后台“已卖出的宝贝”里选择订单，单击“修改价格”，如下图所示。

设置折扣价格，单击“确定”按钮，如下图所示。

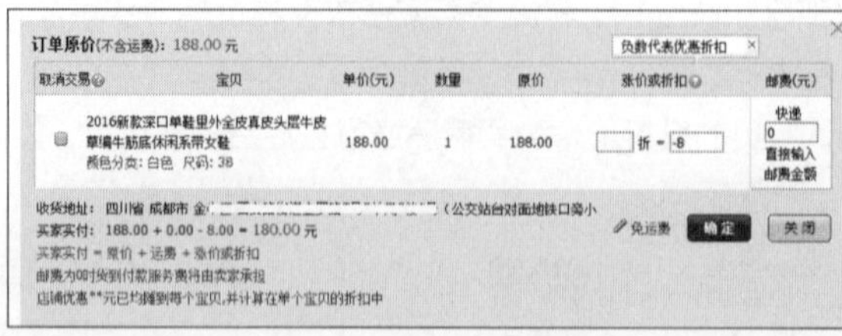

提示 Tips 注意价格修改幅度不要太大，如100元的宝贝，你价格修改为50元甚至更低，明显不合常理（建议改价幅度不超过10%），否则会引起淘宝系统对你的审查，影响后期活动的报名。

10.4.2 买家付款后确认配货

当买家确认付款后，就需要根据买家的订单来对商品进行包装，并联系快递公司给买家发货。可以通过卖家后台“已卖出的宝贝”找到付款订单，然后按提示进行发货即可。

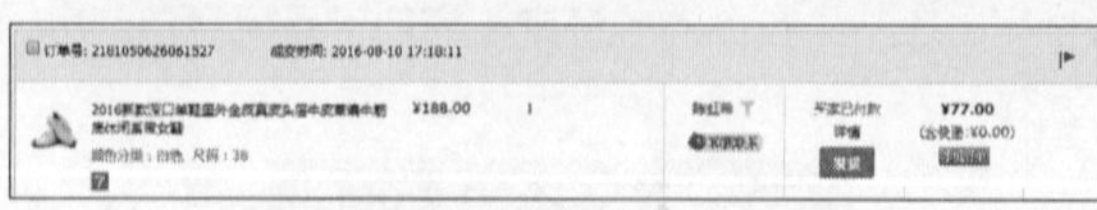

如果买家是即时付款，那么也可以直接在千牛聊天窗口右侧进行发货操作，如下图所示。

订单中包含了买家详细的姓名、联系方式、地址等信息，需要根据这些收货信息来填写物流单，一般填写完物流单后就可以在这里执行发货操作。

提示 Tips 一般合作的快递公司或者快递员都会给卖家快递面单，因此在确认买家付款后就可以先填写物流信息，然后将面单和宝贝一起包装好等待发货。而填写完快递面单后就确认发货，让买家体验到店铺的发货速度。

当卖家发货并在淘宝网中完成发货流程后，可以将运单号码以及物流公司网址告知买家，方便买家在线跟踪物流的运输进度。

10.4.3 交易成功后给予好评

当买家收到货并对商品满意时，通常会主动登录到淘宝网确认收货并对其评价。只有买家确认收货了，店铺才能拿到货款，同时买家的评价对卖家的影响也是至关重要的。

当卖家确认收货后，进入“已卖出的宝贝”页面，单击“需要评价”，在这里可以看到已经成功的交易列表右侧显示为“对方已评”，单击下方的“评价”链接，如下图所示。

在打开的页面中，勾选“好评”项，在下方的文本框中输入评价内容，单击“确认提交”按钮，如下图所示。

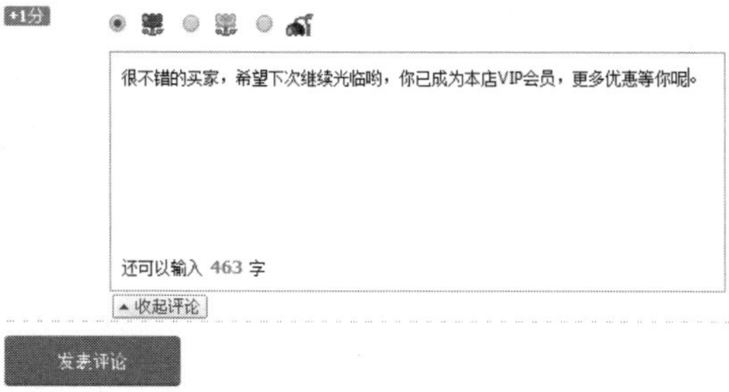

提示 Tips 现在的淘宝元老级买家，购物后不登录淘宝，也不会主动去评价，而是等待系统到期后自动好评，通常这类客户，可以通过好评有礼等方式来促进其对本次交易进行评价。

10.4.4 好生意“谈”出来

经营网店，很多卖家都会遇到不少新买家。作为卖家，如何将新买家变成忠实的客户，就需要下一番功夫，不要让买家第一次来就成最后一次来。如何让每一位新顾客都成为自己的回头客呢？

有时只要一句话说错了，就可能流失买家。因此卖家在与买家沟通时，一定要注意自己的言语，掌握好发言内容的分寸。下面列出一些与买家交流时的谈话事项，卖家在交流时可以作为参考。

1. 介绍最适合的商品给新买家

如果买家认为商品不好，不适合自己，这时获取买家的信任就是空谈。买家信任是建立在对商品肯定的基础上。关键是客服和卖家要提供给买家好的商品，质量好、价格低，最重要的还是要适合买家。

在为买家服务的时候，客服和卖家一定要细心，买家每天提供的信息，一定要主动询问，为买家提供最合适、最贴心的商品才是卖家获得买家信任的途径。

2. 打消买家对售后的疑虑

现在市场竞争越来越激烈，随着买家消费观念的变化，买家无论是在实体店中购物还是在网店中购物，都开始重视售后服务。

但是实体店铺的真实性存在性很容易就解决买家的这个疑虑，因为实体店铺的地理位置固定，轻易不会搬动，当买家需要售后服务时可以直接去店铺。但是网络店铺的虚拟性导致了买家有摸不着看不见的感觉，于是买家往往对卖家做出的售后承诺不抱有太多的信任。所以对网店卖家来说，解决买家对售后问题的疑虑是重中之重。

解决售后问题主要分为两个阶段去完成。

第一阶段售前将售后信息告知买家，增强其购买的信心。

第二阶段是产生了售后问题的处理，要避免产生纠纷，并利用好的售后手段提升买家的黏度。

顾客存在对于售后服务的顾虑，可以采取有吸引力的售后保证措施，打消顾客的疑虑。

3. 懂得适时地赞美买家

新开店的卖家，最难的莫过于信用低，买家不信任，好不容易等来一个买家咨询，问了很久却不下单。

赞美别人是一门艺术，如果卖家运用得当，会促进顾客的下单，如果运用得不好，就会有拍马屁的嫌疑，甚至会让人认为不够真诚。

投其所好，适当赞美，满足买家的虚荣心，一句简单的赞美可以拿下一笔交易。

赞美是一件好事，但绝不是一件易事。赞美顾客需要审时度势，需要一定的技巧，否则可能把好事变成坏事。所以，在赞美顾客前，一定要掌握一些赞美的技巧。

4. 多从买家角度着想

做生意如做人，要多站在别人角度考虑问题，多为买家着想，不仅售前、售中的服务要好，售后的服务也要好。让买家买得开心，他才会给店铺好评，才会信任卖家，才会向他的朋友推荐店铺。下次买东西自然也会再来。

在交易活动中，卖家和买家的信息是不同的，卖家对商品十分了解，对商品的描述费了很大功夫，但即使这样，也无法完全真实地在网上再现商品；即便是传统商场、超市购物，消费者对商品的了解，也没有商家对商品了解全面。所以要设身处地的为买家着想。

人与人之间在于沟通信任，在这个基础上，只要能让对方感到你是专业的，诚信的，相信能做好每个业务。

10.5 宝贝的售后管理

售后服务是整个淘宝交易过程的重点之一，好的售后服务与商品的质量同等重要。可以带给买家良好的购物体验，使其成为店铺的种子客户。

要做好售后服务，首先要树立正确的售后服务观念。不管是卖家自己，还是作为售后客服，都需要建立“真诚为客户服务”的观念。

虽然在服务的过程中，很难真正做到让所有的客户满意。但是只要在“真诚为客户服务”的宗旨下，问心无愧地做好售后服务，相信会得到客户的尊重和良好的口碑。

提示 Tips 每一次售后与客户的交流，都是建立联系的好机会，相互增进了解，增强信任。这时应该尽可能地变被动为主动，将买家变成店铺的粉丝，打造店铺的品牌形象。

10.5.1 交易后要主动沟通

在和客户完成交易并发货后，应该主动通过旺旺、电话等方式与买家取得联系。告知其最新发货情况，让买家放心，提升客户购物体验，增加客户满意度和忠诚度。

很多卖家放弃了这一环节，实际上就等于放弃了和买家建立良好关系的机会。而且，在这一过程中，如果客户因为不满意而找上门，到时候的沟通将变得很被动，有可能造成中差评。即使通过沟通解决了评价问题，也会让客户的购物体验变得糟糕。

买家视角——等待的焦躁

小花在某淘宝店购买了最新款的某某手机，在付完款后嘱咐卖家一定要当天发货，然后就下线了。当天晚上她都很兴奋，新手机即将到手的喜悦让她睡不着。

在第2天，小花就急于知道卖家是否发货，但是整个白天都有课，因此只有按捺住急躁的心情，等到了晚上，联系到卖家，却发现卖家没有任何动静，没任何留言，也没有发货，气得她直接申请退款，另寻别家进行交易。

这种情况往往出现在各种活动高峰期，由于卖家人手准备不足或者库存准备不足，造成了发货困难。一般出现这种情况大都是由于沟通不及时造成的。如果卖家能够提前给小花说明，可能就不会损失这一订单。

现在淘宝有很多第三方工具也提供了短信提醒功能，可以在买家付款以后，向其发送如下信息，让他们安心。

XX提示：您好：

感谢您购买了本店的xxx商品，本商品已经在xxxx时间发货，运单号是xxxx，请注意查收。收到货以后记得给小店一个好评哟，还有神秘礼物奉上！

如果有任何问题可以和我联系：旺旺xxxxxx或者xxx@xxx.com。

10.5.2 买家签收后记得主动回访

当买家收到商品并签收后，售后应该第一时间主动联系买家进行回访。这个阶段可以收集客户意见，还能及时预见客户的不满，并及时进行处理，很容易把危机扼杀在萌芽状态。

这种回访应该是被动式的，不要一直试图强硬地联系对方，很多客户平时较忙，不喜欢陌生人电话，很容易被拉进黑名单。

被动式的回访，就是通过发送短信或者旺旺告知对方相关信息，然后等待客户进行进一步的沟通，这样可以提升客户购物体验，还能够提升客户的满意度和忠诚度。

10.5.3 交易结束如实评价

评价是淘宝网的一大特色，对于卖家而言，一个好评在某些方面甚至高于短期的利润。前面所做的这些，都是为了获取买家的好评。

在交易结束后，尽可能地关注评价情况，对于好评要及时回评；对于中差评应该及时联系买家进行沟通处理，尽力挽回。

而对于那些不愿意处理的评价，也可以通过解释功能，对其做出正确合理的解释，防止其他买家因为错误的评价产生错误的理解，如下图所示。

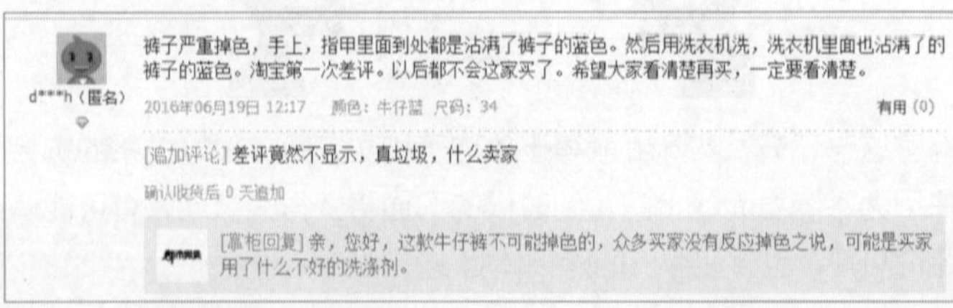

10.5.4 有效管理买家资料

随着店铺开店的时间越来越久，店铺的买家也会越来越多，充分利用千牛等工具，分类管理好买家资料。

在买家资料整理过程中，根据买家群体的特征合理分类，并附上完整的相关资料，如买家喜欢种类、买家性别、买家联系方式等。

只有了解到买家的这些情况，才能确保店铺进货的时候有针对性地准备买家喜欢的商品，以求更好地良性发展。

这样，还可以方便进行二次销售，新货上架、特价促销时，可以发送活动信息到这些买家手中，将其转变成店铺的长期客户。

如果有条件，可以为特定买家建立特殊的VIP群，专人定期回访顾客，用打电话、短信或者旺旺的方式联系买家，与其建立起良好的客户关系，这对店铺的发展是非常有利的。

10.6 提供五星级的售后服务

最近几年，经济低迷，很多行业都萎靡不振甚至偃旗息鼓。很多店铺开始转型，除了继续提供良好的商品，更多地向买家提供良好的售后服务。作为淘宝店，也是一样，只有体贴周到的服务，才能让顾客倍感亲切，真正体会到买家是上帝的购物体验。

10.6.1 淘宝网信用体系

在淘宝中，有一套信用体系，信用的高低，直接影响店铺的经营。因此不管是刚入行的小卖家，还是已经成为巨无霸的金冠卖家，都非常重视店铺的信用成长。而这主要包含信用等级和动态评分。

1. 信用等级

淘宝网中针对买卖双方提供了信用评价制度，也就是一次交易进行完成后，交易双方均可以根据交易的满意程度给对方好评、中评或差评，其中每个好评会使卖家的信用分增加一分，中评不加分，差评则扣掉一分。

随着交易数目的不断增加，买家满意度的不断提高，卖家获得的信用积分也会越来越高，淘宝网将卖家信用划分为4个级别，分别是心级卖家、钻石卖家、皇冠卖家以及金冠卖家，其中每个级别又划分为若干等级，当卖家信用积分达到一定数目后，信用等级就会提升一个级别，下图所示为不同的信用等级以及所需信用积分示意图。

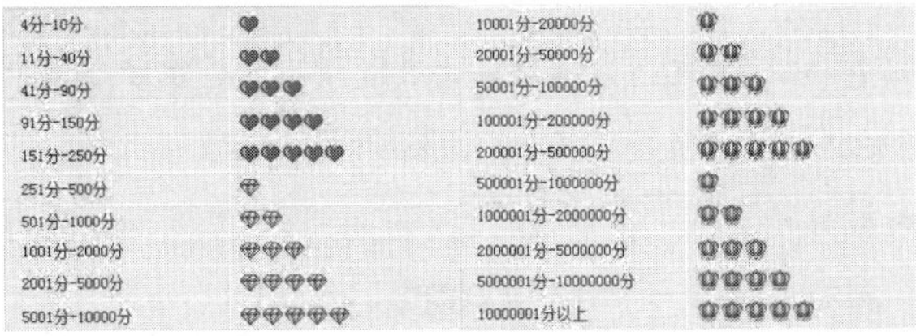

4分-10分		10001分-20000分	
11分-40分		20001分-50000分	
41分-90分		50001分-100000分	
91分-150分		100001分-200000分	
151分-250分		200001分-500000分	
251分-500分		500001分-1000000分	
501分-1000分		1000001分-2000000分	
1001分-2000分		2000001分-5000000分	
2001分-5000分		5000001分-10000000分	
5001分-10000分		10000001分以上	

卖家的信用等级需要通过发生好评的交易而逐渐产生，如进行了4个交易并都获得好评，那么信用等级将升为1星，同样，如果累计发生了251笔交易并且全部获得好评，信用等级就可以提升为1钻，以此类推。随着信用等级的不断提升，每上升一个等级需要的积分也就越多，如需要升到皇冠卖家时，需要发生10001笔交易，并且每笔交易均获得了好评。

卖家的信用等级会体现在店铺以及商品页面中，当买家进入店铺或打开商品页面后，在顶部的店铺信息区域中就能够直观地看到卖家的信用等级，如下图所示。

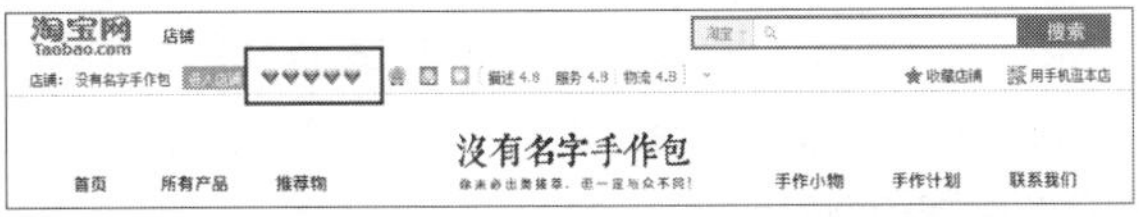

单击“信用等级图标”，可打开“卖家信息页面”，这里会详细列出具体的卖家信用分情况，如下图所示。

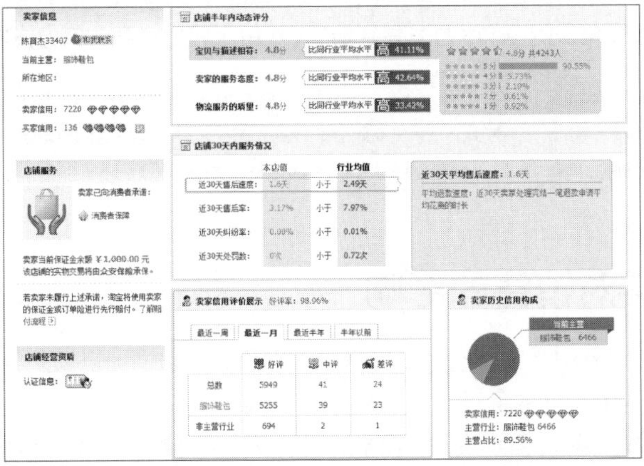

在前面章节中，已经介绍过，销量、好评对宝贝权重的作用是很大的。因此，作为新卖家而言，在网店前期商品销售过程中，不仅仅是赚取卖出商品的利润，还应该尽可能地赚取每个买家的好评。

2. 动态评分

店铺动态评分是淘宝网针对卖家提供的另一项信用与服务评分制度，当买家购买商品后，可以根据具体情况来对卖家进行动态评分，而卖家最终的分值，是所有买家评分的综合分值，并体现在店铺信息区域（鼠标移动到卖家“信用等级图标”处自动展开），如下图所示。

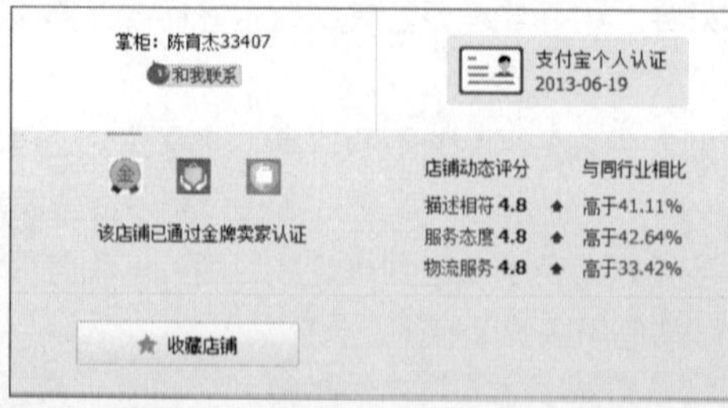

单击“信用等级图标”可打开更详细的动态评分详情，其他买家在购买商品时，可以通过动态评分来了解买家的商品情况以及服务态度，如下图所示。

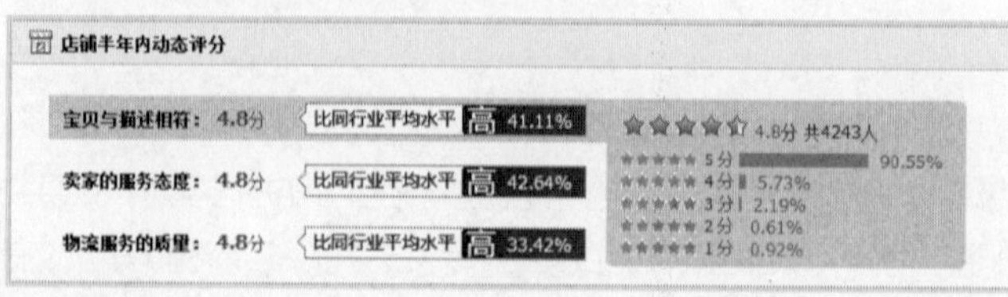

淘宝网针对卖家的动态评分有3项，分别是“宝贝与描述相符”“卖家服务态度”以及“卖家发货速度”。

4项指标打分分值最低分为0分，最高分为5分，1分=非常不满；2分=不满意；3分=一般；4分=满意；5分=非常满意。

由于每一次交易的不同，因此获得来自买家的分值也不同，店铺动态评分也会根据交易而变化。

而对新买家而言，可以通过店铺3个方面信息（宝贝质量、服务态度、发货速度），来综合评价店铺，更加全面地了解店铺和商品。

动态评分的高低将影响宝贝的权重，进而影响排名，同时也会影响买家购买，影响转化率，因此，提高店铺动态评分，将3项指标尽力提高到最高，是每个售后客服的努力方向，如下图所示。

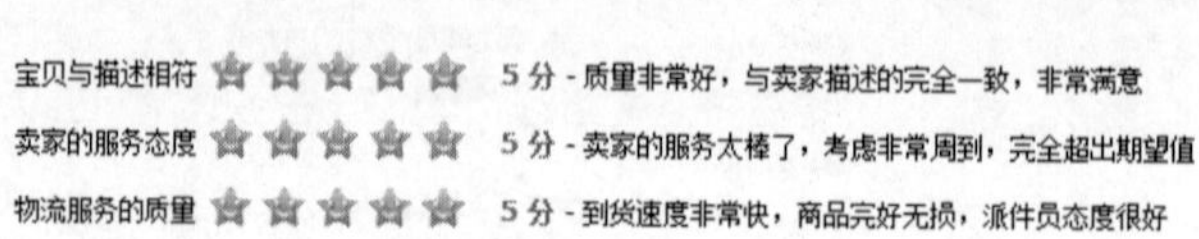

10.6.2 好评对销售的影响

卖家信用及动态评分用于客观真实地反映卖家的历史交易情况以及参与购买的买家满意程度，便于其他买家在购买时作为参考。

信用越高，证明好评越多，客观反映了卖家的诚信度与商品的保障性，容易获取买家的信任。

这里有一个好评率的问题，所谓好评率，就是在发生的交易当中，获得好评交易的占有比重，如卖家一共发生了100笔交易，其中98笔为好评，2笔为差评，那么好评率就是98%，如下图所示。

	好评	中评	差评
总数	5949	41	24
服饰鞋包	5255	39	23
非主营行业	694	2	1

好评不单是一个图标，更多的是买家的真实评价，而这些评价内容，将会提高新买家的购买信心，如下图所示。

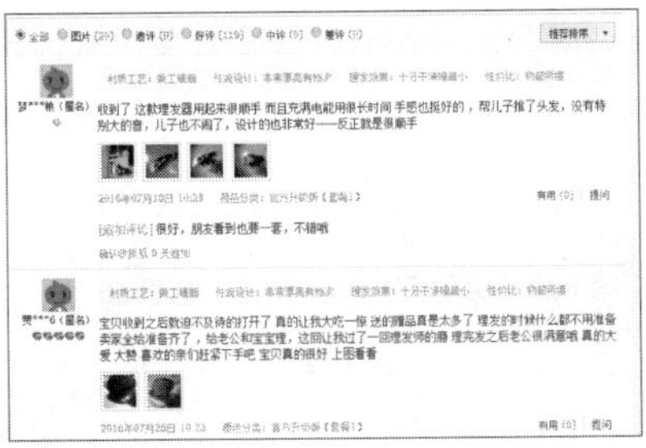

反之，中评与差评所产生的影响，并不仅仅是信用积分，很大程度上关乎着买家的信任程度。买家在购买商品时，往往在查看卖家信用后，还会参考评价。即使卖家信用很高，也可能会因为一个差评而放弃购买，因为差评体现了卖家商品的某种不足之处，严重降低了买家的信任度。

卖家在商品销售过程中，除了考虑销售利润外，信用积分也是要考虑到的。需要本着每个交易都获得好评的心态来经营店铺，这样才能使网店生意越做越大，使购买人群越来越广。那些新开店卖家不赚利润赚信用，甚至赔钱赚信用的原因也就是在这里。

提示 Tips **卖家好评率最好控制在95%以上，太低会浪费流量，使买家转化下单率降低。还可能会被搜索降权，影响自己的店铺销售。**

10.6.3 做好售后杜绝中差评

在完成交易后，买家会做出何种评价，往往会根据交易情况来决定，如商品质量、卖家服务态度、收货速度等，只要买家对商品满意，一般都会给予卖家好评，反之如果买家对商品或卖家的一些服务不满意，那么就可能得到一个中评或差评。

作为卖家，有必要了解是哪些因素导致买家给予中差评，并认真分析与解决这些可能原因，确保每一笔交易都获得好评。

从目前淘宝网交易数据来看，影响买家好评的因素主要有商品、服务和物流3个大的方面。

1. 商品质量严把关

淘宝是先付款后发货，如果所购买的商品无法让买家满意，很难获得买家的好评。而买家不满意的因素中，商品永远是最主要的因素之一。其中商品与描述不符、商品质量较差、商品存在一定欠缺等，都会影响到买家的潜意识，让其对店铺进行不好的评价。

作为淘宝卖家，在销售商品时，一定要把握好产品质量，保证所售商品无任何质量问题。

那些并非商品质量，而是出于买家心情造成的中差评，如买家认为商品不好、认为商品不适合、认为商品没有网上好看等，只有尽可能地与买家耐心沟通，如果沟通不成，可以让买家退换商品，以尽量满足买家的需求。

2. 描述一定要正确

好的详情页描述能够提高商品的成交率。如果把握不好，也有可能导致严重的售后问题。

在编辑详情页时，一定要正确描述宝贝相关规格，特别是服装服饰类规格参数较为重要的，稍有差池，买家在收到货物以后因为尺寸问题，退货或差评，就得不偿失了。

提示 Tips **对于服饰类商品，如衣长是多少，其中是否包括领口长度，胸围及腰围又是多少，帽子是否可脱卸等参数，最好能明示出来。这样可以方便买家辨别，也方便售后进行协调。**

同时，最好能够向买家详细说明商品的各种情况，尽量保证商品与详情页图片描述无差异。这样就能够杜绝很大一部分的中差评，下图所示为表里如一的详情页图片和买家收到货的实物图片。

提示 Tips **在处理商品效果时，要注意把握一个尺度，不能将商品原本的面貌改变，特别是服饰鞋帽类，偏色问题都比较严重，稍有不慎显示效果和实物效果就会相差很大。**

3. 物流发货要看中

当买家购买商品后，接下来就是等待收货，而作为卖家在收到买家订单后应该及时发货。目前物流公司的发货时间一般为2～4天，当遇到一些特殊情况延误发货或者其他因素导致买家等待较长时间才收到货时，一些买家也可能不会给予卖家好评，但这类情况往往是由于物流所引起的，可以通过和买家交流而让买家更改评价。

另外一种情况就是物流运输操作不当，造成商品损伤，这让收货后的买家很不满意。一旦出现了这个问题，作为售后，一定要耐心细致地与买家沟通，最开始要忍受买家的“暴怒”，等买家气消的时候，再慢慢给予关怀，保证后续的处理。

通常这种情况可以让物流负责赔偿，但是发生这种事会严重影响客户的心情，同时也增加售后处理的时间和压力。因此，在遇见这种情况时，除了与买家保持沟通外。还应该发货前在包装上下功夫（让包装更坚固不易损坏），尽量避免物流过程中继续出现这种错误。

4. 其他中差评因素

商品和物流，是淘宝中售卖商品的两个难点，特别是类似“双十一”等年度活动的时候，由于这两者产生的退换货、中差评很多。对于不同的商品或者一些不可预料的情况，也可能会影响到买家的评价，这就需要卖家根据商品的实际情况来进行分析并处理，使得每一笔交易都能够获得买家的好评。

卖家针对买家提供的服务态度，可能也会影响到买家的评价。作为卖家，要有售货员的心理，当有顾客咨询或购买时，应该为顾客提供优秀完善的服务，在交流过程中要注意言辞。一般来说，不是很计较的顾客，只要对商品满意，是不会因为卖家的态度而给予差评的。

定好价格以后不要经常变动，如今天卖200元，明天卖100元，这样容易造成老客户的流失。

无论是什么原因造成的中差评，都应该耐心去处理，最好能够通过退换货交易来挽回，尽量在能力范围内做到让买家满意，即使不成功的交易也能够获得买家的好评。

5. 中差评的处理

对于以上原因造成的各类中差评，应该在未发生之前就将其消灭在萌芽状态。当店铺后台收到买家给予的中评或者差评后，专业的售后客服，应该第一时间和买家取得联系，并认真给买家道歉，让对方知道你的诚意，解开其中的误会，最后经过友好的协商，要求买家取消中评和差评。

如果是卖家的过错，要想办法去弥补，即使是运输过程出了问题，也不要让买家完全承担。但是，因为这样，就有一些人抓住卖家这种心理，利用差评要挟，特别是新手卖家，一定注意。如果遇到以差评要挟的，一定要找到有力证据，与这样的买家斗争到底，坚决维护自己的利益。

如果卖家在第一时间承担了错误，买家就会感觉到卖家是有责任心的；如果卖家又在第一时间拿出处理问题的方案，大多数买家就都会用商量的口吻来讨论。

大多数的淘宝买家是很友好的，尽量和买家沟通，如果认为买家提出的问题可以通过换货解决，就尽量换货。如果买家提出的要求，换货也解决不了，再用退货解决。

这个过程可能很长，也是考验客服耐心的时候，只有持之以恒，用诚心的态度打动买家，再挑剔的买家也是通情理的（前提是商品没有任何质量问题），与买家沟通最忌讳的就是与买家恶言相向、互相攻击，这样就容易陷入一个恶性循环。

如果遇见的是恶意买家，也无须忍让，只要不违背淘宝规则，就可以不予理会，或者直接投诉到淘宝官方小二处进行处理。

提示 Tips **在处理商品效果时，要注意把握一个尺度，不能将商品原本的面貌改变，特别是服饰鞋帽类，偏色问题都比较严重，稍有不慎显示效果和实物效果就会相差很大。**

10.6.4 认真应对退换货商品

对于买家给予的中差评，可以通过上面介绍的方式进行疏导和解决。而一般的解决方法就是通过退换货让买家满意。

1. 卖家原因造成的退换货

如果产品本身出现质量问题，对于卖家来说就是“硬伤”，必须无条件地帮助买家进行退货或者换货处理。产生的来回运费也必须由店铺承担。

除此之外，如果卖家详情页误导（尺码、型号、规格错误），或者在发货时发错商品等，也应该由卖家自己承担来回运费。

所以，在实际经营过程中，一定要严格控制商品质量，不能厚此薄彼。也有一种情况是因为运输途中的损坏，在销售这类比较“脆弱”的商品时，要在商品资料里介绍清楚，注明有可能发生的情况，在遇到了问题的时候就会有所准备。

2. 物流原因造成的退换货

如在物流运输过程中出现商品污损、损坏或丢失等情况，一般买家都会第一时间联系卖家，这时应该尽量和买家保持沟通，先处理买家的退换货要求，并及时补发新的商品给买家。同时尽快联系物流公司，与其协商赔偿问题。

3. 买家原因造成的退换货

买家的原因造成商品退换。如购买服饰时尺码不对、款式不喜欢等个人主观原因。

淘宝官方的规定，无论什么原因，只要买家要求，作为卖家都必须予以退换处理（不影响宝贝二次销售），中间产生的运费可以和买家协商。

不管谁出运费，尽职的客服都应该事先和买家积极沟通，这是很重要的，尽可能达到互相理解，不至于因为误会造成投诉出现。

提示 Tips **一般情况下在商品描述页面都需要进行注明，非质量问题产生的退换货由买家自行负责来回运费。对于单价很低的商品，尤其重要。也可以提醒买家下单时购买运费险，就不用过多地在运费上与买家纠缠。**

不论出于何种原因的退换货，卖家必须用理性的心态对待，当买家提出退换货请求后，需要认真分析退换货的原因以及给出良好的解决方案。在不断销售商品过程中，偶尔遇到退换货的买家是很正常的，只要认真分析原因，尽可能避免相同情况的发生。

10.6.5 理智对待淘宝投诉

如果交易中需要退换货，但买卖双方协商都没有解决，这时任意一方可以向淘宝网投诉对方，之后淘宝网工作人员将介入并与双方协调解决。

在交易过程中以买家投诉卖家居多，而买家多是在双方协商未果的情况下才会向淘宝网投诉卖家。首先买家会发出投诉请求，并提供相应的证据，如商品图片、旺旺聊天记录等，而淘宝网客服在接受投诉后，一般会通过邮件方式来联系卖家。

卖家在收到投诉通知后，需要根据实际情况来进行处理，如果确实属于卖家的退换货范围，应当积极退换货并联系买家撤诉。如果卖家强行不予退换，淘宝工作人员会根据情况来处理强制退款或予以卖家不同程度的处分。对于网店卖家，因为一次交易而受到处分，是很不值得的。

如果商品属于买家责任，卖家可以向淘宝工作人员提供有力的证据，来证明自己不予退换的理由，只要证据充分，工作人员也会正确处理。

任何卖家都不可能让买家完全满意，都会发生顾客投诉的问题。处理客户投诉是倾听顾客的不满，不断纠正卖家的失误，是维护卖家信誉的补救方法。通常情况下，出现被投诉的情况时，可以按照下面的方法来处理。

● **保持服务的热情**：顾客出现投诉情况，多数态度不友善，但不管顾客态度多么不好，作为卖家都应该热情周到，以礼相待。以舒缓顾客的愤怒情绪，减少双方的对立。

● **认真倾听**：面对顾客的投诉，卖家首先要以谦卑的态度认真倾听，并翔实记录。顾客言谈间更不要插话，要让顾客把想说的一口气说出，顾客把想说的说完后，会好转一些，这样就便于下一步解决问题。

● **和颜道歉**：听完顾客的倾诉，要真诚地向顾客道歉，道歉要恰当合适，而不是无原则的道歉。道歉的目的是为了承担责任，也是为了消除顾客的“火气”。

● **分析投诉：**根据顾客的叙述分析其投诉原因是什么，如质量问题、服务问题、使用问题或者价格问题等，要从顾客口述中分析顾客投诉的要求，同时分析顾客的要求是否合理。

● **解决投诉：**根据顾客的投诉内容和投诉分析，依据网店事先公布的售后服务内容，以及与买家在达成交易前的沟通，来决定选择经济赔偿、以旧换新、产品赔偿等。

● **跟踪服务：**根据调查显示百分之九十的顾客会因为第一次的不愉快而不再去进行第二次购买，并且还会将上次的不愉快传出去，这样可能导致很多顾客不会光顾店铺。如果做好了跟踪服务，顾客还会认为这家网店不错，还可能会成为店铺的回头客。

无论是谁的责任，作为尽职的售后客服人员，都应该尽可能地先和买家进行协商解决，尽量不向淘宝网提起申诉，因为一般申诉的过程都比较长，在销售旺季，需要耗费大把的时间和精力，往往得不偿失（骗子/差评师例外）。

卖家经验——如何避免职业差评师

职业差评师，就是通过差评来威胁卖家，要求付款给好处费的网络诈骗犯。基本开店的卖家都曾经或多或少遇见过这些差评师。作为新开店的卖家，应该如何避免职业差评师呢?

首先，应该明确哪些店铺容易成为这些职业差评师的目标。

3钻以下的中小店铺：一般淘宝小卖家，信誉不高，比较看重买家的评论，再加上对这一块不是很懂，因此容易成为差评师的目标。

清一色好评的店铺：少有中差评的店铺，因为怕影响到好评率和信誉度，就更为在乎中差评，更易被差评师惦记。而卖家如果有较多的中差评，反而不会在乎多一两个中差评，也就少有差评师上门。

卖低价宝贝的店铺：一般低价宝贝操作成本低，差评师拍下时没有经济负担，所以这类店铺容易被光顾。

卖易损宝贝的店铺：有些宝贝容易损坏，很多差评师就喜欢找这种店铺下手，收到货以后假意宝贝损害，要求赔偿。

比较偏远的淘宝店：差评师往往以退货为要挟，而卖家因为太偏远，来回运费成本高，因此容易选择妥协赔钱解决这种问题。

新店铺的卖家存在一定风险，但是只要学会分辨，就可以减少被行骗的概率，一般而言，可以通过观察对方的淘宝账号来进行识别。

完全的新号：没有成交记录或者很少的成交记录，买家淘宝号是一堆没有顺序的字母、数字号，大多数人都会选择自己的名字或者其他有意义的字母英文组合，而这种号都是通过注册机随机乱输入。

综上所述，当遇见以上两种淘宝账号的买家时，一定多个心眼，在和对方进行交流时，尽量把相关问题说明，只要旺旺聊天有对应记录，出现问题可以找淘宝官方申诉。

提示 Tips

如果不慎与差评师做了交易，要保持冷静。先稳住对方，与对方协商，不要和买家通过千牛以外的工具进行交流，而尽量选择在旺旺上交流并保留相关记录。只要证据确凿，淘宝官方还是会秉公处理的。

第 11 章

包装发货——将宝贝顺利送到客户手中

当买家从店铺中购买商品后，就需要按照订单来对商品包装并发货。对卖家而言，商品的包装与物流环节是很重要的，卖家有必要了解商品的包装方法以及物流公司的服务与收费标准，确保交易后的商品能够快速安全地到达买家手中。

11.1 让包装打动客户

当买家从店铺中成功购买商品后，需要第一时间根据订单准备商品，并打包处理，然后通过物流公司发送给客户。

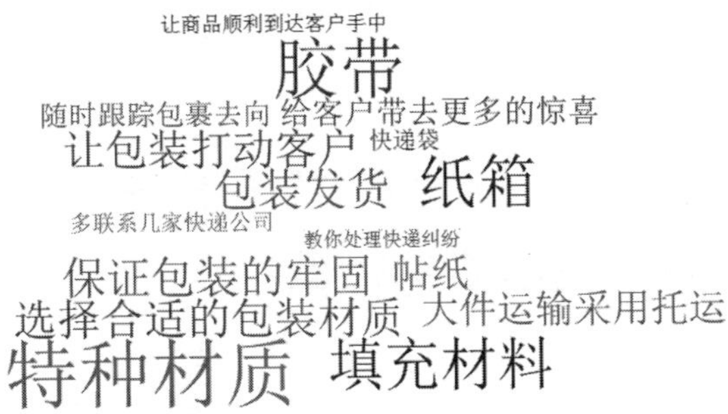

在这个过程中，商品包装是很重要的一环，它除了对宝贝进行保护，使得商品能够完好无损地到达买家手中外，还有树立品牌形象，维护客户关系的作用。

买家视角——将心比心送上卖家的心意

买家晓琴花了不到50元钱，买了两把牛角梳，收到货以后惊喜万分。没想到卖家居然手工包装的这把梳子，看上去很高档，包装成本估计都要好几块。顿时心里觉得卖家诚恳并且周到，心里想着回头给卖家一个大大的好评。

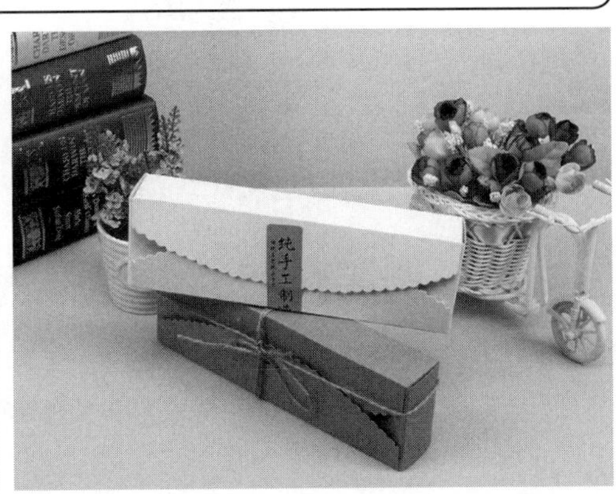

一个成功的卖家，不会放过每一个细节。当店铺产品和别的卖家产品同质化时，包装是否具有鲜明的特色就是取得成功的关键。

11.1.1 保证包装的牢固

无论什么商品，通过长途跋涉到达客户手中，首先要保证商品本身没有受到损害。因此在包装过程中，比较重要的就是保证外包装的品质，能够在送至顾客手中时，和店铺在产品描述中的一样，没有产生太大的形状变化。

在选择包装材料的时候，应注意包装盒是否结实，如下图所示。

提示 Tips 由于有些宝贝收到货以后易出现各种质量问题（压坏、磨花），被淘宝买家要求退货换货的概率是很大的，所以无论卖什么产品，优先保证包装能承受长途运输。

11.1.2 给客户带去更多的惊喜

很多顾客，尤其是女孩子对于宝贝外包装很在意，越好的高档包装，越能讨好买家的欢心。

这里建议卖家在发货时，不要用宝贝的出厂包装，如衣服，一般是那种透明的塑料口袋，是很掉档次的！如散装糖果，如果卖家随便用报纸包装发出，当买家拿到货品时，很有可能因心理感受造成负面的评价。

精美的包装糖果，不仅能够提高价格，还能博得买家的喜爱，如下图所示。

11.1.3 选择合适的包装材质

不同品类的商品，所采取的包装方法也不同。包装方法的不同，在选择包装材料上也会有所变化。一般而言，目前常见的包装材料主要有纸箱、编织袋、泡泡纸、牛皮纸和内部的填充物。

1. 纸箱

纸箱是淘宝最为普遍的包装材质，其优点是安全性强，可以有效地保护物品，可以适当添加填充物应对运输过程中的外部冲击，缺点是增加了货物重量，运费也会相应增加，如下图所示。

按材料的不同，纸箱分为很多种，如瓦楞纸箱、单层纸板箱等，其中以瓦楞纸箱为主流，如下图所示。这类纸箱有3层、5层、7层箱及特种箱，强度以3层最弱，7层最高。

淘宝采用的纸箱主要为3层和5层纸箱。3层纸箱用于包装较轻的物品，其结构由一张瓦楞纸两面各粘一张面纸组合而成；5层纸箱主要用于包装稍重且易碎的物品。纸盒是瓦楞纸黏合而成。

在选择纸箱的时候，应该选择硬度好、抗压性强，一般通过重量来进行比较。如同样的3层纸箱，克数重的相对抗压性能好一点。

纸箱适合淘宝大多数类目产品的外包装，因此使用非常广泛，从服装、鞋，到茶叶、酒水，再到玩具、家具都能应用到，并且纸箱印刷也很方便，如果量大，还可以要求厂家印刷自己的店铺LOGO，提升店铺的品牌形象，如下图所示。

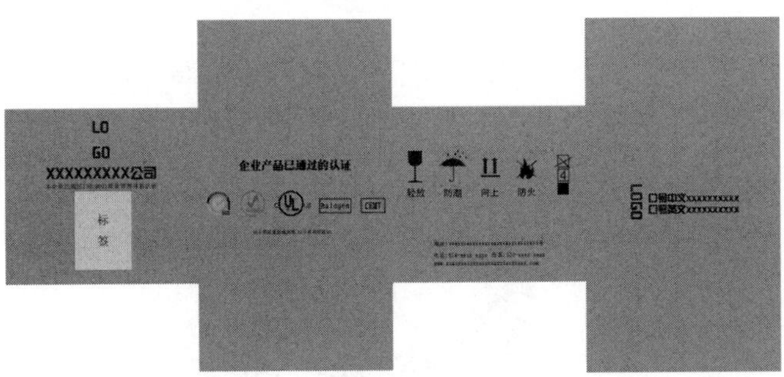

2. 胶带

大多数纸箱都是用胶带来密封。胶带有透明胶带、警示语胶带和定制胶带等，如下图所示。

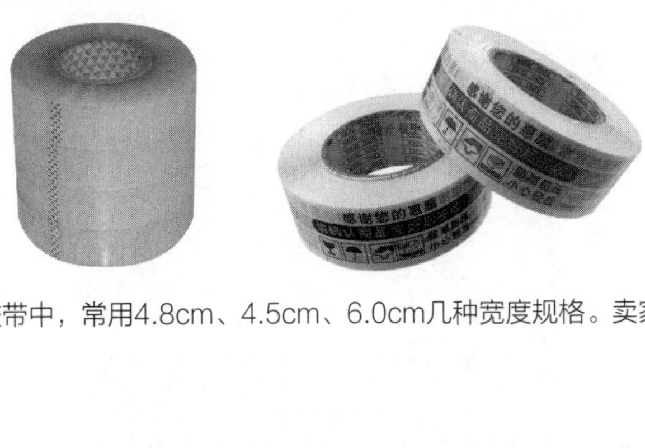

目前所使用的胶带中，常用4.8cm、4.5cm、6.0cm几种宽度规格。卖家可以根据店铺的纸箱大小来进行选择。

3. 填充材料

一般贵重或者易碎的物品，如酒类、玻璃制品，在包装箱中还填充一些防震材料，常见的有气泡膜、珍珠棉、泡沫板等。

气泡膜的应用很普遍，特点是价格低廉、重量轻、抗挤压，对物品的保护性相对比较强。适用于包装本身具有硬盒包装的商品，如数码产品等。泡泡纸也可以配合纸箱进行双重包装，保障商品的运输安全。

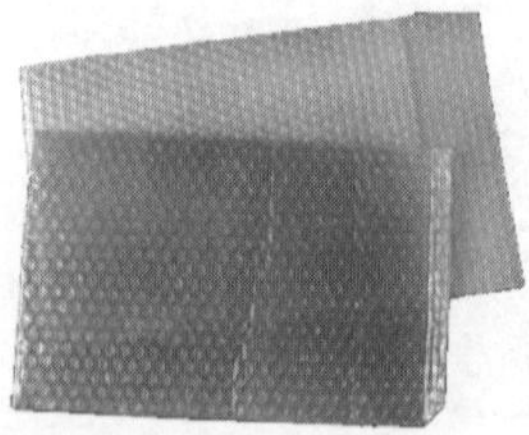

珍珠棉是一种新型环保的包装材料，是由低密度聚乙烯脂物理发泡技术生成。克服了普通发泡胶易碎、变形、恢复性差的缺点。具有隔水防潮、防震、隔音、保温、可塑性能佳、韧性强、循环再造、环保、抗撞力强等优点，是传统包装材料的理想代替品，如下图所示。

泡沫板是由聚苯乙烯珠粒，经加热预发后形成，泡沫板有密度小，恢复率高，具有独立的气泡结构。且表面吸水率低，防渗透性能好，所以在填充材料中比较常见，如下图所示。

4. 帖纸

帖纸一般用于封口处防盗或者其他警示标语，作用是提醒快递员在物流过程中轻拿轻放，以免造成商品损害，如下图所示。

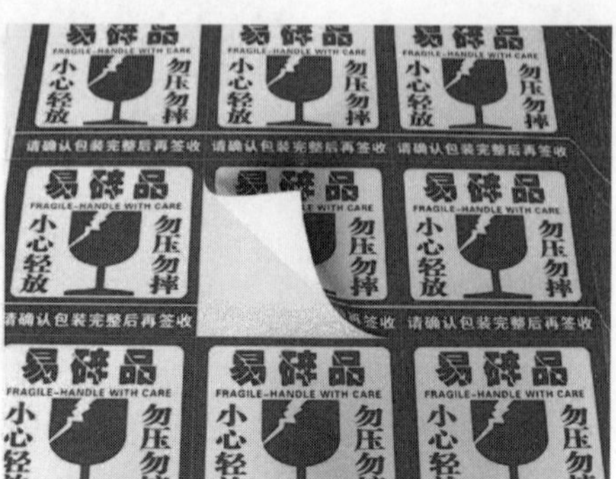

5. 特种材质

除了以上的包装材料外，在一些特殊领域，还会用到特殊的特种材料，如牛皮纸、木架、编织袋、无纺布袋、金属盒包装等。

牛皮纸可以保护书籍商品，减少挤压等损坏性的运输；木架可以固定纸盒包装，不易散架；金属盒包装可以保护月饼类食品等，如下图所示。

6. 快递袋

快递袋是物流最常见的包装，一般用于外包装，也可以用于无须纸盒包装的产品（各类服饰）或者套在小纸盒上面用于防水防污，如下图所示。

一般快递袋可以找快递公司免费提供，也可以成批购买快递袋，同时印刷店铺的品牌LOGO，提升店铺形象。

11.1.4 如何选择包装方式

因卖家销售的商品不同，因而在针对商品进行包装时，也要选择合适的包装方式，确保货物安全到达买家手中。下面介绍一些常见商品宜采用的包装方式，供卖家参考。

- **易碎商品：**这类商品主要有瓷器、玻璃制品、茶具以及各类工艺品等，在运输过程中一旦受到挤压或者摔击，很容易破损，因此在包装时首要考虑的是抗冲击、抗挤压。对于这类产品，建议使用硬度较强的纸箱来包装，并且内部尽可能多地用报纸、泡沫作为填充。
- **服饰类商品：**主要有衣服、鞋子、皮包等，这类产品一般不会受到挤压或摔击的影响，包装的重点是防水、防污。在包装时，可以先使用白纸或牛皮纸包好防止污损，再套一层或多层抗磨损的塑料袋，然后用胶带密封好，或者使用防水防染色的包裹袋。对于皮包等形状不规则的商品，可先用胶带封口，再用纸包住手提带并贴胶带固定，以减少磨损。

- **首饰类商品：**首饰产品大都会附送首饰袋或首饰盒，在包装时使用纸箱包装，防止受到挤压变形，内部使用报纸或泡沫等填充物填充，纸箱四角用宽胶带密封，防止运输过程中浸水或者运输的液体货物泄漏而使自己的商品受污。
- **液体类商品：**这类商品主要有洗化用品、生活类用品等，商品本身就具备玻璃或者塑胶包装，因此在包装时主要考虑防漏防挤压，可以先用棉花或海绵裹好，然后用胶带缠好，尽量多使用一些棉花或海绵，增强其抗挤压能力，而且即使液体漏出来也会被充分吸收。
- **数码电器类商品：**主要有手机、相机、电脑以及各种电器等，这类商品一般附带较好的包装，具备一定的抗挤压与抗摔击能力，在包装时主要考虑抗冲击能力即可，如外部再套一个纸箱，并使用各种填充物填充。

卖家经验——包装的注意事项

在买家收到宝贝以后，包装是否完好直接影响到买家对卖家的评价。谁也不想因为包装运输而影响店铺的信用评分。一般淘宝老卖家，都会在包装中注意以下细节。

无特殊需要，不建议将商品的价格标签放入包装箱内。有些顾客购买商品是用于送礼的，或者直接作为礼物发货给朋友。这类顾客一般不愿意让对方知道礼物的价格以及购买地点。

对于使用复杂的商品，给买家的包裹中有针对性地写一些提醒资料，如不同质地衣服的洗涤说明、数码类商品的使用注意等，这会让买家认为卖家服务周到，进而发展为老顾客，甚至会给买家带来新的顾客。

无论销售什么商品，在包装时，都应该确保包装干净整洁，太过破烂的包装不但会让买家收货时对货物是否损坏产生怀疑，而且对商品的质量、买家的服务也会产生疑虑。

有条件的卖家，可以在包装内附赠一些小卡片、小饰品或其他礼物，这会让买家产生商品有超值的感觉，得到意外的礼物，会增加买家对卖家的好感度。

总而言之，在包装商品时，应该站在买家的角度，设身处地为客户着想并包装好商品，保障好商品质量的同时，也会赢得买家的好感。

11.2 让商品顺利到达客户手中

对于经营网店的卖家，商品的物流环节是非常重要的。应该时刻了解各物流公司的服务与收费标准，并与物流公司确立良好的合作关系，才能确保交易后的商品能够快速安全地到达买家手中。

11.2.1 选择合作快递公司

大多数的网店在发货时，都是借助快递公司的物流网络渠道（铁路/航空）。而选择不同的物流公司，所要支付的物流成本也不同。要选择适合的，就要对各种物流公司有所了解。

1. 主流快递公司介绍

国内快递公司众多，其中比较出名的有三通一达外加顺丰快递。接下来介绍这几个国内主流的快递公司。

（1）顺丰速运。

顺丰速运（http://www.sf-express.com）是国内比较好的快递公司。它拥有约1.5万台营运车辆，遍布中国1.3万个营业网点。还高调租用了30架货用飞机，对外宣称，无论在哪里，大都能实现今天发货，第二天到货，但是综合来说服务质量和态度都不错，但是价格比较高，其官方网站如下图所示。

顺丰快递官网

顺丰快递适合于急件和贵重物品以及易碎品，但是重量不要太重，否则会支付高昂的快递费用。顺丰快递的承诺是24 小时送到收件人手中，一般买家要求时间紧急的可以选择顺丰快递。

（2）圆通速递。

圆通速递有限公司成立于2000年，旗下拥有员工3万余名，服务覆盖全国500多个城市。经过长达16年的精心打造，已成为集速递、物流、电子商务为一体的大型民营企业，很多卖家选择了圆通速递（http://www.yto.net.cn），其官方网站如下图所示。

圆通速递官网

圆通快递的服务比较好，价格比其他快递公司贵一点，缺点是到不了很多偏远的县镇，所以在要求快递上门取件之前，一定要咨询清楚后再决定是否使用该快递。

（3）申通快递。

申通快递（http://www.sto.cn）服务点比较普遍，全国一般的城市基本上都可以到达，其官方网站如下图所示。

申通快递官网

此外，在申通快递网站上提供了可到达城市的详细查询，比较有特点的是提供批量查询快件进程服务。

（4）中通快递。

中通快递（http://www.zto.com）创建于2002年，得益于淘宝而快速发展壮大。公司目前拥有员工10万多人，服务网点5000余个，分拨中心59个，运输、派送车辆18000多辆，其官方网站如下图所示。

中通快递官网

中通快递在三通一达中的价格适中，但在不同城市服务各有差异，卖家可以咨询同城卖家的意见看看当地中通是否可靠。

（5）韵达快递。

韵达快递（http://www.yundaex.com）品牌创立于1999年，总部位于中国上海，现已成为集快递、物流、电子商务配送和仓储服务为一体的全国网络型品牌快递企业，服务范围覆盖国内31个省（区、市）及港澳台地区。其官方网站如右图所示。

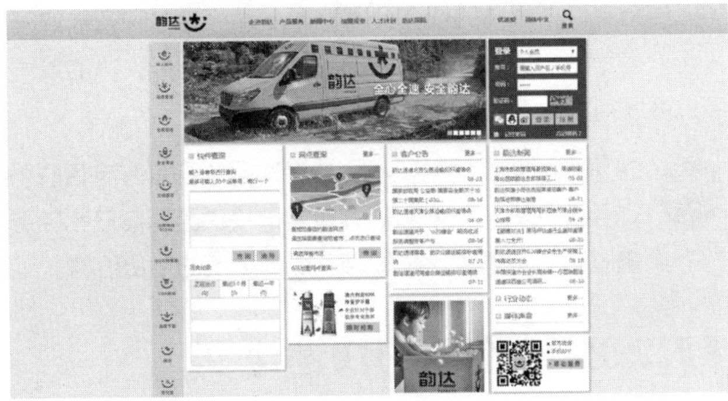

韵达快递官网

韵达快递价格比较低，不同地区服务有差异。韵达2013年开启了国际化发展步伐，相继与日本、韩国、美国、德国、澳大利亚等国家和地区开展国际快件业务合作，逐步走出国门。

（6）其他快递。

除了三通一达，国内快递公司还有很多，如百世快递（http://www.800bestex.com）、中铁快运（http://www.cre.cn）、DHL （http://www.cn.dhl.com）、邮政EMS（http://www.ems.com.cn）等，每个品牌都有自己的优势，卖家朋友可以根据自己需要进行选择。

提示 Tips　邮政EMS快递速度快、覆盖面广、安全性高，能够覆盖全国所有地点，包括比较偏远的山区，这是其他所有快递公司所不具备的。也因此EMS相比其他快递的服务收费都要高一些。

例如，大件商品，可以选择邮政物流渠道。国际货运，则可以考虑专注国际航空货运DHL。

2. 如何选择合适的快递

选择好的快递公司才能保证日常的经营活动更顺畅，如果是一些不负责的小公司的话，那么商品在运输途中和买家发起物流投诉时会显得很被动。选择的原则大致包括以下几方面。

（1）看评价。

在选择的时候，可以先观察网上其他网友对该快递公司的具体评价。

网上有各种各样针对快递服务的调查，如大众点评，用户可以在这里查看有没有比较可信的、安全的，并且是离办公地点比较近的快递公司，然后进行筛选，如右图所示。

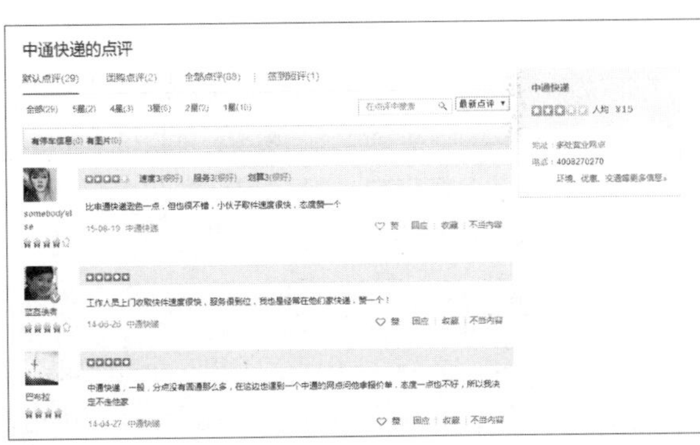

（2）看规模。

在查看快递公司信誉的时候，应该选择至少两家以上的快递物流公司来进行比较，看其在全国的网点规模覆盖率如何，这直接影响到店铺的营业范围。如果是同城建议找一些本地的快递公司，优点就是同城速度极快，而且价格也好谈。

（3）看特点。

依照快递公司的特性来选择快递，如申通快递走江浙沪效率好，如果店铺的商品都是发到江浙沪就可以考虑。DHL有“限时特派”这样的紧急快递业务；中国邮政EMS则具有最大的地域送达优势。

综合来说，国内的快递公司基本上都存在各种各样的问题，究其原因，是由于快递行业从业人士众多，每个地域都有业务人员，而这些业务人员的素质千差万别，即使公司规定得再多，到了这些服务人员手上也会变样。

提示 Tips 这里提醒新手卖家，不要通过官网或者官方电话联系物流官方，官方的发货成本很高。可以百度地图、大众点评等查看该快递距离自己比较近的物流网点，然后直接联系该网点业务员进行沟通，这样能够争取到更低的发货价格。

11.2.2 教你节约快递运费

对于出售单价较低的淘宝卖家，网店的经营利润不高，而这当中物流费用是不可避免的，所以选择合适的物流送货方式，并想办法节省邮费是非常重要的。

如何最大限度地节省快递费用，每一位淘宝卖家都在考虑。网店利润的增长和物流费用的降低是息息相关的。接下来介绍几种节约快递成本的方法。

1. 索取免费面单和快递袋

以前发送快递，面单都需要到店铺购买，差不多2角钱左右一张。现在大部分快递公司都会免费提供，可以根据自己每日的发货需求，让快递员多给一些面单和快递袋，以备不时之需。

需要注意，面单是要成本的，在填写面单的时候不要浪费，否则快递员给免费面单的时候会控制数量。

提示 Tips 很多时候可能合作的快递公司有几家，在备面单和快递袋的时候要注意，别使用A公司提供的快递面单找B公司发货。

2. 多联系几家快递公司

很多卖家在选择快递公司发货时，往往习惯选择一个快递公司，这样就无法了解到其他快递公司的价格，进而没有参照与对比，以致在运费上很难降低运费成本。

不同的快递公司，在发往不同地区的资费标准都有所不同。因此发往不同区域的快递，多选择几家快递公司，根据快递公司的报价，选择价格较低的合作。

选择多家快递公司还有一个好处就是，在发货时，可以同时联系多家快递业务员上门取件，让快递业务员知道存在竞争，这种情况下，快递业务员之间的价格竞争，最终受益的就是发货人。

3. 大件运输采用托运

对于出售家具、家电等大型商品的卖家而言，如果通过快递来发货，那么运费会很高。

一般这类商家，可以考虑选择火车托运，可以去当地火车站买一份火车托运价格表来具体查询。这种物流运费价格不仅较低，而且速度也有保证。

如果当地没有火车，那就考虑汽车物流了，虽然这种运输方式会慢一些，但是价格以空间计算，比快递费用会便宜很多。

4. 快递公司讲价技巧

所有快递公司都可以灵活讲价，想要降低快递费用，还需要了解与快递公司的一些讲价技巧，下面介绍常用的一些讲价方法，卖家可根据实际情况作为参考。

- 直接找快递业务员讲价，而不要找快递公司客服或前台人员讲价。

● 在讲价过程中，适当夸张店铺的发货量，因为发货量大，业务员为了稳定业务，一般会在价格上有一定的让步。

● 用其他快递公司价格对比，在讲价时可以和业务员谈其他快递公司要低多少，即使是虚构，也要表现得很真实，一般能够降下一定价格。

● 掌握讲价幅度，和日常购物差不多，如15元的快递费用，想降到12元，那么可以和业务员先说10元，即使不同意，还有折中的办法，或许会以12元的折中价成交。

提示 Tips：尽可能地与知名快递公司合作，一些地方性的小快递公司本身物流区域有限，往往是选择和其他公司合作。虽然表面上价格便宜。但是容易出现寄送时间慢、包裹丢失、晚到等情况，易造成客户退换或者投诉。所以，在比较各大快递公司后，选择价格最有优势的。

11.2.3 随时跟踪包裹去向

通过任意快递物流发货后，都会留下一份发货单，在买家收到货物并确认之前，将发货单保存好，便于随时跟踪物流进度和处理发货后期出现的纠纷，右图所示条码下的数字就是物流编号。

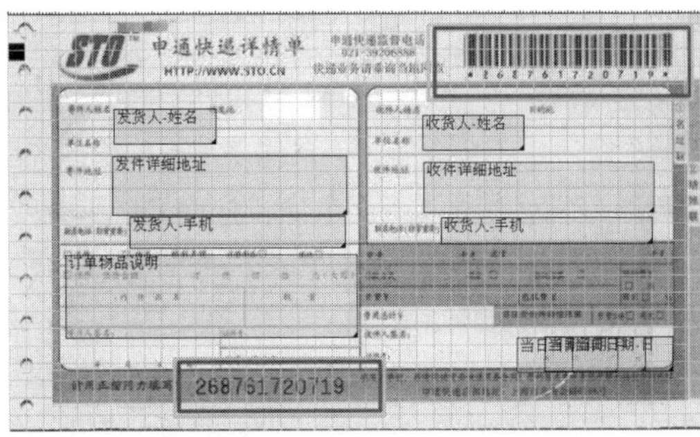

完成发货后，买家都会关心发货进度，了解物流进度的方法很多，接下来介绍常见的两种。

第一种很简单，在淘宝后台发货后，作为买家随时可以通过登录淘宝，在“我的淘宝-已买到宝贝”中查看当前购买宝贝的详细物流进度，如右图所示。

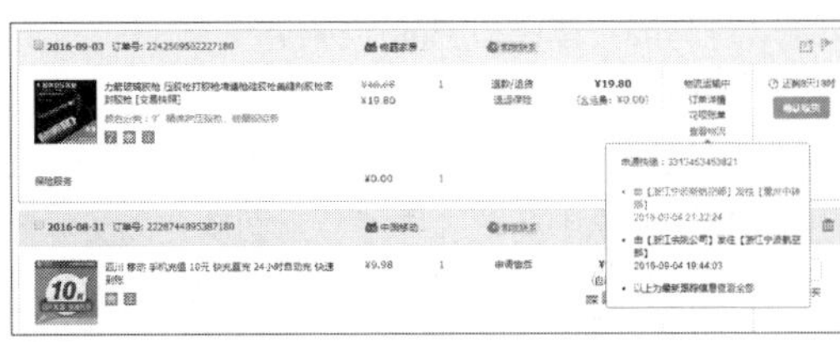

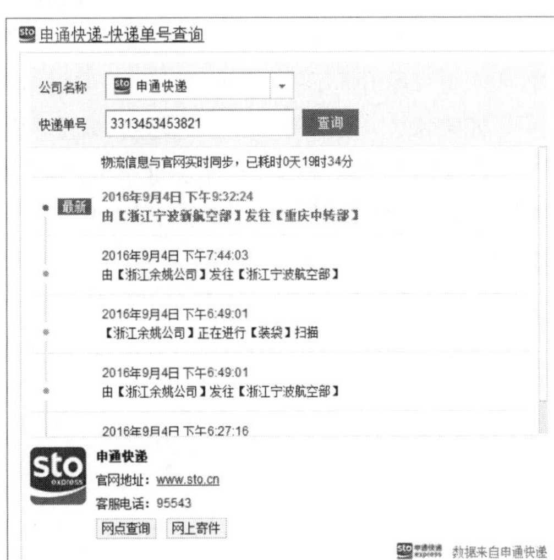

另外一种更加简单，就是百度或者打开快递公司对应官网，然后输入正确的物流单号进行查询，如右图所示。

提示 Tips 通过客服电话、第三方物流查询工具也可以查询到物流进度，不过打电话收取话费，利用工具查询步骤也稍微麻烦一点。

11.2.4 怎么处理快递纠纷

通过快递公司发货过程中，可能会遇到快递公司在运输时丢失或损坏货物，虽然这种情况不多见，但如果卖家遇到，应该积极联系快递公司协商解决，同时也应当给买家一个良好的解决方式，不能因为快递的原因而延误买家的收货。

（1）运输过程中货物损坏。

通常来说，如果快递公司在运输过程中损坏商品，那么买家是不可以签收的，一旦买家签收，就意味着快递公司已经完成本次运输，不再负担任何责任，因此对于易碎类商品，卖家在销售前有必要告知买家损坏拒绝签收。如果运输过程中商品发生损坏，可以与快递公司协商赔偿。

通常情况下与快递协商赔偿是件费时费力的事，如果发货方没有对商品进行保价，最终争取的赔付金额也不会太多，通常对于没有保价的商品，赔付是根据运费的倍数来赔偿的，而这个赔偿数额可能远远低于商品价值。快递公司丢失或损坏货物的概率非常低，因而多数卖家在发货时，一般都没有对商品保价，而一旦出现货物损坏情况，也只能尽力与快递公司周旋，争取到尽可能多的赔付金额。

快递或物流公司对运输过程中的商品损坏是不予赔偿的，如玻璃制品等，卖家在发货时就需要对一些易碎商品加固包装，最大程度上防止运输过程中出现商品损坏。而对于一些价值较高的贵重易碎物品，建议对商品保价。

（2）运输过程中货物丢失。

运输过程中丢失货物的情况也比较少见，一旦丢失货物，买家就无法收到货物，卖家一方面需要与快递公司协商解决；另一方面需要为买家补货或者以其他方式处理。

货物丢失的赔偿，也是根据是否保价而决定的。如果没有保价，快递公司的赔偿方法有两种：一种是按照运费赔率赔偿，另一种是根据商品价值来酌情赔偿，但是不论采取哪种赔偿方式，可能不足抵付商品的价值，并且快递公司的赔付流程相当烦琐，也会耽搁卖家更多精力。所以如果本身商品价值不高，不值得花费太多精力用于赔付时，只要快递公司能给一个合理的赔付即可；如果商品价值较高，快递公司赔付太低，则可以考虑通过法律等手段来解决。

为了避免商品在运输过程中出现不可预料的问题，卖家在选择快递公司时，应该选择规模大，口碑较好的快递公司，而不能为了低价选择小快递公司发货，否则出现损坏或丢失等情况，就因小失大了。

第12章 玩转手机淘宝

玩手机的人越来越多，手机端使用人数已经超越了使用电脑的人群，因此掌握了手机端流量，就相当于掌握了店铺。

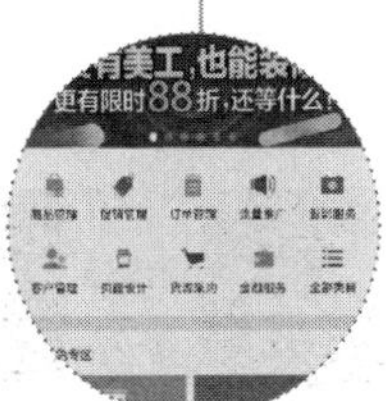

12.1 手机淘宝运营6大入口

淘宝庞大后，也造成了一些混乱，手机端操作也分为不同的入口，并且部分功能重叠，常常让淘宝新手卖家苦不堪言。

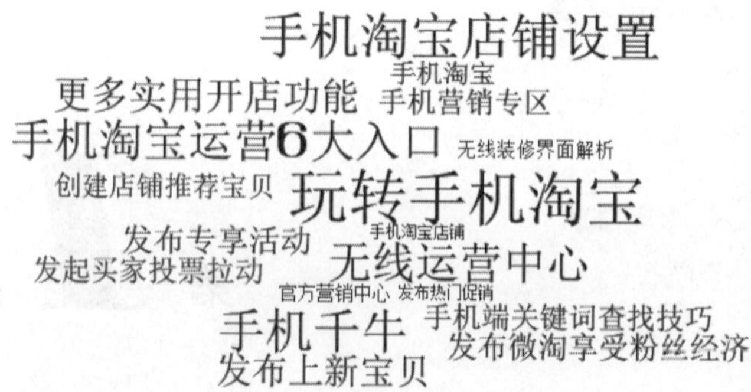

提示：淘宝现在的界面越来越复杂，卖家后台越来越烦琐，同样的功能放在不同的板块，操作更烦琐。

接下来了解一下淘宝卖家中心的无线店铺重点操作入口。期望新手卖家通过本章节学习，可以更快捷地操作店铺。

12.1.1 手机淘宝店铺

在“店铺管理”中单击“手机淘宝店铺”，会打开便捷手机淘宝设置页面，此入口包含了常见的手机淘宝操作指令，能够满足基本的手机淘宝设置、装修需求，如右图所示。

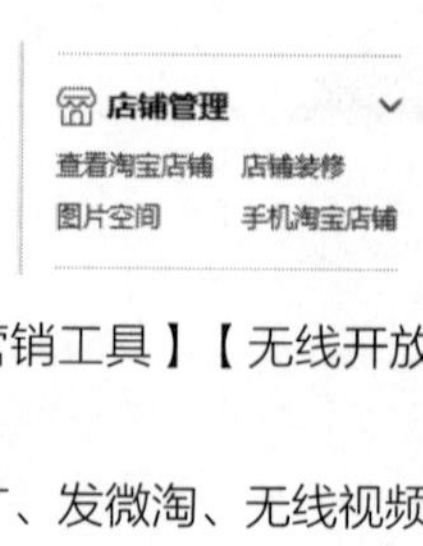

这里包含【无线店铺】【马上淘】【营销工具】【无线开放】平台几个主要板块，其下又包含了对应的功能命令。

- **无线店铺**：包含了装修、活动页推广、发微淘、无线视频等手机淘宝的常用功能。
- **码上淘**：码上淘可以帮助卖家生成店铺或者活动二维码/条形码等，利用二维码进行相应的业务拓展，如将二维码装修到店铺里或者印刷到快递包裹上。

● **营销工具**：包含互动视频、购物车营销、无线领券、分享有礼等。

● **无线开放平台**：提供卖家服务的淘宝店铺使用，普通卖家不用关注。

这里的功能不一定是固定的，一些小功能可能会在不同时间段出现或者消失，笔者的此板块曾在半个月内两次出现不同命令的情况。

提示 Tips **这里的命令调用了无线运营中心和手机营销中心的功能，两者是有可能互相重叠，只需要选择店铺需要的功能去使用即可。**

12.1.2 无线运营中心

打开http://wuxian.taobao.com可进入淘宝无线运营中心，这里包含了大多数无线淘宝运营中所涉及的各项功能，如右图所示。

默认首页显示当前店铺的相关运营数据，数据面板下显示了代办任务。左侧包含了全部的功能列表。

● **无线店铺**：包含了无线店铺装修功能，主要有【店铺装修】、【多媒体中心】、【自定义页面】、【互动服务窗】、【店铺动态】、【手机海报】、【装修市场】、【详情装修】。

● **广播管理**：发微淘、广播草稿、微淘动态、上新描述配置。

● **互动营销**：全新的互动应用中心，包含【无线应用】【我的互动】【营销活动】。

● **数据分析**：无线概况、页面点击、微淘数据。

● **会员营销**：会员关系管理的无线端版本，可以帮助卖家管理店铺会员，沉淀客户资料，合理精确安排营销活动，加强店铺和会员之间的联系，提高会员忠诚度。

● **自定义菜单**：可以对手机店铺进行页面分类，属于装修应用的一种，也可以直接在“店铺装修”中执行操作。

● **码上淘推广**：可以帮助卖家生成店铺或者活动二维码/条形码等，利用二维码进行相应的业务拓展，如将二维码装修到店铺里或者印刷到快递包裹上。

● **账号设置**：包含【用户设置】和【二维码设置】，其中【用户设置】可以对店铺标志和二维码进行设置修改；【二维码设置】就是上面的马上淘。

● **培训中心**：包含【无线装修教程】【微淘培训】【营销教程】，都是调用“淘宝大学”的内容。

12.1.3 手机营销专区

在“营销中心”中单击“手机营销专区”，会打开无线营销页面，此入口包含了常见的手机淘宝营销功能，如右图所示。

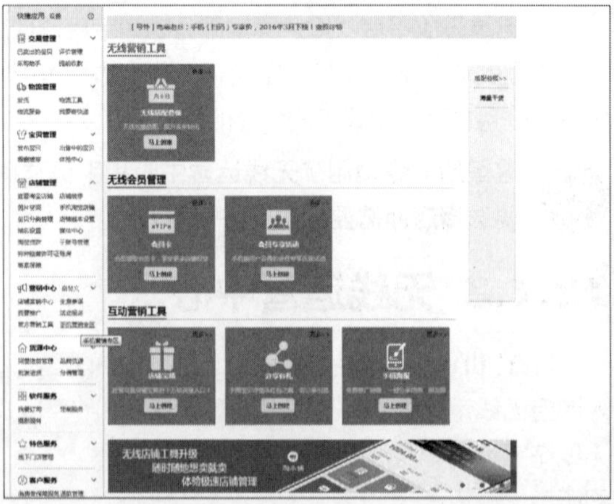

这里包含【无线营销工具】、【无线会员管理】、【互动营销工具】3大块，都可以帮助卖家进行无线营销活动。

- **互动营销工具**：通过设置无线搭配套餐，展现更多的宝贝给客户，避免流量的浪费。
- **无线会员管理**：客户关系管理中的无线功能，实现店铺会员营销。
- **互动营销工具**：包含几个比较实用的手机端营销工具【店铺宝箱】、【分享有利】和【手机海报】，对手机淘宝店铺引流很有帮助。

12.1.4 官方营销中心

第8章相关内容中介绍过“淘宝官方营销中心”（https://yingxiao.taobao.com）。而无线手机端的活动在这里有报名专区，可以通过这里进行活动报名，获得更多的推广流量，如下图所示。

开店必知——更多入口需要卖家挖掘

以上介绍的是手机淘宝操作入口，除此之外还有其他入口等待卖家挖掘。淘宝很多功能重叠，电脑端也有很多手机淘宝的功能。如“店铺营销中心”和“官方营销中心”，都有“微海报”的操作入口。

而类似“心选”等工具，也有手机端设置入口，所以卖家应该结合店铺日常的实际操作情况来选择适用的手机淘宝设置功能。

12.1.5 手机淘宝

前面介绍的都是PC端的手机操作入口，而实际上，也可以直接在手机端进行开店操作。无须下载独立的软件，只需要打开 “手机淘宝”，然后单击“我的淘宝”就可以看见商家入口“我是商家”，单击即可进入商家操作界面，如下图所示。

这里包含的商家功能能够基本满足商家的一般日常需求，如宝贝发布、宝贝管理、订单管理、数据分析、微淘发布、店铺基本设置。

12.1.6 手机千牛

千牛也有手机端，集合店铺管理与旺旺功能，适合平时手机上网的卖家朋友，其界面如右图所示。

首页中，包含了常用的开店功能，有交易管理、商品管理、微淘、入驻、生意参谋、员工管理、神笔等。除此之外，在功能列表中，还包含了消息、我的、服务、头条4大板块，分别如下图所示。

- 消息：包含了系统消息和与买家的沟通消息，以便捷地和买家进行交流。
- 服务：淘宝服务市场手机版，可方便卖家快速购买使用付费功能。
- 头条：包含了淘宝的各类新闻、规则发布、经验教程等文章头条。
- 我的：包含一些营销相关的功能。

12.2 手机淘宝店铺设置

手机淘宝与电脑端有区别，为了更好地服务手机端客户，应该对手机店铺进行相应的打造，使其更符合手机淘宝用户的需求。

12.2.1 打造个性的手机店铺

手机店铺与PC店铺有区别，所以在设置完PC端以后，还应该对手机店铺进行必要的设置。

步骤01 在“店铺管理”下单击“店铺基本设置”，接着单击“手机淘宝店铺”，再单击“上传图片”按钮，如下图所示。

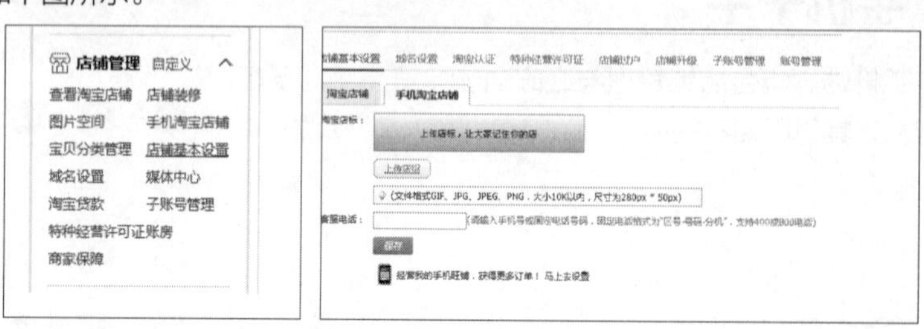

步骤02 选择店标图片单击“打开”按钮，再单击“确定”按钮确认上传，如下图所示。

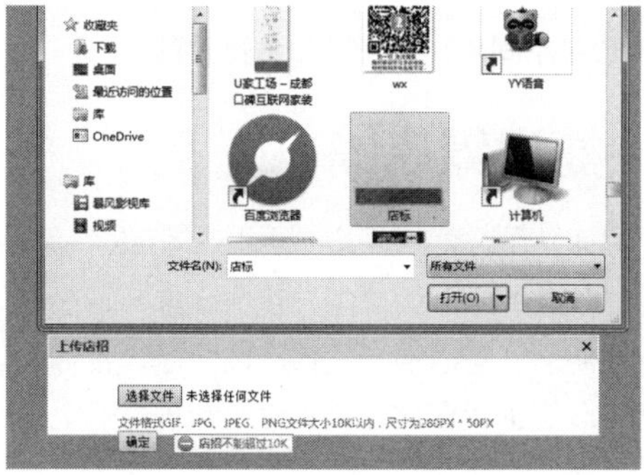

步骤 03 返回“手机淘宝店铺”设置，输入客服电话，单击“保存”按钮，如下图所示。

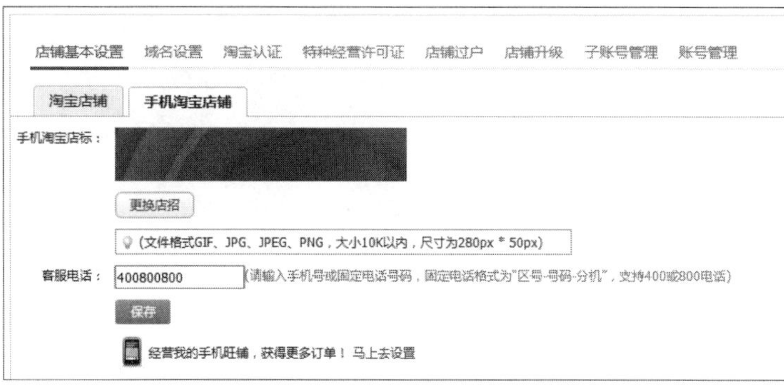

文件大小10KB以内，尺寸为280px ×50px

步骤 04 打开无线运营中心（http://wuxian.taobao.com），单击“立即装修”下的“用户设置”，如右图所示。

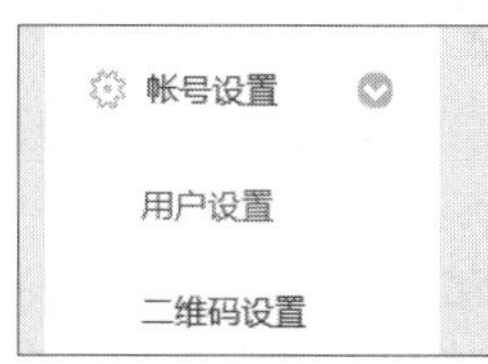

步骤 05 根据需要进行手机店铺信息设置，如账号介绍、店铺标志，如下图所示。

提示 手机店铺名字和电脑端名字同步，是无法单独修改的。

12.2.2 手淘中快捷设置店铺

不能经常登录电脑，进行店铺管理的卖家，可以利用手机淘宝的商家功能模块来快速设置店铺。

打开“手机淘宝”，在“我的淘宝”中单击“我是商家”，在这里单击“设置”图标，如下图所示，可以快速设置店铺头像、名称、介绍、发货地址等信息，还可以缴纳消保保证金，适合懒于打开电脑的卖家，如右图所示。

提示 要经营好淘宝，手淘是很重要，但是作为卖家，还是尽可能保证在电脑端操作，手机端虽然方便，但还是没有电脑端细化。笔者也从没见过大卖家用手机管理淘宝店铺的。

12.2.3 开通手淘店铺号

店铺号是店铺的数字ID，商家可将店铺名片以数字口令形式分享至各个渠道（钉钉、微博、微信好友、朋友圈等），淘宝买家在手机淘宝搜索框中输入数字口令即可直达店铺，简化消费者到店路径，从而为卖家带来更多免费流量！

开通店铺号只能在手机端开通，接下来详细介绍。

步骤 01 打开手机淘宝，登录后单击“我的淘宝”，单击 “我是商家”，如下图左图所示。

步骤 02 在上方，单击“申请店铺号”按钮，如下图右图所示。

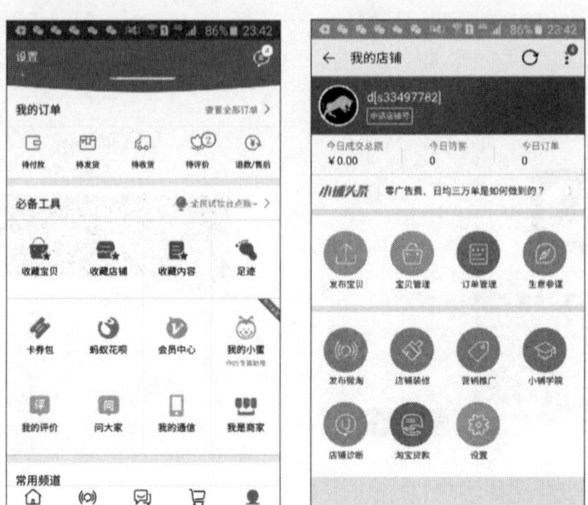

步骤 03 随机出现店铺号码，选择喜欢的号码，不喜欢可单击“不喜欢，换一个”按钮换号码，选择完成后单击“确定使用”，如下图左图所示。

步骤 04 再次提示店铺号确认后无法更改，是否确认，然后单击“确定”按钮，如下图右图所示。

步骤 05 申请独有的店铺号成功，就可以发送店铺号给老客户，让其直接通过搜索此号码进入店铺，如右图所示。

12.2.4 更多实用开店功能

千牛为集成了店铺管理、数据统计、宝贝上架、营销推广、视觉营销为一体的综合性淘宝手机开店管理软件。通过官方和第三方的模块，可扩展性功能多，如下图所示。

手机操作不太方便，有兴趣的卖家可以试试。更多的开店管理功能去PC端进行操作，手机端只适合简单的数据查看和客服交流等功能。

卖家经验——随时随地了解官方活动信息

淘宝官方活动是比较多的，基本上每个月都有几场。作为淘宝卖家，随时守候这些活动信息，如果错过，那就是浪费免费流量。

通过“千牛”卖家可以随时可以打开手机，“捕获”最新淘宝活动动态。

打开“千牛”，按下“我的”，接着单击“营销活动”，此时会打开当前所有的淘宝官方活动列表，选择“可报名活动”来查看店铺可以进行报名的活动，如下图所示。

进入活动详情，会出现活动具体详情介绍，以及当前活动包含的子活动，浏览活动时间、需求后，选择“收藏并预约”选项，就能随时查看活动进度，然后打开淘宝营销中心（https://yingxiao.taobao.com），进行活动报名，如下图所示。

提示 目前千牛只支持收藏预约，暂时不能直接报名，通过零碎时间掌握活动动态，然后有针对性地进行活动报名，将有助于店铺获取更多流量。

2.3 手机淘宝店铺装修

手机淘宝与电脑端有区别，为了更好地服务手机端客户，应该对手机店铺进行相应的装修，使其更符合手机淘宝用户的需求。

12.3.1 无线装修界面解析

打开无线运营中心（http://wuxian.taobao.com），选择左侧的“店铺装修”，然后单击右侧的“店铺首页”，如下图所示。

手机淘宝店铺首页装修页面，如下图所示。

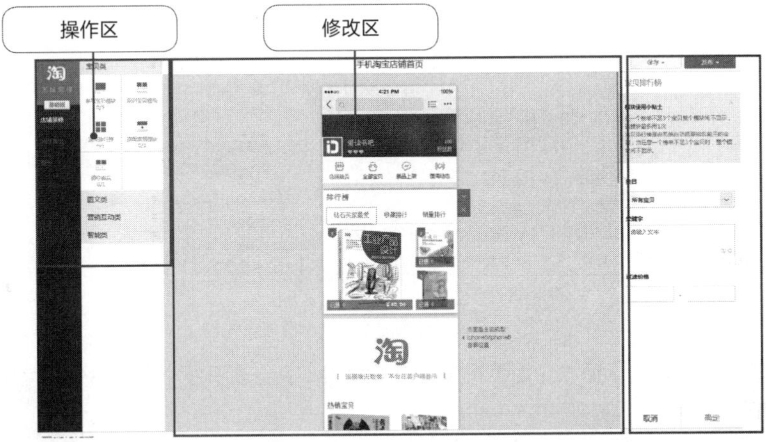

（1）功能区。

功能区主要包含“店铺装修”“装修模板”“备份”功能。

- **店铺装修**：单击后会出现所有的店铺装修分类，分别为“宝贝类”“图文类”“营销互动类”“智能类”。
- **装修模板**：在装修模板市场购买了模板，就能在这里查看应用。
- **备份**：备份当前手机店铺的装修效果。

（2）操作区。

在左侧选择店铺装修类别中的对应模块，按住鼠标可以拖曳到中间的操作区，此外也可以删除原有模块或者上下移动模块。

（3）修改区。

在中间操作区用鼠标单击对应内容，右侧会出现可修改编辑区，在编辑区可以重新设置模块中的文字、图像、宝贝等内容，完成操作后可以单击下方的“确定”按钮。然后选择 “保存”或者“发布”。

12.3.2 自定义装修手机店铺

了解了无线装修的相关知识，接下来，就可以进行手机店铺装修实战。

步骤 01 打开无线运营中心，在左侧单击“店铺装修”，将鼠标移动到“店铺首页”，单击“复制长链”获取自己的手机淘宝地址，如下图所示。

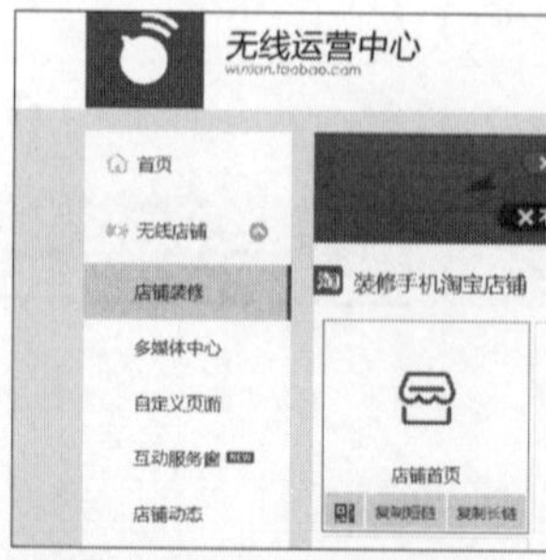

步骤 02 单击上图“店铺首页”进入装修页面，鼠标单击店铺头部任意位置，右侧会出现“店铺头模块”的信息修改，可以自定义修改店铺名称、店铺标志，并可以设置上一步获取的手机无线地址，如下图所示。

步骤 03 左侧单击“图文类”模块，为手机淘宝首页添加一个全屏海报，将“单列图片模块”拖曳到操作区，如下图所示。

提示 Tips 卖家也可以在这里选择添加其他模块，如可以轮播的“焦点图模块”“多图模块”等。

步骤 04 添加成功，右侧出现“单列图片模块”修改区域，需要添加一张608px×336px大小的手机海报，可以利用Photoshop等工具进行制作，完成后直接单击“图片”下的“+”按钮即可，如下图所示。

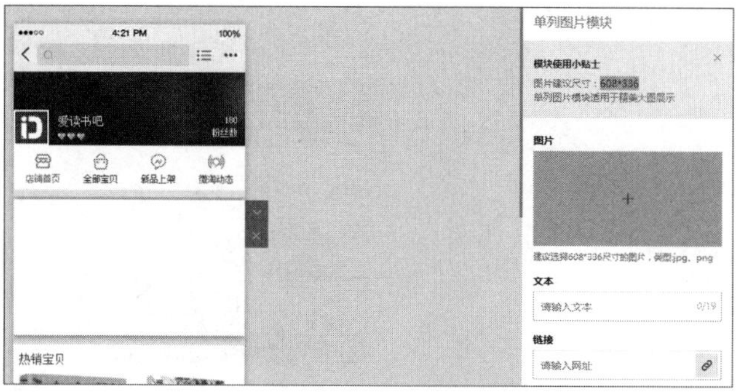

步骤 05 单击“上传新图片”，再单击“点击上传”按钮，如下图所示。

步骤 06 选择海报图片，单击“打开”按钮，如下图所示。

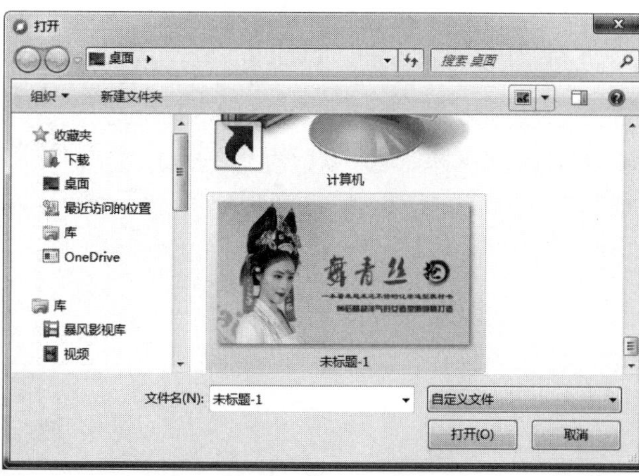

步骤 07 显示图片裁剪效果，单击“上传”按钮，如下图所示。

步骤 08 设置海报文本，设置海报点击后打开宝贝地址，然后单击“确定”按钮，如下图所示。

步骤 09 单击“宝贝类”，往操作区添加一个“搭配套餐模块”，此模块为系统自动推荐，右侧无须进行设置，如下图所示。

步骤 10 接着添加宝贝模块，如果店铺宝贝不多，可以添加“单列宝贝模块”，而宝贝超过20个以上，则添加“双列宝贝模块”，如下图所示。

步骤 11 设置模块标题，推荐类型、宝贝个数、关键字、显示排序规则、显示类目等，设置完成后单击“确定”按钮，如右图所示。

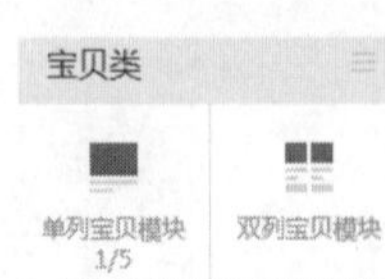

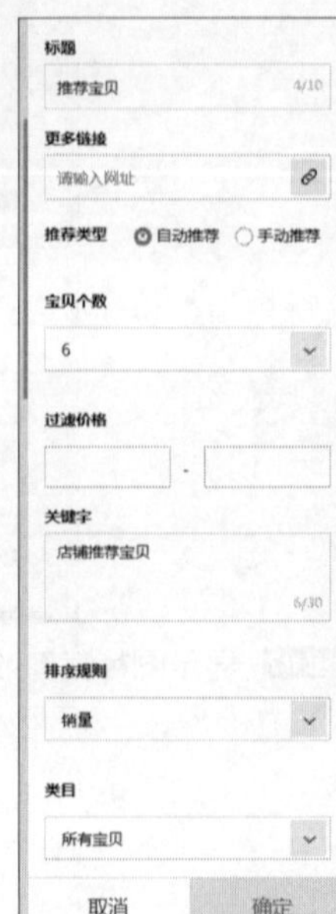

提示 推荐宝贝最好手动推荐，选择店铺宝贝时点选商品即可，就能第一时间让手机端买家看到店铺最受欢迎的宝贝。

依次继续添加宝贝展示，分别将标题命名为“新上架宝贝”“促销宝贝”，也可以根据店铺需要，自由添加“营销互动类”模块或者“智能类”模块。

12.3.3 手淘中快捷装修店铺

可以通过手机淘宝来快速装修店铺，方法也比较简单，可轻松完成手淘店铺的装修。

步骤01 打开“手机淘宝”，在“我的淘宝”中单击“我是商家”，在这里单击“店铺装修”图标，如右图所示。

步骤02 单击“装修设置”，可以分别设置店铺招牌和公告，也可以自定义掌柜推荐模块，还可以返回在页面中选择系统默认的3套预设模板，然后单击“预览效果”，如右图所示。

步骤03 查看预览效果，确认当前效果，单击下方的“立即启用”，此时会提示如果确认将会覆盖之前的自定义装修，没有问题就可以单击“确定覆盖”，如右图所示。

提示 Tips 使用此功能装修真的非常方便，3套模板也比较贴合手机端浏览习惯，如果对自己装修没有信心，那么使用此功能是比较好的方法。

12.4 无线运营中心营销活动

打开无线运营中心，在左侧单击“互动营销”下的“营销活动”，此时右侧页面会显示“上新宝贝”“聚划算”“热门促销”“专享活动”4个营销板块，如下图所示。

其中的“聚划算”活动要求是已经报名淘宝聚划算的店铺，对新店铺来说要求比较难，因此这里着重介绍其他3个营销活动。

12.4.1 发布上新宝贝

通过发布“上新宝贝”信息，可以使买家快速了解到店铺的新款宝贝，吸引买家光顾。

步骤 01 单击“上新宝贝”下的“创建活动”按钮，打开页面然后单击“添加宝贝”图标，如下图左图所示。

步骤 02 设置搜索范围，然后添加要上活动的宝贝，单击“确定”按钮，如下图右图所示。

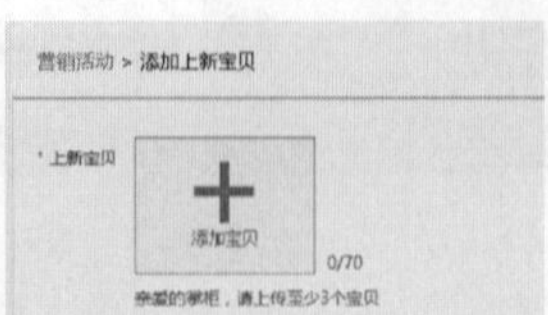

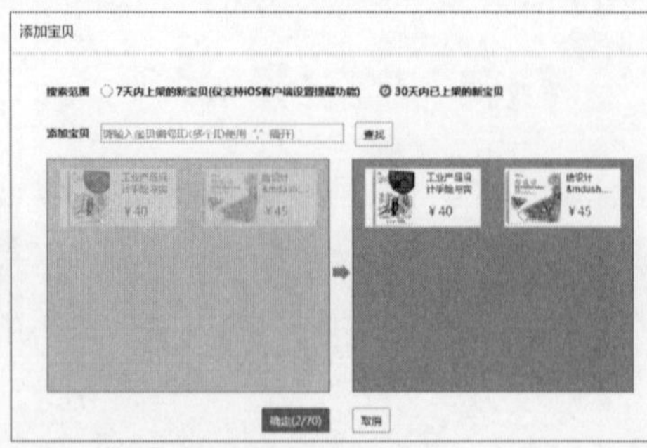

步骤 03 设置活动标题、活动简介，然后单击“发布”按钮即可成功发布此活动，如下图所示。

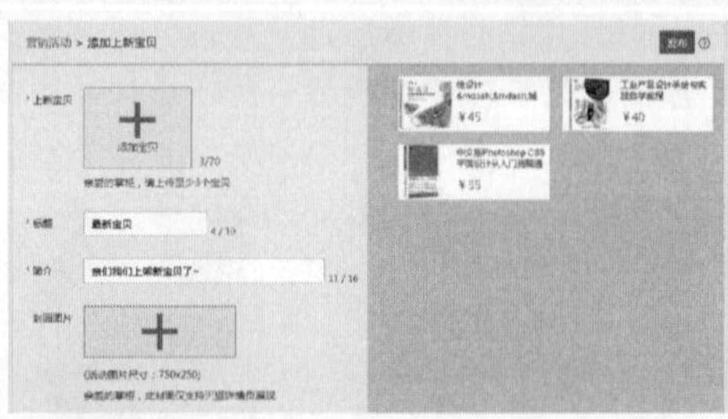

提示 封面图片只显示在天猫详情页，所以淘宝店卖家就不用添加。

步骤 04 接下来提示发布成功，可以查看或者管理发布的宝贝，也可以单击“同步到微淘动态”来发布最新微淘信息，如右图所示。

12.4.2 发布热门促销

卖家可以创建“热门促销”活动，将店铺爆款产品分享到首页和活动页面，获得更多展现机会。

步骤01 单击“热门促销”下的“创建活动”按钮，在打开的页面中单击“请选择图片”，如下图所示。

步骤02 上传自己制作的活动图片，查看预览效果，单击“上传”按钮，如下图所示。

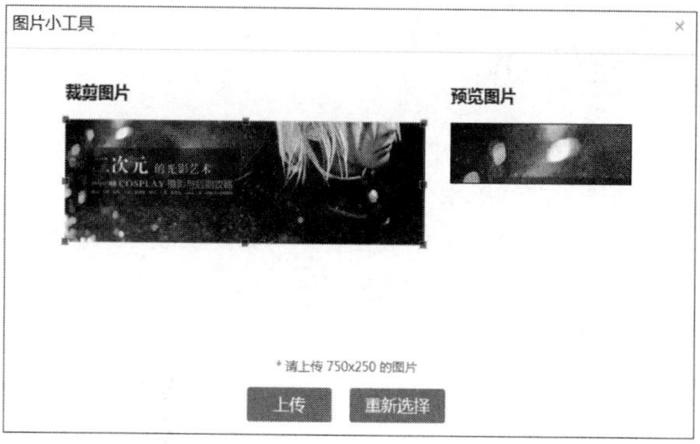

步骤03 通过搜索范围或者直接查找，添加要作为热门促销的宝贝，单击“确定”按钮，如下图所示。

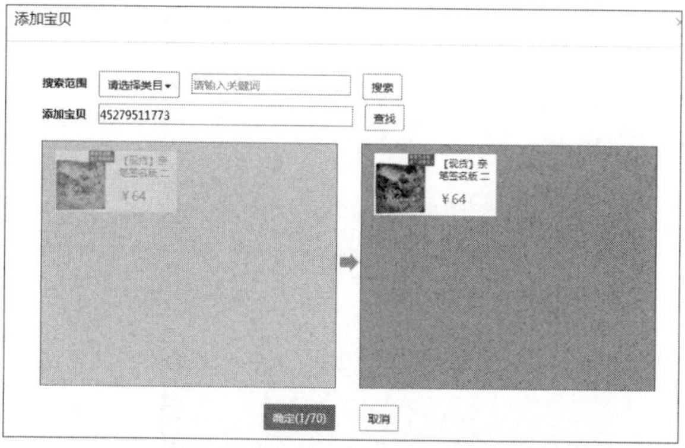

步骤04 设置活动名称、卖点介绍、活动日期，勾选“推广到手机淘宝店铺首页活动”，单击“发布”按钮，如下图所示。

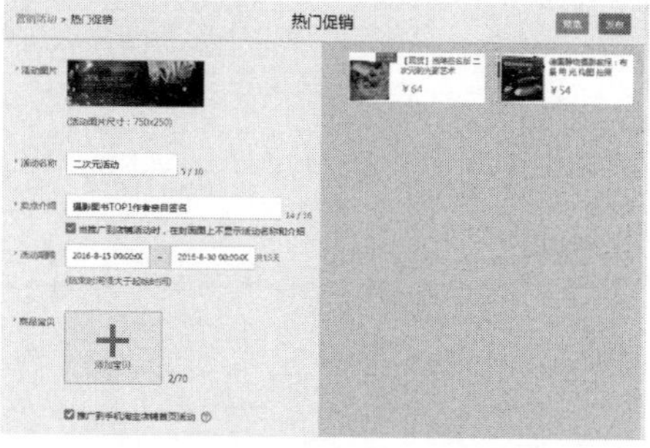

步骤 05 提示发布成功，可以预览当前手机端的活动效果，如下图所示。

12.4.3 发布专享活动

通过专享活动，可以让店铺VIP会员，享受到更大的价格优惠。提高会员体验，在设置前，先设置店铺VIP等级，具体可参考第9章相关内容。

步骤 01 单击“专享活动”下的“创建活动”按钮，在打开的页面中设置活动名称、活动日期、活动对象、活动类型，然后单击“上传”，如下图左图所示。

步骤 02 选择设计好的活动海报图片，单击“打开”按钮进行上传，如下图右图所示。

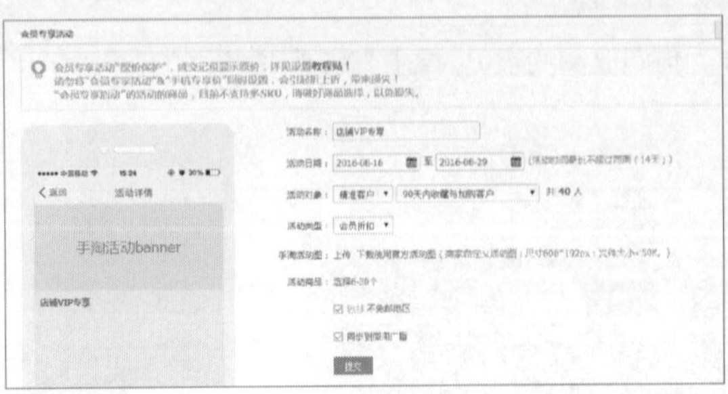

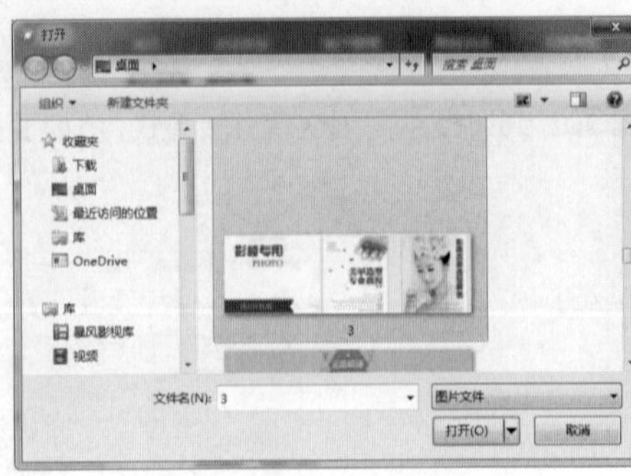

步骤 03 返回主界面，单击“选择6-30个”，如下图左图所示。

步骤 04 选择参加活动的宝贝，并设置活动价，单击“提交”按钮，如下图右图所示。

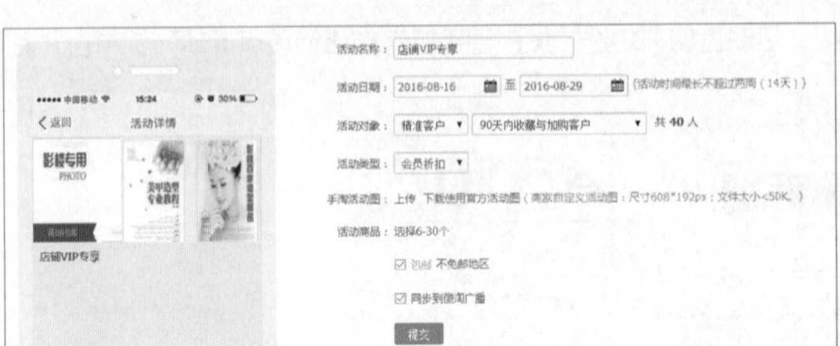

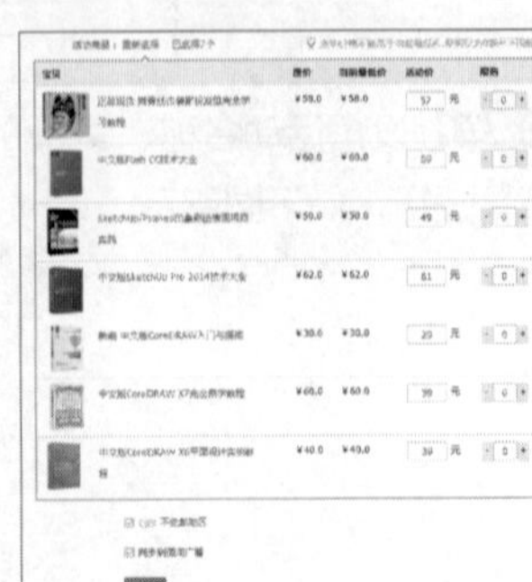

12.5 移动营销手机引流

无论是在PC端做推广还是手机端做推广，都能够为店铺带来各种方式的流量，有所区别的是一个是通过电脑浏览，一个是通过手机端浏览，此处分享一些手机端推广的技巧。

12.5.1 手机端关键词查找技巧

手机端的搜索关键词，与PC端不一样，在做排名的时候，可以进行不同的优化，手机端的关键词可以通过手机淘宝的搜索下拉框、热门搜索推荐中得到，如右图所示。

生意参谋选词助手中，选择“无线”，然后搜索出来的词都是手机端热词，如右图所示。

找到词就可以利用前面介绍的方法，来优化手机端淘宝宝贝，作为卖家要取舍，是优化PC端还是手机端标题，只能选其一，可以在生意参谋中观察自己店铺的主要流量来源，如果是手机端来源多，就可以针对性的做手机端的优化。

12.5.2 微海报引进朋友圈流量

微海报是淘宝大力推荐的一个功能，在很多手机活动创建过程最后，都会生成一个微海报。也可以自主设计专用的微海报。

步骤01 在卖家中心下的“营销中心”选择“店铺营销中心”或者“官方营销中心”，单击“微海报”，如下图所示。

步骤02 “微海报”市场，包含了不同分类的海报模板，选择需要的分类模板，单击“预览”按钮，如下图所示。

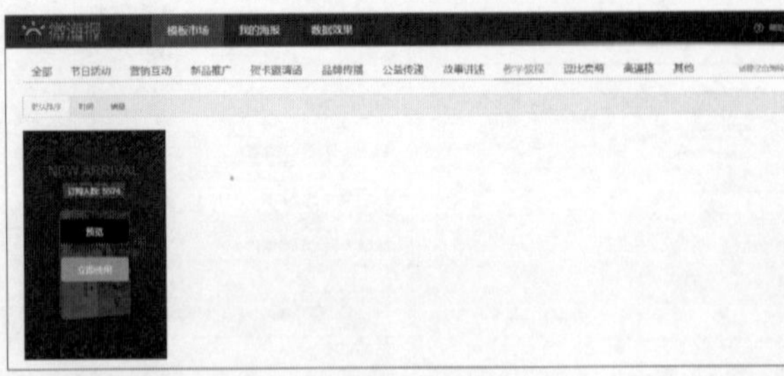

步骤03 打开预览区，通过扫码可以在手机端浏览当前海报效果，确认使用就单击“立即使用”按钮，如下图所示。

步骤04 打开编辑页面，在“推广图片/标题”中单击图标替换商品，接着输入新的海报名称，如下图所示。

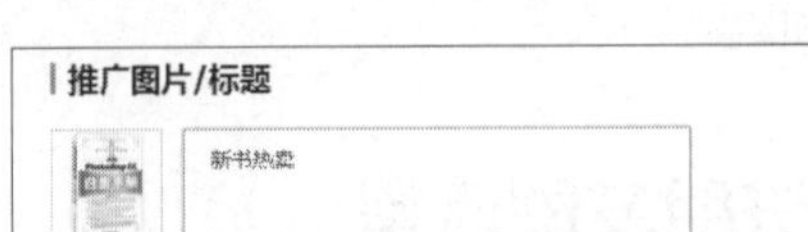

步骤05 单击第1页右侧的✎按钮来设置具体文案和单击后的链接地址，如下图所示。

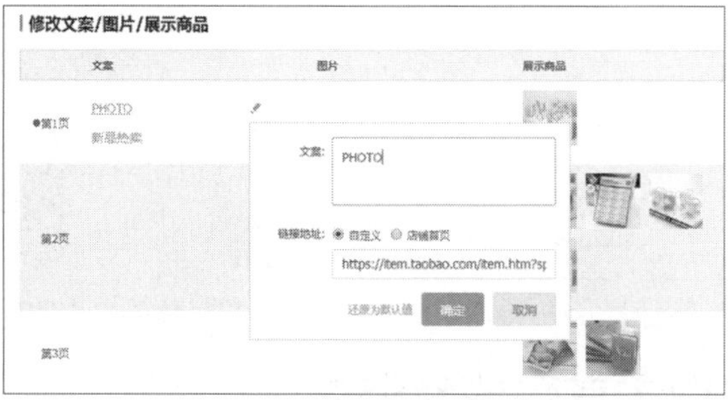

步骤 06 单击展示商品下的“笔”图标，选择要替换的商品，如下图所示。

步骤 07 用同样的方法修改其他几页的商品内容，再单击✎按钮设置优惠内容，如下图所示。

提示 注意修改编辑后的选项文字将从黑色变成粉色。

步骤 08 编辑完成后，单击“确定创建”按钮，接着弹出“扫码二维码”提示，使用手机扫描即可打开，然后将其分享到朋友圈可进行引流操作，如下图所示。

单击“去设计器编辑海报”命令来自定义模板效果，其具体使用方法和“神笔”类似。

12.5.3 发布微淘享受粉丝经济

“微淘”可以理解成淘宝的“微信”，淘宝卖家通过后台发布微淘动态，而淘宝买家可以在手机淘宝的“微淘”界面随机看到信息。

就是卖家在微淘上面开通账号，通过发送信息让店铺的粉丝看到。粉丝会关注喜欢的账号，就能看到店铺发送的信息。

步骤 01 在卖家中心“店铺管理”下单击“手机淘宝店铺”，然后单击右侧的“发微淘”，如下图左图所示。

步骤 02 无线运营中心的“发微淘”选项，可选择发布内容为“发广播”“发商品”“发活动”“发互动”4个选项，如右图所示。

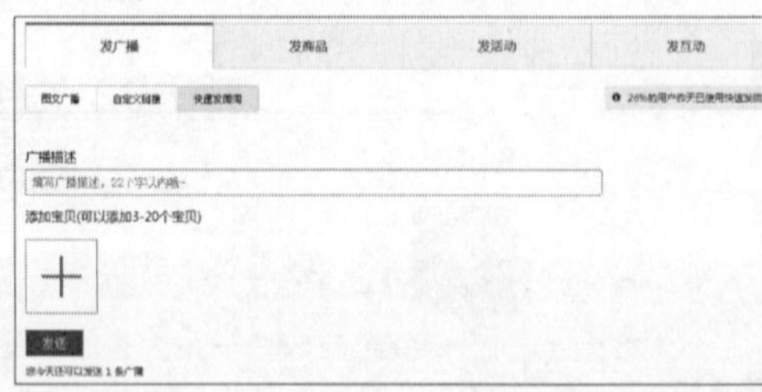

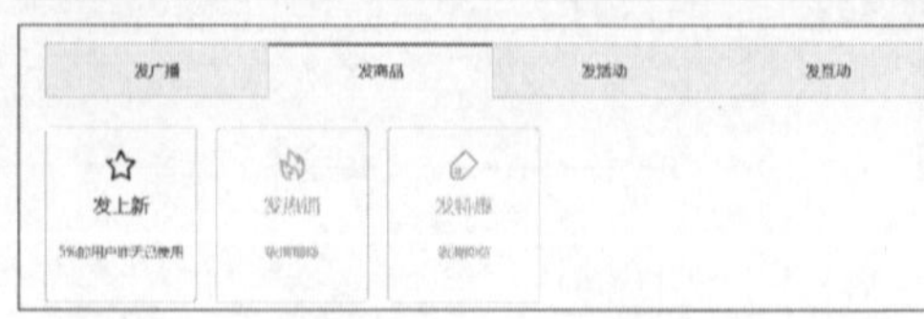

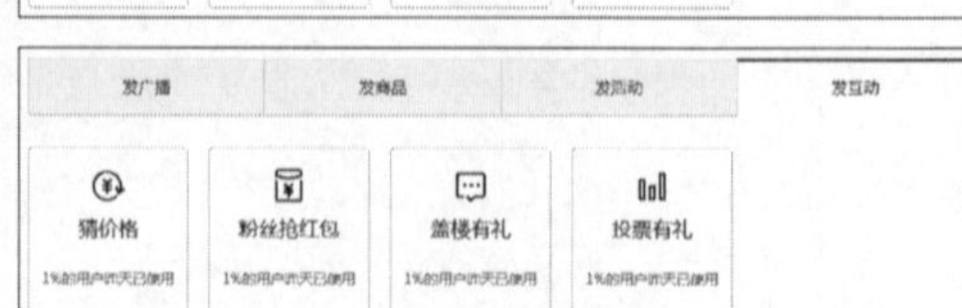

步骤 03 选择“发广播”，单击“快速发微淘”，输入广播描述，单击+图标，如右图所示。

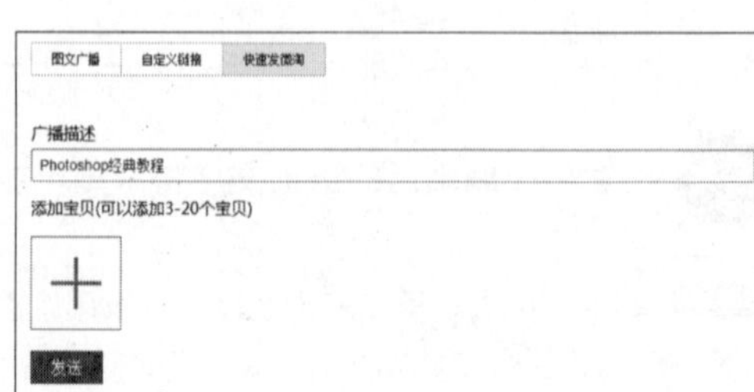

步骤 04 添加要进行微海报推广的宝贝，单击“确定”按钮，如右图所示。

步骤 05 单击“发送”按钮，即可发送成功，并提示手机上查看相关内容，如下图所示。

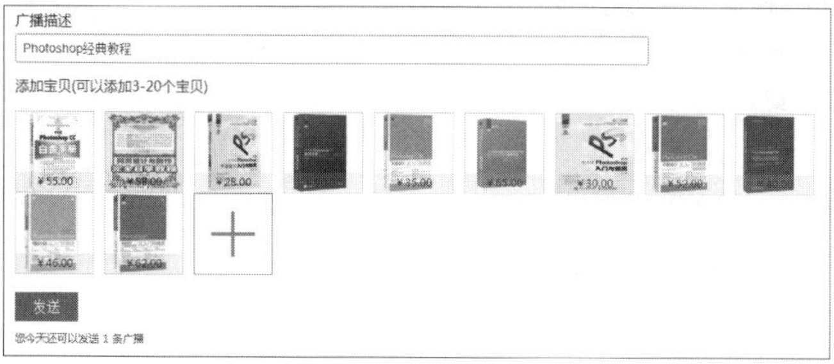

步骤 06 如果买家收藏了店铺，在打开手机淘宝后，在“微淘”窗口中就会看到店铺刚发布的信息，如右图所示。

在微淘上，卖家能提供的不只是商品展示，还可以分享其他资讯，拉近与买家的距离，与买家建立良好的关系。

- **对于卖家来说：** 微淘是宣传自己店铺的品牌文化、发布折扣活动、管理新老客户、定向推送优秀内容的平台。在微淘，可以拥有众多活跃的忠实粉丝，发布的内容可以被粉丝即时收到。
- **对于普通用户来说：** 微淘是随时了解喜欢的店铺的最新信息、折扣活动以及适用的穿搭技巧、护肤秘诀、购物经验等生活资讯的工具。在微淘，可以通过关注账号的形式，随时了解自己感兴趣的内容。

提示 Tips 微淘也可以在手机千牛中进行发布，操作上更为方便。让卖家像微信一样用手机分享各种图文动态。

12.5.4 创建店铺二维码

“马上淘”是淘宝网推出的一种以淘宝店铺、产品二维码生成的平台，可以帮助卖家将产品链接生成二维码，然后在各种场景中加以利用，其功能如右图所示。

步骤01 在卖家中心“店铺管理”中单击“手机淘宝店铺”，再单击“马上淘”图标，如下图左图所示。

步骤02 接下来提示正在登录码上淘，单击“进入码上淘”按钮，如下图右图所示。

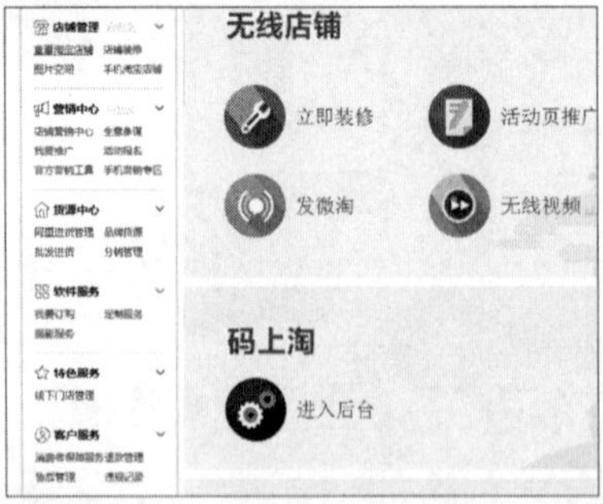

步骤03 在左侧选择创建二维码的类型，如想为店铺包裹印上店铺二维码，就选择“通过链接创建”，然后在右侧输入店铺地址，单击“下一步”按钮，如下图所示。

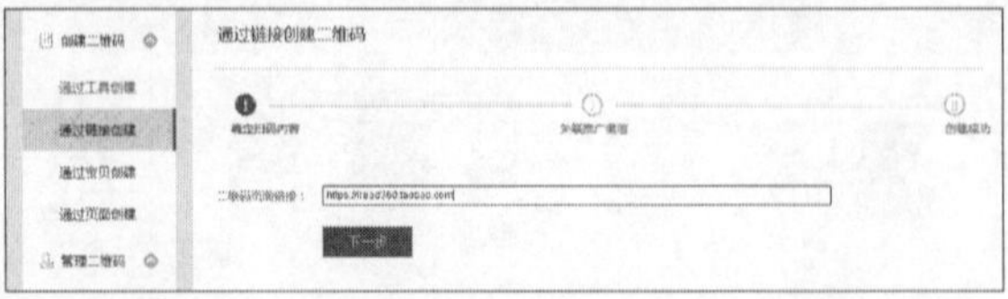

步骤04 设置二维码名称和渠道标签，单击“下一步”按钮，如下图所示。

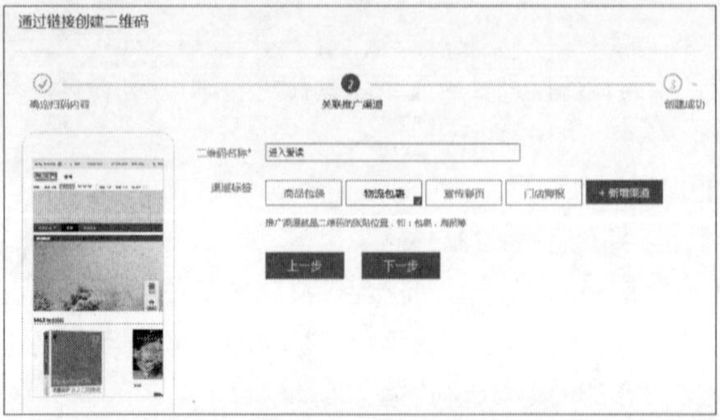

步骤05 创建二维码成功，就会自动生成普通的二维码和淘宝的视觉码（动态显示），选择合适的二维码进行下载，如下图所示。

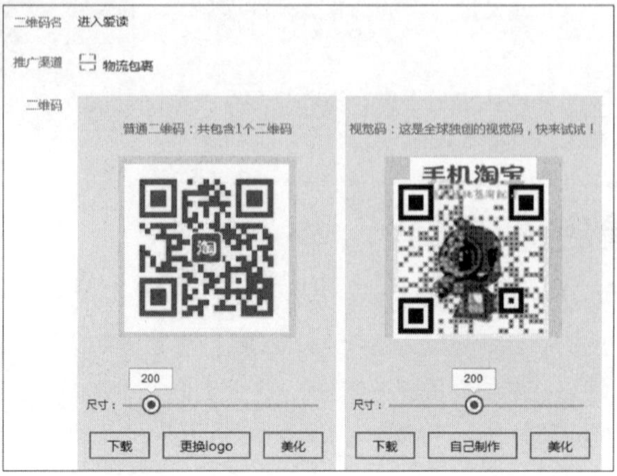

提示 Tips 若需要印刷，则尽可能设置更大的尺寸，以保证下载后的图像印刷出来更为清晰；针对视觉码，则可以用在网络推广页面上，如淘宝首页、自己的独立网站等地方。

12.5.5 分享有礼刺激潜在客户

为店铺宝贝设置分享有礼（支付宝红包、手机流量等），激励到店客户主动分享宝贝到社交媒体，如朋友圈、微博等，吸引其他用户回流到宝贝详情页，卖家配合宝贝做活动（满减、折扣等）来提升转化。可以利用小成本获得很强大的推广引流。

“分享有礼”可以在“店铺管理”下的“手机淘宝店铺”中单击“分享有礼”。然后再打开页面根据指引进行活动创建即可，如下图所示。

提示 Tips “分享有礼”类似于淘宝客，可以让更多的买家帮助店铺进行分享，不过与淘宝客不同的是，淘宝客是交易后提成，而分享有礼功能，是买家只要帮助分享就需要提供“礼物”。

12.6 手机淘宝促进转化

有了推广流量，还需要进行转化操作，让宝贝不但拥有高人气，还拥有高的成交量。

12.6.1 创建店铺推荐宝贝

通过手机端打开卖家详情页，会发现主界面包含“图文详情”“产品参数”“店铺推荐”3个选项，如图所示。而这里的“店铺推荐”，则可以通过上一章节介绍的“心选”来进行自主推荐。具体步骤如下。

步骤 01 在卖家中心单击左侧“营销中心”下的“心选”链接进入心选操作界面，选择“手机版”，单击“新建计划”，如下图所示。

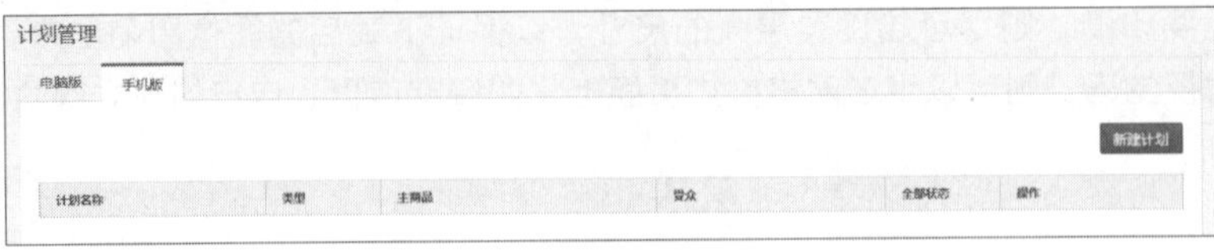

步骤 02 设置计划名称，单击“选择主商品”设置要展示的宝贝，如下图左图所示。

步骤 03 单击“同店推荐” 下的“添加商品”，设置推荐的商品链接和名称，单击“确定”。继续推荐10个宝贝（手机版最多能推荐10个），完成后单击“发布”，如下图右图所示。

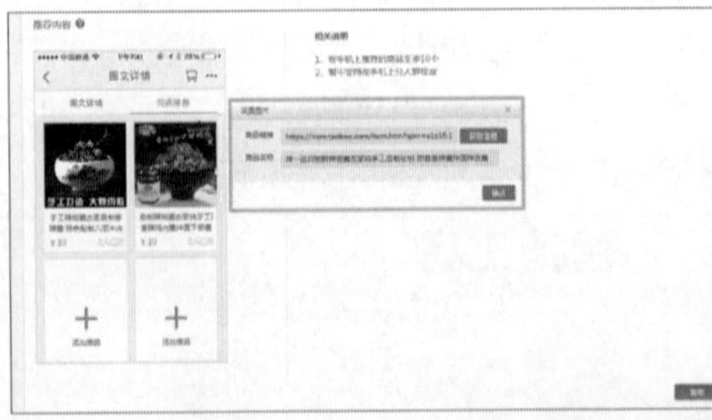

步骤 04 发布完成后，买家浏览店铺宝贝，单击“店铺推荐”就会出现设置的宝贝，如右图所示。

12.6.2 创建店铺特价活动

卖家发起店铺特价活动后，可以将活动投放到自己手机店铺的活动页面，同时会自动创建“微海报”到朋友圈引流，满足条件还有机会被投放到无线手焦，以获取庞大流量。

在淘宝店铺装修频道，单击“营销”， 再单击左侧 “创建活动”，选择手淘活动下的“店铺特价”，单击“创建活动”，如下图所示。

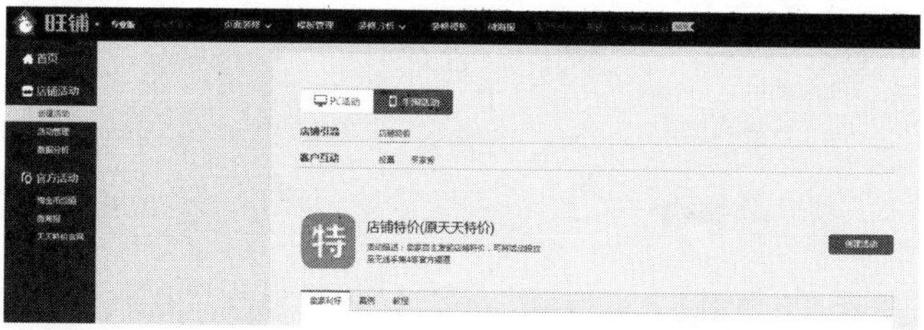

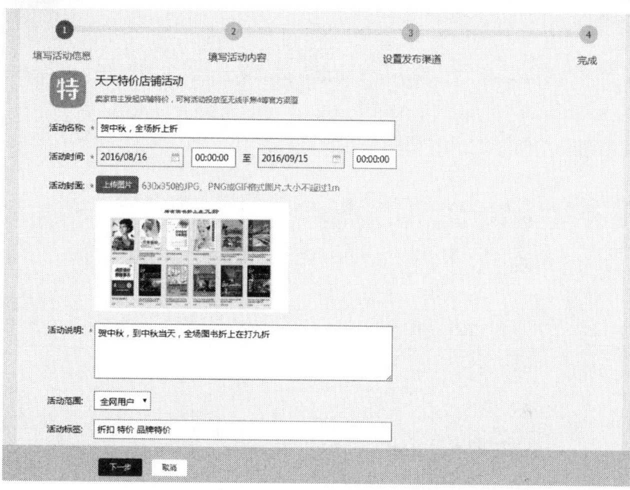

设置要参加活动的宝贝，单击“确认并继续填写”，如下图所示。

设置所选宝贝的折扣价格，确认无误单击“保存并下一步”，如下图所示。

选择活动投放渠道，有购物车、收藏夹、店铺活动页、物流详情页、微海报、手焦等，然后单击“发布”，如下图所示。

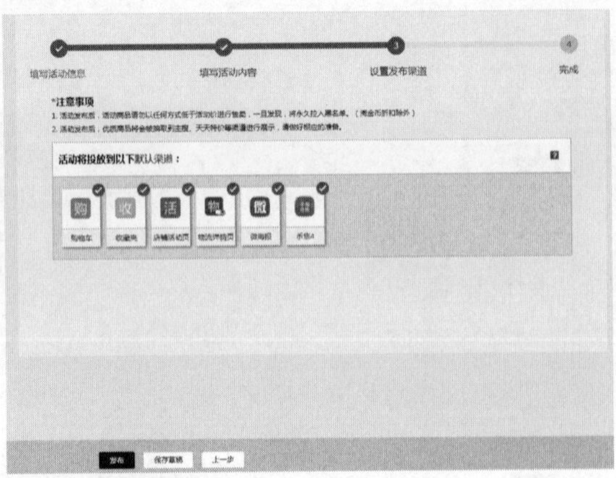

12.6.3 发起买家投票

投票活动是淘宝官方推荐的一个互动工具，卖家可以通过后台发起单项或者多项投票，包含文字、图片、宝贝3种。通过投票，可以在不同场景获得不同好处。

- **预售选款：**要推出新产品，但是拿捏不准尺度，一般可通过投标功能让客户来进行选择，如果投标效果高，就投入大量生产；反之则放弃。
- **互动投标：**配合一些店庆活动，进行互动投标，给客户带来利益的同时提高粉丝对店铺的黏度。

接下来进行具体的投票设置，在“手淘活动”中选择“投票”，单击“创建活动”按钮，如下图所示。

设置活动名称、活动时间，按要求上传活动封面图片，填写活动说明，同时设置活动范围和标签，单击“下一步”，如下图所示。

设置投票方式，选择宝贝投票，分别输入几个宝贝的地址和名称，然后设置投票奖项，这里设置3元的店铺优惠券，同时填写奖励数量和截止时间，完成后单击“下一步”即可，如下图所示。

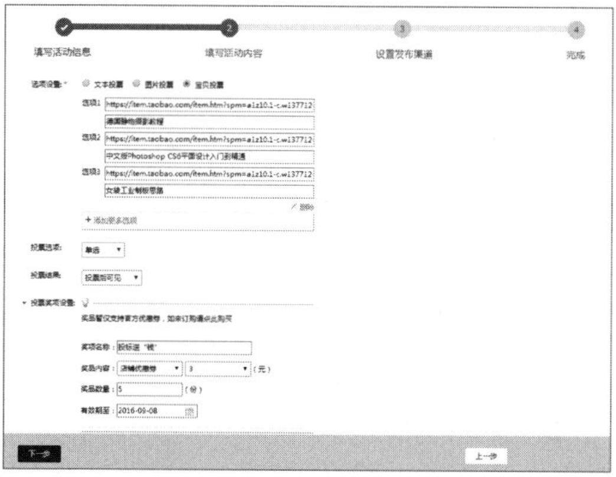

提示 Tips 这里的奖励规定使用淘宝官方优惠券，而这个工具已经介绍过，是需要单独付费购买的，所以使用投标功能，就必须付费。

设置投放渠道，有“手机店铺”和“店铺活动”两个可选项，勾选后单击“发布”，如下图所示。

12.6.4 买家秀秀提高转化

卖家可以在后台确定活动主题并设立奖项，然后由买家晒出照片来参与，能带动老客户的互动性，还可以提升新客户的转化率。

步骤01 在“手淘活动”中选择“投票”，单击“创建活动”，如下图所示。

步骤02 设置活动名称、活动时间，上传本次活动的封面图（注意尺寸），接着设置活动说明、范围、标签，单击“下一步”，如下图所示。

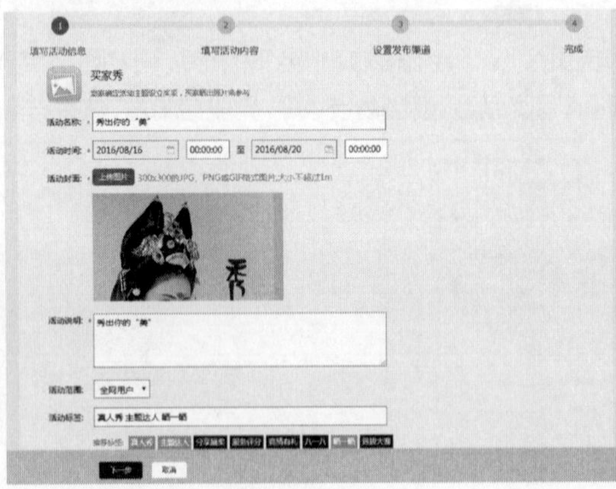

步骤03 进行照片设置，接着设置奖励，“买家秀”和“投标”活动都规定要选择官方优惠券，完成设置后单击“下一步”，如下图所示。

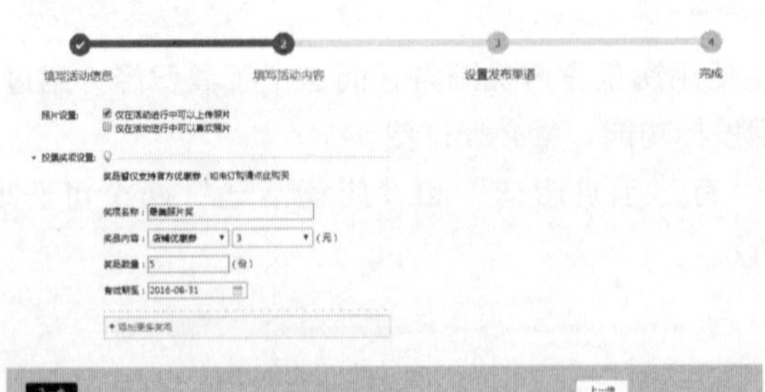

步骤04 设置活动投放渠道，单击“发布”，如下图所示。

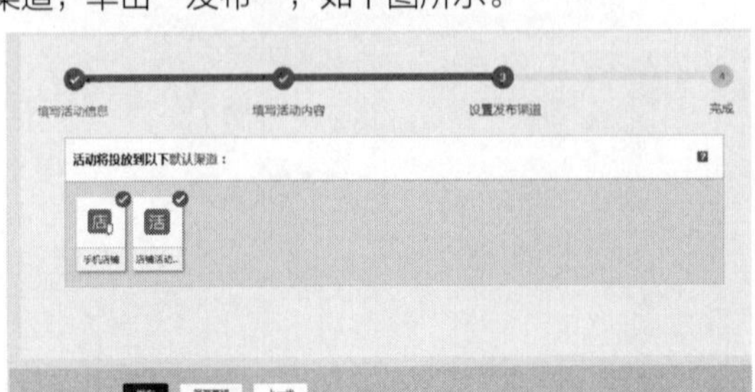

12.6.5 利用“晒好物”获得客户

“微淘”是手机淘宝一个引流入口，不仅免费而且效果好。除此之外，在“微淘”旁边，还有一个手机淘宝独有的通道——“社区”，如右图所示。

“社区”集中了淘宝买家们对宝贝的各种评测，可以大幅度引导其他买家进行购物。而通过这一特性，可以考虑通过一个小号。购买自己店铺的宝贝，购买成功后，去发布该宝贝的“好评评测”，这样其他想购买此宝贝的买家，就有可能通过“社区”这个流量入口，浏览店铺的宝贝，从而获得潜在的海量客户。具体步骤如下。

步骤 01 首先用“小号”购买宝贝，交易成功并评价后，打开手机淘宝，切换到上图所示的“社区”，然后单击上方的“晒好物”。

步骤 02 选择分享宝贝，会显示交易成功的历史交易，选择要进行“晒好物”的宝贝，如下图左图所示。

步骤 03 输入文字信息，要站在买家角度，真真正正地进行评价，有条件拍摄宝贝的实拍图，这样显得更为真实，完成“评测报告”，单击“选择要分享的圈子”，如下图右图所示。

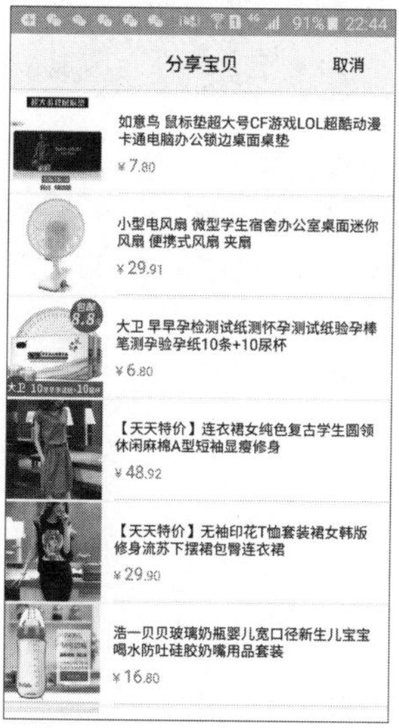

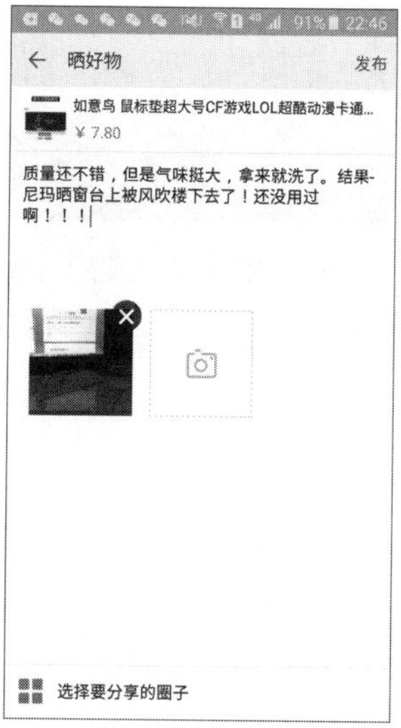

步骤 04 选择要进行分享的圈子，选择“全民晒单”，这是系统默认的圈子频道，流量大，选择后自动返回评价页面，单击“发布”，如下图所示。

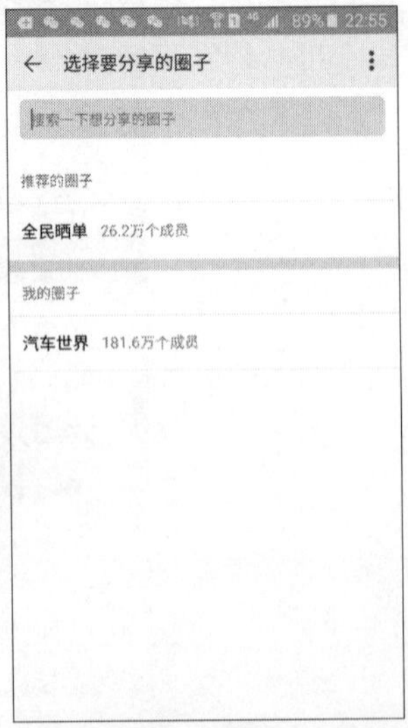

步骤 05 提示发布成功，关闭提示后浏览刚发布的内容，如下图所示。

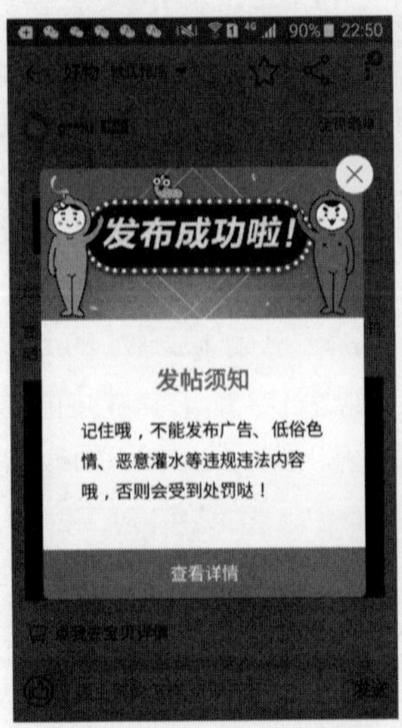

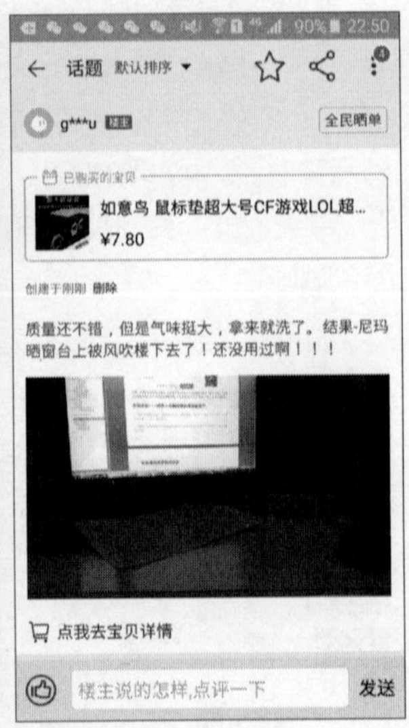

如果手上有多个小号，那么还可以利用其他小号来进行真实的评价，这样可以不间断地提高帖子的排名，让帖子保持比较显眼的位置，可以获得更多的关注机会。